アンドレ・オルレアン

価値の帝国

経済学を再生する

坂口明義◎訳

藤原書店

André Orléan

L'EMPIRE DE LA VALEUR

Refonder l'économie

日本語版への序文

大経済学者ヨゼフ・シュンペーターは、その記念碑的労作『経済分析の歴史』の中で、経済学について次のような観察を述べている。「合理的な図式から出発するすべての純粋理論の中で、価値の問題は、主要な分析用具として常に中枢の地位を占めなければならない[1]」。この見方は、ほとんど異論の余地がないものである。デヴィッド・リカードウやカール・マルクスの原理的な著作[2]をひもとけば、このことはよくわかる。リカードウもマルクスも、商品の価値をテーマとする理論の構築に取り組んでいた。現代の経済学を見ても、このテーマの優位を確認することができる。現代経済学の誕生を告げるいわゆる「限界革命」もまた、この同じ〔価値の〕問題に関連する革命であったことを思い出していただきたい。一八七〇年から一八七四年にかけて、オーストリアのカール・メンガー、イギリスのスタンレー・ジェヴォンズ、およびフランスのレオン・ワルラスは、限界効用の原理を同時に発見した。この革命は、古典派――すなわちリカードウやマルクス――の価値概念との決定的断絶を画するものだった。古典派の概念においては、商品価値は、商品の生産に必要な労働に帰するものとされていた。これに対して、一般に「新古典派」と呼ばれている限界主義の経済学者たちにあっては、財の価値の源泉はもはや労働ではなく、効用である。以後、この概念が問い直しの対象となったことは一度もなかった。限界革命から一四〇年が経った今日でもなお、価値に関するこの同じアプローチは、準拠枠を提供することを通じて、経済学者の思考を構造化し続けている。科学の分野において、〔一つのアプローチの〕これほどの長命は滅多にあるものではない。この事実がどれほど根強いものであるかを、われわれはまず知る必要がある。そのためには、サブプライム危機の後に経済学者の共同体を動揺させた激しい論戦の中で、新古典派理論の欠陥や限界があまた指摘され議論されたにもかかわらず、効用価値については決して問い直されなかったことを想起すればよい。つまり、今日に至ってもなお、このアプローチは経済学者の多数から支持を集める力を持っているのだ。しかしそのことはまた、本書に収められた諸考察が独創性を持つことにもつながっている。私は本書において、価値に関する限界主義のアプローチは放棄されるべきである、と主張している。この放棄こそが、経済思想を真に――根底的に――刷新するための条件なのである。

　これほどに大規模な概念的再構成が息の長い仕事になるであろうことは、目に見えて明らかである。本書は、その骨組みをスケッチしたものでしかない。本書で提出されている創始的な仮説は、市場経済を理解する上での適切な出発点は、――新古典派の理論家が行っているように――有用な〔効用ある〕商品の追求行動に求めるべきではなく、貨幣の欲望に求めるべきだ、というものである。経済動態の中では、有用財の生産や交換は確かに基礎条件的《フォンダマンタル》な役割を果たすが、そうした役割を第一動者（*primum movens*〔すべての運動の究極原因〕）として果たすわけではない。物《オブジェ》への消費者の欲望は、〔孤独の中で財と向き合うのに必要な〕主体性の陶冶という厳しい社会修業をその源泉としている。物への欲望もまた、外生的与件として扱うことはできないのである。そしてこうした社会修業の根源にあるのは、貨幣がふりまく魅惑である。抑えることができないこの魅惑こそが、有用財の生産の原動力なのである。生産者にとって、商品を販売することは、金持ちになるための手段でしかない。ところが主流派の経済学はこの因果関係を完全に逆転させてしまう。最初に、有用財を追い求める個人がいて、その次に、この欲望を満たそうとする生産者がいる。そして最後に、商品の流通を容易化する道具としての貨幣が登場する。限界主義の価値概念によって提示されるのは、このようなモデルなのである。このモデルをそのままに理解せよと言われても、われわれにはそれはできない。何よりも、金融的評価——その効用との関わりは大いに疑問視されている——が支配的である今日、そのようなことは不可能である。本書が提案しようとするのは、これとは別の道である。本書では、デュルケム派社会学が道徳的価値・美的価値・宗教的価値を研究するときに採っているアプローチ——すなわちそれら諸価値を自律的な勢力《ピュイサンス》＝パワーとして、社会的紐帯に注入されるエネルギーとして研究するアプローチ——に従って、経済価値の考察が試みられている。実際、エミール・デュルケムが繰り返し述べていたのは、宗教的経験の起源には「無限の諸力能《プヴォワール》、諸力」が見いだされるということであった。貨幣の購買力《プヴォワール》という形で、したがって貨幣が市場経済の参加者に対してふりまく魅惑という形で、経済にも同じものが見いだされるのである。

　このような価値と貨幣との同一視が、経済学者たちの間に強く定着している種々の信念に反するものであることは明白である。特に経済学者たちは、貨幣をそれ自体のために欲することが全くもって不合理であること——ミダス王の伝説が教えるように——を、常に主張してきた。しかし貨幣欲の自律性は、争う余地のない観察事実である。私の見るところ、すべての市場社会が直面する問題とはむしろ、この集合的エネルギーを飼い馴らすにはどうすればよいか、それを捕らえて社会の利益に合致したものにするにはどうすればよいか、ということなのである。こう考えて、私は、主流派経済学者の考え方とは正反対の経済思想を練り上げようとしている。彼らにとって、経済は元来、判読可能なものである。というのも、彼らは、有用物に対する人々の合理的欲望からのみ経済は作り上げられている、と見なすからである。この見方による場合、経済的世界を理解するには、諸個人の行動を合成しさえすればよい。しかしその際、〔合成の〕マクロ的な結果は予期せぬものであるだろう。それは解明できないのである。私が提案する見方は、経済の根源に集団的な貨幣欲を見いだすものであるから、主流派の見方とは根本的に性質を異にしている。集団的な貨幣欲には、主権的個人の論理は妥当しないし、そうした論理による動機づけは当てはまらない。もっと正確に言えば、この欲望は市場参加者に由来するものというよりむしろ、市場参加者に課されるものである。〔集団的貨幣欲を課す〕集団的熱狂が歴史的世界の中に不意に出現するとき、それをよりよく活用するために、解釈の鍵を与えることにこそ、経済学者の果たすべき最も本質的な職能の一つがある。かくして、われわれは価値の諸理論——古典派と新古典派——を理解しなければならないのである。

以上、本書における私の思考の大筋を述べさせていただいた。そこには確実に、討議や批判に委ねなければならない材料が含まれているはずである。本書日本語版の刊行のおかげで、そうした討議や批判に、いまや日本の人たちにも加わってもらえるようになった。これはたいへん良いニュースであり、私は手放しに喜びたく思う。この場を借りて、重要な仕事をやり遂げてくれた訳者に感謝申し上げたい。

パリ、二〇一三年十月三十一日

アンドレ・オルレアン

原注

（1）第Ⅱ巻「古典派の時代」第六章「一般経済学——純粋理論」第二節「価値」の中の一節（Joseph Schumpeter, *Histoire de l'analyse économique*, tome II, Paris, Gallimard, 1983, p. 287〔邦訳三九三頁〕）。

（2）〔リカードウの〕『経済学および課税の原理（*Des principes de l'économie politique et de l'impôt*）』および〔マルクスの〕『資本論（*Le capital*）』。

価値の帝国　目次

凡例

一　原文の脚注は（1）（2）……で示し、章ごとにまとめて巻末に配した。
一　引用文への著者による補足は［　］で示した。
一　原文で大文字で始まる単語は〈　〉で括った。
一　訳者による補足は〔　〕で示した。
一　原文イタリックの箇所のうち、強調を意味する箇所には傍点を付した。
一　書名、新聞・雑誌名は『　』で示した。
一　引用文のうちすでに邦訳があるものについては、できるだけ既訳に従うこととしたが、文脈に応じて表現を修正したものもある。

価値の帝国

経済学を再生する

ジャン＝イヴ・グルニエ（Jean-Yves Grenier）と
ラミーネ・モタメド＝ネジャード（Ramine Motamed-Nejad）による
友情のこもった応援、彼らの批判的な眼差し、
そして彼らの学識に深く感謝申し上げる。

序説

今日、学科としての経済学は、重大な正統性の危機を迎えている。経済学はわれわれの社会のガイド役として、われわれの社会をより多くの合理性と洞察力へと誘導するはずであったのに、むしろ混乱と錯誤の源泉であることが露呈してしまった。経済学の教えに従って、金融規制緩和という自殺的な政策が実行されたわけだが、それが招くことになる危険の大きさについては十分な注意が払われなかった。経済学は、人心を覚醒させるどころか眠り込ませ、啓蒙するどころか蒙昧化を促した。今日世論が経済学に投げかけている不信の大きさは、経済学の失敗の大きさに見合ったものと言える。過去に例を見ないこうした状況を迎え、経済学者は激しい批判の矢面に立たされている。だが経済学者が示してきた反応は、驚くほど気弱なものでしかなかった。有害な誤りを犯したことを認める用意がある経済学者は多かったが、その半面では、「風呂の水とともに赤子を流すべからず」という意見が支配的であった。確かに、競争の効率性に過度な信頼を寄せ、無謀なほどに経済主体の合理性に頼ったモデル作成がやりすぎであったことは批判されても仕方がないだろう、しかし、こうした悪習のせいで経済学という学科についてのイメージが歪められてはならない、というわけである。そして、この学科の自己再生の手がかりは、複数均衡・実験経済学・神経経済学などに求められようとしている。〔経済学をめぐる〕昨今の支配的な風潮はおよそ以上の通りである。つまり、経済学が再検討に付されているわけでは決してないのだ。高等教育機関における経済学教育は、危機以前のそれと相変わらず同じままだし(1)、研究の分野においてヴィジョンや方法の変化があったかというと、そういうこともない。雑誌の表紙ではK・マルクスやJ・シュンペーターの復活が告げられているが、そこから予想されるのと違って、何も変わってはいないのである。

以上のような状況は、とりわけて意外なものではない。科学の歩みには独特な時間性がある。経済学者は風見鶏ではないのであって、リクエストがあったからといって昨日教えたことと逆のことを今日の講義で教えられるわけではない。経済理論というのは、病状に合わせて処方される医薬品の目録のようなものではなく、諸仮説・諸方法・諸結論を包括する緊密に絡み合った諸教義の総体なのである。これを「パラダイム」と呼んでもよい。かつてトマス・クーンは、危機を耐え抜くこと自体がパラダイムの性質の一部であることを明らかにした。〔支配的〕パラダイムが交代するには、過去の結論を問い直す重大な変則《アノマリ》が執拗なくらいに続々と出現することが必要なだけでなく、何よりもまず、新しいパラダイムが後を継ぐ用意をしていなければならない。危機によって新しい問いが突きつけられたとしても、新しい答えが利用可能な状態で採用されるのを待っているとは限らない。周知のように、経済学者たちは今日好んでJ・M・ケインズ、H・ミンスキー、C・キンドルバーガーに言及している。だが、こうした言及は経済学者が金融市場の効率性仮説〔金融市場の価格には、すべての利用可能情報が織り込まれている、とする仮説〕から一定の距離を取っていることを表しているとはいえ、効率性仮説の概念枠組みは相変わらず同じままに堅持されているのである。

本書では、こうした怯懦《きょうだ》と一線を画すことを提案したい。本書の出発点となっているのは、経済理論が直面している困難は状況に起因するというよりむしろ、概念系全体の破綻からの帰結なのだ、ということの確認である。したがって本書では、経済学を再生する〔本書副題〕ことに力を注ごうとするのである。ここ三〇年の間に経済学説が収めた目覚ましい成功を記憶する人に対しては、われわれの状況診断は一定の猜疑心、さらにはある種の冷笑すら喚起せずにいないだろう。学術雑誌を見ている限り、経済学者は多産的で創造的であるように見える。そうした活気があることは否定できない。また、経済メカニズムの理解向上に対する新古典派モデルの貢献もほとんど疑うことができない。したがって本書でも、新古典派モデルを却下することが問題になっているわけではない。問題にしたいのはむしろ、合理性、個人の選好、財の質《カリテ》〔ないし品質〕、相互作用の性質のいずれについても、制度に関する新古典派の仮説が狭隘《きょうあい》であるということだ。新古典派の仮説は、市場の機能の一定の側面に焦点を当てるものであるため、経済的現実のうちの広範な部分を無視することになっている。本書の目的は、一般的な説明枠組み——すなわち商品経済をその諸規定の総体において把握しうる枠組み——が可能であることを論証することにある。新古典派アプローチはこの説明枠組みの内に包摂され、特殊な制度レジーム〔ないし体制〕を扱う特殊ケースと見なされる。その際に指摘しておきたいのが、経済学は社会諸科学の一部だということである。

本書の第I部では、新古典派の——「限界主義的な」とも「ワルラス的な」ともいう——パラダイムを検討し、その首尾一貫性と限界を明らかにしていく。われわれの同僚の中には、経済学を単なる道具箱としか見ない者もいる。〔彼らによれば〕この道具箱の主な中身は諸々の数量的手法であり、それらは特定の解釈を施されることなしに、研究対象とされる現実に適用されていく。これに対してわれわれが強調したいのは、商品関係《ルラシオン・マルシャン》〔交換を通じた社会関係〕を理解しようとするときに深く関与してくるパラダイムが存在することは明白だということ、そのパラダイムの概念系が「経済学とは何か」「経済学者は何を行うか」を定義しているということである。科学パラダイムの教義集に収められる基本的諸定義は論証の基本構造を形づくるものであるが、経済学パラダイムの教義集はその内容からして「価値論」と呼ばれている。それゆえに価値論の役割が決定的に重要なのである。ヨゼフ・シュンペーターは大著『経済分析の歴史』の中で次のように強調している。「合理的な図式から出発するすべての純粋理論の中で、価値の問題は、主要な分析用具としても常に中枢の地位を占めなければならない」(2)。われわれが限界主義と呼ぶ商品価値の理論においては、商品の効用が基礎とされている。これこそが、近代経済学の思考の起源をなす原初(*princeps*)概念である。価値は、交換の外において――すなわち諸商品が固有に持つ実体《スブスタンス》(効用)において――存在が了解される量《グランドゥール》と見なされる。新古典派経済学者によれば、有用財〔有用な財すなわち効用を持つ財〕の追求こそが、商品経済に生命を吹き込む力である。消費者の満足が、生産や交換を動かす動因である。このような価値概念は、L・ワルラスの一般均衡論にその十全な表現を見いだす。そこで本書ではこれが詳しく検討される。

かいつまんで言えば、われわれは商品価値を、交換に先在する何らかの実体――効用のような――と同一視しうるとは考えていない。むしろ、商品価値は商品関係の独特な(*sui generis*)創造物であり、これを通じて経済部面は分断《セパレ》された――すなわち他の社会的諸活動から独立した――存在を獲得する、と考えるべきである。商品関係は固有な評価の論理を有しているのであり、その目的は、消費者を満足させることにではなく、商品の王国《レニュ》を無限に拡大させることにある。商品がそのために〔王国の拡大のために〕個人の効用欲望を足掛かりにすることは可能であるが、効用は他と並ぶ一つの構成要素としてしか評価には入り込まない。商品価値が効用の論理のみに拘束される理由はない。差異化《ディスタンクシオン》をめぐる闘争に見られる威信《プレスティージュ》の探求もまた、対象関係〔対象ないし物との個人の関わり〕を強力に駆り立てる。もっと一般的に言えば、多様な状況の下で、価値はそれ自身のために、すなわち普遍的購買力として追い求められる。本書の経済学再生プロジェクトを定義するものは、ここに見いだされる。すなわち本書のプロジェクトは、商品価値を、先在する量《グランドゥール》――効用、労働、稀少性――と同一視するのではなく、その自律性において把握しようとする試みとして定義される。商品価値の自律性が勢力《ピュイサンス》〔ないしパワー〕の頂点に達するとき、荘厳《マジェステ》の〔万物の支配者としての〕価値が見いだされる。この荘厳の価値が獲得されるのは、貨幣のおかげである。それゆえ本書のアプローチにおいては、貨幣が本質的に重要な役割を演じる。貨幣は、価値や交換を創始する制度である。第Ⅱ部の全体は貨幣の考察に充てられる。そこでのアプローチは、新古典派価値論のそれと根本的に断絶している。新古典派の価値論においては、貨幣は周辺的な事実、すなわち効用の後に来る二次的な付加物であるにすぎない。というのも貨幣は、目的が取引の容易化に狭く限定されており、効用に仕える道具にすぎないからである。これに対してわれわれにあっては、商品価値が存在を獲得するのは貨幣を通じてであるという意味で、貨幣は第一次的である。貨幣への欲望――有用財の追求ではなく――こそが、市場装置の全体に生命を吹き込む力である。それが市場装置の根源的エネルギーである。このような分析から、市場的活動をその起源において既に効用その他の究極目的《フィナリテ》に従属させてしまうのではなく、その根本的な自律性においてとらえようとする説明図式が得られる。交換はそれ独自の論理に従うのである。この点は、ジンメルは次のように指摘している。

「〔…〕交換は〈特殊な〉社会学的構成であり、〔…〕これは決して有用性や稀少性と呼ばれる事物のあの質的および量的な性質から論理的な結果として生じるものではない。むしろ逆に二つの性質は、交換の前提のもとに初めてそれらの価値形成的な意義を展開する。交換――すなわち獲得を目的とする犠牲の提供――が何らかの理由から排除されている場合には、欲求される物〔客体〕にいかに稀少性があろうとも、交換関係の可能性が再び現れるまで、その物は経済的な価値になることはできない[3]」。

この分析から導かれるのは、新古典派アプローチの拒否ではなく、その一般性への疑問である。効用価値説は、対象関係についての十分な理解をわれわれに提供するものではない。効用は対象関係の特殊な様式であるにすぎない。取引が行われるには、交換の欲望――これは金銭的欲望以外の何物でもない――が表現される必要がある。また、この文脈の中で理解される効用は、交換に先在するものでは決してなく、むしろ正反対に、交換の結果である。それは、商品関係によって創り出されるものである。

価格規定における交換装置や力関係の役割を指摘することによって、われわれのアプローチは、関係《ルラシオン》に対する量《グランドゥール》の絶対的優位という考え方とは断絶することになる。このような見方が特に含意を有する領域があるとすれば、それは金融の領域である。新古典派経済学者によれば、証券には、価格変動を規定する固有価値〔ないし内在価値〕――「ファンダメンタル価値」とも呼ばれる――がある。しかし、この仮説の現実との適合性を証明するものはない。こじつけを駆使せずして、株式相場の常である不安定な〔上方および下方の〕変動を、安定的な固有価値という仮説とどう折り合わせられるのだろうか。多くの経済学者は、客観的データによっては価格変動が説明できないことを認めざるをえなくなっている。例えば、一九八七年十月十九日の大暴落〔いわゆるブラックマンデー〕がこのケースに当たる。ダウジョーンズ指数二二・六%の下落はそれまでのアメリカで最大のものであったが、これに匹敵する落ち込みは実体経済には――昔からずっと――観察されない。本書の第Ⅲ部における理論研究は挙げて、客観的な金融的価値という仮説が成り立たないことを示そうとしている。ここでも価値論は放棄されねばならない。証券の評価は、規定されざる還元不可能な部分を必ず前提している。金融市場の役割は、先在する価値を知らせることにあるのではなく、色々な人の主観的な諸評価を基にして、全員が同意する基準評価を生み出すことにある。その根底にある論理は、本質的に模倣的《ミメティーク》な性質を持つものである。一人一人が蔭でどう証券を評価しているかは重要ではない。市場において重要なのは、多数意見を予想することである。実体経済と金融の動態との間にしばしば見られる乖離は、それ〔多数意見の予想〕の模倣的な性質によって説明される。こうして、価格を自己外在化《オト・エクステリオリザシオン》の結果と見なすモデルが採用される。自己外在化とは、市場が自己自身との間に距離を置くことである。この模倣的自己外在化のモデルは、本書のアプローチにおいて大きな役割を演じる。というのも、このモデルは、市場的な相互作用が外的原理を動員せずとも自己自身の媒介《メディアシオン》を自ずと生み出しうる、ということを示すからである。この結論は、中心的な説明原理を商品価値の自律性に求めるアプローチにとって、核心的な重要性を有している。第Ⅲ部では、この結論の重要性が、貨幣の分析と金融の分析によって例示される。

現存理論に対するわれわれの批判は、新古典派パラダイムの枠組みの下で生み出された成果についてその質〔の低さ〕を問題にするのでも、経済の重要な部分が無視されてきた事実に向けられているのでもない。後者の事実については、危機の勃発によって既に明白だ。しかし、本書における経済学再生の要求は、危機を超えて有効なものである。この要求は現局面の状況と直結しているわけではない。しかし、われわれの社会が自己自身をよりよく知ろうと望むのであれば、この要求は絶対必要なものなのである。

第Ⅰ部

経済学批判

第1章 価値実体——労働と効用

商品経済《エコノミ・マルシャンド》は、財の生産が多数の独立した生産者‐交換者の手に委ねられている経済である。彼らは自身の個人的利害のみに従って、自らが生産する財の質と量を専権的に決定する。このように私的意思決定が自律性を有することから、この条件の下で生産される財が社会の欲求に対応することは、先験的《アプリオリ》には少しも保証されていない。生産者たちは、後天的《アポステリオリ》にのみ、すなわち生産が実現された後になって初めて、市場を介して互いに関係を取り結ぶのである。純粋な商品経済においては、人間同士の結びつきはもっぱら、諸々の商品体〔物としての商品〕の流通を介して事後的に作り上げられる。定義によって、商品関係《ルラシオン・マルシャンド》〔ないし商業関係〕からは、いかなる人格的あるいはヒエラルキー〔階層〕的関係も、そして私的意思の自律性を先験的《アプリオリ》に制限しようとするいかなる集団的契約も排除される。生産者‐交換者たちは、表面的にしか互いに知り合うことがない、すなわち彼らは、自らが市場で提供する物を通じて、その都度〔取引〕相手と知り合うにすぎない。他人との距離を縮めるいかなる直接的な紐帯も、いかなる人格的従属も、いかなる集団的目的も存在しない。商品の媒介がすべてである。この逆説的な社会関係を言い表すには、「商品的分断《セパラリオン・マルシャンド》」という用語が最適であるように思われる。商品的分断の下では、取引を行おうとする誰もが、他者に向き合うことによってその〔相手の〕関心を喚起しなければならない。しかし、多少とも発達した社会的分業を想定するならば、分断された各生産者－交換者は、膨大な数の他の生産者－交換者に物質的に依存していることが明白である。まず生産に際しては、必要な諸々の投入物を獲得するために依存しているし、また販売に際しても、大勢の最終消費者を引き込むためにやはり依存している。そのうえ、生産技術の進歩や消費者の選好変化につれて、膨大な数の諸個人の同一性《イダンティテ》が移り変わっていく。極限的に言えば、発達した市場社会《ソシエテ・マルシャンド》〔ないし商業社会〕においては、誰もが、全員から切り離されていながら、供給者として顧客として潜在的には全員に依存している。生産物が交換される市場というのは、こうした普遍的依存が表出されている場所なのである。

以上の説明から、市場秩序《オルドゥル・マルシャン》にまつわる謎が次々に浮かび上がってくる。分断された諸個人は何に基づいて持続的に協調することができるのか。全員に対する一人一人の緊密な物質的依存〔生産力の観点〕と私的意思決定の極端な形式的自律性〔社会関係の観点〕との間には、明白な矛盾が存在するのではないか。この二つの側面はどうすれば両立しうるのか。私的専有の論理はなぜ無政府状態をもたらさないのか。いかなる諸力が働いて、分断された諸個人は調和を維持し社会を構成することができるのか。要するに、なぜ虚無ではなく秩序が存在するのか。以上により提起されるのが、社会的媒介《メディアシオン》に光を当てるという課題である。個人の諸々の取得欲望《デジール・アキジティフ》は、社会的媒介の作用を通じて変形・造形されることによって、最終的には相互に両立するに至るのである。

以上の諸々の問いに答えるためには、一つの基底的《フォンダマンタル》な観念——価値——を導入しなければならない。それは市場的調整《レギュラシオン》の核心をなすものである。価値は市場的調整の創始的《フォンダトゥール》な制度である、と言ってもよい。価値の観念が重要であることを知るには、交換という要素的な商品関係〔商品関係の要素〕を考察しておかねばならない。交換の基本原理は価値における等価性であり、これを通じて商品経済取引は他のあらゆる領有形態（贈与、再分配、窃盗ないし暴力的押収）と根本的に区別される。商品が交換に入るのは、価値としてである。「価値として商品は、他の諸商品と一定の割合において交換されるという特性を持つ。諸商品の統一性はそこに存する」[1]。商品は、一定の価値を持つものとして認知されるや否や、地位を変える。それは、個々の生産センターの特殊な生産物であることを、すなわち「何をどんな仕方で生産しなければならないか」に関する所有者の個人的構想の単なる表現であることをやめる。その結果、今や商品は、交換の能力を持つものと普遍的に見なされるようになる。今や、商品を所有することは、経済全体の生産に対する同額の権利を持つことを意味するようになる。つまり、諸商品は価値を持つことによって、特殊な形態の対象性を獲得する。特殊な形態の対象性とは、価値の対象性にほかならない。価値の対象性は使用価値としての商品の対象性とは根本的に区別されるが、〔使用価値と〕全く同様、市場の諸主体に課される。このあまりにも謎的すぎる対象性が、商品経済を性格づけている。それゆえ商品関係は、価値の対象性によって媒介される他者との関係として定義されねばならない。経済学の謎はすべて、事物《ショーズ》としての商品の物的対象性とは峻別されるところの、商品に特有なこの独特の対象性に由来している。マルクスはこの謎を次のように表現している。「商品体の持つかさばりとは極度に対照的に、商品の価値の中には一分子も素材が入り込んでいない。したがって、一つ一つの商品は、どんなにいじりまわしてみても、価値物としては相変わらずつかまえようがないのである」[2]。次の謎は経済学者の考察の中心を占めることになる。すなわち「価値の対象性はどこからやってくるのか」。

　経済思想史を眺めると、二つの解答――労働価値と効用価値――が継起的に提出されてきたことが見てとれる。前者は古典派の時代、すなわちスミス、リカードウ、マルクスという始祖たちの時代を特徴づける。後者は、ジェヴォンズ、メンガー、ワルラスという限界主義者の業績を起源とする新古典派の時代を特徴づける。後者の解答に対しては、数理経済学の発展に助けられて、かなり洗練された定式化が与えられてきた。今日、この解答は絶対的に優勢である。現代の経済学者は全員この枠組みの下で推論を行っている、と言っても過言ではない。この解答はまた、本書中の考察においても中心的に取り上げられる。というのも、本書は何よりもまず、今日実践されている経済学と対話することを課題としているからである。われわれはそうした経済学を指すのに、「正統派」ないし「支配的」理論という用語を用いる。この用語は、現状——すなわち経済学者の共同体によって広く受け入れられているパラダイムが存在すること——を、価値判断なしに記述しようとするものである。

しかし、詳細な分析は第2章に回すこととし、その前にここでは、予備的に一つの確認をしておきたい。すなわち、効用価値説は労働価値説と、価値およびその対象性に関する同一の視角を共有しているが、そのようなものは他の社会科学には見られないということである。両説とも価値とその対象性は、「実体《シブスタンス》」の効果、すなわち商品物品に固有な質の効果なのだとしている。われわれが「実体仮説」と呼ぶこの仮説においては、経済諸関係は「自然化」される傾向がある。対象《オブジェ》に優位性を与えるこの仮説の上に打ち立てられるのは、「関係《ルラシオン》の経済学」ではなく、「量《グランドゥール》の経済学」である。このような両説に共通の概念構造に着目することによって、経済理論が陥っている現在の行き詰まりが深い根を持つことがよくわかる。これを打破するには、概念的「再生《ルフォンダシオン》」を進めることが必要なのである。新しい遠近法の下に経済的現実を理解するための新しい包括的《グロバル》な説明枠組みを確立していくことが求められている。また本書の分析は、古典派と限界主義者の間の溝を超える共通の概念構造を析出することを通じて、経済思想の根元的な統一性を明確にし、その起源——実体仮説——を顕在化させる。この帰結を軽んじてはならない。経済思想の統一性の最も注目すべき表れの一つは、他の社会科学からの〔経済学の〕自律性の要求、というポパー流の科学性の主張に見てとられる。(3) 他の点については悉く――あるいはほぼ全面的に――対立する論者たちの間でも、この主張は共有されているのである。今日転換されるべきはこの伝統である。

本章では、こうした共通の概念構造を剔出しておきたい。(4) それゆえ、経済学者が「価値論」と呼ぶものに立ち戻ることにしたい。それが経済学の思考において中心的な位置を占めることは強調するまでもない。四つの特性を明らかにしたい。すなわち、物々交換への固執、貨幣の排除、交換諸関係の過小評価、価値概念の包括的性質。この四つの特性は、新古典派にも古典派にも見られることから明らかなように、実体仮説から論理的に導出されるものである。この点について解明を試み、さらにマルクスの考え方をたどっていこう。この作業を終えた後、次章において新古典派の考え方を集中的に取り扱う。

この方針に沿って考察を進める前に、最後の導入的注意をしておこう。それは、本書の考察はもっぱら商品経済に関わり、資本主義には関わらないということである。資本主義を考察するには、商品的分断とともに、もう一つの社会関係である賃労働関係を考慮に入れることが前提となる。本書ではそのようなことは行わない。以下の分析では、賃労働階級を無視し、生産をブラック・ボックスとして扱う。どの経済主体も生産者でありかつ交換者でもあるとし、「生産者‐交換者」という用語を使用することにする。また敢えて商品経済〔という枠組み〕を想定するのは、それが、分断《セパレ》された諸活動の調節《コオルディナシオン》において価値が演じる役割を剔出するのに適切な概念枠組みだからである。「生産者‐交換者」の用語を用いるにあたっての関心はもっぱらこの点にある。資本主義の理解は、依然として経済学が追求する最終目的であることに変わりはないが、前提条件として、価値について十分に説明をしておかなければならないのである。

一　実体仮説

経済学の伝統の中では、財に固有価値を付与する「実体」ないし質を仮定した上で、そこに商品の交換可能性の秘密を見いだそうとするアプローチは「価値論」と呼ばれる。本書の多くの箇所では、このアプローチを言い表すのに、慣例に従って「価値論」という通称が使用される。ただしその際、一般的かつ中立的な響きがあるこの名称の背後に実はかなり特殊な見方があることを忘れないでいただきたい。他のアプローチと区別したいときには、より強調的かつより正確に、「価値の実体的理論」ないし「実体価値の理論」という用語を使用することにする。歴史的には、経済学者によって二つの「実体」――労働と効用――が考慮されてきた。しかし、考慮される実体が異なっていても、二つのアプローチは同じ端緒構想を共有している。それによれば、交換を考える上で適切なやり方は、貨幣的取引の外観を乗り超え、論理的に取引に先行し取引を組織化している隠れた量《グランドゥール》の存在を析出することである。こうした概念構想を創始仮説とすることで、「商品交換の外観上の無政府状態を外から秩序づける客観的価値」という観念が生み出される。この観念こそ、経済学者が現実に向ける眼差しの根底にあるものである。追求されるのは、隠されているもの――交換者の知らぬ間に取引を支配している価値法則――を暴き出すことである。交換が存在するのは価値が存在するからであるとされ、この価値は、商品物品が固有に持つ質であるとされる。

例えばレオン・ワルラスは、『純粋経済学要論』を、稀少性の観念から出発して社会的富とは何かを特定することから始めている。「私は、稀少な物質的・非物質的な事物の総体、すなわち一方でわれわれにとって効用があり、他方で限られた量しかわれわれの利用に供せられない物質的・非物質的事物の総体を社会的富と呼ぶ(5)」。

見られるように、稀少性のこの定義は、交換から独立した現実、すなわち「効用」と「限られた量」に言及するものである。次に彼は、客観的特性である稀少性が事物に価値を授けることによって、交換の基礎が与えられることを述べる。このように価値の性質が、全面的に客観的基準によって特定される。そこから交換が論理的に導出される。ワルラス自身においては、交換という事実は、彼が「稀少性」と呼ぶ特殊な実体から先験的《アプリオリ》に導出されるのである。『純粋経済学要論』の第一節で価値を明示した後、ワルラスは、二商品の間の交換の研究（第二節）、そして多数商品の間の交換の研究（第三節）に取り組んでいく。そうして、均衡状態において価値の比率が稀少性の比率に等しいことが証明されていく。最後にようやく貨幣が導入される。価値→物々交換→貨幣というこの歩みは、実体仮説の特徴である。

労働価値説については、カール・マルクスにその最も洗練された表現が見いだされる。(6)『資本論』（第一部）第一章においてマルクスは、小麦と鉄という二つの商品を考慮し、交換においては「所与の量の小麦がなにがしかの鉄に等置される」(7)ことを見いだしている。この観察から、彼はこの同等性が何を意味するかを問題にしていく。彼の解答は次のようなものである。「それは、［小麦と鉄という二つの違った物のうちに］共通なあるものが存在している、ということである」。そこで彼はこの「共通なあるもの」を規定しようとする。この「共通なあるもの」は「幾何学的、物理学的、化学的などといった、何か自然的な属性(8)」ではありえない。もっと一般的に言えば、それはおよそ使用価値というものとは全く関わりがない。彼は自信を持って次のように結論する。「商品の使用価値を問題にしないことにすれば、商品にはもはや一つの特性、労働生産物であるという特性しか残らない」（！）。さらに次のように敷衍される。「これらすべての物体は［…］もはや一つのことしか表さない。すなわち、これらの物体の生産には人間労働力が支出されたということ［…］だけである。この共通な社会的実体の結晶として、これらの物体は価値と見なされる」[9]。この場合、この「共通な社会的実体」は、財の生産に必要な社会的労働時間によって尺度〔ないし測定〕される[10]。マルクスは次のように言う。「われわれは今では、価値の実体を知った。それは労働である。われわれは価値量の尺度を知った。それは労働時間である」[11]。

見られるように、マルクスにあっては、価値実体とは、経済学者の視点を構成する先験的《アプリオリ》な仮説の地位を占めるもの、経済学者が何を見るべきかを指示するものである。それは概念的構築物であり、観察事実ではない。確かにマルクスは、交換をよく考察すれば労働価値の存在がはっきりと見てとれる、ということを読者に納得させようとしている。しかし証明はあまり説得的ではない。なぜ価値の潜在的源泉として使用価値を却下しなければならないのか。さらには、使用価値が却下されたとしても、なぜ通約可能性を根拠づけるものとして人間労働のみが残るのか。

実体仮説の例示としては、以上の二人の論者で十分である。マルクスもワルラスも、一つの量《グランドゥール》を明るみに出すことを追求している。マルクスにとっては社会的必要労働が、ワルラスにとっては稀少性が、価値の、したがって交換の基礎とされている。このような議論の強みは、交換に準拠することなしにこうした量《グランドゥール》が算出できることにある。ひとたび商品経済が生産と消費によって特定化されるならば、全商品の価値を算出することができる。この量《グランドゥール》は客観的〔対象的〕なものと言ってよい。マルクスにおいてこのことは明白である。ワルラスにも同じことが言えるが、ただしワルラスについては、効用の客観性が主観的な個人的選好に結びつけられるので、いくつか補足的な説明が必要となる。しかしながら、ひとたび個人的選好が外生的に決まるものと想定されるや、個人的選好を生産関数と区別するものはなくなる。価値理論家の観点から見れば、個人的選好もまた客観的である。個人的選好は、そこから価値が導出されるところの与件である。この点は、新古典派理論を扱う第2

章において詳しく述べることにしよう。

二　物々交換の中心性と貨幣の排除

二つのアプローチに共通な第一の特性は、商品と商品との直接交換（物々交換）が優越的な役割を演じることである。小麦と鉄の交換を分析の出発点としたマルクスにおいて、このことは確認される。現実には諸商品は一般に貨幣と交換される（貨幣的交換）のだが、敢えてこのように貨幣的交換から距離を置くことはどのようにして正当化されるのだろうか。あまりに事実に反するこのような出発点がなぜとられるのか。既に見たように、同様のことはワルラスも行っていた。彼は価値を特定した（第一節）後に、二商品の間の交換の研究（第二節）に移っていく。一般的に言えるのは、価値理論家が物々交換に格別の関心を寄せるということである。議論の対象とされるのは基本的に物々交換である。例えば、『価値の理論』[12]（ジェラール・ドゥブリューがパラダイム的な形で現代的アプローチを提示した著書）においては、直接交換（「物々交換」に同じ）しか取り上げられていない。そこでは貨幣は不在である。しかし、一方で、物々交換はたいてい非商品経済に見いだされるものであるし、他方で、発達した商品経済における物々交換の出現は商品経済が機能不全であることの確かな徴候である。これらのことを考えれば、物々交換ばかりが取り上げられることは全く逆説的なことのように思われる。今述べた観察事実からすれば、直接交換を商品的論理の分析の中心に据えるよりむしろ、直接交換を商品的論理とは疎遠なものと見なすべきであろう。では、以上の諸条件を考慮したとき、マルクスとワルラスが圧倒的多数の経済学者と同じように――しかも経験的証拠に反して――、物々交換から出発して商品流通の研究に着手していることを、どう説明したらよいのだろうか。その答えはひとえに、実体仮説そのものに、そしてそれが経済学者――大経済学者も含めて――の共同体の中で得ている一般的な支持に求められる。つまり、経済学が直接交換にそれほどの重要性を認めているとすれば、それは、二世紀以上にわたって価値諸理論が商品取引〔ないし市場取引〕を物々交換の拡張と見なすように教示してきたせいなのである。そのこと以外に、経済学の思考の中で物々交換が特別の地位を占める理由を探し求めても無駄である。経済学者たちが商品の中に価値があると考えることから、商品と商品の交換が交換の自然で単純な直接的形態と見なされざるをえなくなり、それゆえ商品関係のモデル化に際して中心的な位置を占めるようになるのである。逆説的なことに、むしろ貨幣的交換のほうが、今や全くの謎として立ち現れてくる。おそらくカール・メンガーは、効用価値論者に対して貨幣的交換が提起する謎を、物々交換の明証性と比較しながら最もうまく描き出した経済学者であろう。彼は次のように言う。「所有者が〔自らの〕財を、自分にとってより有用な他の財と引き換えに譲渡することがある、ということは、最も凡庸な知性にとっても明白である。しかし、一国の経済単位のそれぞれが自らの持つ様々な財を、一見して有用でない小さな金属片と交換する用意があるということは〔…〕物事の通常の経過とあまりにも対立する過程であるがゆえに〔ザヴィニーほどの聡明な思想家にとってさえもそれを〕全くもって「謎」である〔と見なしている〕」[13]。この引用は、価値の仮説の中で実体と物々交換とがどのようにして扱われるのかをわかり易く示している。価値理論家によれば、前者〔実体〕は、諸商品すべてが価値の担い手である限りにおいて直接互いに行使し合う引力である。価値の論理の一部をなすこうした直接的な引力は、物々交換においてよりほかに忠実な表現を見いだすことができないものであり、また多様な制度――その一つが貨幣――はそうした引力の性質や強さ《ピュイサンス》を変えるにすぎない。結論的に言えば、価値論の普及は経済学者の視線を歪めてしまった。直接交換が経済理論の中で――現実経済の中で演じるその限りなく限定的な役割と比べて――途方もなく大きな位置を占めている真の原因を、われわれは知ることができる。直接交換の占める位置の大きさは、経済学者たちの間に徐々に普及していった概念的仮説——実体価値——の帰結なのである。このような概念構築の論理に基づいて、商品関係を分析する際に、価値の最も単純な表現としての直接交換が中心的な位置に置かれるのである。第4章では、すべての理論的努力を傾けて、物々交換を価値表現の「単純な形態」と見なすことの誤りを証明することにしよう。価値の表現は貨幣的な表現しかない——このテーゼに同意する者にとっては、観察が教えることに合致して物々交換の地位が低いことは明らかである。問題となっているのは勘違いのそれである。よって、物々交換を商品関係のモデルとして用いる分析に対しては、警戒を怠ってはならない。物々交換はせいぜいのところ、退化した商品形態でしかない。したがって物々交換は、商品関係についてかなり歪んだイメージしか与えない。経済学者たちが観察事実に反してこの点を忘却してしまうとすれば、それは、彼らが長年にわたる理論的な学習効果によって価値を商品に固有な実体と見なすよう条件づけられてきたせいである。

価値理論家たちは、物々交換に支配的役割を与えたことの論理的帰結として、貨幣関係をなおざりにしてしまった。価値諸理論を最もよく性格づける最も奇妙な特徴の一つ、それは、貨幣なき経済を研究対象にしていることである。マルクス、スラッファ、ワルラス、アロー＝ドゥブリューのいずれにあっても、価値の理論が関心を寄せるのはもっぱら相対価値（ある財が他の財とどんな比率で交換されるのか）なのである。相対価値を考察するために、価値の理論ではたいていニュメレール（「計算単位」の意だが、ここではワルラス的な特殊な含意がある）が導入される。つまり、ある財の価格を1とした上で、それと相対的に他のすべての財の価値を規定していくことが慣習となっている。これが「価格」と呼ばれている。ただしこの「価格」は、交換価値の明示を容易化することだけを目的とする純粋に技術的な仮定にすぎない。いずれにしろ、ニュメレールが導入されても、考察されている経済の根本的な性質は変わらない。財はもっぱら他の財と交換されるだけだから、考察される経済は依然として物々交換なのである。現実の貨幣、「すなわち単に計算単位となるだけでなく、実際に流通し、さらには『価値の貯蔵手段』としても機能する貨幣[14]」は想定されていない。こうした貨幣不在は大いに強調されてよい。このことは決して偶然ではなく、価値理論家が交換可能性を社会的「実体」の帰結と見なしていることの顕著な表れなのである。同じ理由によりまた、重要なのはその「実体」を規定することである、とされる。貨幣省略の背後には、交換の原理をできるだけ明確につかみ取るために直接的外観を超えて考察しようという意志がある。良質な価値理論家は本質を覆い隠す貨幣の幻影に欺かれてはならない、というわけだ。財の交換可能性をその固有の原理――価値――において理解するためには、外観を捨象することが重要とされるのだ。この点については、シュンペーターがかなり直截に述べている。

「われわれが経済過程の基本的特質を分析するときには、この〔貨幣の〕ヴェールを無視できるというだけでなしに、無視しなければならない。これは、その下にある素顔を見ようとするときにヴェールを取り去らなければならないのと同様である。それゆえ貨幣価格は、商品間の交換比率――貨幣価格の『背後にある』真に重要なもの――に席を譲らなければならない[15]」。

これと類似の考え方が、商品の貨幣表現に関して述べるときのマルクスに見られる。

「商品世界のこうした固定した既定の形態、商品の貨幣形態は、私的労働の社会的性格や生産者たちの社会的関係を暴くのではなく、それらを覆い隠すだけである[16]」。

商品関係についてのこうした考え方は重大な影響を及ぼす。この考え方は必然的に、貨幣を装飾品の地位に追いやってしまう。実際、諸商品の通約可能性の根拠が――貨幣的交換から遡って――価値の原理のうちに求められるとすれば、貨幣にいかなる役割が残されるであろうか。交換可能性それ自体も、交換可能性を表す量的関係の規定も、もはや貨幣の管轄ではなくなる。このような文脈の中で貨幣に残されるのは、もはや、取引を容易化する、という完全に副次的な役割だけになる。貨幣は価値の理論に全面的に従属するので、取引の論理は貨幣とは全く関係がなくなる。一言で言えば、〔貨幣は〕交換の道具であれ、ということだ。シュンペーターは言う。「貨幣は、取引を容易化するために採用される技術的手段という控え目な役割でのみ、〔この分析に〕入り込んでくる」[17]。引用文中の「容易化する」を読むときには、このアプローチが常に物々交換を可能的代替物と見なしていることに注意を払わなければならない。ここでは貨幣は強い意味で手段であり道具である、すなわち、貨幣を全面的に支配する原理――価値――に仕える「技術的便宜」なのである。価値の実体的概念に同意する以上、こうした理解にならざるをえない。価値の実体的概念は、貨幣の道具的概念にたどり着かざるをえない。第4章では、新古典派理論における価値の実体的概念を取り上げ、批判の俎上に載せるつもりである。

三　交換の過小評価

価値の諸理論によって貨幣が忌避されることについては、別の視角からも解釈することができる。つまりそこには、現実の取引とそれが展開される仕方に対する軽視が確実に見てとれる。価値実体〔論〕は、眼前にある対象《オブジェ》〔客体〕の実体的内容を析出することから出発して、外から交換を理解していこうという考え方であるから、この軽視は驚くべきものではない。そこでは、独自の意味における交換は何の役割も演じない。この点を納得するには、価値の観念から派生する二つの性質――自同律と推移律――を考えてみればよい。一方の自同律においては、考察される財のサンプルがどれであれ同じ財の価値はどれも変わらないことが公準化される。つまり、商品世界の別箇の場所からたまたま取り出された二つの同一種類の財は必ず同じ価値を持つ。他方の推移律においては、ある財の価値はどの財と交換されようと変化しないということが公準化される。これについてマルクスは次のように述べている。「交換価値は、x量の靴墨やy量の絹やz量の金などどれで表現されようと、常に不変である。それゆえ交換価値は、多様な表現とは区別される一つの内容を持つ」[18]。この二つの特定化によって、価値には特異なパワー《ピュイサンス》〔勢力〕が与えられる。考察される財のサンプルがどれであれ、考察される交換がどんなものであれ、価値は常に不変なのである。しかしわれわれは、価格に関しては、これほど問題が単純ではないことを知っている。単一の価格法則も、相対価格の推移性も現実世界においては必ずしも絶対必然ではない。交換の諸力《フォルス》は固有価値の表現を絶えず攪乱するように見える。だが価値理論家によれば、決してそのようなことはない。何がどんな比率で交換されるかを決める核となるのは価値なのだから。こうして、価値の対象性〔客観性〕が交換関係を支配する、という理論的言説が生み出される。われわれは、価値の諸理論が商品交換に関心がないと言おうとしているのではない。というのも、価値理論家においては、価値を通じて商品交換を解明することが目指されているからである。しかし彼らは、経済学者の関心を引くと見られるものはすべて価値の概念に含まれており、価値の概念こそがそうしたもの全般の解明を与えると考えてしまう。価値が算出されさえすれば、交換は既に語り尽くされたことになる。価格と価値の間に差が現われるとしても、それは、理論的重要性を持たない残差でしかない。この差はいかなる量的規定も逃れるものである。このようなことは、古典派の思考にも新古典派の思考にも見られる。交換の過小評価は両学派に共通である。

しかしこの重要論点に関して、古典派経済学者と新古典派経済学者とでは、論じ方があまりにも違いすぎるので、両者を一緒くたに扱い続けることは有益とは言えない。実際、古典派が提示する理論においては、需要と供給の変数が不在であるのに対して、新古典派はそれらの変数を明示的に分析に統合している。一見したところ、両者の乖離は根本的なものであるように見える。古典派においては、交換の過小評価は当然のものと言える。労働価値は、その本性《ほんせい》からして、もっぱら生産諸条件を基礎としているからである。論理的《デ・ジュレ》に市場は放逐される。したがって、価値と価格の均等を請け合うことはできない。というのも、二つの量《グランドゥール》はそれぞれが独立した規定、前者であれば労働生産性、後者であれば需給関係に対応しているからである。また、労働価値の理論家（スミス、リカードウ、マルクス）[19]は、この二つの量《グランドゥール》の間には大きな差が存在しうることもはっきりと認識していた。彼らの見解によれば、価値の推移が価格の推移の基礎にあるとしても、価値と価格の一致は傾向的・長期的にしか支配的ではない。マルクスはこの一致がどのようにして生じるかという問いに答えて、次のように述べている。「［…］偶然的な、いつも可変的な交換比率においては、生産に必要な社会的労働時間が規制的な自然法則として力づくで勝利を占めるのであり、このことは、家が頭上に崩れ落ちてくれば誰にでも重力の法則が感じられるのと同じである」[20]。この分析は価値論を象徴するものである。隠れた見えない力が、対象《オブジェ》〔客体〕を運動させることによって、私的諸利害の盲目的作用が支配する場所に秩序が生み出されるというのだ。つまり古典派経済学者は、知ることができるものの領域（価値法則）と、「偶然的なもの」と「可変的なもの」の領域（短期的価格変動）とを対置する。後者は労働価値の法則を免れるが、副次的であり周辺的である。後者は、価格形態が導入されるときに現われ、価格形態の必然的帰結として分析される。アダム・スミスにも同じ分析が見いだされるが、このことはわれわれを驚かせない。「したがって〔価値は〕[21]、いわば、すべての商品の価格をたえず引き寄せる中心価格である。さまざまな偶然が、価格を自然価格よりもずっと高くつりあげておくこともあろうし、それよりもいくらか引き下げることさえあるだろう。しかし、価格がこの静止と持続の中心に落ち着くのを妨げる障害が何であろうとも、価格は絶えずこの中心に向かっているのである」[22]。ここでも古典派経済学者は、価値法則がどのように作用するかを明示しようとするとき、重力の法則を引き合いに出している。古典派経済学者には、しばしば同じ概念構成が見られる。すなわち、ニュートン物理学のように、物事の外観の奥に分け入らなければならない。最も重要なのは労働価値の作用であり、交換は労働価値によって支配される。「交換が商品の価値量を規制するのではなく、逆に商品の価値量が商品の交換関係を規制する、ということは自明である」[23]とマルクスは述べている。よって、商品交換の中で価値を通じて考慮されないものは、概念的には重要でないノイズとして位置づけられる。理論家がこれを気をかける理由はないのだ。それゆえ、買い手と売り手を関係させる装置である市場についての詳細な分析を行う必要はないとされる。そうした分析はスミスには見られるが、リカードゥにもマルクスにも見られない。彼らは市場の具体的な作動《フォンクシオヌマン》には興味を示さない。供給と需要の変数について解明すべきことは、価値の概念に基づいて明らかにされることだけとされる。「したがって、市場価格を、あるいはより正確には市場価値からの市場価格の乖離を支配するのは需要供給であるとしても、需給関係を支配するのは、あるいは需給変動が市場価格を変動させるときの中心となるのは市場価値である」[24]。別の言い方をすれば、古典派経済学者においては、価値から価格への移行は、概念の大きな追加なしに行われる。彼らによれば、価格とは、短期的な変動がより大きな価値なのであり、そうした短期的変動は法則を持たないがゆえにその量的規定は不可能である。結論はマルクスに述べさせよう。「したがって、商品の価格とその価値量との間には量的な格差、差異のあることが可能なのであって、この可能性は価格形態そのもののうちに宿っている。曖昧さはこの形態の欠陥ではなくて、逆に、この形態の美点の一つである。というのは、この可能性は価格形態を、一つの生産体系――この生産体系では、平均して相互に相殺し合い無力にし合い害し合うような不規則性の盲目的な作用によってのみ、規制が法則になる——に、適合させるからである」[25]。

これと全く異なるのが新古典派アプローチである。なぜなら、需給の均等が、価値の満たすべき諸条件の一つとされるからである。新古典派アプローチは、いかなる過程を通して価値が価格に転化するかを説明するために、市場メカニズムを記述しようとする。しかし次章で指摘するように、新古典派においても——特殊な形態をとってではあるが——交換の過小評価が見いだされる。

四　全体化する概念系

価値の様々な理論に共通するものについての以上の分析から、経済思想史家たちがしばしば見逃してきた第三の特性が浮かび上がってくる。性急な読者はそう考えなかったかもしれないが、本質的に言って、価値は包括的《グローバル》な概念である。価値〔という概念〕が目的としているのは、市場参加者間の形式的な分断《セパラシオン》を超えて諸活動を客観的に互いに関係づける隠れた相互依存を明らかにすることである。つまり価値は、経済を一つの全体として把握する概念なのである。価値が扱うのは市場秩序の包括的な凝集性《コエジオン》であり、その原理が価値によって解明されるのである。したがって価値は、集合的事実——経済を均衡化した全体性へと秩序づけるパワー——であると言える。アダム・スミスら経済学者が言うところの有名な「見えざる手」のアイデアはここに見いだされる。価値は、外観を超えたところに及ぶ〔概念な〕のであり、その結果として、何が当事者たちを——本人の知らぬ間に——誘導して諸利害の調和を生み出すのかが探り当てられるのである。

この体制的な次元は、価値の量的規定性を扱った諸研究のうちに、はっきりと見いだされる。実際、特定の財の価値を評価するには、その財と他の諸財との間の相互関係についての考察が前提となる。価値は決して単独では規定されないのであって、常に他のすべての商品の価値と一緒に規定される。価値を規定するためには、どのようにこの財が他の諸財の存在を要求するのか、その上で今度は、どのようにこの財が他の諸財に作用するのか、を明らかにしなければならない。要するに、個別的価値を規定するには、経済をその全体性においてとらえる評価過程が必要なのである。この点で価値は、全体化《トタリザン》する概念系《コンセプシオン》なのである。こうしてみると、価値の規定には容易ならざるものがあると言える。なぜなら、価値の規定をうまく行うには、経済全体を丸ごとモデル化しなければならないからだ。この作業に特に適合的な道具は何かと言えば、それは、諸変量のセットを同時決定することを特別の目的としている道具である。この道具とは数学的な性質を持つもの、すなわち連立方程式体系にほかならない。これによって、ある財の価値を他の諸財の価値と結びつける多様な相互連関を明らかにすることができる。各方程式には特定の財の個別的価値が対応しており、各方程式は他の諸財への依存関係へと分解される。経済にn種類の財があるとすれば、体系はn本の方程式とn個の未知数——すなわち各財の価値——を持つ。このn個の未知数は、n本の方程式体系の解として同時決定される。確かに、体系の記述表現は、理論が考慮する従属連関の特殊性質《ナテュール》によって左右されるだろう。労働価値説が提示する体系は効用価値説のそれとは別のものである。しかし両説は連立方程式体系に依拠する点では共通である。そうした提示形式はそれだけで、価値が包括的な性質を持つことを物語っている。そこには、他のすべての財の価値を知ることによってのみ特定の財の価値を規定できることが示されている。

　まず古典派のアプローチを考察しよう。同アプローチが商品経済的な凝集性の研究に着手するのは、基本的に分業の視角からである。あれやこれやの活動は、集団的な生産構造に組み込まれることによって、互いに関係づけられる。古典派経済学の時代には経済学者は数学を用いていなかったので、古典派経済学者の論述中には方程式体系が明示的に見られるわけではない。しかし彼らの思考の中には、価値が集合的事実であり局所的事実ではないというアイデアがはっきりと見いだされる。マルクスにおいてはこのアイデアは、価値が経済の平均的生産諸条件によって決まるとする「社会的必要労働」の概念に見てとることができる。彼は次のように述べている。「商品の生産に社会的に必要な労働時間とは、平均度の熟練と強度とをもってして、しかも、与えられた社会環境について標準的であるような条件の下で遂行されるすべての労働が、必要とする時間である」[26]。これを算出するには、何が生産の「標準的」条件かを規定することが必要となる。したがって、マルクス主義者においては、社会的必要労働の変化を分析するために、まず当該経済の生産諸条件を総体として把握し、その中で標準的と言える生産条件を探り当てることが求められるのである。こうして、例えば或る生産者が自らの生産方法を全く変更していなくても、競争相手が新型機械を導入することによって標準的な生産条件が変わる場合には、生産される商品が同じでも価値が変化するかもしれない。

古典派経済学者は数学に頼らなかったけれども、現代のその後継者たちの場合は全く様子が異なる。後継者たちは、過去の研究を受け継ごうとするとき、そこに含まれる諸々のアイデアをモデル化するために、ごく自然に連立方程式体系に依拠するからである。このことは、過去の研究の諸アイデアに全体化志向の本性があることを示唆している。ピエロ・スラッファが――リカードゥ派の観点から書かれた――著書『商品による商品の生産』[27]で行っている研究は、この問題を扱ったものである。彼がモデル化している経済にはn種類の商品がある。この新リカードゥ派的な枠組みにおいては、各商品の価値は、その生産に必要な商品の価値と――スラッファが全生産部門について同一と想定するところの――利潤率および賃金率によって決まる。この仮定に基づきスラッファは、各商品について一本ずつのn元の方程式体系を提示する。この体系は、商品経済の凝集性を保証する相互依存のネットワークを方程式の形で示している。労働価値の観点から見れば、こうした相互依存は主要には生産的な性質のものであるが、もっぱらそうだというわけではない。異部門間の利潤率や賃金率の均等を想定するには、資本と労働に競争を拡張しなければならないからである。この仮定が重要な役割を果たす。この仮定の下で、全商品の価値が同時に決定されるのである。森嶋通夫は、リカードウに対してスラッファが行ったのと類似のやり方を、マルクスに対して行った。マルクスの労働価値説をモデル化しようと試みたのである。森嶋は、スラッファに類似した方程式体系を提示するが、資本主義経済ではなく小商品経済に関心を寄せるので、〔スラッファと〕異なり利潤の観念は導入していない。リカードウにおけるのと同様にマルクスにおいても、ある財の価値はその生産に投入される諸財の価値によって決まるので、諸価値が密接に相互依存する体系が獲得される。森嶋は次のように述べている。「どの単独の部門も、自己の生産物価値を独立には決定しえない〔…〕。だから価値は社会的に決定されるのである(28)」。

　新古典派のアプローチは、労働価値を拒否して効用価値を採用することによって、商品経済の凝集性の問題に対して、一新された方法で接近しようとする。今や、個人の対象関係（個人と対象ないし物との関係）の問題が、狭義の生産の問題よりも重視される。その結果、この理論においては、財の需要と財の供給との間の一致可能性（古典派においてはこの一致可能性は、周辺的な役割しか果たしていなかった）が重視される。これによって求められているのは、諸商品に対する諸々の個人的欲望が相互対立《コンフリ》に陥らないこと、したがって市場参加者間の合意形成を保証することである。それゆえに、諸市場すべてが均衡にあるときに価値が規定される。諸市場すべての均衡とは、参加者全員の諸欲望がすべて同時に満たされることを意味する。明らかに、一商品についての価値の個人的規定というアイデアは、ここでは全く意味を持たない。このような文脈の中では、価値は集合的事実として、すなわちすべての対象の分配に関する参加者全員の合意として提示されるのである。したがってすべての財のすべての価値が、一つの同じ運動の中で決定される。一九五〇年代初めのケネス・アローとジェラール・ドゥブリューの研究によって明らかにされたように、ワルラス的な一般均衡[29]は、n個の未知数を持つn本の方程式体系——各方程式は一つの商品の需給均衡を記述している——の形で、最も成功した例解を与えていた。一つの財の価値が他の諸財の価値に従属していることは、新古典派理論が想定する相互依存の作用からの帰結である。この相互依存は、労働価値アプローチが考慮しているものよりもずっと複雑である。[30]技術的依存が生産関数によって提示されるほかに、一般均衡には、消費の側で働く代替の諸効果と、所得に関連する諸効果が織り込まれている。例えば、財iの価値は、次のような場合には、財jの価値に従属して決まる。すなわち、二財が白砂糖と茶砂糖のように相互に代替可能である場合がそうであるし、財iの消費者が、財jの価値に依存する所得を得ている場合がそうである。後者については、例えば、肉の価値の増加が肉屋の所得を増やし、かつ肉屋が靴を購入することによって、靴の価値が肉の価値に従属して決まる場合である。一般均衡については、改めて第2章で詳しく論じたい。

　本節の結論として言えば、実体仮説は、商品経済の体制的ヴィジョンとなっているように思われる。おそらく商品経済の特質が実体仮説を後押ししてきたのである。経済学者に突き付けられた商品経済の根源的な謎——「商品的分断はどのようなプロセスによって乗り越えられるのか?」——は、最も説得的な解答を実体仮説に見いだしたのである。無秩序の外観の背後には、見えざる組織化のパワー——価値——があることが明らかにされ、それがすべての市場参加者をとらえているとされた。実体仮説を理論的に加工しようとする人々にとって当初から自信を強める要因となってきたのは、ニュートンの考え方（重力法則）との概念的近似性であった。しかしこの「全体論的《オリスト》」アプローチは新たな問題を提起した。すなわち、この包括的アプローチは、どのようにして商品経済の根本的に分権的な性質と両立可能であるのか。そこには困難はないのか、と。現実経済においては、諸価格および諸個人は局所的に大きな自由度を持っているのに、このアプローチではそのことが全く考慮されていないように見える。この点についての考察は、第5章で改めて行うことにする。

五　商品の物神崇拝《フェティシズム》

ここまでの考察結果に照らして言うと、実体仮説を諸規定の全体〔労働価値説と効用価値説〕において検討してわかるのは、同仮説によって提出された商品世界の概念が、対象《オブジェ》を中心とするものだということである。同仮説は、支配的な経済的事実――価格や交換量など――の了解可能性が価値の計算に全面的に依拠しているという理由から、諸主体相互の関係を副次的な平面にしか位置づけていない。このような同仮説の強い特殊性を物語るのは、経済学の伝統において「関係《ルラシオン》の経済学」よりも「量《グランドゥール》の経済学」が重視されてきたという事実である。この傾向は、商品経済に固有な事実を反映しており、その限りでは、先験的《アプリオリ》に怪《け》しからぬものでは決してない。商品経済にあっては、分断《セパレ》された諸個人は直接にではなく、商品流通を介して互いに関係を取り結ぶ。価値の対象性〔客観性〕を介して、生産者‐交換者は社会的なものについての経験を得る。量《グランドゥール》の優位は、「どれくらいか」という形で、すべての市場参加者に意識されることである。こうして見ると、価値論は、商品経済が諸主体の前に姿を現わす仕方に忠実であるとも言える。「価値量は、生産者たちの意志や予測にかかわりなく不断に変化し、したがって、彼ら自身の社会的運動が彼らの眼には物の運動という形をとる。彼らはこの運動を導きうるどころではなく、運動が彼らを引きずるのである」[31]。価値の諸理論は、「意志や予測」を逃れる客観的評価、という共通経験に即した理論なのである。このとき提起されるのは、こうした表象はどれほどの地位を占めるものなのかという問題である。こうした表象は、商品経済の究極の真実なのであろうか。

この問題についての最も緻密な分析は、『資本論』第一巻第一章におけるマルクスのいわゆる「商品の物神崇拝《フェティシスム》〔ないし呪物崇拝〕」論に見いだされる。取引主体が持つ商品は「それぞれ特殊な体躯を賦与されて人間との交渉やこれら産物相互間の交渉を行う独立的な存在[32]」なのだ、という見方について検討することが、マルクスの課題である。商品的個人〔商品的分断の下にある個人〕が共有するこうした見方に反して、マルクスは、価値が社会的事実――特に商品的分断によって生み出されるそれ――であり、決して「自然的な」量《グランドゥール》ではないことを指摘する。彼は次のように言う。「労働生産物の価値形態および価値関係は、その物理的性質とは全く何の関係もない。この場合人間にとって諸物相互の関係という幻想的な形態をとるものは、たんに、人間相互間の特定の社会的関係であるにすぎない[33]」。マルクスによれば、間違って人々が何がしかの特性を物神《フェティシュ》〔呪物〕に本来的に帰属するものと見なすのと同様、経済諸主体は、価値が商品に――自然的な質として――本来的に帰属するものと見なしている。しかしマルクスは言う。いずれの人たちも、目の前の現象の背後に隠れた本性《ナテュール》を正確に認知してはいないが、だからと言ってこの見方は幻想ではない。この見方は、商品経済の現実の本質《コンスティテューティフ》を形作っているのだ、と。価値が商品に固有な客観的量《グランドゥール》という形態をとって現われる、というのが商品経済の現実である。「価値の額《ひたい》の上には、それが何であるかは書かれていない[34]」。つまり、価値という抽象は商品経済の現実の本質《コンスティテューティフ》を構成している。以上のことを踏まえてマルクスは次のように述べる。「ブルジョア経済学の諸範疇は、それらが現実の社会的諸関係を反映する限り、客観的な真理を持つ悟性形態であるが、これらの諸関係は、商品生産が社会的な生産様式であるような特定の歴史時代にしか属していない[35]」。ここには、マルクスの微妙な立場がよく示されている。アントワーヌ・アルトゥはこの立場を次のように説明している。

「マルクスによれば、商品は『感覚的で超感覚的な』ものであり、思考形態は社会的客観性を持つ。要するに、社会関係はそれに随伴しそれを構造化する諸表象なしには存続しない。したがって物神崇拝の現象は単なる意識――個人的または集合的な――の幻想に基づくのではないし、社会諸関係の外観すなわち物事の表面のみを指し示しているのでもない。物神崇拝の現象はむしろ、資本主義的生産諸関係の実存様式を、その客観的社会形態を表している(36)」。

換言すれば、価値の対象性〔客観性〕が商品経済の現実を構成しているとすれば、理論家にとって重要なのは、この対象性が一定の社会構造の歴史的産物であることを見失わないことである。たとえ「化学物質が固定的な比率で化合しているのと同じように、これらの諸物のうちには、一定の比率で交換されるという属性が宿っているかのように見える(37)」としても、価値は自然的な量《グランドゥール》ではない。理論家はこの外観に騙されてはならない。理論家は物神崇拝の幻想に陥るのを避けなければならず、そのためには、商品形態が歴史的に規定された特殊な社会関係――商品生産――の帰結であることを忘れてはならない。諸対象《オブジェ》〔物〕が「商品になるのは、それらの物が、相互に独立して営まれる私的労働の生産物であるからにほかならない(38)」。このテーゼは本書の核心でもある。というのも、本書では、価値をあるがままのものとして、すなわち実体としてでなく、社会的‐歴史的制度――商品経済の土台となっている制度――としてとらえる概念枠組みを構築しようとしているからである。しかしマルクスとは異なり、本書の主張は、このプロジェクトを成功させるには実体仮説と手を切ることが絶対に必要だ、というものである。われわれの見るところ、この断絶は決定的に重要である。なぜならこの断絶こそが、商品の物神崇拝を免れるための、すなわち価値の社会的性質を考えるための条件そのものであると思われるからだ。われわれは、この主張の含意を、以下の諸章において敷衍するつもりである。しかしそれに先立って、一つの重要な議論を取り上げておきたい。マルクスは、二兎――かたや商品の物神崇拝、かたや実体仮説――を追えることを彼の著作を通じて証明しており、この証明はひいては今述べたプロジェクトが誤りであることの証明ではないのか、と。本節の残りの部分では、本書のプロジェクトが誤りではないことを明らかにしておきたい。むしろマルクスは、労働価値に固執することによって、商品関係の社会的‐歴史的アプローチ――特に物神崇拝批判――と明らかに矛盾する立場をとってしまったのだ。

この点を論証することによって、価値実体と価値制度が両立不可能な二つのアプローチであることを明らかにしよう。労働や効用という――本質的に永遠不変の――実体が、どうしたら、価値の社会的‐歴史的概念への接近を可能にするというのか。そこにあるのは還元し難い二律背反である。むしろ、実体仮説に完全に合致するのは、商品経済は常に存在してきたし、同じように、経済価値も常に存在してきたという見方である。人間は自らの生存を確保するために常に労働を強いられてきたし〔労働価値説〕、人間は常に有用財を欲求してきた〔効用価値説〕、というように。両説ともに、歴史的アプローチを押し退けて、経済関係の「自然主義的」概念を前面に出している。こうした「自然主義的」思考を擁護することも可能であるが、〔自然主義的思考は〕マルクスの考え方ではない。マルクスもまた実体仮説を説いており、いくつかの章句においては労働価値の超歴史的解釈の支持者として振舞っている。だがそのことによって彼は自分自身の考え方に対立せざるをえなくなっている。この逸脱《デリヴ》が特にはっきりと見られるのは、労働価値の量的規定においてである。「社会的必要労働時間」はどんな生産関係かには関係なくすべての生産物に対して計算されうる数量《カリテ》であるから、「自然的な」量《グランドゥール》、すなわち社会関係を欠いた量《グランドゥール》であると見なされてもやむをえない。実際、それを形式的に算定するに際しては、商品的な交換関係には全く言及されない。その計算は非商品的な社会においても実行されてきたものである。マルクスにおいては、労働価値の量的規定を行う中で物神崇拝批判との接合がなされることはない。物神崇拝批判は、労働価値の量的規定を詳しく行った後に追記として、外から注意書きのような形で提示されるのである。

コルネリュウス・カストリアディスのような聡明な人も[39]、二つの対立概念の間を揺れ動くマルクスのテキストのこうした矛盾を俎上に載せていない。われわれがいま述べたことと合致して、カストリアディスは、矛盾の源泉を実体という観念に見いだしている。実体の観念は「絶対的意味作用を付与された」質を指し示すことによって、「常に、ずっと前から、また永久にあったもの」[40]を顕在化させる。このようなものを考えることは、考察されている社会関係いかんにかかわらず妥当するところの、普遍的な規定性の存在を導入することに等しい。カストリアディスは述べる。「マルクスの思考における二律背反は、すべてのものを修正し、絶えずそれ自身を修正するこの〈労働〉が、同時に〈実体〉／〈本質〉の範疇でも、つまり、不変のままで残る［…］範疇でも考察されていることにある。この範疇は、変化していく諸特性・諸規定性の不動の基礎として存続し、それ自体は自己修正も変質もしない」[41]。カストリアディスは自らの主張を解説するために、マルクス本人が孤島のロビンソンを引き合いに出していることに注目する。ロビンソンは、「彼が目ざす有用な効果を得るために克服しなければならない困難が大きいか小さいかに応じて」[42]、自分の労働時間を諸種の生産活動に配分することを最終的な目的として、労働時間を記録していたという。経済学者の言葉を使えば、このことは、「自己の効用を最大化する」ことと言い表せる。マルクスはロビンソンによる計算について次のように述べている。「彼の財産目録には、これら様々な生産物の一定量が平均して必要とする労働時間についての、明細が記されている。［…］価値のあらゆる本質的な規定がこのうちに含まれている」[43]。つまりこの章句においては、労働価値は、ロビンソンにも商品経済にも通用する超歴史的カテゴリーと見なされている。さらにマルクスは、将来の共産主義社会に関してもこのことは言えるとし、「ロビンソンの労働について述べたことすべてがここで再現されるが、ただしそれは社会的にであって、個人的にではない(44)」と言っている。マルクスは著作中の多くの章句において、商品生産に固有なものという歴史的に規定された次元を価値に要求しているが、その要求はこの箇所では不在である。カストリアディスは、この絶えざる揺れ動きの例をいくつも挙げている。「マルクスは〈労働実体〉を、あるときは純粋に心理学的なものとして、またあるときは純粋に社会的なものとして、あるときは超歴史的なものとして、またあるときは資本主義段階に関連するものとして、あるときは資本主義的搾取の下での人間の物化の表れとして、そして将来社会における『合理的計算』を可能にする基礎として考えている(45)」。結びとして彼は次のことを強調している。「アリストテレス同様、マルクスの真の歴史的限界は、制度の問題〔を扱っていないこと〕である。社会的‐歴史的なものを、別の場所にある『既知の』ものへと還元されない存在様式として考察することは、伝統的思考からは不可能である(46)」。歴史的に築き上げられる社会諸関係から経済的事実は生み出されるのだが、実体的アプローチからは、経済的事実をそうした社会関係の観点から考察する言説は出てこない。これは、実体アプローチがその構造それ自体において制度を無視するものだからである。それゆえ、資本主義経済の社会的‐歴史的なヴィジョンに忠実であろうとすれば、実体仮説と手を切り、価値の制度を考慮に入れなければならない、と結論される。その通用性が本来的に普遍的である実体仮説と、価値を市場秩序に特殊な現実と見なす主張との間には矛盾が存在している。

　マルクスに関する考察を結ぶにあたり、一人の興味深い論者すなわちイサーク・ルービンを取り上げておきたい。彼が試みたことこそまさしく、上記の二律背反を超えること、すなわちマルクスの労働価値説とマルクスの物神性《フェティシスム》論とを接合することであった。成功していないとはいえ、彼の行った考察には注目すべきものがある。

というのも彼の考察は、［マルクスの］多数の読者が注意を留めなかった箇所に、問題を見いだしたからである。ルービンは、物神性論が実体アプローチ批判であることを理解していた。彼の著書はおそらく、これまでマルクス価値論を扱ったものの中で最も緻密な議論を行ったものである。われわれが注目したいのは、抽象的労働に関する彼の分析である。われわれの考察に照らして見るとき、この概念が決定的に重要なポイントとなる。マルクスは、価値形成労働が商品経済においてとる独自な形態を特定するために、抽象的労働の概念を提出した。つまり価値の実体とされるものが、まさに抽象的労働なのである。われわれは結局、先の問題に再び逢着する。すなわち、価値を形成する抽象的労働という特殊商品的な概念が、どのようにして、労働という総称的実体のうちにその適切な規定性を見いだしうるのだろうか、と。社会的必要労働という意味においてであるとはいえ、抽象的労働が依然として労働であるのはいかなる点においてであろうか。ルービンは問題の困難を意識していた。彼は「抽象的労働に関する所説はマルクスの価値論の中心点のひとつである」[47]ことを十分に理解していた。しかし、にもかかわらず、彼は、抽象的労働について一つの根本的な解釈ミスが犯されていることを認めている。その解釈ミスとは、抽象的労働の概念は「生理学的」概念だ、というものである。ルービンは抽象的労働のこの「生理学的」解釈——「物質的」ないし「技術的」解釈とも言われる——と闘ったのである。ルービンが行っている推論は、われわれのものと非常に近いので、以下、長い引用を行っておきたい。

「マルクスは、価値が社会的現象であること、「商品価値が純粋に社会的な現実しか有さず」、「一原子の素材も」含まないことを、倦むことなく繰り返した。それゆえ、価値を形成する抽象的労働もまた社会的範疇として理解すべきであり、この範疇のうちには「一原子の素材も」見いだすことはできない、ということになる。次の二つのうちのどちらかである。抽象的労働が生理学的意味での人間労働の支出を表すものであれば、価値もまた物的・素材的性格を持つ。さもなければ、価値は社会的現象である。そして、この場合には抽象的労働も同じく、生産の一定の社会的形態と結びついた社会的現象として理解されなければならない。抽象的労働の生理学的理解を、この労働が形成する価値の歴史的性格と和解させることもまた不可能である。生理学的エネルギー支出は、それ自体としては、すべての時代に見いだされるのであり、したがってこのエネルギーはすべての時代に価値を創造していたかのように考えられる。ここでわれわれは、マルクスの所説とは鋭く矛盾する粗雑きわまりない価値論理解に接近する[48]」。

経済諸関係についての社会的‐歴史的なヴィジョンに忠実であろうとするマルクス主義者に対して抽象的労働概念がもたらすジレンマを、これ以上明確に述べることはできまい。このようなヴィジョンを擁護しようとするルービンは、彼の言う「生理学的」アプローチを激しく批判しなければならなくなってくる。生理学的アプローチのうちには容易に実体仮説が認められるからである。ここで実体仮説とは、抽象的労働を「社会的諸関係を欠く永遠不変の実体」という意味に理解する見方であり、この場合、生産行為の中で支出されるエネルギーが「永遠不変の実体」にあたる。これが永遠不変であるのは、「すべての時代に見いだされる」から、そして「すべての時代に価値を創造する」からである。ところが、このようなことは不可能である。マルクスによれば、抽象的労働は、商品の時代に固有なものである。さらにルービンによれば、生理学的理解は、マルクス主義の裏切りであり、「粗雑きわまりない価値論理解」なのである。注目すべきは、にもかかわらずルービンは、マルクス自身が多くの章句において不明瞭であることを認めていることである。マルクスの種々の叙述は生理学的解釈に余地を与えるのである[49]。この点に関しては、マルクスの思考にそもそも欠陥があったことを認めねばならない。そうでなければ、ルービンの主張にあるように、多くの論者がこの（間違った）道を進んでいることをどう説明できるだろうか[50]。われわれには、このような道の踏み外しは実体仮説そのものの不適切さに根差しているように思われる。そもそも実体仮説には、抽象的労働の自然主義的解釈、すなわち「生産のあれこれの社会的形態にかかわりなく、すべての歴史時代に存在する」ところの、「社会的および歴史的要素を一切喪失した[51]」労働という解釈を支配的なものにする傾向がある。〔これに対して〕ルービンは、他の道が可能であることを示そうとした。これこそが彼の業績の核心である[52]。うまくいくかどうかは心許ないが、以下、彼の業績を紹介しておきたい。というのも、そのことで、進むべき道が見えてくるだろうからである。

自然主義的な偏向を避けるためにルービンは、抽象的労働の商品的特殊性をなすものを明示しようとしている。長大な分析がなされ、その中ではマルクスからの多数の引用が駆使されている。そこでの分析および引用は、交換行為の強調という一つの要素に収斂している。ルービンは言う。「マルクスは、具体的労働種類の抽象的労働への還元が究極的には交換行為の中で遂行されることを強調している[53]」。ここでわれわれはルービンとマルクスに全面的に同意する。交換を分析の中心に据えなければならない。「交換が生産過程の社会的形態になり、生産過程に商品生産という形態を与えるにつれて、抽象的労働は出現する[54]」。ここで話の中心となっているのは交換である。労働価値アプローチは交換を過小評価しがちであるために、抽象的労働を商品生産に特殊な量《グランドゥール》として把握することができなくなってしまう。交換とその特殊な規定性を考慮するならば、それだけで、全く新しい観点が開かれる。しかし、交換をとらえる二つの仕方が可能である。すなわち、価値が形成される場所と見なすか、それとも、価値が顕在化する場所と見なすか、である。ルービンは再び困難を意識する。

「ある種の批判者たちは、われわれの命題からは抽象的労働は交換行為のなかでだけ発生するという結論を引き出せる、という。ここから必然的に価値もまた交換のなかでだけ発生するということになる。ところが、マルクスの観点からは、価値したがってまた抽象的労働は生産過程においてすでに存在していなければならないものである、という。彼らはここで、生産と交換の関係にかんするきわめて深刻で根の深い問題にふれている。この困難はいかに解決すべきであろうか。一方では、価値と抽象的労働は生産過程においてすでに存在していなければならないのに、他方では、マルクスは多くの箇所で抽象的労働が交換過程を前提すると言っている」[55]。

相矛盾する二つのテーゼをどう調停すればよいだろうか。一方のテーゼによれば、交換は、生産過程において先行的に生産された価値を顕在化させる。他方のテーゼによれば、価値は交換との固有の結びつきを有している。しかしマルクスの中では、この二つのテーゼが並存している。前者は実体仮説の名の下に、そして後者は商品価値の歴史性の名の下に、である。これに関してわれわれは、「労働」という用語がここでいかに戦略的なものであるかに気づく。というのも、第二のテーゼに従って「抽象的労働は交換によって、評価行為を通じて産出される」と言う場合、われわれは、なぜ他の物——例えば効用——ではなく「労働」であるのかを問う権利を持つだろう。労働価値説への忠誠からルービンが選択しているのは、「交換は価値を顕在化させる」とする第一の道である。これによって彼はやむをえず再び実体仮説に陥っている。実際、彼自身が次の引用文中で明示的に認めているように、労働価値の本質的規定性は、物質的‐技術的および生理学的性質とは別のものではありえない。「このことは、交換の過程に先立ってこれとは独立に、素材的・技術的側面および生理学的側面から労働を特徴づけ抽象的労働の量的規定性に因果的影響を及ぼす一連の量的特徴を確認することを妨げるものではない」[56]。

六　小括

本章では、実体仮説が、経済学的言説の特異性を言い当てるのに適切な概念であることを論証しようとした。実体仮説によって、他の社会科学と断絶した独特な思考の伝統が築かれている。通常は価値とは「判断されるもの」であるのに、経済学の伝統の中で扱われてきた価値は、諸主体の上にある、および諸主体間の関係の上にある客観的で計算可能な量《グランドゥール》として現われる。よってこの価値は、社会的・道徳的・倫理的あるいは宗教的な他の諸価値とは根本的に区別される。これは、社会科学の中にあって比類のない見地である。人間を理解する上で彼らの意見や信念はあまり重要ではなく、重要なのは、財の諸価値の数量化可能な推移、すなわち「量《グランドゥール》の経済学」と呼ばれるものであるとされる。これを分析した結果、われわれは少々逆説的な結論に到達した。経済学のアプローチは、固有の意味での交換にはほとんどスペースを割くことがない、という結論である。現実の取引に対する無関心〔の表明〕は、本章で言及してきた三種類の状況において見いだされた。貨幣取引を拒絶して物々交換を選好するとき、交換の状況に固有な影響を無視するとき、あるいは商品経済を包括的システムと見なすとき。いずれの場合にも、われわれの目の前にある現実経済は括弧に入れられている。このように筆を進める中で気づかされるのは、結論に信憑性を与えるためには、今まで行ってきたよりもずっと詳しく新古典派理論を考察する必要があるということである。実際、一見すると、正統派のアプローチには全体としてわれわれの結論が当てはまらないように見える。例えば、ワルラスの分析においては完全競争市場が中心的役割を演じるのに、どうして「新古典派理論は交換を無視している」と言えるのか。次章ではこの問題に取り組むことにしよう。

しかし、どれほどに大きな勢力《ピュイサンス》を持つ理論構成が問題になっているのかを強調せずして、実体仮説一般に関する本章の考察を終えることはできない。確かに実体仮説は、商品関係の現実の一部である評価の客観性を織り込んでいるのであり、われわれは、実体仮説がエリートたちに対して強い魅力を振りまきうることを容易に理解する。しかし価値実体という概念はかなり無謀なものである。なぜならこの概念は、諸外観を超えて、より根本的なもののうちに通約可能性を探り当てようとするものだからである。この概念は、具体的交換の表面を超えて、経済の現実を作り上げる客観的諸力《フォルス》を探り当てるために、観察者の物の見方に組み換えを迫る。したがってこの概念には、自然科学が実践しているものに類似した抽象化過程が見いだされる。本書の研究の全体にわたって、われわれはその論理をかなり緻密なやり方で提示していくつもりである。われわれは実体仮説への批判を進めていくが、それは論理的理由によるのではなく、われわれの見るところこのアプローチが――他の点では完全に首尾一貫しているにしても――経済的現実についての良き記述を提供しないためである。それは現実不適合なのである。さらに、より細かく厳密に言えば、このアプローチは現実をその全体においてつかんでおらず、本質的な諸要素を無視している。われわれの見解では、中心的に重要なのは交換の――より正確には貨幣的交換の――問題である。交換の問題を排除してしまうと、商品的分断についての根底的な理解が禁じられてしまう。既に見たように、マルクスもまたこの陥穽に陥っている。彼の立場は特に興味深い。というのも、物神崇拝批判に示されるように、彼は、生産の社会的な諸関係を最も熱心に考察した理論家でもあるからである。マルクスは正当にも、価値の客観性が自然的・非歴史的事実ではなく、一定の社会構造――商品経済――の表現であることを主張した。しかし彼は実体仮説に固執したため、たびたびこの点について自己矛盾せざるをえなかった。したがって、われわれが経済学の伝統である「量《グランドゥール》の経済学」への対案《アルテルナティーヴ》として構築しようとしている「関係の経済学」は、たとえマルクスのうちに理解の包括的枠組みや重要概念を見いだしはしても、労働価値とは手を切るのでなければならない。このような範囲での断絶がマルクス主義の再生以外の何物も意味しないことは明白である。ただしこの仕事は本研究の枠を大きく超えている。以下で重点を置くのは、メインディッシュ——新古典派の価値論——に手を付けることである。

第2章　商品の客観性

新古典派の価値論の出発点は、『資本論』冒頭のマルクスと同じである。すなわち、何が諸商品の通約可能性を基礎づけているのか、何が諸個人に財を交換させるのか、を見極めようというのである。新古典派の価値論はこれらの問いに対して〔マルクスと〕同じ形で答えようとする。すなわち、社会的「実体」が引き合いに出される。しかし、交換可能性の根源をなすとされるこの実体は、もはや古典派に見られるような労働ではなく、諸財の効用である。財は効用を持つ〔有用である〕からこそ交換されるという。この効用価値仮説は、財との関係という側面から個人を理解しようとする概念枠組みに基づいて作り上げられている。これは、古典派の思考においては副次的役割しか演じていなかった決定的な論点である。新古典派の経済人《ホモ・エコノミクス》は何よりもまず、諸対象《オブジェ》〔客体〕をその効用ゆえに追い求める個人である。新古典派アプローチの基礎には、市場参加者を定義するこのように独特なやり方がある。このやり方が同アプローチの基本仮説である。すなわち新古典派経済学者によれば、諸対象との関係〔対象関係〕は、他の諸個人とのあるいは社会との関係よりも優越するのだ。経済は原理として、消費者の欲求を満たすことを究極目的にしているとされる。消費財による満足が永続的に追求されることによって、商品経済の存在やその動態が意義づけられる。ワルラスの一般均衡論はこうした思考様式を見事に表現している。そこでは、n人の個人が、最大の満足が得られる商品バスケットを獲得しようとしている。生産を概念装置の中心に据える古典派アプローチとは異なり、ここでは生産は副次的な役割しか演じない。生産は、もっぱら技術的な視角から、ブラック・ボックス〔現存する生産能力に応じて、可処分対象の集合を拡大してゆく〕として考察される。生産には、特殊な研究を要する特殊な社会関係であるということは——マルクスのようには——含意されない。生産者が行うべき仕事とは、後で〔産出物を〕販売するために、労働力を含む必要投入物を購入することである。したがって、最重要な社会関係と見なされることになるのは、諸個人間への商品の分配を調整する市場である。〈対象-に-関わる-個人〉が他者に関わる経験をするのは、もっぱら市場を通じてだけである。商品的分断に関する新古典派の概念は、「有用な諸対象を獲得しようとする諸個人」というものである。

このように商品的個人〔商品的分断の下にある個人〕や商品的分断が対象関係から成ることを言い表すために、新古典派理論は、「個人的選好」の概念を導入する。すべての個人は、種々の財バスケットが自らに提示されれば、それらを選好の弱いほうから順に並べることができる、ということが仮定される。[1]「個人がバスケットBよりもバスケットAを選好する」ということは、バスケットAの消費のほうがバスケットBの消費よりも大きな満足が得られることを意味する。したがって、他の条件をすべて一定とすれば、個人はバスケットBよりもバスケットAを獲得しようとするだろう。強調すべきは、選好が、消費者と対象とが向き合う厳密な相対《あいたい》関係の中で形成されることである。このことは、選好が、他人の形成する選好には——他人が何を消費するかにも、他人が何を欲するかにも——決して左右されないことを意味する。こうして見ると、この概念枠組みの厳格に個人主義的な性質が支配していることは明白である。新古典派の思考が理解する対商品関係〔商品に対する個人の関わり〕は、分断された個人が商品と直接に向き合う純粋に私的な関係である。この個人は内観を駆使して、自分の商品が自分自身に与える効果を評価する。結果として得られる評価ももっぱら個人的なものである。たいていこの選好は、「効用関数」と呼ばれる関数の助けを借りて表現される。これによって、財バスケットの一つ一つに、それから得られる満足――「効用」ともいう――が関連づけられる。この文脈の中では、その個人も、特殊な効用関数によって形式化される固有の個人的選好を持っている。したがって、「その個人はバスケットBよりもバスケットAを選好している」と言っても、「その個人がバスケットAから得る主観的効用はバスケットBから得られるそれよりも大きい」と言っても、全く同じことである。このアプローチにとっては、すべての個人による満足増大の追求こそが、交換を介する商品経済の運動を推進する根源的な力《フォルス》でもあり、価値理論の基礎でもある。

一　対象に対する功利主義的関係とワルラス的合意

前に進むために、効用価値説について最も厳密な定式化を与え、それゆえに今日依然として経済学的思考の拠り所として基本モデルであり続けているワルラスの一般均衡論に焦点を当てることにしよう。このモデル構築が興味深いのは、競争によって商品経済の均衡が可能になるとされるからだけでなく、そうして達成される競争均衡が稀少資源配分に関して「最適」なものになることを主張するからである。[2] よって、これはかなり強い証明なのである。[3] 分析によって示される静止した経済においては、すべての主体――消費者も生産者も――が自己の欲望を完全に満たしている。その結果、彼らはもはや自己の状態を改善しようとはしない。彼らは、提示された価格水準において、期待しうる最大量を既に獲得しているからである。このような奇跡がどのようにして可能なのだろうか。どうして競争戦〔生死がかかった競争のこと〕が市場システムの自己組織化を可能にするのか。この問いに答えるには、新古典派価値論によって動員される諸仮説を、特に諸主体の欲望に関する諸仮説およびそうした諸欲望が競合する仕方に関する諸仮説を点検することが必要となってくる。

ワルラス的な合意《アコール》が形成されるにあたっては、第一の仮説——すなわち選好の客観性——が中心的な役割を演じる[4]。この仮説は、諸主体の欲望が効用計算の結果から乖離しないことを要求することによって、競争戦の中に強い抑制要因を導入する効果がある。これにより取得の暴力〔自己の存在欲望を満たすために他人の所有物を奪おうとする暴力〕が事実上、厳格に枠づけされる。競争的敵対過程を性格づけるエスカレートは、一定の人々に賭け金を増やすか、あるいは他人が欲していたり占有していたりするものを理由もなく奪い取ることを促す。敵対関係のこのようなエスカレートは厳格に禁じられるのである。つまり、選好の確定性が、取得の敵対的競争《リヴァリテ》を強く抑制する客観的アンカー〔安定錨〕を形成するのである。取得の敵対的競争は、常に、効用計算の結果に一致するものとされる。それは厳格な枠組みを逸脱することができない。そこでは、財に対する欲望が、他人によるその財の占有に比例して増大すること——これは「嫉妬」とか「羨望」とか呼ばれる——はありえない。そういうものは一律に排除されてしまっている。是が非でも優位に立とうという意志によっては個人の戦略は影響を受けないとするこの仮説は、明らかに、暴力が完全に制圧されている状況に対応している、いやそれどころか、暴力の不在に対応している。なぜなら、他人との敵対的競争が交換者の心の中に、功利主義的な世界観を動揺させるような敵意や復讐心を吹き込むことはないからである。ワルラス的な交換においては、市場参加者はいかなる状況にあっても冷静沈着であり、有用財への関心以外の感情を持たない。ここには、最も極端に押し進められた商品的分断というヴィジョンが垣間見える。「諸個人が分断されている」というのは、単に一人一人が自律的な決定センターであるだけではなく、各個人が他人に全く無関心であるという意味においてでもある。どの個人も他の取引主体が何を作り何を所有するかということには、全く心を動かされない。彼は、他の諸主体の眼差し（他の諸主体が彼について何を考えるか）にも全く無関心である。唯一重要なのは財との関係である。他人は重要ではない。消費財から得られる満足が、彼の唯一の熱中対象であり、唯一の利害関心、唯一の情動である。

しかし客観性の仮説だけでは、一般均衡の存在を保証するには十分でない。この点についての説明は容易である。もしも諸個人の選好が客観的であるにもかかわらずあまりにも合致に欠けるならば、交換者たちの間で合意を見いだすことは不可能であろう。例えば、全員が同じ財のみを欲することを想像してほしい。この場合、いかなる合意も見いだされないだろう。均衡が存在するためには、諸主体の客観的選好が十分に可変的でなければならない、換言すれば、諸主体の選好は節度がなくなっても排他的になりすぎてもいけない。このことは、アロー＝ドゥブリューが均衡存在の必要条件として提示した「選好の凸性」という技術的仮説において言われていることである。「節度なき」選好とは、「私はそれを持てば持つほど、それをますます欲しくなる」こと、また「排他的」選好とは「一つの財しか私の関心を引かない」ことである。二つの側面の間には密接なつながりがある。凸性の仮説においては、節度なき選好は最初から排除されている。なぜなら、この仮説は、われわれが食品を消費するときに感じるように、満足が徐々に飽和していくことを想定するものだからである。いかにその食品が美味で洗練されていようとも、「もっと食べたい」という欲望は、既に消費した数量が増加するにつれて減少する。専門的にはこのことを「限界効用が逓減する」という。個人が一つの財の消費を増やしていくとき、彼の効用は増加しはするものの、財の追加的一単位について得られる限界的満足は減少し、その結果、彼のその財への欲望は減少する。凸性はまた、個人が「混合を好む(5)」ことを強いることによって、選好の排他性も禁じている。つまり凸性は、他の条件が等しければ多様性の増大は満足の増加をもたらす、ということを想定している(6)。要するに、凸性の仮説は、いかなるモノマニアックな行動をも分析領域から排除することによって、格別に平穏かつ穏当で総じて非神経症的な、商品対象に対する個人の関係をモデル化している。われわれは、そうした条件の下で合意が形成されることには納得しうる。仮定によって、諸主体は対象に向い合う時点で既に、事がうまく進むのに必要な柔軟性を備えている。ワルラス的な経済主体は対象そのものには無関心である、とさえ言いたくなる。なぜそう思うのか説明しよう。

以上のような選好にはいささかも自然なところがないことに、まず注目したい。このようなヴィジョンは時や場所を問わず人が行動する仕方を表している、と見るのは誤りであろう。新古典派的な消費者が存在するとすれば、それは、人間主観を商品世界に完全に適応させることを目的として、社会が長きにわたって人間主観に働きかけた結果であると考えなければならない。この点に納得がいかなければ、例えば、芸術に関する素人の好みについて考えてみればよい。そこではたいてい、一定の作品に対する強迫的な愛着が、別の作品に対する同じくらい過度な低評価と対をなしている。芸術の素人がこのように振る舞うのは、彼が作品をその個性において、すなわちその根本的な特異性において把握しようとするからである。彼が作品を愛好するのは、その作品が他の何ものかの類似品では決してないからである。そういう対象《オブジェ》が彼にはこの上なく重要なのである。これとは対照的に、経済人《ホモ・エコノミクス》にとっては、すべての財は多かれ少なかれ互いに類似品であると見なされている。経済人《ホモ・エコノミクス》は特定の物への愛着を全く抱かない。すべての関心は量にある。彼は常に一方を他方と交換する用意がある。このことにより、新古典派理論は経済人《ホモ・エコノミクス》を称揚する。経済人《ホモ・エコノミクス》は財を通じて、財そのものを超えたところに目を向けるがゆえに、完全な交換者になるのである。われわれはこう言うべきであろう。すなわち、経済人《ホモ・エコノミクス》が重視するのは、財の個性ではなく、それによって得られる効用である、と。新古典派的な消費者が商品に対して驚くべき逆説的な「超然的態度」をとることについては、次のように説明される。彼の目には、すべての財は、効用という同じ類的実体のクリナメン〔微小偏倚〕でしかない。彼が追求しているのは効用なのである。ここから選好の凸性という仮説が派生してくる。それは、厳密に功利主義的な対象関係〔対象ないし物との関係〕を言い換えたものである。対象が重要なのではなく、その効用のみが重要である。

　消費者モデルに関する以上の解釈は、ケルヴィン・ランカスターの特性理論によって、強力に支持される。この理論はまさに、財を超えたところに、すなわちランカスターが「特性《プロプリエテ》」とか「特質《カラクテリスティーク》」と呼ぶものに、効用の源泉が見いだされることを主張している。「特性」ないし「特質」とは、例えば、栄養特性やカロリー特性のようなものである[7]。このアプローチによれば、消費者は財そのものにではなく、それを構成し効用の源泉となる諸特性に関心を持つ。こうした特性は、どの個人にとっても同一の客観的な現実である。よって、特殊な対象〔物〕としての財は消滅し、財はもっぱら特性バスケットとして把握されるようになる[8]。このモデルは財の効用を、経済主体の主観から独立した多次元的な客観量《グランドゥール》として定義する。

　「[…]財が持つ特性は、どの消費者にとっても同じであり、そしていったん測定単位が定義されるならば量的にも同じになる。したがって、個人的要素が消費選択に関わってくるのは、特性集合の間の選択においてだけであって、財への特性の割り当てに関する選択においてではない[9]」。

それでもなお、諸々の消費者が諸特性に対する関心を異にしているという意味で、選好は依然として主観的である。要するに、ランカスターの業績は、個人の選好と財との間に特性バスケットという客観的要素を導入したことにある。特性バスケットは、主観的効用と区別して財の「客観的効用」と呼ばれることもある。このことから、個人的選好の再解釈の文脈の中では、対象は重要ではないと言える。消費者から見て、その効用だけが重要なのである。

以上の考察の全体を踏まえることにより、一般均衡とは何かをよりよく理解することが、したがってまた一般均衡論が及ぼす影響を正当に評価することが可能になる。一般均衡論が描き出そうとしているのは、対象による媒介が極端にまで推し進められた経済であるように思われる。経済諸主体は、互いに直接的な結びつきを持つことがない。彼らから見て唯一重要なのは、主観的な効用評価となって表現されるところの、財との関係である。対象〔物〕から得られる満足だけが重要である。一人一人の対象関係は厳密に功利主義的な性質のものである──排他的にと言っても誇張ではない──から、容易に合意が形成される。そのことを妨害するものは何もない。問題を引き起こすようなもの──嫉妬、羨望、排他的欲望の暴力──はすべて無視されている。実際には、ワルラス的合意は価格を介して形成される。[10] それゆえこのモデルにあっては、価格と財がすべての社会的実体を吸収している、と言ってよい。各個人の地位を完全に規定するには、価格との関係だけで十分とされ、彼らが他の主体と直接的関係を取り結ぶことや他の主体に関心を持つことは必要ない。

二　ワルラス的模索と価格による媒介

分析のこの時点において、懐疑的な読者は次のことを申し立てたくなるだろう。すなわち、経済主体の地位が、他の諸主体を直接に考慮することなく、もっぱら価格に基づいて定義されるとしても、買い手と売り手の間の相互作用を意味する交換そのものに考察を進める段になれば、この分析は自ずと限界に直面するだろう。基本的に市場は分権化している。市場の機能を分析するには、経済主体間の直接的関係を考慮することが不可欠なのではないか、と。確かに、現実世界においてはそう言えるのだが、買い手と売り手が互いに言葉を交わすことも顔を合わせることもない世界をモデル化するワルラスのアプローチにおいてはそうは言えない。この論点はあまりにも直観に反しているので、詳しく分析するに値いする。新古典派の理論家が競争を考察するときのヴィジョンにおいては、買い手と売り手の間の直接的な相互作用が登場する場所はない。というのも、すべてが「市場の仲介人《セクレテール》」（値付け業務を行う主体一般を指し、わが国でワルラス理論の用語として知られている「競売人《オークショニア》」よりも広い概念である）ないし「競売人《コミセル・プリゼール》」を通じて行われるからである。彼は経済の参加者たちに価格を伝達して、需給不均衡が確認されるときには価格を修正する。均衡が見いだされた後に交換を組織するのも彼である。あまりにも直観に反するこうした仮説が必要となる原因は、ワルラス派の経済学者が競争を認識する仕方にある。まず彼らは、諸主体が価格に影響を与えることがない市場の布置状況を考える。この文脈の中では、競争は純粋に抽象的なメカニズムとして、担い手のいない脱実体的な力《デザンカルネ》——「主体なき過程」——として理解される。市場参加者たちに価格が課されることから、このとき個々の参加者は「価格受容者」（プライス・テイカー）と呼ばれる。その行動が価格に影響を与えるほどに十分な大きさを持つ個人はいない。では、どの参加者も価格を統制不可能な与件と見なしているとき、価格はどのようにして形成されるのか。誰が価格を決定するのだろうか。この核心的問いに対して新古典派経済理論が与える解答が、市場の仲介人である。レオン・ワルラスの議論にこれが見いだされる。彼が定式化に際して念頭に置いていたのは、株式市場の組織化である。この仮定の下では、価格形成は、完全に諸個人の外部にあるもの、完全に客観的なメカニズムと見なされる。

　提示した過程は、以下のようにまとめることができる。第一段階——市場参加者は市場の仲介人が叫ぶ価格（各財 i における価格 p_i）を知る。第二段階——この情報に基づいて、参加者たちは各財のどれだけの数量を保有すれば最適であるかを算定し、計算結果を市場の仲介人に伝える。第三段階——以上の諸データから、市場の仲介人は、各財ごとに需要供給の差を計算する。これにより彼はどの市場が均衡していて、どの市場が不均衡にあるかを確認することができる。すべての市場において需要供給が等しくなるとき、一般均衡が得られ、模索過程は停止する。こうなればすべては上々である。どの参加者も満足している。なぜなら、公示された価格において、どの参加者も最大の効用を獲得するからだ。これに対して、一定の財において供給が需要と一致しない場合には、新たなステップが必要となる。市場の仲介人は、一般に「需要供給の法則」[11]と呼ばれるものに従って、この財の価格を修正する。すなわち、需要が供給を超過する市場においては価格を引き上げ、逆の場合には引き下げる。例えば需要が供給を超過するとき、市場の仲介人は財の価格を引き上げることにより、需要を減少させ、供給を増加させるようにする。これにより、均衡状況に近づくことが期待される。こうして形成される新しい価格が市場参加者に伝達されると、新たなサイクルが始まる。この価格変更過程は「ワルラス的模索《タトヌマン》」と呼ばれる。この過程が、あらゆる商品について均衡価格が得られるまで展開されていく。[12]その結果、すべての市場の一般均衡が得られる。〔この時〕公示された価格の下では、自己の状況を改善しようと望む者が一人もいないという意味で、誰もが最適状態にある。その上、全員の欲望は互いに両立している。なぜなら、すべての商品において需要供給が等しいからである。あとは交換が実行されればよい。こうして最終ステップが実行されるが、これもまた市場の仲介人を介して行われる。市場の仲介人は、供給されるすべての財を〔自らの手元に〕集め、それを需要者に再分配することによって、手形交換所と同じような操作を行う。よって、模索と同様、取引もまた、市場参加者間の対面なしに行われる。

要するに、この形式的描写の中では、買い手と売り手は互いに対面も会話も行わない。アルバート・ハーシュマンは、このような社会関係の欠如について大いに力説している。「〔そのような市場においては〕多数の匿名の価格受容者、完全情報を利用しうる買い手と売り手が［…］自らの機能を果たすにあたって、交換を実現する諸個人の間で継続的な人的ないし社会的接触がなされることはない。完全競争下では、値切りも、折衝も、係争や協定も存在しないのであり、契約を結ぶ上で市場参加者たちは互いに断続的ないし継続的な関係——最終的に互いの熟知を促す——を持つ必要がない」[13]。この解釈はワルラス・モデルに完全に当てはまる。モデルの奇異さがうまく言い当てられている。ワルラスの模索過程においては、買い手と売り手は、市場の仲介人を介してのみ相互作用する。彼らは市場の仲介人を軸とする厳格に集権化された手続きに従っており、取引さえも彼らを対面させない。また、この「取引」——こう言えるかどうかは既に疑わしいのだが——は、均衡価格が発見された後で、事後的にのみ行われる。取引はこの発見を確認するだけであり、何も新しい情報をもたらさない。取引は均衡価格の決定には全く関与しない。交換についてのこのような過小評価は偶然ではない。それは、既定のプロジェクトに完全に対応しているのだ。実は、ワルラスが追求したのは、市場参加者たちの選好が最も忠実に表現されることを可能にするメカニズムの解明であった。このメカニズムは、本当の表現を攪乱するであろう有害な影響をすべて排除することを前提する。ワルラスにとって、自由であることとは「すべての他者から解放される」[14]ことである。したがって、他人への依存が含まれるあらゆる経路を中立化することが適切とされ、そのことから、いわゆる「商品的ゲーム」から距離をとることが想定される。ワルラス的な合理性とは、完全に非戦略的な合理性である[15]。ワルラス的な市場参加者たちは、市場の仲介人が自分たちに伝達した価格に反応して商品の需要を表明するが、その際、他者が考慮されることはなく、市場参加者は、あたかも伝達された価格が実際に自己を実現したかのように需要の表明を行う。言い換えれば、参加者は市場の具体的状況——例えば潜在的不均衡の存在——を捨象している。「そのつど主体は、あたかも最初で最後の行動をするかのように、熟考し意思決定する。それゆえ彼は記憶も予想も持たないが、叫ばれた各価格が常に真の取引価格として通用しているという――常に現在的な――確信だけは持っている(16)」。

要するに、ワルラスのプロジェクトは記述を目的とするだけでなく、規範的目的も追求しているのである。というのも、目指されているのは、市場参加者の厳格な独立性を尊重する手続きを考案することによって、形成される価格が私的諸選択の不偏的総括となるようにしようということだからである。アルノー・ベルツは次のように言う、「経験的現実の中で見られる交換から、道徳《モラル》の名において、あらゆる共同体的な性格規定をいわばはぎ取らなければならない。そうして交換を、個人間に介在する機械へと変容させてしまわねばならない。そうすれば諸個人は互いに自由になる(17)」。市場は、外生的な個人的欲望を歪めることなく記録することを機能とする、絶対的に中立的な自動的メカニズムと見なされる。したがって、市場が個人の〔経済的〕地位《ポジシオン》に対して及ぼすいかなる反作用的効果も却下される。市場の相互作用が〔諸個人〕相互間の互酬的な影響行使――価格形成への圧力となる――に好都合な場となりうる、という考えは総じて却下される。このような現象は「公正な」評価、すなわち個人的欲望の現実に見合った評価を妨げると見なされる。重要とされるのは、交換に際して価格が交渉されるとき、特定の市場参加者の特権的地位に由来するあらゆる寄生的効果を回避することである。ワルラス・モデルは、この要求をさらに推し進め、ついには市場参加者間の相互作用をすべて除去するに至ったものである。したがって交換時に個人同士を接触させる可能性があるあらゆる「抜け駆け」が、定義によって不可能とされる。そして、このような制度構築の上に形成される価格であるからこそ、最も全面的に客観性を主張することができる。社会的・経済的生活に付き物の「摩擦」がすべて除去されるので、価格が需給関係の総括的表現となる。このことから、ワルラスの価格は、市場において現実に起きていることの記述というよりもむしろ、一人一人の自由を十分に尊重するための抽象的に築き上げられた評価ルールだと言える。この点を理解するには、ワルラスにおける価格と、『経済と社会』におけるマックス・ウェーバーの次の記述との間にある隔たりを考えればよい。「価格は〔…〕闘争や妥協の結果である。言い換えれば、価格は関係集団それぞれの勢力《ピュイサンス》から帰結する」(18)。商品的ゲームの実体《スプスタンス》そのものを形成する闘争や妥協は、ワルラスが行った分析の中では、位置づけを持たない。

こう見てくると、ワルラスの価値論は古典派のそれに比肩するものである。どちらにあっても、交換関係や、その経済的現実に対するインパクトはかなり過小評価されている。思い起こしてほしいのだが、古典派にとって価値とは、市場の諸力によって絶えず形成される一時的な価格を考察するための概念ではなく、価格の推移を長期的に規制する基底的な規範であった。ワルラスが提示する分析も同じ性質を有しており、ワルラスの均衡価格は規範としての性質を併せ持っている。ワルラス・モデルは、あるがままの競争を記述しようとするものではなく、むしろ、「そうあるべきだ」という意味での競争の適切な概念を再構築しようとするものである。競争に関してワルラスが関心を寄せるのは、公正な秩序を築き上げるその能力、すなわち一人一人を他の全員から自由にするメカニズムを与えるその能力にほかならない。逆に言えば、彼の分析から排除されている戦略的関係や力関係がワルラスの関心を引かないのは、彼が単なる記述を超える目的を追求していたからである。その結果、彼は確かに偉大な影響力をものにすることができた。ベルツが言うように、「〈純粋経済学〉とは公正モデルの分析的彫琢である。一般市場は、個人的自由を守る手段である」(19)。このような規範的次元はわれわれにとって意外なものではない。これは、すべての価値論が採用するプロジェクトからの必然的帰結である。そのプロジェクトとは、「価格を考えるのではなく、価格の『背後に』あるもの、価格の基礎にあるもの、すなわち価値実体を考えよ」というものである。貨幣なき経済が考察されている事実を見れば、この要求を徹底したときに行き着く先はよくわかる。この要求は、交換を外部から――原理となっているものを明示化したものから――解明することを可能にする追補的な観点を作り上げることを目指している。

以上のような競争的市場に関するワルラスの表象は、多くの経済学者[20]によって批判されてきた。市場は分権的社会構造の原型として提示されることが普通であるのに、ワルラスが表象しているのは極端な集権化であるという非難が向けられたのである。それでも今日に至るまで、ワルラスの表象が準拠モデルであり続けた。そのことは、ミクロ経済学の教科書を見ればわかる。なぜこうなったかと言えば、基本的には、数多くの試みがあったものの、代替的なモデル構築が受け入れられなかったためである[21]。実際、競争を「リスクをとる主体だけからなる市場布置」として定義するや否や、われわれは必然的に価格メカニズムを外部主体の手中に委ねざるをえなくなり、その結果、多かれ少なかれ集権化した交換システムを招き寄せてしまう。しかし集権化がこのモデルの唯一の弱点ではないことに注意すべきである。弱点は他に少なくとも二つある。第一に、市場の仲介人の下で行われるワルラスの模索過程は、「僅かな報酬も要求することなしに調整という重大任務を引き受ける〔…〕完全に善意の」個人がいることを想定している。「全員が絶対的な利己主義をとることがよき結果を生み出しうるのは、少なくとも一人の絶対的利他主義者がいる場合のみである[22]」。これは、方法論的個人主義の基本的ルールに対する明らかな違反である。また逆に、どの経験的分析も、集権的市場の組織化にかかる費用が大きいことを示している。モデルの第二の弱点は、もっと重要な問題に関連している。すなわち、「価格の競争的伸縮性には均衡の発見を可能にする能力がある」と想定することの問題がそれである。

一九五〇年代に新古典派の理論家が証明したのは、選択の凸性の仮説が満たされれば、少なくとも一つの一般均衡（すなわちn個の財市場が同時に均衡している布置状況）が必ず存在する、ということであった。これによって彼らは、一般均衡の「存在問題」と呼ばれるものを解決した。一般均衡が支配するとき、どの個人も自らの欲するバスケット――すなわち当該の価格において最も強く選好するバスケット――を取得することができる。換言すれば、一般均衡においては、消費者全員が完全に満足している。したがっていかなる力《フォルス》をもってしても、一般均衡の変容ないし変移を引き起こすことはできない。(23) この経済状態は永続するであろうから、均衡条件は持続的である。しかし、価格の布置が均衡しているとは言えても、そのことは、それを達成する方法について何も語るものではない。一般均衡の「存在問題」と、それを獲得することを可能にする過程の問題――われわれが伝統的に一般均衡の「安定性問題」と呼んでいるもの――とを混同してはならない。この二つは全く異なる問題である。各人の欲望を両立可能にする価格ベクトルが存在することは証明できたものの、それを与える経済過程は特定されてこなかった。「安定性」という新しい問題に答えるために新古典派理論によって提示されたのが、ワルラス的模索である。市場に存在する不均衡に反応して伸縮する価格を導入したとき、この伸縮性が不均衡を減じていき、最終的に経済を均衡状態へと導くことができるのか――これを検討することが問題とされた。この証明の重要性は容易に理解される。この均衡が到達可能であることが証明されないのだとすれば、一般均衡が常に存在することを証明することに何の意味があろうか。また、自由主義の論者が市場経済を擁護するとき、たいてい、競争の調整的特性を申し立てることによってこれを行う。例えば、そうした論者は「価格の伸縮性によって不均衡は吸収される」と主張する。こうした効果が競争に想定されることが、いわゆる規制緩和政策の根拠となっている。ところが存在命題それだけでは、このような提案を肯定することは決してできない。言えるのは単に、すべての市場が均衡となる価格が存在するということにすぎないからである。それ以上のことを言うには、均衡の外で経済がどのように動くかを検討し、競争の諸力が作用する下で均衡が回復されることを証明しなければならない。これが安定性の問題である。経済学者は、ワルラス的模索を均衡の外での価格動態の妥当な近似であると想定することによって、問題に取り組んできた。ところが、得られた結果は、かなり混乱に満ちたものだった。実際には、ワルラス的模索は必ずしも一般均衡に収斂しないことが証明された。つまり、すべての不均衡は価格の十分に迅速な調整に基づいて吸収されるという考え方は、誤りであることが明白になった。したがって、経済学者たちは一般論のレベル(24)において、「競争が経済主体間の効果的な協調を可能にする」ということを証明できていない、と認めねばならない。新古典派の装置における重大な欠陥はここにある。たとえワルラス的模索を均衡の外における価格の動きについての適切な記述と見なせたとしても、自由主義の立場と最もつながりの深い「競争は経済を均衡状態に導く」という命題は主張できないのである。ゆえに新古典派の装置はその基礎づけにおいて重大な欠陥をはらんでいる。

以上の批判が特に、すべての市場で同時に均衡を導く競争の能力についてのものであることを強調しておきたい。これが一般均衡の問題、およびその後に提起された一般均衡への到達の問題である。しかしながら以上の分析は、単独市場の枠組みにおける競争の調整能力を問い直そうとするものではない。実際、新古典派の仮説が満たされれば、「単独市場に適用されたワルラス的模索は自由主義のテーゼに合致して機能する」ということは証明される。財の価格は必ず反転して均衡水準に到達する。しかし、単独市場から一般均衡に移行すると、結果は変わってしまう。これは、数多くの相互依存が新たに入り込んでくるからである。特に所得形成を通じた相互依存について言うと、所得形成の論理には、不均衡を縮減に向かわせる先験的《アプリオリ》な理由は含まれていない。それゆえ、一般均衡の安定性と部分均衡の安定性は二つの別個の問題である。

三　模倣仮説

一般均衡論が提示した分析は、弱点を持ち改善を要求されてはきたものの、拒否されてはこなかった。それが商品経済の重要な一つの側面――世界との厳密に功利主義的な関係、という文脈における対象《オブジェ》による媒介――を記述していることは、紛れもないのである。確かにそれは先進諸経済の真実の一部を表現している。それはわれわれに、商品的分断――物《オブジェ》と競争により媒介されるすべてのことに関して、誰もが他の全員から独立していること――というものを理解させてくれる。しかし、他の諸側面は全体として無視されているのであり、しかもそれらが重要性において劣るとは限らない。この理論は個人の自律性を、すなわち他者から独立して生存する個人の能力を過大評価しているために、経済諸関係の過酷さというものを考慮に入れようとはしない。消費者の例は、この理論の還元主義的な物の見方をよく象徴している。消費者は、自分の望みを完全に知る個人であるとされる。ルネ・ジラールの著作になじみの読者は、この消費者理論のうちに、人間の欲望に関するかなり特殊な見方を見いださざるをえないだろう。この見方においては、個人が自らの欲望の絶対的な支配者であると想定される。この個人は、周囲に雑然としてある大量の物《オブジェ》〔客体〕の中から、選好に値すると見なされるものを、自分の決断のみによって選択することができる。消費者理論に見られるのは、このように豊かさと透明性の様式に基づいて抱かれる欲望である。(25)　新古典派的な消費者は自分が何を欲しているかを確実に知っており、他者が彼の選択に影響を与えないという意味での彼の支配が存在している。消費者の意思決定の自律性は完全なものと見なされている。「自分の身体、自分の行動、自分の財産に関して(26)」主権的な個人、というこうした仮定は、消費者だけにとどまらない特徴であることを強調しておくべきであろう。それは、自由主義的個人主義一般の本質をなしている。だから、同じ見方が新古典派経済学者の思考に見いだされるとしても、あまり驚くべきではない。個人の主権性という考え方から、商品的分断という極限的な見方が導かれるのである。そこでは誰もが単に財の所有者として法的に自立的であるだけでなく、内面において他者に無関心でもある。

ルネ・ジラールは以上のような概念系に対して批判を行っている。彼は、欲望に関する個人の主権性に対して根底的な批判を行う(27)。彼によれば、個人は自分が何を欲望しているかを知らない。個人は自分の関心を支配できていない。彼の選好は揺らいでいて不確定である。個人は欲望の弱さに苦しんでおり、他者のうちに準拠基準《レフェランス》を求めることを強いられる。純粋な内面的主権の行為を通してでは準拠の獲得に成功しないからだ。だから個人は手本《モデル》の模倣に依拠する。ルネ・ジラールがフロイトの精神分析に向ける以下の批判は、経済理論にも適用されると思われる。

「現代の理論家たちは、人間が自分の欲望するものを完全に知る存在《エートル》だということをわれわれに示すことによって［…］人間の不確実性が極めて明白な領域を見逃してきたようである。基本的な欲望が満たされるや否や——しばしばそれよりも前に——人間は強烈な欲望を持つが、何を欲望しているかを正確には知らない。なぜなら、彼が欲するのは存在《エートル》、すなわち自分には欠けているが他の誰かが備えているように見える存在であるからだ。主体はそうした他者に、存在を獲得するには何を欲すべきかを自分に言ってくれるよう期待する(28)」。

欲望の模倣的性質についてのこうした仮説から出発することによって、相互作用の二つの論理、すなわち「外的媒介」と「内的媒介」を区別することができる。模倣欲望のレジームのこの二元性を考える上で決定的変数となるのが、主体とその手本《モデル》との間にある距離である。二者の間の距離が非常に大きいために主体による手本の一方向的模倣を除いては主体と手本との間のいかなる相互作用も禁じられているとき、いわゆる「外的媒介」が見いだされる。この布置においては、手本は外在的であり、その欲望は主体の欲望から独立である。これは例えば、手本が主体とは別の社会的世界を生きている場合である(29)。そのような布置の文脈においては、模倣の相互作用はきわめて単純である。模倣者は手本に追随するだけである。この状況は、消費者理論が記述しているものに形式的に類似している。消費者理論においても、主体の選好は外生的で固定されたものとして現われる。しかしそうであるのは、主体が主権的であるからではなく、その選好が、商品的相互作用から外にはみ出た《アン・シュルプロン》ところにいる手本に由来しているからである。よって、外生的効用関数の存在は、異なる二つの観点に従って解釈可能である。一方では、安定的な自然的選好の帰結として（主体主権の仮説）、他方では、外的媒介の位置にある手本を模倣することの帰結として（模倣仮説）解釈される。第二の解釈の方がより事態適合的であるように思われることに加えて、効用そのものが対象に固有な自然的与件では決してないことを明確に教示している点で、第二の解釈は興味深い。交換価値だけでなく使用価値もまた社会の産物なのである。使用価値は、一人または複数の手本の権威《オトリテ》の下に進められる学習過程の存在を申し立てているがゆえに、外的媒介（の概念）が、この現実を分析するための道具となる。外的媒介は、単にあるがままの選好を確認するだけのものではない。外的媒介から、選好がどのようにして形成され推移するか、を理解する道筋が開かれる。財の質（品質）が絶えず変移する商品世界においては、外的媒介への関心は瑣末なものではありえない。

　しかし、模倣仮説から期待される成果が選好外在性仮説の再解釈に要約されるのであれば、同仮説を導入することへの関心は限定的なものにとどまるだろう。実は、外的媒介は模倣欲望の一つの可能なレジームをなすにすぎない。主体《スジェ》と手本は同じ世界を共有した上で相互作用するのが普通であるとすれば、むしろ今問題にしたものは、例外的なレジームであったと言える。しかし主体と手本が同じ世界を共有する場合には、個人によって模倣される手本はそれ自身が他の手本を模倣する主体であるので、この相互作用は複雑なものになってこよう。主体と手本とがこのように類似している場合には、選好の動態は根本的に修正される。諸個人の欲望が互いに影響を与え合うので、選好は外生的であることをやめる。われわれはこの新しい模倣行動《ミメティーク》のレジームを「内的媒介」と呼ぶ。この布置においては、iの選好はjの選好に従属し、jの選好それ自体はまたkの選好によって条件づけられる、というようにして、多少とも長く多少とも安定的な紐帯《リヤン》の連鎖は個人i自身に還ってくるかもしれない。したがって、経済の内部に存在する諸紐帯が模倣的な性質を持つのに応じて、内的媒介論には広い可能性の領域が開かれている。その広さたるやかなりのものであり、本書の文脈の中でそれを体系的に説明することはできない。しかしその一般的な作用範囲を把握しておくことは可能だ。

そのためにまず、選好の固定性がワルラス・モデルにとって決して副次的な仮定ではないことを想起しておきたい。むしろ、選好の凸性と技術関係の安定性に基づいて諸選好が固定的であることは、決定的に重要な役割を果たしている。なぜなら、諸選好の固定性は、ショックが起きたときに価格の均衡水準への復帰を強いるところの客観的紐帯の構造を作り上げるからである。諸選好の客観性によって価格ドリフト〔価格が傾向値から大きく乖離して上下変動すること〕が抑制されるのである。新古典派価値論においてはこのことが明示的に述べ立てられる。例えば財Aの価格が一時的に均衡値を超えて上昇する場合、他の条件すべてが等しければ、消費者は財Aよりも相対的に安くなった代替品に乗り換えていくであろう[30]。その結果、財Aの需要は減少し、この需要減が財Aの価格を均衡価格へと復帰させるだろう。このメカニズムは伝統的に「需要供給の法則」と呼ばれてきたものである。自由主義の見解の核心をなすのがこの法則である。外的介入なしに――すなわちもっぱら私的諸利害の作用を通じて——行われる市場的調整《レギュラシオン》の可能性は、この法則をその基礎としている。ところが、外的媒介の話の中で説明した自由な個人の主権性という仮説の下では、このような競争的自己調整が機能するための条件の一つは、主観的評価が固定的であり続けることなのである[31]。この固定性が、価格の均衡を回復する復元力の基礎となる。もしも逆に財Aの価格上昇が諸主体の選好に影響を与え、Aに対する嗜好が強まるとすれば、全く別の結果になるだろう。この場合われわれは、価格競争の安定的役割が疑問視される全く別の概念世界へと投げ出されるであろう[32]。実際、こうした条件の下では「需要供給の法則」は通用しなくなる。価格の上昇は、需要を減少させるのではなしに、むしろ需要を増加させる。その結果、新たに価格の上昇が起き、価格は均衡水準からいっそう乖離する。こうして価格と需要の転倒的な動態が開始されるのであり、これをタイミングよく止めないと、経済システムの全体が危険に陥りかねない。こうした状況からわれわれは、選好の固定性の問題がいかに戦略的に重要であるかを知る。問い直されているのはまさに、経済を安定化させる競争の能力であり、それゆえ新古典派の〔認識〕装置の基礎にある結論的主張である。

ここで焦点となっていることをきちんと理解するために、「どんな条件の下で価格上昇が需要増加を引き起こしうるのか」を問うことから始めよう。そのような現象はどうして可能なのか。或る財の価格が上昇するとき、合理的な個人がその財を放棄してより安価な製品を求めるとは必ずしも言えないのではないか。そのようなことが言えるのは、他の条件すべてが等しければ、その〔合理的な〕個人の選好が固定的で凸性を有する場合である。しかし模倣行動を考慮すると、全く違った結果になる。模倣主体においては、価格の上昇は、当該の財に対する他の人々の欲望増加を表すので、欲望の強まりを引き起こしうる。このようなメカニズムの筆頭例は、流行の影響を受ける財である。このケースでは、財が振りまく魅力は——少なくともメカニズムの最初の局面においては[33]

――買い手の数が増えるにつれて大きくなるであろう。製品は普及するにつれて、ますます「流行品」となり、ますます欲しがられる。価格上昇とともに買い手の数が増加するので、需要と価格の間には正の相関が認められる。この現象は新古典派モデル〔が示すもの〕とは根本的に異なっている。なぜなら、物がそれ自体のために欲しがられるのではなくて、その威信《プレスティージュ》のために他の人々によって欲しがられるからである。以上のように、模倣の論理に見られるのは、効用関係とは根本的に異なる対象関係の様式である。もちろん、このような状況における市場参加者たちの行動も、財の効用によって動機づけられたものとして記述することはできる。ただし、その条件は、効用をもはや固定的と見なすのではなく、買い手の数に正比例するものと見なすことである。固有の効用――個人の対象関係のみに基づいて規定されるところの――を持つ財と、効用が他者の行動の関数である財との間には距離があるということを、同じ用語を用いることで隠蔽してはならない。

　例解として、採用者の数が多いほど収穫も多くなるような財もしくは技術を考えてみよう。経済学者はこれを「採用の収穫逓増[34]」と呼ぶ。収穫逓増は多様な源泉を持つ。例えば、普及の程度が大きくなることは、技術をより魅力的にする。なぜなら、そのことで、他の集団成員とのコミュニケーションがより容易になるからである。また例えば、採用の一般化によって、技術の新しい利用法による生産が促進されることで[35]、その技術から上がる利益を大幅に高められる。この問題の専門家であるブライアン・アーサーは、この点についての例示として、ＶＨＳ技術の例を挙げている。彼は言う。「使用者の数が増えれば増えるほど、ＶＨＳの新規購入者は、ＶＨＳ対応製品の入手可能性増大および多様性増大を享受するだろう[36]」。こうした収穫逓増技術は、購入者数が増えるとともに効用が逓増する製品についての模範的な例示を与える。これを分析することによって、凸性の仮説を放棄したときにワルラスの分析がどのくらい修正されるかを見定めることができる。そこで、収穫逓増技術が競合しているときに何が起こるかを考えてみよう。

ブライアン・アーサーが提示した解答は印象的なものであった。彼は、需要供給の法則が作り出す動態とはあらゆる点で対立する動態を提示した。以下、要点を述べよう。まず標準的なケースにあっては、ショックが市場をその均衡点から偏倚させるとき、ショックを打ち消す方向の復元力が出現する。これをわれわれは「負のフィードバック」(*negative feedbacks*) と呼ぶ。つまり、既に強調したように、競争は安定的であり、価格ドリフトを妨げる。いまショックが価格を均衡水準よりも上に押し上げるとすれば、需要は減少し供給は増加する。これが価格への低下圧力になる。このシステムは負のフィードバックを行うことによって、ショックに対抗していると言える。これとは逆に、ブライアン・アーサーが分析しているケースにおいては、正のフィードバック (*positive feedbacks*) が見られる。競争が発する力は、ショックを打ち消すのではなく、当初の乖離をいっそう大きくする。それは、ドリフトを増幅する方向への圧力となる。この点を説明するために、初期状態において、技術Bと比べて技術Aにわずかな優位があるとしよう。やがてこの小さな優位は、新規購入者を引き付けるであろう。そしてそのことが、技術Aの収穫をいっそう大きくする効果を持つだろう。技術Aの収穫が購入者数の増加関数であるがゆえに、初期の優位は吸収されるどころか、競争の効果によって強められるのである。つまりここには、模倣主義《ミメティスム》に典型的な累積的動態が見られる。製品が振りまく魅力がますます大きくなり、購入者の数がますます多くなり、購入者の欲望の強さがますます大きくなり、製品の普及がますます進んでいく。このような状況は、唯一の技術への満場一致およびロックイン (*lock-in*) の現象をもたらしうる。すなわち、誰もが多数選択を模倣するとき、集団成員全員の個人的意思決定は、最終的に同じ選択へと収斂するに至るのである。このときシステムはロックインされているが、安定的である。アーサーは、この種の均衡が複数存在することを明らかにしている。集団的に選択される技術は、競合する諸技術のうちのどれでもあることができる。それは非決定である。この点を理解するために、次に、言語選択という仮設例を取り上げよう。

通常、言語は、採用の収穫逓増を示す「製品」である。言語Xを話す集団に属する個人が多ければ多いほど、この集団内のどの成員にとっても同じ言語〔X〕を選択することが利益となるだろう。なぜならそのことによって、自分の言いたいことを言うことがより容易になるからである。では、集団が言語Xと言語Yのどちらかを選択しなければならないとするとき、どのようなことが起こるだろうか。集団の半数がXを話し他の半数がYを話している状態を想定するならば、二つの言語が同じ効用を有することは明白である。どちらの半数も、集団〔の成員〕の半数とコミュニケーションが行える。どちらの言語を選択しても、他の言語よりもよい結果が得られるわけではない。しかし、正のフィードバックによって、このような布置状態は持続可能ではない。実際、二つの言語のうちの一方に有利に働く微小なショックが起こるや否や、そちらの言語が、集団の半数以上とのコミュニケーションを可能にすることによって、もう一方の言語よりも高性能なものとなるだろう。[37] 結果として、もう一方の言語を選択した集団成員は不利になる。彼らのコミュニケーション能力は、他方の人々の能力よりも劣ってしまう。そこで彼らは自らの選択を修正して、支配的言語を支持する意見に追随せざるをえない。正のフィードバックのゆえに、この模倣過程は続いていき、ついには集団の全員が同じ言語へと収斂するに至る。注目すべきは、この模倣的収斂が言語Xに対しても言語Yに対しても起きる可能性があるということである。この二つの満場一致状態はともに均衡である。いったん集団の全員が一つの言語を選択してしまえば、もう一つの言語を話す小集団の出現によって現存の均衡が問い直されることはなくなる。なぜなら、そのような小集団のコミュニケーション能力は極端に制限されているからである。例えばこの集団が人口の一%を占めるとすれば、その成員は一〇〇回に一回しかコミュニケーションができないのに対して、もう一つの言語の使用者は一〇〇回に九九回コミュニケーションできる(38)。

ここで、新たに一つの重要な結論を引き出しておきたい。競合する二つの言語の固有のコミュニケーション能力に差があるものとしよう。言語Xのほうが簡潔性および精密性に勝ることによって、同じ時間と労力では言語Yよりも多くの情報を伝えるとしよう。この条件の下では、言語Yに関する均衡は消滅するのではないだろうか。もっと性能のよい言語が使用可能であることに〔Yを話す〕集団の成員が気づくや否や、均衡が破壊される危険があるのではないだろうか。だがそんなことはない。実際には、言語Xのほうが言語Yよりも効率的であることを知っている個人であっても、言語Xが非常に限られた数の個人によってしか話されていないのであれば、〔言語選択を〕変更する誘因を持つことはあるまい。誰も話さないのであれば、高性能の言語を選択したところで、何になるだろう。彼にとって合理的なのは、もたらす効用がずっと大きい多数選択を堅持することである。もちろん、諸個人のうちの大きな割合が集団的に言語変更を決意する場合には、話は違ってくる。しかし、われわれのケースのように諸個人が分断されていて、独立して――すなわち互いに接触せずに自己の私的利害だけに基づいて――意思決定を行うことを想定する場合には、そのような集団的決定は行われないだろう。協調的な変更がなされるには、集合的ないし集権的な大規模組織が必ず必要になるだろう(39)。以上のことから、凸性の仮説が放棄されるとき、達成される均衡はもはや、可処分資源の効率的使用には必ずしも対応していないのである。

この現象を例示するために、ポール・デヴィッドはQWERTYというキーボード配列（フランスのキーボード配列AZERTYに対応する）の例を挙げている。彼の見るところ、このキーボードの配列はアルファベットの文字についての高性能な組み合わせでは決してない。例えば、タイピング速度で比べれば、DSKキーボード（ドボラク式キーボード）のほうがかなり上である。(40) しかしこうした明白な非効率性にもかかわらず、依然としてQWERTYキーボードはこの分野における支配的慣行《コンヴァンシオン》である。先ほどの分析に基づいてこの状況を説明することができる。すなわち、これは正のフィードバックの結果である。採用者集団があまりにも小さければ、より高い性能のキーボードを勧めても誰の関心も引かない。今日、誰がDSKキーボードを購入するだろうか。よって、QWERTYキーボードがその無能力にもかかわらず存続していく。この例はまた、最終的な結果の決定において小さな出来事が演じる役割も示している。実際、QWERTYキーボードの文字配列は、ごく特殊な或る種の困難との関連においてかなり昔に起きた出来事にその起源がある。その困難とは、今では完全に廃れかつ完全に忘れられた初期のタイプライターにおいて用いられていた技術に固有なものであった。当時の問題は、近い印字棒を叩くと印字棒が動かなくなることであった。解決は、最も頻繁に使用する文字が互いに離れるようにキーボード上の文字配列を選択することであった。それゆえ追求されたのは、タイピングの速度を最大化することではなく、逆にそれを遅くすることであった。発明したクリストファー・ショールズは、このキーボードがタイピング速度を遅くすることを知っており、改良を望んでもいた。しかし、最初にタイプライターを商品化した実業家レミントンは、そのタイプライターを販売することで満足しており、耳を貸そうとはしなかった。ひとたびこの規格になじんでしまうと、変更を望む者は誰もいなかった。今日に至るまでこのキーボードは、非効率性にもかかわらず、固守されてきたのである。このように小さな出来事が影響を持つことはかなり一般的なことのように思われる。要するに、正のフィードバックが存在するときには、過程の歴史が最終的な結果に影響する。この現象の特質を言い表すために、経済学者は「経路依存」(*path-dependency*) の用語を使っている。システムが「経路に依存する」ということは、収斂点を確実に推定するためには、その出発点を知ったり、収穫水準を客観的に決定する諸要因を知るだけでは十分でないことを意味する。偶然による小さなショックが、問題の基礎条件的《フォンダマンタル》な与件に対しては少しも影響を及ぼさないにもかかわらず、特定の均衡の選択を促すことを通じて、長期的動態に方向づけを与えることがある。こうなると、もはや量《グランドゥール》の経済学は機能しない。何が支配的になるかを知るためには、個々の選択肢の収穫を知るだけでは十分ではない。つまりそのためには、量《グランドゥール》の経済学を、市場参加者間の出会いやそれが生み出す偶然に関心を寄せるところの、関係《ルラシオン》をベースとする経済学に取って代えねばならない。

以上のような諸特性（満場一致、均衡の複数性、非決定性、非効率性、経路依存、予見不可能性）は、模倣的競争がワルラス的競争といかにかけ離れているかを如実に示している。この結論は発見とは言えない。アロー＝ドゥブリュー以来、経済学者たちは、収穫逓増の下では、ワルラス的な特性が成り立たないことを知っている。この特性が成り立つには、個人の効用が他の人々の選択に従属してはならない。経済学者の業界用語で言えば、外部性が存在してはならない[41]。言い換えれば、商品がワルラス的な役割を完全に演じるためには、商品は市場参加者間の完全な媒介《メディアシオン》――すなわち直接的な諸関係を余すところなく吸収する第三項――でなければならない。つまり、市場参加者個人が商品対象《オブジェ》を評価するときには、もっぱらその市場参加者のものである主観的効用と市場の仲介人が提示する価格だけが考慮されねばならず、他の参加者たちが重要性を持ってはならない[42]。このような（完全な）媒介がいかに重要であるかを強調する点で、われわれの分析はほぼワルラスの考えと一致している。競争的調整《レギュラシオン》の土台にあるのは、このような媒介である。完全な媒介は、個人間の直接的な比較を除去することによってその力を発揮する。そのことで、模倣的な熱狂と関係を断つことが可能となる。こうして不安定な論理（正のフィードバック）は、自己調整的な論理（負のフィードバック）へと転換する[43]。しかしわれわれの観点は、「諸個人は生まれつき主権的である」と見なさない点で、新古典派の分析とは異なっている。「主権性」は、模倣的相互作用の特殊な構造化からの一時的な帰結、すなわち諸主体に外的な手本への模倣的相互作用の一点集中からの一時的な帰結でしかない。換言すれば、新古典派価値論が外生的選好を論じるときに想定する「物–と関わる–個人」は、個別的な経済的合理性の——乗り越え不可能な——要素形態《フォルム・エレマンテール》を構成するものではない。「物–と関わる–個人」というモデルは、われわれが「外的媒介」と呼ぶ特殊な模倣関係レジームを記述するものでしかない。ただし、対象関係が安定的選好を軸にして構造化されているとき、すなわち追求される社会的目標が所望財のリストの形で確定されているときには、このモデルで考えざるをえない。と言うより、このモデルの妥当性を否定することがここでの問題ではない。むしろここでの問題は、どんな条件の下で外的媒介が経済的紐帯の可能的形態として出現するのか、を問うことである。

選好が安定化していないと、他の人々に対する各人の位置に対応して、物への欲望が伸縮してしまう。このとき個人の情動《アフェクト》は、もはや外的な手本には引き寄せられない。したがって模倣行動《ミメティスム》はルーティン的・反復的であることをやめ、戦略的なものとなる。誰もが良き手本を探し求め、何が充足《プレニテュード》の手がかりになるかを発見しようとする。彼らは他の人々に目を向け、彼らの行動を探ろうとする。新古典派の世界が事物の価値が固定された世界であるのに対して、内的媒介の世界にあっては、価値は基本的に不確実なものであり、価値の正確な規定をめぐって様々な意見が対立し合っている。様々な基準点が雑然と存在しており、どれも頼りにはならない。諸主体は何を欲望すべきかがわからなくなって、それを決めるために、他の人々に目を向ける。このような布置状況の下で合理性がとる形態が、戦略的な模倣行動である。他者を模倣することは、他の人々の中で正しい答えを持っている人は誰なのかを見いだそうという探索戦略にほかならない。その結果、個人の欲望は他者の欲望から構成されることとなり、或る財の固有な望ましさ《デジラビリテ》の尺度は、その財に向かう需要とならざるをえない。需要が多いほど、その財はますます強く求められる。このような条件の下では、競争の自由な作用は、攪乱的効果を持つ累積的な価格変動をもたらす。

以上の簡単な考察からわかるように、模倣仮説の強みは、全く異なる相互作用レジームを統一的な理論的枠組みの中で考えることができる点にある。換言すれば、模倣は基本的に多形的《ポリモルフィーク》である。繰り返しになるが、相互作用に外在する同一の手本へと模倣が一点集中していて、手本の正統性が問い直されていないとき、模倣《イミタシオン》は安定性の源泉となる。しかし、手本がその外在性の位置を失うとき、模倣行動はルーティン的であることをやめて戦略的なものとなり、伝染《コンタジオン》の動態を生み出すようになる。模倣仮説はこの多形性によって、同時に安定性と不安定性を、一方から他方への移行を、同じ概念枠組みの中で考察することを可能にする。これは模倣仮説の大きな強みである。

模倣仮説の分析の続きは後続の諸章に回すこととし、ここではそれに先立ち、少し立ち止まって情報の非対称性理論を取り上げておきたい。というのも、このアプローチはわれわれのアプローチと多くの共通点を有するからである。一方で、情報の非対称性理論は出発点がわれわれと同じであり、競争的均衡に到達するに際して対商品関係〔商品との個人の関わり〕が中心的役割を演じることを強調している。他方で、同理論はわれわれと同じ中心的テーゼに同意している。そのテーゼとは、対商品関係が攪乱されることによって外的媒介が機能しなくなると、価格はその自己調整的性質を失うだろう、というものである。このようなことが起こるのは、経済主体が自分は何を欲しているかわからないとき、すなわち彼らの欲望が他の人々の行動に依存するようになるときである。情報の非対称性理論においては、主観的評価のこうした不確実性は、対象そのものの定義に関する不確実性――「対象の品質《カリテ》〔質〕はもはや完全には規定されない」――から派生するとされる。ここには、模倣理論が考察するものと形式的に同一の布置状況が見いだされる。つまり、個人は、自分が何を追い求めているかを知るために、他者を必要とするようになる。ただし、その効果は欲望の模倣によって直接的に獲得されるのではなく、品質に関する不確実性を通じて間接的に獲得される。情報の非対称性理論は、このような布置状況においてワルラス的均衡が消滅することを証明するのである。競争のメカニズムは、もはや機能しない。なぜなら需要が価格の増加関数になるからだ。これは、内的媒介の基本的特性として明らかにされたものにほかならない。

四　情報の非対称性と品質慣行《コンヴァンシオン》

どのミクロ経済学の教科書を見ても、まず冒頭において、交換可能なn種類の財のリストが記され、商品経済の提示がなされている。この始元的な仮定は、個人の前にありのままの明証性をもって広がっている一個の自然を、その個人自身が記述したものだとされる。既にある自然を土台にして、交換や生産という経済活動が構築されるというわけである。カルロ・ベネッティとジャン・カルトゥリエは以前から、この仮定を指し示す「目録《ノマンクラチュール》〔人名録や地名録などの名簿のこと〕仮説」[44]という用語を提案してきた。すぐ後に述べる理由によって、以下、われわれは「財の目録《ノマンクラチュール》仮説」という用語を使用する。この仮説は全く取るに足らないものと見なされがちである。この仮説は、交換されるのを待っている商品が「自然的な」客観的記述の対象になるのは、それが「モノ《ショーズ》」であるからだ、ということを確認するものと解釈されるのである。この解釈がどれほど間違ったものであるかを示したことは、情報の非対称性の理論家たち（ジョージ・アカロフ、マイケル・スペンス、ジョセフ・スティグリッツ）の功績である。彼らは、この仮説が本質的な重要性を有しており、次のようにかなり限定された意味で解釈されるべきことを主張した。すなわち、交換に供されるどの財も、その品質は同質的であり、完全に定義され、かつ「共通知《サヴォワール・コミュン》（コモン・ナレッジ）」（CKと略記される）という——専門的用語の——意味において参加者全員に知られていなければならない、と。ワルラスの分析の通りに価格メカニズムが作動しうるのは、まさにこの条件の下においてである。つまり、p_iで示される価格について語りうるためには、「財iの市場とは何か」ということに——市場参加者全員にとって——一義的《サン・アンビギュイテ》に明確な意味を与えるためのカテゴリー化の操作が前提となる。この前提が満たされるとき、各参加者は財iを同じやり方で認知するし、また価格が修正されるとき各参加者はその意味を一義的《サン・アンビギュイテ》に明確に理解する。価格修正の意味とは、修正がどの財に関わるものであるか、およびどのようにしてそれに対応するのが適切か、ということである。この布置はかなり特殊なものである。われわれはこの布置を「完全に客観化された媒介」として性格づけることにしたい。ここでの「客観性」には、参加者たちの戦略的操作を免れている準拠基準、全員に対して外的な準拠基準という理念が含意されている。この基準は、集団によって満場一致で承認された事実として課されるものである。自然的事実が客観的事実であることは明白であるが、一定の社会的事実もまた、今述べた意味で客観的なのである。「品質〔質〕」についての客観化された集合知識とは何か」について最も的確に表現しているのが、「共通知識《コネサンス》」や「共通 知《サヴォワール》」という専門的な概念である。これらの概念にあっては、精神の共同性はさらに進んでいる。なぜなら、これらの概念は、「誰もが品質を知っている」ということを意味するだけではなく、「誰もが『他の人々が品質を知っている』ということを知っている」ということをも意味しており、そのことからついには無限の知の交差に至るということをも意味しているからである。したがって、共通知は、完全なる透明性の状況をモデル化していると言える。共通知によって想定される事実に関しては、いかなる種類のいかなる疑いも残ることがない。誰もが自分の知《サヴォワール》〔知っていること〕にも他人の知にも確信を持っている。これはまた、社会的事実やルールの成功した客観化〔対象化〕――すなわち市場参加者たちに対するそれらの外在性《エクステリオリテ》――について考察するのに適切な概念でもある。しかし、ジャン＝ピエール・デュピュイが注意を促しているように、諸観点が収斂する無限の〔知の交差の〕次元――共通知の概念に含意されている――と、ワルラスの世界においては経済諸主体は分断されていると見なされることとの間には潜在的な矛盾が存在する。彼は「CKは、根本的に分断されている諸意識の総体を全体化し統一化しようとするものである」[45]と述べている。例えばワルラスの世界においては、財iの準拠基準がかなり正確に規定されているため、全員が財iの同じ定義を共有していることを確信することができ、その限りにおいて、どの参加者も他人が何を行うかに留意することなくこの財を売買できる。交換の瞬間に悪質な驚愕が起きることはないことになる。諸使用価値についての社会的に受け入れられた定義は、その客観化を通して、参加者と参加者の間の媒介となる。加えてデュピュイは言う。「ワルラスの市場モデルないし一般均衡の経済理論のまさに核心部分に、外在的《アン・シュルプロン》な第三項によるこうした媒介が見いだされる」。この記述はワルラスの競売人に関する考察の中のものだが、同じ分析は財の目録《ノマンクラチュール》仮説にも適用可能である。財の品質についての一義的に明確なこの外在性の上に、完全に定義された個人的諸選好の総体を築くことができるのである。つまりこの外在性は「外的媒介」の本質的要素なのである。

生産物の品質〔質〕のこうした媒介的役割が最も総括的に表現されているのは、ワルラス的主体の合理性が「パラメータ」型のものである点においてである。経済学者たちは、市場参加者たちがもっぱら価格と数量のみに関心を持ち、他の参加者が行うことには関心を持たないということを強調するためにこの語を用いる。例えば、各個人の地位は、〔経済〕行動によって取得したn種類の財の数量を個人的効用関数の独立変数に代入して一義的《サン・アンビギュイテ》に明確に評価されるのであって、そこに他人の行動が関与することはない。消費者については、支出が収入を超えないことを唯一の制約として自らの効用を最大化するには、様々な財をどれだけの数量において消費すればよいかを規定することが問題となる。生産者については、技術的要求の考慮を唯一の制約として自らの利潤を最大化するように、投入と産出の数量を規定することが問題となる。二つの場合において論理は形式的に同一である。つまりどちらの場合にも、諸個人は他の人々の意思決定には考慮を払わず、価格の水準のみを考慮している。パラメータ的合理性が戦略的合理性に代替しており、市場参加者が他の人々が行動する仕方について知らなければならないことはすべて価格に織り込まれている。[46] それゆえ、ワルラス・モデルにおいては、価格が「個人と個人の間を完全に遮断する」という意味で完全な媒介になっていると言ってよい。

このようなことが言えるのは（財の目録《ノマンクラチュール》仮説において）品質が共通知になっているからである。このことによって、十全に確定された誰もが知る商品の品質規定が与えられる。この仮説の下では、市場参加者は価格のみを気にかければよい。他の人々の行動に対しては、彼らは完全に無関心である。しかし品質の媒介的役割は、決して自然的な与件ないし「中立的な実体」ではない。共通知は、経済諸主体の集団的同意に基づく制度的構築物なのである。したがって、ワルラス的な主体が相互に分断され、集合表象を持たず、価格変数の下で物〔対象〕の領有にもっぱら関心を持つように見えるとすれば、それは、それ以前に彼らが諸物の質や諸物の定義に関して合意《アコール》をしているからにほかならない。誰もが完全に他人から独立して局所的に行動できるとすれば、それは、共通知を生み出す制度が中心に据えられているからにほかならない。ここで赤信号を例に取ってみよう。車の運転手が全員、他者の行動に関心を寄せることなくもっぱら信号の色に従うことができるとすれば（パラメータ的合理性）、それは決して、他者の選択に対して彼が無関心であるからではなく、信号が満場一致で尊重されているがゆえに、良き行動を定義するのに信号さえ見ておけば十分だからである。信号は、他人の行動に関する必要な情報のすべてを、各人に提供する。ここに見られるのは、ワルラス的市場と同じように完全に客観化された制度的媒介の事例である。しかしこれはすべての慣行《コンヴァンシオン》の例でもある。慣行《コンヴァンシオン》は、それに意味を付与した社会的労働〔模倣の一点集中のこと〕を見えなくし、最終的には第二の自然と見なされるに至る。行為諸主体の頭の中で、社会というパワー《ピュイサンス》は、個人の自働性《オトティズム》の背後に消え去ってしまう。

　この点を理解する上で、準拠基準が共有されなくなるとき、すなわち共通知が消え去り客観化が問い直されるときに何が起こるか、を分析すること以上によい方法はない。赤信号の規則が機械的に遵守されなくなると、どの運転手も信号の色を観察するだけではすまなくなる。この場合、運転手は、交差点に差しかかった運転手たちの意図を直接に探らなければならない。制度的媒介が役割を果たさなくなったために、合理性の戦略的性質が再び表舞台に現われるのである。情報の非対称性の理論家たちも、質iが客観的に規定されなくなり不確実性にさらされるときの状況を考察した際に、これと同じ結論に達している。彼らは、そうした状況においては、価格p_tの変化が解釈に従属するようになることを明らかにしている。もっと詳しく言うと、彼らが分析した状況においては、売り手は販売するものの品質を完全に知っているのに、買い手は市場に出ている商品の品質の一部を知らずにいる。「情報の非対称性」という用語はここから来ている。この状況においては、財の品質についての知識が買い手に欠如しているので、表示価格は買い手にとってもはや十分な変数ではない。価格はもはや完全な媒介になっていない。買い手は売り手の行動を考慮に入れざるをえなくなる。というのも、供給される財の品質は、その後の売り手の行動によって決まるからである。こうしてわれわれは、戦略的合理性の復活を目にする。戦略的合理性の復活は、外的媒介が機能しなくなったことの徴候である。このときわれわれは、もはや均衡の存在が保証されていないことを確認する。これこそ、ワルラス的合意《アコール》が形成されるにあたって、財の目録《ノマンクラチュール》仮説や品質に関する共通知が決定的役割を演じることの証拠にほかならない。

この布置状況は、前に説明した内的媒介に似ているが、不確実とされるものが個人の選好それ自体ではなく物の品質である点で内的媒介とは違っている。実は、情報の非対称性を考慮に入れることは、選好の外生性を見直すことを意味していない。これに関連して言っておきたいのは、経済理論が選好を可変的または内生的なものと見なすことは非常に稀であり、さらには例外的でさえあるということである。ただし、間接的にではあるが、よく似た結論は得られている。すなわち、品質の非決定によって、買い手は売り手の意思決定に関心を向けることを強いられる。これは、市場に出される財の品質がその後の売り手の意思決定によって決まるためである。この布置にあっては、模倣の状況に見られたのと同様、買い手の選好が売り手の選択に左右される。こうした条件の下では、競争的自己調整の諸特性（これにより、選好の固定性が戦略的な役割を演じる）が問い直される。注目しておきたいのは、売り手が完全に主権的であることとである。売り手の選択は、買い手の選択にも他の売り手の選択にも従属していない。

理解を深めるために、ジョージ・アカロフによって研究されている中古車市場というパラダイム的事例(47)を取り上げよう。彼は、「中古車」というカテゴリーが異質な車の総体を包含していると仮定する。この市場に供給される車の品質は、決定論的に、一義的に定義されてはいない。良い品質の中古車から悪い品質の中古車まで、品質は様々でありうる。価格pで中古車が売りに出されても、買い手はその品質について確信を持つことができない。その品質を知るには、「中古車」というラベルだけではもはや十分ではない。今や買い手は売り手に直接関心を向けなければならず、売り手は取り換え可能（な存在）ではなくなる。売り手は良質な中古車の所有者なのか、それとも不良な中古車の所有者なのか。ここに核心的な論点がある。品質は共通に知られたものではないから、われわれはパラメータ的合理性を放棄する。品質は可変的であり、今や供給者がとる戦略に左右される。このような布置においては、供給される車の品質を規定するのは供給者である。どのようにしてか。説明のためには、彼らの動機を知ることが必要である。アカロフは、供給者も自らの効用――この場合には利益――の最大化を追求していると想定する。表示価格が高ければ高いほど、市場には良質の車が出てくる。したがって、品質はもはや確定されておらず、価格に従属する変数となっていることがわかる。価格が高ければ高いほど、供給される車の品質が改善される。これは当然である。良質の車を持つ人は、高い価格でないと手放さないだろうからである。アカロフが想定するのは、買い手がこうした情報をすべて利用できるということである。買い手は売り手の動機づけについて完全な知識を持つとされるのだ（合理的期待仮説）。以上の条件の下で、売り手は市場価格が公表された後に、どの車を売りに出すか決めることができる。したがって、買い手にとって価格は、供給品の平均的品質を示す指標となる。ここに見られるのは、ワルラスの分析が総じて無視していた新しい効果である。ワルラスの分析においては、品質は交換に先立って確定されていた。ここでの効果品質（価格に影響される品質）は伝統的な分析を根底から修正するものである。実際、効果品質を考慮することによって、市場メカニズムには、財の価格とその財に対する需要との正の相関が組み込まれる。価格が高ければ高いほど、供給品は良質となり、他の条件が等しければ需要は多くなるのである。これは誰の目にも明らかなように、あの「需要供給の法則」に違反している。ここから重大な帰結が生じる。伝統的に価格の伸縮性が有するとされてきた調整的な諸特性が問い直されるのである。より正確に言うと、中古車の事例においてアカロフは、相互に有益な取引が存在していても取引が全く行われないことがあることを示した。市場が構築されるには至らないのだ。ジョセフ・スティグリッツ[48]はまた、この結論を一般化することによって、情報の非対称性が存在する場合、割当《ラシオヌマン》（特に、金融市場における信用割当）の状況も観察されることを明らかにした。いずれにせよ、取引の不在または割当が見られるというのは、通説的なワルラス的分析において考慮されているのとは全く違う市場の論理である。均衡存在命題もパレート最適ももはや妥当しない。

ワルラス・モデルが考慮している古典的な状況においては、「需要供給の法則」に従って価格の上昇が供給を増やし需要を減らす効果を持つので、当初は数量が不足していても、相対的欠乏の状況は解消していく。既に述べたように、このようなことを価格の調整的役割という。価格の伸縮性が、財の稀少性を効率的に管理することを可能にするのである。品質〔質〕が事前に規定されなくなると、需要関数は次のように根本的に変容してしまう。すなわち、需要は価格にのみ従属するのではなく、供給される平均的な品質にも左右されるようになる。それというのも、価格だけでなく平均的な品質もまた内生的・可変的になるからである。平均的品質に対する需要の従属が正であることに注目しておきたい。平均的品質が高くなればなるほど、需要が増加する。ところが既に述べたように、買い手は、平均的品質を規定するために、売り手の行動に目を向ける。このとき買い手は、品質が内生的であること、そして品質が市場価格の増加関数であることを発見する。

今や需要が二つの経路を通じて価格に従属していることが明らかである。一つは、価格上昇時に需要が減少する通常の経路である。もう一つは、価格上昇時に需要が増加する全く新しい経路である。これは、提供される平均的品質そのものが向上することによる。これにより二つの相矛盾する効果が帰結する。稀少性効果と品質効果である。品質効果が稀少性効果に優越するとき、価格を通じた競争的調整《レギュラシオン》の基礎をなす、価格と需要の間の負の相関が失われる。その結果、均衡が消滅して、割当や取引不在が見られるようになる。要するに、情報の非対称性という布置にあっては、価格の過剰変動を余儀なくされる。われわれは価格に対して、財の稀少性とその品質を同時に管理することを求める。ところがこの二つの任務は両立しえない。ワルラス的な状況においては、品質を市場外生的な規定の対象とすることによって、価格の用途を稀少性管理に限定することができている。このことが均衡達成の条件であり、われわれはこれを「外的媒介」と呼んだ。

アカロフは論文の最後で、「品質の不確実性の影響を抑えるための数多くの制度が出現する」(49)ことによって市場の作動が可能となることに注意を促している。ここで問題になっているのは、ワルラス・モデルにおいて既に「自然に」想定されているもの――すなわち共通知の対象となる市場外生的な品質――を「見える制度」を動員することによって「人工的に」創造することである。こうした操作（が存在すること）はわれわれに、財の目録《ノマンクラチュール》仮説の秘密を明かし、その真の性質を暴露している。すなわちこの仮説は、手の込んだ品質保証の仕事を隠す単純化の仮説であり、まさに仕事がすべて首尾よくなし遂げられた後に、品質保証印が押されていることを見せるのである。品質を産出する制度として、アカロフは、保証書、検印、レストランやホテルの系列店、免許（弁護士、医者、理髪師）を挙げている。だが品質が産出されているだけではない。品質決定過程の記憶が薄れてくると、改めて目録《ノマンクラチュール》の仮定が必要とされるのであり、目録には常に既にある財が載せられていくのである。

情報の非対称性の理論家たちが引き出した結論を要約しておきたい。彼らは、ワルラス的な合意が形成されるには、取引可能財の品質に関して予め市場参加者が合意していること、すなわちわれわれが「品質の慣行《コンヴァンシオン》」(50)と呼ぶものが必要であることを明確に論証した。これが完全に定義され、かつ交換者全員にとっての（共通知という専門的な意味における）共通知識になっていなければならない。それゆえ、このようにして公準化される紐帯《リヤン》は極めて強力である。これは、社会空間の透明性への要求に対応する紐帯である。各自が品質を知っており、各自が《他人が品質を知っている》ということを知っており、各自が《全員が知っているということを他人が知っている》

ということを知っている、等々、以下無限に続く。これはわれわれが先に「外的媒介」と呼んだものである。「外的媒介」においては、パラメータ的合理性を行使できる共通空間として、数量空間が必要とされる。市場参加者が他人の行動を気にかける必要がないとすれば、それは、彼が、仮説によって品質が戦略的行動を免れた与件であることを知っているからである。以上のような解釈からすれば、商品の客観性は、社会的鑑定と統制の強力な作用の結果として現われることになる。したがって、従来の考え方とは違い、一般均衡はもはや、互いに見ず知らずの諸個人の自由な出会いから結果するような「取引の自生的果実」としては現れない。むしろ一般均衡においては、経済諸主体が取引に入る前に一定数の共通の準拠基準を共有していることが前提である。一般均衡分析は、すべての市場——通常財・サービス・労働・保険・信用・金融資産——に関わるという意味で、絶対的に「一般的」である。[51] しかし、いずれの市場においても、競争的調整《レギュラシオン》が機能するためには、品質の客観化が必要不可欠である。ところが、どの市場もその固有な特性を持っており、安定的な基礎の上に商品の客観化を生み出す能力は市場によって異なっている。一定の市場では、商品化が困難なしに行われるが、他の市場では、その過程が主要諸利害の対立に直面する。例えばイギリスでは、「囲い込み（エンクロージャー）」と呼ばれる土地の商品化をめぐる闘争はかなり激しいものであった。なぜなら、多くの農民が、土地の商品化の必須条件である土地の私的領有を断固拒否したからである。同様に、今日われわれが「新しい生体市場」（体外受精の市場）と呼ぶものは、社会の広範な領域と深いつながりを有する種々の倫理観念に抵触することから、強い抵抗を引き起こしている。また、共通認定能力の形で労働の品質を客観化することは、明証性に欠けている。不断の技術進歩を背景とするとき、これは、雇用主と従業員を対立させる高度に紛争的な過程と言える。この過程は絶えず再燃してやまない。ヴィヴィアナ・ゼリザー[52]が研究した貨幣刻印の実践もまた、完全に標準化された物である政府不換通貨が、個人の差異化戦略の対象となることによって、その使用条件と品質を根本的に変化させうることを示している。以上いくつかの状況は、商品の客観化がケースバイケースの研究を要求する複雑な過程であることを明確に示している。いずれの場面においても、客観化が直面するのは、市場の論理と根本的に対立する社会諸関係である。

五　不確実性と貨幣

本章で行ってきた分析はいずれも、新古典派アプローチの特殊性は何なのかをつかみ出そうとするものであった。そのために、次のようなすぐれて経済学的な問いに対して、同アプローチがどのように解答しているかを検討した。すなわち、市場秩序は何から帰結するのか。商品的分断はどのようにして克服されるのか、と。新古典派価値論が提出した解答は、経済諸主体自身の知らぬ間に彼らの行動や欲望を構造化している凝集性《コエジオン》の原理――効用価値――の存在を想定するものであったと考えられる。このことから、ワルラス・モデルは、商品を介して世界ともっぱら功利主義的な関係を結ぶ個人を想定したのである。対象関係は十分に伸縮的であるものの、完全に安定化され客観化された選好において表現され（凸性の仮説）、かつ他の人々の選択から独立している（外的媒介）ので、すべての個人的意思決定を両立可能にする価格ベクトルの存在が証明された。一般均衡の理論家によって獲得される結論は以上のようなものである。一般均衡の枠組みにおいては、仮定によって欲望の無際限性は排除されている。基礎条件的《フォンダマンタル》価値としての効用への一般的同意は、いかなる逸脱をも禁じる厳格な枠づけとなっている。実際、一般均衡論において驚かされるもの、それは市場参加者たちの平穏、節度である。参加者たちの生存も、彼らの他者による承認も保証されているように見える。対象関係だけで、参加者たちは落ち着きを保っている。外的媒介の起源となる対象的《オブジェクタル》紐帯のこうしたパワー《ピュイサンス》は、新古典派的思考が商品的分断をモデル化するやり方を性格づけるものとして既にわれわれが指摘してきたことに関係している。この点について明確に理解するために、これまで無視してきた二つの重要な現象、不確実性と貨幣を取り上げ、これらを考慮するためにどのようなモデル形成がなされるのかを考察しておきたい。われわれが見いだすのは、二つの事例において、新古典派の提示するモデルが模倣仮説を拒否していることである。それというのも、新古典派のモデルは、外的媒介という形態をとった商品の客観性に中心的役割を演じさせるからである。まずは不確実性の問題から考察を始め、「アロー＝ドゥブリュー均衡」とも呼ばれる一般均衡の異時点間バージョンを取り上げていくことにしよう。

一般均衡モデルのこの新バージョンにおいては期間が導入される。それ以前のモデルにおいては単一の期間にすべてのことが繰り広げられていたのに対して、今や、諸個人は複数期間にわたって生存し、生産と消費を行う。商品経済の現実においては、将来との関わりは個人にとって不確実性とリスクの源泉である。それゆえに、不確実性の考慮は分析に大きな影響を及ぼす。経済諸主体は、「明日何が起きるか」「どのようにして私は好ましからざる偶然から身を守ればよいか」といった難問を、新たに自らに課さねばならない。この結果、個人は平穏の一部を破られる。というのも、彼は過度のリスク引き受けを免れねばならないからである。新古典派の思考においては、将来実現される可能性があるすべてのシナリオを客観的に一覧できることを公準とした上で、将来との関わりという問題へのアプローチがなされる。このアプローチによって、不確実なものは、先験的《アプリオリ》に定義される諸事象の確率計算可能なリストへと還元される。これをわれわれは「確率主義仮説」(53)と呼ぶ。ここでは不確実性は、外生的な諸事象ないし世界の諸状態を汲み尽くすリストの形で表象される。経済主体が知るべきことはすべて、このリストに記述されている。世界の状態のそれぞれについて、個人は、最適な満足が得られる商品を決定している。例えば、彼は、雨が降れば傘を、日照りであれば水を買おうとする。このような条件の下で、事象が生じると想定される将来の時点について、今日これらの商品を購入できる条件付先物市場が存在するならば、今日の時点において経済主体は不確実性の影響から絶対完全なやり方で身を守ることができる。どんな事象が生じようと、彼は最適な財バスケットを入手できる。残余リスクは全く残らない。特筆すべきは、こうした結果を獲得するのに、例えば、特殊な――金融的ないし貨幣的な――保険手段に頼る必要がないことである。確率主義仮説によって、将来に――しかも将来の不確実性に――対処する上での商品の全能性が担保されているのである。このアプローチが目指しているのは、財に対する関係だけによって隅々まで支配された社会、物〔対象〕のみによって完全に媒介されているがゆえに人格的紐帯なき社会、という理念型的概念である。共時的にも通時的にも、分断された諸個人を協調させるには商品関係だけで十分だとされる。さらに強調すべきは、確率主義仮説と財の目録《ノマンクラチュール》仮説との間には密接な相同性《オモロジ》があるということである。確率主義仮説は、品質に関して財の目録《ノマンクラチュール》仮説が担っているのと同じ機能を、不確実なものに関して果たす、すなわち、もともと主観的評価の一全体が見いだされていた場所に、客観化された集合表象を作り出す。財の目録《ノマンクラチュール》仮説においては財の完全なリストが共通知であると想定されるのと同様に、確率主義仮説においては、不確実な事象の完全なリストが経済主体全員にとって共通知であると想定されている。この機能的相同性を強調するために、われわれは後者の仮説を「世界の状態に関する目録《ノマンクラチュール》仮説」と呼ぶことにしたい。いまや各個人はもはや他人の行動を気に留める必要がない。潜在的な偶発事象《アレア》を知るだけで十分である。このようにして確率主義仮説は、目録《ノマンクラチュール》仮説が効用に関してそうであるのと同じように、リスクに関して経済主体間の客観的媒介を構築することを可能にする。どちらの状況においても、人々を分断《セパレ》する、という同じ論理が作用している。

結論としては、結局は貨幣の問題に行き着く、ということだ。貨幣関係の詳細な分析は第4章に回すこととし、ここでは、本章の文脈において、端緒的ないくつかの考察をしておくにとどめよう。まず、ワルラスの一般均衡論は貨幣不在の経済についての議論であることを確認しておきたい。既に強調したように、実体的な価値概念に固執するのが、一般均衡アプローチの特色である。「貨幣を考慮に入れる必要がない交換」の謎を解く鍵は価値論にある。貨幣は、もっぱら交換を容易化するものとして副次的に導入されるにとどまり、貨幣を導入しても商品交換本来の法則は歪められない。物々交換経済から貨幣経済への移行を説明するために、複数のアプローチが提示されてきた。その中でも大きな役割を演じてきたのが、ドン・パティンキンによるアプローチであった。一九五〇年代に彼は、一般均衡の存在が証明された後の最初の「貨幣理論と価値理論の統合[54]」を提示した。商品経済をその全体性において考えるのに適した枠組みをこれ以降利用できるようになったことは、新古典派理論にとって大きな前進であった。パティンキンが成功を収めるにあたって依拠した主導的アイデアは、われわれの仮説から容易に分析しうるものである。彼が提案したのは、貨幣を他の諸商品と同じような一つの商品として扱うことであった[55]。そこで彼は、貨幣に対する諸個人の関係をもっぱら効用追求に動機づけられたものとして扱うために、貨幣にも通常の商品と同じような独特《スイ・ジェネリス》の効用があることを証明しようとした。これが言えれば、商品と同列のものとして貨幣を効用関数に組み込むことができる。そうすればまた、貨幣の個人的需要を決定するために、最大化という手慣れた方法を用いることが正当化される。つまり、われわれはここにも外的媒介のモデルを見いだす。今やこのモデルが新しい変数に適用されているのだ。だが、貨幣に固有な効用とは何なのだろうか。有用な商品の獲得を可能にするという、貨幣が生み出す間接的効用は、ここでは問題ではない。彼によれば、「われわれの関心事は、貨幣を支出することによる効用ではなく、貨幣を保有することによる効用なのである[56]」。パティンキンは、実は貨幣には、有用財を購買するその能力を超えて、直接的な効用があるのだという。つまり、貨幣の固有の効用は、支出と受取りの非同時化が引き起こす困難を回避する貨幣の能力に由来するとされる。この非同時化は流動性の一時的不足となって表れる(57)。そのことからすれば、貨幣が提供するサービスは流動性であることになる。こうして、古典的な消費者の効用関数の最大化という観点から、個人の選択を記述できるようになっていく。商品のみに考察を限定せず、考慮される変数を貨幣残高に拡張すればよいのである(58)。パティンキンが提出した以上のような概念枠組みの下では、貨幣の効用は、他の諸個人の行動から全体として独立しているとされる。問題〔評価の対象〕とされているのは貨幣に固有な本来的特性であり、この特性の評価は、もっぱら諸個人の特有な選好に従属して――特に非流動性が引き起こす困難に対する忌避の大小に従属して――決まる。われわれはこのアプローチの強みを理解する。それは貨幣を、誰もが他者を考慮することなしにその品質を把握しうるところの純粋な客体《オブジェ》〔ないし対象〕にしてしまう。ここに見られるのは外的媒介のモデルである。したがって、貨幣の需要は純粋に私的な計算の結果であり、そこでは各個人が自己の保有貨幣の限界効用と他の諸商品の限界効用とを比較するのである。よって、商品について従来用いられてきたのと同じ道具を用いることで、貨幣の需要が分析できるようになる。パティンキンの著作が成功したのはこのことによる。彼は、商品と貨幣を完全に対称的に取り扱うことを許す統一的な形式的枠組みを提示した。「同じ分析方法を適用することによって、この二つの理論〔価値理論と貨幣理論〕の命題は、同一の市場の同一の需要関数に還元される(59)」。

しかしこの結果は、多くの問題を提起せずにはいない。貨幣関係を本来的効用の個人的追求に還元することは、貨幣が何よりもまず、信頼・集合表象・戦略的期待に基づく経済主体間の関係であることを見ようとしないことになる。つまり、いかなる場合にあっても貨幣の効用を、他の諸主体の行動から独立した外生変数として扱うことができる、というのは正しくない。明らかに、貨幣を保有するという選択は、他人が何を考えているかによって強く条件づけられている。他の人々が当該貨幣の受領を拒否する場合には、その貨幣はもはや効用を持たない。それは流動的であることをやめる。この事実を避けて通ることはできないのである。それを否定してしまうことは現実的とは言えない。私は、その貨幣が交換者全員によって拒否されるであろうことを知っていれば、それを受領しないだろう。こうしたことから、一般論として言う限り、対貨幣関係〔貨幣との個人の関わり〕を、他者の選択から独立した、物的な《オブジェクタル》タイプの、純粋に私的な関係へと還元することは不可能である。言い換えるならば、例えば牛乳に固有のものとして栄養価があるのと同じ意味において、流動性が貨幣対象に本来的な属性であるとは言えない。

だからと言って、パティンキンのアプローチが全面的に誤りであるわけではない。貨幣の品質が全員によって認められている時期には、流動性サービスを生み出す貨幣の能力は誰に対しても認められており、パティンキン・モデルは経済の現実についての満足な近似を提供する。このことから確認されるのは、通常財について既に述べたのと同じ結論である。すなわち、外生的選好のモデルは、局所的・特殊的なレジーム――品質が安定していて共通知識の対象となっているときに観察されるレジーム――に対応するものである。このレジームは、外的媒介が支配的であるための条件として、一定の制度的文脈すなわち品質の慣行《コンヴァンシオン》を前提するものである。同じことは貨幣についても言えるが、ただしその場合には、「貨幣品質の安定化をもたらす制度的条件は貨幣の性質そのものからして〔通常財よりも〕はるかに限定的である」という重要な但し書きを付ける必要がある。例えばわれわれは、金融イノベーションが貨幣需要の慢性的不安定性をもたらしていることを知っている。情報の非対称性を扱った前節において既に注目したように、商品の客観化の条件は、どの商品が考察されるか、そしてそれがどんな社会関係を巻き込んでいるかによって大きく異なってくる。貨幣の客観化の条件については〔同じことが〕特に強く言える。

パティンキン・モデルに対するわれわれの評価は、フランク・ハーンが一九六五年の有名な論文(60)の中で同モデルに対して行った批判に与するものではない。ハーンが論文中で明らかにしているのは、要するに、パティンキンは自らの考察する経済が本当に貨幣経済であることの証明、つまり自らの取り上げる貨幣が集団全員によって実効的に受領されることの証明には成功していない(61)、ということである。もちろんそのことは否定できないのだが、われわれの解釈から言えば、品質の客観化が既得であることを前提とするモデル(外的媒介)と、この客観化の形成条件に関心を寄せるモデル(内的媒介)とは峻別しなければならない。二つのモデルによって考察される相互作用の布置は、互いに異なった論理を持ち、それぞれ別個の問題系《プロブレマティーク》につながりを持っている。制度の創出を分析するモデルは、ひとたび創出された後の制度の諸効果を分析するモデルとは別のものである。例えば、一般均衡論は商品の競争的価格を分析するわけだが、その商品がどこからやってくるのかを説明していない咎《とが》で一般均衡を非難する者はいない。同様にして、パティンキン・モデルは、貨幣が完全に客観化されている経済に見られる諸特性を解明するモデルであるがゆえに、「その貨幣はどのようにして通用化するのか」という問いには答えられない。内的媒介と外的媒介と呼ばれる二つのタイプの説明の間の関係について検討することは、次章の課題としよう。この検討に際しては、制度創発の理論を練り上げていくことが必要になってくる。一般均衡論は、商品経済のレジーム内的な諸特性に関心を集中したので、このような問題にはアプローチしなかった。よって、確かにハーンが、パティンキン・モデルは社会成員全員が貨幣を採用する理由について明示していない、と指摘するのは至極もっともである。しかし、だからと言って、貨幣経済の作動を緻密に考察しようとするこのモデルの能力が無効になるわけではない。われわれの前にあるのは、区別される二つの問題なのである(62)。

六　商品の客観性と理念型的モデル

ここまでの本章の分析により、われわれは、新古典派価値論が市場的調整《コオルディナシオン》の問題をどのようにとらえどのように解決しているかをかなり明確にすることができた。新古典派価値論が想定するモデルは著しく客観化されており、そこでは、どの参加者ももっぱら価格に基づいて、自分が何を行うべきかを決定することができる。それ以外の知識は全く要求されない、特に他の諸個人の行動についての知識は要求されない。赤信号の例で見たように戦略的次元は消滅する。というのも、各自の位置を規定するには、制度に対する関係だけで十分だからである。結果としてどの個人も、商品体《オブジェ》〔商品物体〕から得られる個人的満足だけを気にかければよい。個人にとって重要なのは商品体との関係だけである。商品的分断についてのこれ以上に極端《ラディカル》な表現を想像することは困難である。新古典派モデルに見られるのは、相互に全く無関心な諸個人から成る経済である。彼らは、市場の仲介人を介して表面的に関係を結ぶだけである。誰も人には関心を持たないし、人と人が対峙することもない。こうした全面的な分断化様式においては、中心的な関係をなすのは、諸個人が使用価値と取り結ぶ関係である。この点は改めて強調しておかねばならない。新古典派理論において考慮されるのは、事物のみを追い求め、消費の情動のみによって駆り立てられる諸個人である。すべてのことは、最終的にこの点に帰着する。新古典派の理論家の見方では、最終的価値が置かれるべきものは、消費時に商品から得られる満足、すなわち効用である。この〔消費による〕満足そのものにおいても、第三者は排除されることを強調しておこう。満足は、個人と財との厳密な意味での差し向かいから結果するのである。他者の眼差しはいかなる影響も及ぼさないとされる。こうして例えば、威信追求を目的とする顕示《オスタンタトワール》的消費のような観念は排除される。換言すれば、財に対する関係は、厳密に功利主義的な様式（効用が衣食住のようなもっぱら実用的な目的に関するものであることを意味する）において作り上げられる。個人的効用が規定された後は、第二段階において、消費者の間への稀少財の分配を可能にする社会的メカニズムとして市場が必要不可欠になってくる。しかしこのメカニズムは私的目的に影響を与えることも、それを歪めることもないとされる。

商品的分断についてのこうした驚くべき見解は、社会的世界をフォーマットする四つの強力な制度的過程に基づくものである。順に挙げておこう。第一は、「商品の客観性」、すなわち、行為主体全員に知られている財の集合（財の目録《ノマンクラチュール》仮説）。第二は、不確実性に関する共通の表象（世界の状態の目録《ノマンクラチュール》仮説）。第三は、価格メカニズムとは何かに関する共通認識（市場の仲介人の仮説）。第四は、商品体についての厳密に功利主義的な見方が行為主体全員によって採用されていること（選好の凸性の仮説）。以上のような制度枠組みの下では、諸個人は、互いに対峙したり互いに話したりしようとしない。彼らの注意は、すべての社会的実体を吸収している客観的メカニズム（品質と価格）にのみ向けられる。一般均衡の世界においては、対象《オブジェ》（物ないし客体）が諸主体間の完全な媒介を作り上げていると言える。そこには戦略的相互作用のわずかな余地も残されていない。これこそ、われわれが外的媒介と呼んだものの特殊形態にほかならない。以上の解釈の独創性は、たいてい経済学者が考察の文脈に固有な自然的存在しか見ようとしない場所に、制度を見いだす点にある。「共通知」をテーマにしようという経済学者の要求は、われわれが相手にしているものが自然的事実ではなく、諸個人間の調整を目的とする制度諸形態であることを明らかに示唆している。われわれの解釈からは、「いかなる過程を通じて商品の客観性が生み出されるか」の説明を要求する――ワルラスが総じて無視していた――問題群が浮かび上がってくる。

なるほど、われわれが定義した「商品の客観性」は、対象〔物〕の役割というわれわれの経済の基礎条件的《フォンダマンタル》な次元を形式化したものである。商品経済を分裂させる競争的対抗関係《リヴァリテ》の核となるのが、対象を領有するための闘争である。しかし、それについての新古典派理論によるモデル化は、闘争をあまりにも強力な制度の下にあまりにも厳格に枠づけてしまうので、平穏化された闘争のバージョンしか提示できない。商品の客観性仮説が採用される結果として、次の四つが対抗的競争《リヴァリテ》の領域から排除されてしまう。すなわち、商品の定義（財の目録《ノマンクラチュール》仮説）、個人的選好の形成（選択の凸性仮説）、不確実性の表象（世界の状態の目録《ノマンクラチュール》仮説）、そして交換そのもの（市場の仲介人仮説）である。この結果、全面的に平穏化された経済が分析の俎上に載せられることとなる。商品的分断を解釈するこの非常に特殊なやり方は、個人主権の仮説と密接に結びついている。〔この解釈の下では〕何を追い求めるべきかについて、経済主体が何の疑いも持たないからだ。確かに、他の主体の行動が、欲しいものの獲得を困難にすることはあるだろう。例えば、他の主体の行動が当該の商品の価格を上昇させるかもしれない。しかし基本的に、他の主体の行動は、何が購入に値するかを個人が評価する仕方には影響を与えるものではない。この点は根本的に重要である。新古典派の世界においては、諸対象は市場的相互作用から独立な客観的価値を持つ。この価値は、外生的と仮定された個人的選好に由来している。ワルラスの均衡価格は、その最も完全にして最も純粋な説明を与えるものである。

　要するに、この分析において驚くべきなのは、いかなる模倣的次元も見事なくらい不在であることだ。この分析においては、諸個人は互いに極端に分断されている。彼らは互いを比較しないし、互いに模倣し合ったりもしない。模倣的次元が一貫して不在であることはそれ自体が、模倣とその破壊的動態を中立化させるワルラス的な諸制度がどれほど強力なものであるかの証左である。あらゆる直接的つながりの拒否（市場の仲介人仮説）は、こうした反模倣的な意図によるものであることは明らかである。しかし、そこではまた功利主義仮説も基礎条件的《フォンダマンタル》役割を演じている。実は、商品をもっぱらその効用に還元することには、商品を無害化・不活性化するという意図もある。商品はもはや欲望《デジール》の対象ではなく、制限された客観的欲求《ブゾワン》を満たすものにすぎない。ここでの問題は、商品が模倣とそのエスカレートの影響を免れるようにすることである。効用は、欲望と利益の零落した形態として解釈されねばならない。しかし、具体的な経済を見るならば、効用への還元を最後まで推し進めることがいかに容易でないかは明白である。もしも財に対する関係が欲求という角度からしか理解されないのであれば、需要の活力は大きく損なわれかねない。マーケティングや宣伝の実践に見られるように、模倣動機は、商品に対する諸個人の関係において核心的な次元をなしている。消費は——効用の追求だけでなく——威信や社会的地位の追求にも対応している。このような現実は、ソースティン・ヴェブレンがその当時既に強調していたものであるが、ワルラス・モデルからは全面的に姿を消してしまった。

商品的分断についての以上のような反模倣的な概念は、経済学者たちの思考の全体に深く浸透している。この概念を物差しにして、あらゆる状況——現実的なものであれ理論的なものであれ——が測られるのである。こうして描き出されるのは、いかなる暴力も、すなわち累積的な急上昇も極端な増加もともなわない経済である。なぜこのようなことになるかと言えば、仮定によって、商品が市場参加者の欲求を余すところなく完全に満足させるとされるからだ。社会世界についての厳密に功利主義的なヴィジョンに支配されている諸個人は、自分を完全に満足させてくれるものを物に見いだすのである。全員によって正統的と見なされている堅固な制度の枠組みの中では、相互作用は、同一の物の見方および同一の情念を共有する市場参加者の間で、摩擦なしに行われる。われわれは、これほどによくできた秩序をほかに想像することはできない。名誉の獲得競争は物《オブジェ》の獲得競争に置き換えられている。他の社会的諸価値は効用価値に取って代わられている。この分析の大きな強みは、個人間の競争的対抗関係《リヴァリテ》を厳格な諸限界のうちに閉じ込める可能性を明らかにしていることにある。もっと正確に言えば、模倣のエスカレートに歯止めをかけることによる商品的暴力の枠づけを可能にする制度的諸条件が明らかにされている。このモデルがわれわれを取り巻く世界を理解する助けになるとすれば、それは、このモデルがマックス・ウェーバーの遺した理念型的方法（つまり、一定の側面に強勢を置き、他の側面は脇に退けて顧みない）に従っているからである。追求されている目的は、経済の現実をあるがままに記述することではなく、商品の客観性とその諸帰結についての純粋な理念像を再構築することである。この点で、ワルラスの理論体系はきわめて貴重だ。これによりわれわれは、商品の客観性およびその自己調整能力という商品経済の重要な次元を理解しうるのである。しかし、全く同じ理由で、ワルラスの理論体系はその本性として、現実についての部分的分析しか提示することができない。これは、定義により、研究対象でないものはすべて無視されているためである。「理念型とは包括的総体の部分的把握である」(63)。こうしてワルラス・モデルは、商品の客観性の構築を司る過程については何も語らない。特に品質の慣行《コンヴァンシオン》は最初から視野の外に置かれているので、その構築についても語られることはない。例えば、このモデルは、所与の一商品についてその価格推移を理解することはできても、資本主義の長期的転換を画するプロダクト・イノベーション〔製品革新〕については何も語らない。このイノベーションは資本主義の長期的変容において主導的な役割を果たしてきたにもかかわらず、である。つまり商品経済の核心的部分がとらえられていない。こういうわけで、例えば物理学において理想気体が天然気体の優れた近似であるのと同じ意味においては、ワルラスの理論体系を現実世界の近似と見なすことはできない。ワルラスの理念型的なモデル構築は、いくつかの特定諸傾向――この場合、模倣主義を抑止する客観的媒介が及ぼすインパクト――を様式化しようとしてはいても、経済を包括的に把握することを目指してはいない。ワルラス・モデルが考えようとしているのは、平均的な行動ではなく、一定の見地から見たときの典型的な行動である。
　レオン・ワルラスは、少なくとも一定時点までは、自分のアプローチの特殊性を意識しており、特に自分のアプローチを自然科学に固有な実験的方法と混同すべきでないと考えていたようだ。以下の引用文からこの点は全くもって明白である。

「数学的方法は、実験的方法ではなく合理的方法である。狭義の自然科学は、ただ単に自然を記述するにとどまっており、経験から脱却していないのではないか。自然科学者には、労を惜しまずこの問いに答えてほしいものである。確かなのは、物理数学は狭義の数学と同様に、経験から概念の類型を借りてくる時点で既に、経験から離れているということである。物理数学は、こうした現実的類型から理念型を抽象してこれを定義する。次にそうした定義に基づいて、定理や証明の全構造を先験的《アプリオリ》に築き上げていく。その後に物理数学は経験に戻るが、それは結論を検証するためにではなく、結論を応用するためにである(64)」。

　ここでワルラスは理念型による抽象の働きについて主張している。抽象の働きはまず、現実から出発して、そこから「交換、供給、需要、市場、資本、収入、生産用役、生産物などの類型(65)」を借りてくる。次に、第二段階において、こうした現実の諸類型から、モデルの基礎となる理念型が抽象される。理念型的なものについてのこのような性格規定は、ワルラスの概念形成の性質を知る上で重要なだけでなく、それなくしては不可解であり続けるであろう重要な現象を理解可能にする意味でも重要である。その不可解な現象とは、現実を改革してそれを概念に一致させることを目的とする経済モデルの利用である。モデル構築が記述的なものであれば、こうしたプロジェクトが無意味であることは明白だ。われわれは、既にあるものを移植しようとは思わない。正確に言えば、むしろモデルが――現実の経済を記述しようとするのでなく――一定の見地からの現実経済の典型的な形態を様式化しようとするからこそ、新しい可能性が開かれるのである。すなわち、モデルが現実に適用されるのは、現実を正しく記述しているからではなく、現実をその概念の純粋性において再構築しているからである。マリー＝フランス・ガルシアの研究[66]からミシェル・カロンの研究[67]に至るまで、数多の研究が、〔モデルの〕こうした遂行的な役割がどれほど戦略的なものであり、どれほど経済学者の実践において核心的な役割を演じているかを明らかにしてきた。われわれは、新しい制度を構築するためだけでなく、新しい調整《レギュラシオン》について考えるためにも指針としてモデルを利用する。この二〇年に起きた金融部面の進化は、その格好の例示を与える。こうした効果は社会科学に特有である。しかも経済学においては、おそらくこの効果が最も明白かつ最も目立っている。このような理由から、経済理論は今日の先進社会において途方もなく大きな役割を演じている。経済理論は、ビジネスをどのように進めるべきかを指示する言説となっている。これこそが、経済理論の理念型的性質からの直接的な帰結なのである。想起しておきたいのだが、マックス・ウェーバーはその当時既に、社会的世界を解明するために学者が作り出した理念型と、与えられた歴史的時点において諸個人が生活状態の転換を目的として実践的に追求する理念とを混同すべきでない、と警告していた。ウェーバーがこの警告を必要と考えたのは、両者が実質的内容の面では互いにかなり近いものになる可能性があるからであった。

「ある時代の特徴をなす一定の社会現象から抽出された、特定の社会状態の理念型は、当の時代に生きている人々自身にとっては、実践的に追求されるべき理想として、あるいは、そこまでいかないとしても、一定の社会的諸関係を規制する格率《マキシム》として、念頭に浮かべられている、ということもある――というよりもむしろ、そういう場合が、かなり頻繁にあるとさえ言える[68]」。

この警告は特に研究者に向けられている。研究者たちは理念型を、眼前の現実を客観的に知るための道具と見なすのではなしに、「あるべきもの《ドゥヴォワ・エートル》」の表現と見なすことがある。マックス・ウェーバーはこれを「問題の混同」[69]と呼んでいる。この場合、研究者は理念型を規範的評価の道具として用いることによって、あるべきものを判断しようとする。これにより研究者は、ウェーバーが枢要視していた「価値論の中立性」の要求を放棄し、したがって客観的観察者としての自己の役割から離れてしまう。このことは自由主義経済学者に当てはまる。彼らは、商品経済の理念型的モデルに、達成すべき規範という意味を付与してしまう。

「不幸なことに、経済理論は、『問題の混同』という典型的現象の犠牲者でもあった。実際、『個人主義的』であり、政治的道徳的に『中立的』であるという意味での純粋な経済理論は、今まで必須な方法論的手段であったし、今後もずっとそうあり続けるだろうが、過激な自由主義学派の目には［…］『あるべきもの』という性質を有するように映る。つまり純粋な経済理論の妥当性は、存在者《エタン》を扱う経験的研究において利用される理念型であることにではなく、価値の領域における理念であることに求められている[70]」。

この分析は、経済学のモデル作成に理念型概念を適用することの豊饒さを改めて示すものである。理念型概念によって、経済学のモデル化の性質が明らかになるだけでなく、その利用法や偏向をも把握することができる。理念型概念に依拠することによって、経済学のモデルと自然科学が用いるモデルとがどう区別されるかを見極めることもできる。これら異なる言説が異なる認識論に依拠していることは、明白である。注目すべきことに、フランソワ・シミアン[71]も、実証的分析と規範的分析との間で経済理論が絶えず揺れ動いていることを強調するときに、同様の分析を行っている。

本章の締め括りとして、経済学のアプローチを他の社会科学と根本的に区別するところの、新古典派理論の最後の特殊性について述べておきたい。その特殊性とは、いかなる集合表象も不在であること、にほかならない。

われわれが「商品の客観性」と名づけた制度的構築物に特有なパワー《ピュイサンス》は、新しい諸条件（新しい選好、新しい科学技術、新しい資源）への適応調整《アダプシオン》が価格の作用を通じて行われる際に、どの市場参加者もその過程についての包括的表象を持つ必要がないという事実において示された。われわれはこのような分析の模範的な例をフリードリッヒ・ハイエク[72]に見いだす。彼は、価格にはバラバラな参加者たちを効率的に調整《コオルドネ》する能力があることを強調するのだが、その際、価格以外に共通な表象空間を想定する必要はないとされる。ハイエクが事例として取り上げるのは、スズの稀少性が急激に強まったときに経済がどのように進化・適応していくかである。この状況変化は、原料スズを節約しようとする多様な局所的行動を喚起するが、その際、経済主体はスズの稀少性が強まった理由を知る必要がないというのである。

「スズという原料のような事例において驚嘆すべきは、最初に命令があったわけでもなく、ほんの少数以外最初の原因を知る市場参加者がいるわけでもないのに、数万人もが原料の利用を節約するよう促され、その結果として適切な仕方で行動する、ということである[73]」。

当事者たちは、何が要求されているかを判断するうえで、スズ価格高騰の原因を知る必要がない。ここで構築されているモデルにおいては、隣人同士から成る集合体は、過程に関する全体的な知識を持たないにもかかわらず、価格を通じて相互に連結し合い、経済の全体的な適応をもたらす。ハイエクは言う。

「こうした集合体が単一の市場としての働きをするのは、その成員たちが経済の全体を精査しているからではなく、個人の視野が相互に重なり合うことによって多数の仲介者を通じて重要な情報が全員に伝達されるからである[74]」。

商品の客観性が、共有された諸準拠基準《レフェランス》の統合的な一全体を生み出すことによって、このような結果を可能にしている。そのことによって、知識と知性の途方もない節約が可能になっている。価格が持つ本質的な調整《レギュラトリス》特質は、このことに由来している。よってわれわれは、商品の客観性は、歴史において集合表象が演じるとの同じ役割を、経済において果たす、と結論することができる。根本的に言うならば、どちらの場合にも、役割を演じているのは共通信念《クロワヤンス》の存在である。協調を可能にするのは、こうした（品質と価格に関する）共通信念なのである。ワルラスの場合には、こうした共通信念が単に諸仮説の背後に隠されているにすぎない。いわば共通信念は擬装されている。この擬装の結果として、マルクスによる物神崇拝《フェティシスム》の定義通りに、個人同士が社会関係を取り結ぶ場には、物と物の間の関係しか見られない。「このばあい人間にとって諸物相互の関係という幻想的な形態をとるものは［…］人間相互間の特定の社会的関係である」(76)。

この洗練された命題は、商品経済というものの重要な次元を、すなわち商品経済に生命を吹き込む力《フォルス》をよく言い当てている。よってこの命題を拒否する必要はない。しかし、われわれはその妥当性に異議を唱えはしないものの、この命題が市場部面の作動の全体性を表しているとは考えていない。この命題が描写してくるのは、強く平穏化された経済、すなわち各人の位置が持続的に定義されている経済である。驚くべきは、そこでの不確実性の不在である。誰もが、自分が何を欲しているか正確に知っているとされる。しかし実は、各自の戦略的目標が一義的に明確《サン・アンビギュイテ》に規定されると、たちまち競争的取引それ自体が重要性を失ってしまう。競争的取引とは、世界に対する功利主義的関係の公式認知である。既に様々な分析家が注目しているように、ワルラスの市場経済は計画経済に酷似している。計画立案者が市場の仲介人に置き換えられただけだからである。その他、同じ透明性が見られる点、根本的に言って、紛争《コンフリ》が不在である点も同じである。こうしてわれわれに求められるのは、市場秩序についてのより一般的な分析を提示して、市場秩序の安定性条件をそのものとして把握し、その活力の核心に迫ることである。模倣仮説の一般的な意義がそこで発揮されることになる。

模倣仮説は、諸個人は自分が何を欲望しているかわかっていない、ということを肯定する。内観だけでは、彼らは手がかりをつかむことができない。取得に値するものを規定するために、彼らは自分の周りに目を向け、模倣すべき手本を他の人々の経験のうちに探し求める。この見方は個人主権の仮説と対立している。模倣する《ミメティーク》個人は、相互作用に常に身を沈めているという意味で、根っから社会的な存在である。模倣する《ミメティーク》個人は相互作用の外部にいないというだけでなく、相互作用を形成しもする。こうして模倣モデルは因果性の順序を逆転させる。このモデルは、個人的評価を考える場合、まず関係《ルラシオン》から出発すべきことを推奨するのである。ただし、われわれは、この逆転の重要性を過大評価してはいけない。概念装置の中心に、交換を据え直さなければならない。商品交換は、先在する客観的価値によって——すなわち個人的選好によって——外部から操られるものとしてではなく、価値（効用価値を含めて）が構築される真の場所として説明されねばならない。模倣仮説の根本的な狙いは今や明らかである。その狙いとは、実体《スブスタンス》の経済学の代わりに関係《ルラシオン》の経済学を提示することである。これは、理論上の大転換を意味する。

第3章　稀少性

効用のためだけの財の追求は、真の賭けがともなわないがゆえに、紛争《コンフリ》なき商品世界を作り上げる――一般均衡モデルからわれわれが思い浮かべる経済とは、このようなものだ。もちろん稀少性は存在するのだが、選好の凸性の仮定によって大幅に緩和され、最終的には完全に無害化されるに至る。一人一人が交換への絶対意志を表明すると、たちまち、全員に受け入れ可能な富の分配が実現される。そのような分配を妨げるようないかなる排他的選好も、いかなる極端な要求も存在しないのである。以上のことを記号を用いて形式化して示したのが、ワルラスの議論である。このことから、新古典派的な効用とは、強い安らぎであること、社会に平和をもたらす実体であることが明らかである。効用は、権力欲や支配欲が駆り立てる暴力的闘争から社会を免れさせることによって、平和をもたらすものとされる。どうしてこう言えるかと言えば、効用は、人々を実生活に閉じ込め人々を孤立化させるからである。ワルラスの消費者は、他人にも、他人が考えることにも、他人がすることにも興味を持たない。彼の生活理念である健康や快適さは、もっぱら使用価値によってもたらされる。彼はそれ以外のものには興味を覚えない。新古典派的な効用は、模倣的な反省を禁じ他者との比較を介入させないことによって、対抗関係《リヴァリテ》なき世界の土台となる。

新古典派の思考においては、商品に対する功利主義的関係というこうした仮定は、主に、共通感覚に依拠しているとされる。この仮定は、ミクロ経済学教科書の冒頭数ページにおいて自明の理として述べられるものの一つである。しかし、「効用は対象関係〔対象に対する個人の関係〕の排他的様式である」という仮説には、議論の余地がある。既にマルクスが記していたように、少なくとも、経済発展の初期段階を念頭に置く限り、対象《オブジェ》〔物〕の欲望に対して最も強い動機づけを与えてきたのは、おそらく威信《プレスティージュ》であった。

「富の最初の自然形態は余剰ないし過剰のそれである。これは、直ちに使用価値として必要とされない部分であるか、もしくは、その使用価値が単なる必需品の範囲を超えた生産物の占有である。〔…〕未発達の生産段階においては、生産物のこういう余剰ないし過剰が商品交換の本来の部面を形づくっている(1)」。

これと同じテーゼが、ソースティン・ヴェブレンにも見いだされる。ヴェブレンによれば、物《オブジェ》とは何よりもまず戦利品《トロフィー》であり、われわれがそれを取得しようとするのは、それを占有すれば勢力《ピュイサンス》を授かれるからである。われわれは、物の助けを借りて自分の優位を主張しようとする(2)。ところが新古典派の市場秩序にあっては、この動機づけは消え失せる。この動機づけは通用しなくなる。この動機づけは幻想的なもの、さらには不合理なものとして却下される。ワルラス的な個人にとって重要なのは個人的幸福であり、これは、自分の個人的嗜好に合い自分の効用追求を満足させる消費を通じて獲得される。新古典派の理論家にあっては、孤独な個人が商品と向かい合う厳密な意味の差し向かい《ファスアファス》が想定され、個人の選好は、他人の影響が及ばないところで行使される。したがって、商品の品質《カリテ》というスペクタクルを見物する観衆はいない。新古典派の論理からすれば、諸個人が模倣的闘争を免れてワルラス的主体に転換するのは、使用価値から得られる便益が強力であるからにほかならない。人間の諸欲望が配置し直されて個人的厚生や物質的安楽という価値に焦点を合わせて《フォカリゼ》いることが、商品の客観性がその力すべてを汲み出す源泉となっているのである。ここで述べているのは、何世紀にもわたる大規模な――いまだ終了していない――社会変容であり、その具体的発現は資本主義や技術の進化とともに変遷を遂げてきた。栄光の三〇年の間支配的であった、自動車や家庭電化製品を中心とするフォーディズム・モデル(3)は、その格好の例である。今日では、教育・訓練・医療・レジャーを通じて人間存在そのものに焦点を合わせた新しいモデルの出現を予想する人々がおり、その一人ロベール・ボワイエはこれを「人間創造的モデル(4)」と呼んでいる。このように、歴史を見ると、市場社会〔商業社会〕の起源から今日に至るまで、多様な消費基準が次々に現われてきたことがわかる。しかし、そうした多様性を超えて、常に、効用の商品化という同じ原理が働いてきたし、同じように機能性《フォンクシオナリテ》が探し求められてきた。科学とその進歩に依拠することによって物質的生存条件を改善することも、常に追求されてきた。歴史家フィリップ・ペローが「幸福や暖かさへのますます大きくなる配慮、家庭や親友へのますます強まる執着、『上品なもの』の簡素な――さらには禁欲的な――外観の背後にある布団生地や詰め物についての、裏取りや裏地についての趣味(5)」に言及するとき、彼は見事にその〔物資的生産条件改善の〕性質を描写していると言える。ここで問題になっているのは、ひけらかすことで卓越性を獲得しようとする顕示的《オスタンタトゥワール》支出と手を切ることにほかならない。「贅沢品が持つ象徴的・美的・官能的な負荷が、通常財の使用価値に取って代えられる(6)」。

ワルラスの一般均衡論は、ある意味で、以上のような歴史的進化から引き出された結論と言える。理念型の方法に基づいて、彼は、その発現の多様性を超えて効用の商品化を記号を用いて定式化したのだ。この原理に完全に従属する社会を仮定した上で、彼は、そのような仮定の下で諸主体は必ず一つの価格ベクトルについて合意形成しうることを証明した。このことは、一つの大いなる力《フォルス》〔歴史的進化〕が生み出した結果なのである。しかし残念なことに、経済学の伝統の中では、この合意の根源にあるメカニズムは価格の競争的伸縮性に見いだされてきた。われわれは、この解釈は根本的に誤りであると考える。一般均衡モデルにおいては、価格の伸縮性は全くもって副次的な役割しか演じていない。本質的に重要なのはむしろ、功利主義的な性質の対象関係が想定されていることにある。この関係が一般均衡の起源となるのは、この関係によって、分別ある消費者と化した（すなわち欲求《ブゾワン》以上の満たすべきものを持たない）諸個人の間に合意が成立するための構造的条件が創出されるからである。一般均衡がわれわれに差し出すのは、こうした功利主義的な世界像である。

　この理念型的分析は妥当性を欠くわけではないが、商品経済についての一面的なヴィジョンしか提供しない。一方で、経済諸主体が財の効用にしか関心を持たないことが正しいとしても、その取得を可能にする手段という問題が依然として残る。これについては次章で扱おう。他方で、対商品関係《ラポール》（商品に対する個人の関わり）は効用に還元されるとは言えない。一般均衡論が描写しているのは、商品関係《ルラシオン》（市場における個人間関係）の特殊な形態でしかない。本書のすべての理論的努力はまさに、財に対する功利主義的な関係が商品経済の最終的な現実である、とする見方を終わらせることに傾けられている。効用は「明証的な」外生的与件では決してないし、同じように、市場は、選好を軸にして予め作り上げられている諸個人の出会いでは決してない。効用と選好は商品交換に固有のレジームと見なされねばならないのであり、自然形態と見なされてはならない。効用は、模倣的競合《リヴァリテ》を抑止すること――全面的に成功することは決してないが――によって商品的分断を安定化させる働きをする社会的構成物である。本書の理論的プロジェクトを首尾よく進めるには、功利主義的な見方が想定するよりも広い枠組みの中に対象関係を組み込むことが不可欠である。このプロジェクトの妥当性条件を考えるには、新古典派のモデルを離れなければならない。そこでわれわれは、稀少性の概念から出発することにする。ただし稀少性と言っても、先に定義されたワルラス的な稀少性ではない。商品的分断によって必然となる物への依存の包括的形態を意味する稀少性である。このように概念化される稀少性は、単なる欲求を超える範囲にまで及ぶものである。なぜなら、商品的分断の文脈の中では、物へのアクセスは社会的生存条件そのものとして強制されるからである。功利主義モデルが財との関係の支配的形態として通用するには、かなり特殊な条件が必要なのである。

一　物への依存

稀少性は決して現物経済的な与件ではないこと、例えば当該国民の平均生活水準によって測定される現物経済的な与件ではないことをまずしっかりと理解しておきたい。したがって、「その社会が繁栄し技術先進的であればあるほど、稀少性が低まる」という言い方は勘違いである。そうはならない。稀少性というのは、市場によって措定される組織化の特殊な形態にほかならない。その下では、他の諸社会には見られなかったほどに、各人の地位は物《オブジェ》〔対象〕を取得する能力のみに依存しているので、他人からの支援を当てにすることはできない。しかし、商品的分断によって強力に措定される他人からの自由と独立はまた、連帯性と排除という形態をとることもある。われわれはここに、商品関係の根底的な両義性を見いだす。商品関係にあっては、自分の欲求を上回るものを手にする人々がいる一方で、一定の人々が不足・困窮・飢饉の状態にあることは、スキャンダルと見なされずに、正統的な社会的調整《レギュラシオン》の表現と見なされる。人間存在の社会的アイデンティティをあるがままに評価することに慣れている前市場的な人々の目には、この現実はかなり驚くべきこと、さらにはスキャンダルとして映るだろう。だが、稀少性というものの核にあるのはこのような現実なのである。

マーシャル・サーリンズは、その有名な著作において、この現実を分析している。狩猟採集民を、すなわち世界で最も古い社会の一つ（旧石器時代に遡るので）を研究することによって、彼は、逆説的にも、彼らが「人々の物質的欲望がたやすく充足される」(7)という意味の豊富《アボンダンス》を知っていたことを明らかにしてみせた。それというのも、狩猟採集民はほとんど欲望することを知らなかったのである。(8) こうした状態にあった原因を、節制を推奨する禁欲的美徳への集団的同意のうちに探し求めてはならない。この社会においては、特殊な制度からの帰結として、「物品の蓄積と社会的身分との間には何の関係もなかった」(9)。どの共同体組織にあっても、「物品の所有が制限されていたし、有用物の範囲を厳格に定めることによって、「文化的に、消費財の正常な割当が非常に低く固定されていた」(10)。確かにそこでの生活水準はかなり低かったが、分かち合いや助け合いの習慣が社会生活を支配していたので、飢えて死ぬ者はいなかった。(11) これに対して、商品的分断によって支配されるわれわれの先進社会においては、稀少性が、自律的ないし最終的なパワー《ピュイサンス》として課されている。稀少性は、個人の社会的尊厳を顧みることなしに、個々の生活を支配している。

「われわれは、そしてわれわれだけが、永遠の強制労働を強いられてきた。稀少性はわれわれの経済によって下された判決であり、また、われわれの政治経済学の公理でもある。……経済人《ホモ・エコノミクス》はブルジョアの発明である。モースによれば、それが『道徳的な人間になるのは、われわれ以後ではなくわれわれ以前である』。狩猟採集民は彼らの唯物論的本能を抑えていたのではなく、単にそれを制度化していなかっただけなのだ」(12)。

サーリンズの分析のおかげでわれわれは、稀少性を自然的欲求《ブゾワン》と生産物〔の量〕との間の差として代数的に定義する経済主義的な稀少性概念を脱することができる。稀少性とはそんなものではない。それは、物が絶えず欲望《デジレ》されるようにするために物からの一定の距離を構造的に作り上げることに表される社会関係である。物が欲望されるためには、近すぎても遠すぎてもいけないし、獲得が容易すぎても困難すぎてもいけない。商品関係は極端な稀少性に耐えることはできない。なぜなら、極端な稀少性は暴力を喚起し社会体を破壊するからである。商品関係はまた豊富さにも耐えることができない。なぜなら、それは物の権力を破壊し、経済的な計算を無意味にするからである。ポール・サミュエルソンは次のように言っている。「もし資源が無限にあるとすれば［…］、経済的財すなわち相対的に稀少な財は存在しないだろうし、経済学［…］を研究する根拠はほとんどなくなる［…］。財はすべて自由財になるだろう」[13]。したがって商品経済は、相対的稀少性の飽くことなき再生産に依拠している。この現象は、「欲求は満たされるにつれて低下する」という直観に反しており、その意味で不可解かつ逆説的と言える。欲求を満たす生産の増加は、諸主体の満足を高め需給間のギャップを縮小させるのではなく、新しい財を求める新たな渇望を喚起する。この結果、相対的稀少性の状態は再生産され、しばしば拡大しさえする。このようにして、人に対する物《オブジェ》〔対象〕の権力《プヴォワール》が絶えず再生産されていく。われわれは永遠に物の権力に従属する。

このことはどのようにして可能なのか。ポール・デュムシェルが稀少性の両義性を扱ったテキストの中で強調しているように、「欲求が必要な財の数量を決定し、産出される財の数量が欲求を決定し［…］したがって処分可能な財・資源と欲望とを隔てる距離の縮小は不可能である」。商品経済は循環論的因果性に直面するのである。こうして「［…］稀少性は決して消去されずに、永続的に更新されていく」[14]。明らかに、選好の外生説では、この種の現象を解明することができない。それどころかむしろ、解明されるべきは、長期にわたってますます多くの物を欲望する不変の誘因を商品経済はどのような過程を通じて〔内生的に〕作り出すのか、ということなのである。消費性向のこうした内生的な自己再生産こそ、まさしく市場社会を作動させるモーターであり、特にわれわれの生活自然環境が悪化し緊急転換が要求される今日、その解明は焦眉の課題である。ワルラスの価値論においては稀少性が支配的役割を演じるが、そこでは外生的欲求とそれを満たそうとする生産との間の関係についてきわめて機械論的な見方がとられる。恒久的に更新される稀少性、という考え方は見られない。しかし、問題の重要性に鑑みれば、新古典派がこれを考慮しないことは、潜在的な失敗の徴候と言える[15]。消費において狭義の効用以上のものが作用することは明白である。消費の活力はすべてこれによって与えられる。この側面について全面的に分析することは、本書の枠を超えている。以下では、考察のための興味深い手がかりが模倣仮説によって提供されることだけを述べておきたい。模倣仮説から解明されるのは、より現実主義的な対象関係、すなわち限界主義者の分析に見られるよりもずっと激しい紛争含みの対象関係である。そこで扱われるのは単なる効用の問題ではなく、実存を賭けた闘争の問題でもある。これこそ、稀少性というものを解明するための適切な文脈である。

簡単に言えば、模倣理論による分析の出発点は、対他者関係である。この理論は最初の仮説として、個人の行動は、本質的に関係的な性質を持つ満足追求によって動機づけられていると見なす。「その本質は、他者に認知され愛されることにある[16]」。したがって、諸個人が物を追い求めるのは、物が、他人への影響行使を可能にする手段であるからである。「われわれは、獲得する物によって［…］、自分が何者であるかを他者に示し、地位、社会の中で占めている位置、権力や配慮を明示する[17]」。一言で言えば、個人は他人からの認知の眼差しを追い求める。他者による評価が追求されるのは、評価を受けることができれば競争相手《コンキュラン》を凌駕することができるからである。ソースティン・ヴェブレンの有名な顕示的消費を理解する鍵はここにある。ヴェブレンは、消費される財はその所有者の価値を示す記号でもあるとし、「富の所有は名誉《オヌール》を与える[18]」と述べている。このような文脈の中では、効用は消滅し、ジャン゠ピエール・デュピュイ言うところの「記号の効果」に席を譲る。消費者を動かすものは、効用の追求ではなく、一般に「威信《プレスティージュ》」と呼ばれるものの追求である。よって、まずは他の諸主体との関係を分析しなければならない。以下では、相互作用から出発することにより、消費の動態を解明していくことにする。

そこに、個人的選好を内生化するための端緒的手がかりを見いだしていきたい。

しかし、このアプローチを展開する前に、先決問題としてまず、「威信をまとう物がどのようにして決められるのか」という大きな問題に答えなければならない。何がそうした物になるのか。この問いに答えるには、複数の戦略が考えられる。第一の戦略は、当該の社会において現実に威信とはどんなものかを調べる、というものである。第二に、人類学や社会学に依拠しなければならない。人類学や社会学が提案してきた「準拠集団」の概念は、まさにわれわれの問いに答えるものである。定義により、一個人の準拠集団とは、その個人が自身の特性や社会的位置を評価するために自己と比較する諸人格の集合のことである。つまり準拠集団は、威信的なものの定義を定める慣行《コンヴァンシオン》を発見するための手本として個人に役立つものである。ジャン＝ピエール・デュピュイは次のように言う。「〈主体〉〔大文字の主体〕は、ふさわしい事柄や優秀であることについての規範《ノルム》を学習したり、社会的威信を示す記号やそれを手に入れる手段について学習したりするのに、どの方向に眼差しを向けるだろうか。これこそ、社会学の専門用語で『準拠集団』の問題と呼ばれるものである」[19]。このタイプの模倣的相互作用のうちに見いだされるのは、われわれが先に外的媒介の論理と呼んだもの、すなわち手本の規定が模倣的相互作用を免れている布置状況である。ヴェブレンが提示した分析は、その優れた解説をわれわれに提供している。

二　ヴェブレン・モデル

ヴェブレンは、明確に定義され全成員に知られている社会的威信《プレスティージュ》の階梯を想定し、そこを誰もが一等級昇ろうとしている競争者社会を考察している。ヴェブレンによれば、個人が採用する準拠集団は、その個人のすぐ上にある社会集団である。彼がこれを採用するのは、その社会集団は威信の利得を提供するが、そこに到達不可能であるようには見えないからである。「おのおのの階層は、社会的階梯を一つだけ昇った階層を羨望すると同時に、それと競い合うのであって、下位の階層やとびぬけて上位にある階層と比較することはごく稀［…］である。言い換えれば、要するに消費をめぐる礼節の基準は［…］名声の点でわれわれより一等級だけ上位に位置する人々の習慣によって定められている」[20]。この最初のモデルに少し立ち止まって、それが稀少性について何を教えるか考察しておこう。このアプローチの基礎には、勢力《ピュイサンス》を求めて闘う行為主体、という仮定が見いだされる。ヴェブレンによれば、所有権はこの仮定から直ちに導かれる。「所有権の根底にある動機は対抗心《リヴァリテ》である」[21]と彼は言う。このようなもの――すなわち卓越すること、「［彼の］優勢を示す」[22]こと――が、富の蓄積を駆り立てる強い刺激となる。

「所有権は、生存に必要な最低限といったものとは関係のない根拠に基づいて生み出され、制度となっていった。支配的な誘因は当初から富につきまとう妬みであったのであり、後の発展のどの段階においても、一時的例外を除いては、それ以外の動機が優越性を奪うことはなかった。［…］財産は［…］財の所有者として共同社会内部の他の人々よりも優越していることの証拠として、評価されることになる。［…］所有財産はなお戦利品《トロフィー》としての性質を持っているが、文化的発展とともにこの戦利品は［…］所有をめぐるゲームの中で勝ち取られた成功を表すようになってくるのである」[23]。

消費者の活動は、その原理そのものにおいて、印象づけたい相手である他者へと方向づけられている。ヴェブレンによれば、消費は戦利品の性質を持つ（!）。消費に賭けられているのは威信なのであって効用ではない[24]。このような誘因によって、商品的個人は、ますます多くの商品を取得するよう非常に強く促される。もっと詳しく言えば、既に述べたように、諸個人は社会的階梯のすぐ上に位置する階層の財を欲しがる。というのも、「対抗心によって、われわれは、自分と同じ状態にいる人々を自分の下に置くよう駆り立てられる」[25]からだ。

社会的階層序列《ヒエラルキー》が時間経過の中で一定の安定性を保っているとき、以上のことに基づいて嗜好の習慣が形成され、これが幾たびも繰り返される中で、購入すべきものを直ちに指示する慣行《コンヴァンシオン》へと客観化されていく。確立された習慣は、「蔑んだ眼差しを逃れる」[26]にはどう振る舞えばよいかを指示する外的基準という形態をとる。これは、われわれが外的媒介と呼ぶものの支配にほかならない。このとき諸個人は、現行コードと合致して妥当と考えられる消費のみを考慮に入れ、他者への準拠なしに行動しているように見える。他者が行使する影響は、姿を消すように見える。このとき購買行動は、新古典派理論が選好順序や外生的効用関数の助けを借りて記述するものに近づく。この点は、われわれを驚かせるものでも欺くものでもない。既にわれわれは、内的媒介から外的媒介に移行するとき、模倣《イミタシオン》は維持されるものの変容を遂げることに注目した。手本《モデル》が通常の社会関係から排除されることによって性質を変えるために、模倣は変容するのである。手本は、それ自体正しくそれ自体として追求される外生的な目的、という外観を取ることによって、安定性を獲得する。より詳しくヴェブレンによれば、所与の時期において、物《オブジェ》に対する経済の関係を構造化するこうした消費規範《ノルム》は、その起源を「社会的にも金銭的にも最上位に位置する階級［…］の行動習慣および思考習慣」に見いだす。「［…］世間体にかない、名声に値するものとしてどのような生活様式を社会が受け入れるようになるか、を決定するのはこの階級である」[27]。上流から下流への川の流れのように、支配階級が、社会の下位諸階層全体へと威信財の定義を広めていくのである。このことは、階級の序列《ヒエラルキー》が地位の絶対的差異化へと構築されておらず、意見の伝染によって揺らぎ易ければ易いほど、いっそう効率的である。ヴェブレンはこれに関して、「階級間の区別がかなり不明瞭になっているような共同社会」[28]に言及している。

商品物品に関するこのような見方が、功利主義的思考の相反物であることは明白である。[29] われわれの見方においては、威信――効用ではない――のための闘争が優越的である。「顕示的浪費」の原理によって、行為諸主体は、低い効用しかない、さらには全く効用がない財を追い求めざるをえないこともある。ヴェブレンは衣服のファッションを例にとり、ファッションは「何らかの明白な有用性を示すことによって」[30] 人々を魅惑するが、その有用性は「まねごと」[31] でしかない、と言っている。しかし強調しておくべきは、威信と効用とが一対であることも十分ありうる、ということである。両者を根底から対立させるべき理由はない。むしろ、商品対象は両者を混合したものと見なすべきである。もちろん、「名誉」ないし模倣の次元が、依然として最終的には優越的であることを見失ってはならない。ヴェブレンもそのことを十分に認めていた。例えば、原始的な経済において本質的なものとして見いだされる人間の所有権について、彼は次のように言う。「この種の財を取得しようとする誘因は明らかに、(一) 支配と強制を求める性向、(二) 所有者の武勇の証拠としての〔その財の〕効用、(三) その財のサービスという効用、にある」[32]。それゆえ、このような〔サービスという〕効用[33] は、剥き出しの支配権行使や顕示欲望に次ぐ三番目の位置にようやく現われるとはいえ、ヴェブレンの分析において不在なのではない。あらゆる商品において、効用のこうした役割は認められる。「名誉という要素とむき出しの効率性という要素は、消費者が商品を評価する際には区別されておらず、両者はひと固まりになって財の有用性の全体を作り上げている」[34]。この点は強調されるべきである。ヴェブレンとも違って、もともと効用と威信との間には一定の親近性が存在する、と言ってもよいかもしれない。有用な財が所有者にもたらす安楽さ、快適さ、行動の容易さは、個人を活動的かつ有能――しばしば勢力と一対の性質――に見せる点で、当然、威信の評価にもつながる諸特性である。もちろんこの側面を強調しすぎてはいけない。というのも、威信は、事前的《エグザンテ》に定義可能な諸特性によって抽象的に定義しうる実体としての性質を持たないだろうからだ。威信の論理と純粋効用の論理との間には確実に大きな距離がある。しかし、その距離は、おそらくヴェブレンが考えるほど決定的なものでも系統的なものでもない。

締め括りとして、稀少性そのものの問題に立ち戻ろう。この点についてヴェブレンのモデルは非常に魅力的である。彼は、対抗心《リヴァリテ》が「最強にして最も機敏であり、しかも最も持続的な経済的動機[35]」であることを十分に理解していた。競争しようとする性向は、個人に対して絶えず強い圧力をかける。なぜかと言えば、限界効用逓減の観念とは対立して、われわれは、今自分がいる一定の〔富の〕水準において、常にもっと多くを入手したいと思うことができるからである[36]。このことは特に、市場社会のような社会において言える。個人間の著しい非差異化を特徴とする市場社会においては、富の占有はすべての〔個人の〕威信の欲望のすべてに関与している。このようなものが、商品経済に吹き込まれるエネルギーの源泉である。商品経済は、社会的闘争[37]を物の生産に集中させた。ヴェブレンは、金銭的対抗心に固有なこうした飽くことなき欲望について、見事な叙述を行っている。

「社会の富の全般的な増加は、それがどれほど広く、平等に、あるいは『公平に』分配されようと、この欲求の満足に近づくことはできない。というのもそれは、財の蓄積においては他の誰にも負けたくない、という万人が持つ欲望に起因しているからである。しばしば〔経済学者によって〕想定されているように、生活の糧や肉体的快適さの欠乏が蓄積の誘因であるとすれば、社会の経済的な必需品総量は、おそらく産業効率が向上したどこかの時点で満たされる、と考えることもできよう。だがこの闘争は、妬みを喚起する比較と推測に基づく競走《レース》であるから、確定的な終点に到達することなどありえないのである[38]」。

このように、ヴェブレンは、顕示的消費はその本来的性質からして決して頭打ちになることがないものと考えている。対抗心《リヴァリテ》は、商品の論理に基づいて「常により多く」を強制する。このことは特に、生産が個人の欲求の側から限界づけられないことを含意する。生産性が上昇しても、その結果として必ずしも物への欲望が満たされるとは限らない。なぜそうなるかと言えば、物の目的は欲望を満たすことにあるのではなく、差異化を生み出すことにあるからである。差異化を生み出すための労苦は、いかなる経済発展の水準にあっても常に、繰り返し要求される。ここでヴェブレンから長い引用をしておかねばならない。

「最も基本的な欲求が満たされてしまった後には、顕示的支出の欲求が、生産・収穫の増加や商品の剰余を直ちに吸収してしまう。〔…〕産業における収穫増加がますます少量の労働による生活手段の入手を可能にすると、社会の勤労者階級のエネルギーは、歩調を緩めて快適さを求めるよりもむしろ、顕示的支出におけるさらに高い成果の達成をめざして邁進することになる。産業効率が上昇して緊張の軽減を可能にしても、緊張が軽減されることはない。むしろ生産増加と消費欲求は相互に原因となり結果となる。ところが消費欲求は限りなく拡大しうるのである[39]」。

この分析の発想は、前に引用したサーリンズにかなり近い。サーリンズは、市場社会の諸主体が「永久に強いられる労働」の判決を受けていることへの警戒を呼びかけた。ヴェブレンによれば、存在の欲望によって商品的諸個人は絶えず、生活能力の向上を保証するように見える新たな物を追い求めるよう促される。ここに見られるのは、緊張を緩める暇のない際限なき競走《レース》である。というのも、商品世界にあっては個人の充足は、ますます多くの物を統制・蓄積・占有する能力に全面的に依存しているからである。個人はこれらの行為によって、他人に対して自らの勢力を顕示しようとする。この意味で、稀少性はすぐれて社会的な関係である。この関係の土台となっている模倣的な対抗関係《リヴァリテ》は、商品経済が生み出し駆り立てる個人間の諸紐帯に固有のものである。ここでもポール・デュムシェルが提出したアイデアが妥当する。「処分可能な財や資源のいかなる質も、自然のいかなるつましさも稀少性を定義するものではない。稀少性は個人間関係のネットワークの中で構築される。［…］また稀少性は、それを生み出す間主観的な交換ネットワークの中にのみ存在する。稀少性は社会的組織化であり、それ以外の何物でもない」(40)。このように理解される商品関係が物理的世界の諸限界と暴力的な矛盾に陥る運命にあることは、明白である。

三　模倣的競争モデル

ヴェブレン・モデルは、功利主義モデルと距離をとろうとする者にとっての、なくてはならない考察材料を提供している。ヴェブレン・モデルは、対商品関係が単なる効用追求とは別の動機に対応しうることを論証しているからである。威信財としての商品は、激しい対抗心《リヴァリテ》の対象となる。しかし、ヴェブレンの概念体系はまだ仕上げられてはいない。ヴェブレンにおいては、既に階層化された社会という文脈の中でしか威信が定義されていない。階層化された社会では、各自が「自分はどんな階級に属するか」「自分の上と下の階級は何か」を明確に認知することができる。こうした外的媒介の文脈の中では、最上位の階級を準拠手本《モデル》とする垂直的模倣の論理に従い、自分よりも上の階級によって消費される財が威信財となる。良き趣味の一般的規範《ノルム》を決定し、何が威信財かを指示するのは最上位の階級である。このような分析戦略は、多くの興味深い考察を進めることを可能にするけれども、威信を「物化する」観点に囚われたままである。なぜなら、威信が、支配階級によって予め決定された特定の定義と同一視されているからである。この構図でとらえられる運動は、社会的階梯に沿ってあるいは上方へ、あるいは下方へと進む垂直的な運動だけである。この垂直的論理が不完全であることは、支配階級自身の行為について何も語れない点から明らかであろう。模倣すべき手本を持たない支配階級には、対抗心のモデルは当てはまらない。ヴェブレン自身も、有閑階級の趣味を性格づけるときには、別の説明方法をとっている。彼は、思考習慣についての社会－歴史的説明を用いて、略奪的文化の観念を動員するとともに、「決して消滅しなかった伝統」[41]の力を引き合いに出す。しかし支配的階級も対抗関係を免れるわけではない。この場合、支配階級自身（の内部）も、複数の競争的な小集団――これも階層化されている――に分裂していると考えなければならない。とすると、そのうちの一つの小集団が他の小集団を支配し、支配的階級全体に消費の手本を示すと仮定せざるをえなくなろう。だが、この支配的小集団の諸性向について、われわれは再び同じ問いを発しなければならない。この分析戦略が袋小路に陥ることは明らかだ。他の観点を採用する必要がある。限界に突き当たったヴェブレンの垂直的モデルを放棄し、新たに次の問いを提起することにしたい。すなわち、水平的集団（階層化を遂げていない集団）の内部における威信をめぐる対抗関係とはどのようなものであるか、と。つまり、対等者の集団の中で威信のルールがどのようにして形成されるのか、を解明しなければならない。しかしこの問題には難しい点がある。ヴェブレン・モデルのように、模倣すべき手本を先験的《アプリオリ》に確定することも、威信の慣習についての社会－歴史的分析から威信のルールを導出することももはや可能ではないからだ。

　この新たな挑戦に応えるためのわれわれの出発点はやはり模倣仮説である。この仮説によれば、主体から見て威信があるように見えるものとは、手本によって欲望されるものである。ただしヴェブレンにおけるのとは違い、手本は、社会的優越性の外生的基準によっては規定されない。今や、集団の中で誰が手本の役割を引き受けうるかは重要ではない。こうしてわれわれは外的媒介から内的媒介へと、垂直的集団から水平的集団へと移行する。この結果、集団の論理は根底的に修正される。手本はもはや外生的でないから、手本の欲望はもはや先験的《アプリオリ》には定義されない。主体の欲望と同様、手本の欲望もまた、手本を模倣することから導き出される。この点に模倣モデルの複雑さが見られる。

　こうした相互作用の文脈の中で、以下で重要な役割を果たすであろう第一の特性が、すなわち威信の自己準拠的性質（皆が追い求める威信物はどれであっても全くかまわない）が確認される。威信は、特定の実体的な質《カリテ》――すなわち個人間関係に先立って定義される実体的な質――に準拠してはおらず、もっぱら欲望の模倣的論理にのみ準拠している。換言すれば、「対象《オブジェ》〔物〕が欲望の創造物になる」[42]。物は相互作用から立ち現われる。相互作用は完全に自分のイメージに合わせて物を作り上げる。模倣的な鏡像のケースでこのことを説明しておこう。すなわち、完全に対称的な二人の個人AとBがいて、どちらももう一方の個人を手本にするとしよう。この構造の下では、どちらももう一人の行動を探り、欲望をそそるもの《デジラブル》がどこかに隠れていないか見いだそうとする。第一段階として、個人Aが特に理由なしに何か動作を行い、個人BがAの意図なき動作を見て「物Xをつかもうとしている」動きと誤解するものとする。この条件の下、第二段階として、個人Aが持つように見える所有欲に対応して、個人Bが模倣によって、件《くだん》の物Xを実際に欲望するようになる。ところが、そのような今や顕在的な欲望が――第三段階として――今度は個人Aに影響を及ぼさずにはいないだろう。Aのほうでもまた、手本〔B〕によって欲望をそそるもの《デジラブル》として指し示されている物Xを占取しようとするのだ。そして第四段階として、個人Aにおけるこのような欲望が、個人Bの最初の解釈――すなわち個人Aは物Xに引き付けられており、物Xは欲望をそそるものであるという解釈――を実証することになる。最後に第五段階として、二人の個人が同じ物Xを欲望するという状況が現われるが、このとき、物Xが実際に何であるかはどうでもよい。相互作用の結果においてXが欲望をそそるものとして通用しているのは、Xが二人の競争相手《リヴァル》に共通な欲望の対象であるからにほかならない。このことから、物Xは模倣的相互作用の純粋な創造物《クレアシオン》である、と結論しなければならない。「二人のどちらもが、〈他者〉の欲望のうちに、その対象の現実性と価値を示す絶対の証拠を見いだしている」(43)。威信財は、この〈模倣的競争の〉モデルに合致する純粋に自己準拠的な性質を持つ。それが現実にどんな物であるかはどうでもよく、重要なのは、誰もが威信あるものと見なしそういうものとして欲望しているかどうかである。われわれの例における物Xのように、威信財は模倣的相互作用の創発物《アンヴァンシオン》である。誰もが他人の欲望に従って欲望している場合には、どの物であっても、その物に対する欲望が共有されていさえすれば満足を与えられる。共有されていることそれ自体が、当該の物の欲望をそそる力《デジラビリテ》を保証する。

われわれの仮説から、模倣動態《ミメティーク》の本質をなす第二の特性が直ちに導き出される。すなわち、或る物が他の人々によって欲せられれば欲せられるほど、それをめぐる対抗関係《リヴァリテ》はいっそう強まり、それはいっそう欲望を喚起するようになる。また、模倣主義《ミメティスム》によって支配される世界においては、対抗関係が事物《ショーズ》の価値を示す標識《マルクール》として重要である。この非常に逆説的な特性については、既に前章で扱った。われわれは同じ特性に再び出会うのである。これは、競争の論理に根底的な不安定性を導入することにより、決定的に重要な役割を果たす。効用によって構造化された欲望──「欲求」とも呼ばれる──とは異なり、模倣的欲望は正のフィードバックを生み出す。これにより欲望は過度に不安定、破壊的なものになる。模倣の熱狂が引き起こされ、最後は全員による満場一致《ユナニミテ》で幕を閉じる。別の言い方をするならば、模倣的欲望の論理は、逆説的なことに、障害物〈入手を妨害するもの〉であることそれ自体に価値を付与する。「したがって〈主体は〉実証的なその質に基づいてではなく、その入手困難性に基づいて手本《モデル》を選択するであろう。模倣された欲望は、手本を障碍へと変容させることに始まり、障碍を手本に変貌させることで終わる」(44)。何人かの論者がこの分析視点に立って研究を進め、欲望と障害物との間の正の相互依存を明らかにしてきた。特にジンメルの場合がそうであり、彼は、この関係を欲望理論の土台に据えた。「事物は価値があるからそれを獲得することが困難なのではなく、それを獲得しようとするわれわれの欲望に障害を立てる事物をわれわれは価値を持つという。欲望が打ち砕かれるか堰止められるかするとき事物には重要性が生じるが、障害に直面しなければ意志は事物〔の存在〕を認知するように駆り立てられないであろう」[45]。したがって、稀少性から対抗関係が始まるとする経済学者の因果関係は、逆転されなければならない。経済学者の因果関係によれば、生産の増加が稀少性を低下させることによって、対抗関係は緩和する。しかし既に述べたように、そうは言えない。最初に来るのは対抗関係であり、対抗関係が、社会関係としての稀少性の基礎である。対抗関係は、勢力《ピュイサンス》の手段とするために、稀少性を探し求める。「対抗関係を稀少性の産物と見るのをやめ、稀少性を対抗関係の産物と見るということは、これまでの経済学の思考からの決定的な進歩である」[46]。新しい物に新しい欲望を駆り立てることは常に追求されている。われわれは模倣仮説によって稀少性の核心へと直ちにたどり着くことができた。模倣仮説は限界主義原理よりもずっとうまく、稀少性の原理を説明する。

以上の分析から明らかなように、対等者たちが威信を求めて闘争している世界においては、各自が、影響力と威信をもたらす物を発見しようとして、他人の欲望を密かに窺っている。流行の現象に見られるように、客観的には重要でないいかなる差異であっても、模倣主義の原理が働くことによって、突然に著しい重要性が与えられることがある。同様に、俗物根性《スノビスム》の分析家によって研究されている差別性《ディスタンクシオン》の戦略もまた、新しい差異化を絶えず出現させては、そこにあらゆる所有欲が収斂していくという同じ特性を持っている[47]。一般化して言えば、模倣的対抗関係《リヴァリテ》の世界においては、絶えずイノベーションが起きるのであり、自己の利益になるように威信のルールを改変することによって、他の人々から自己を差異化することが目指されるのだ。この観点から見ると、模倣主義モデルをワルラス・モデルから区別するものは、まだ確定されていない価値、懐胎中の価値が扱われる点にあると言える。過程する《アン・プロセス》価値〔マルクスが資本の循環運動を性格づけるのに用いた表現〕のこうした動態を表現しているのが、正のフィードバックである。これに対してワルラス・モデルにおいては、価値は、効用に関する個人の判断に際して既に与えられている。価値は相互作用に先立って存在しており、相互作用の目的は、価値を表出することだけに求められる。これに対して模倣主義モデルは、価値を対象とする絶えざる闘争を解明しようとする。模倣的対抗関係の衝撃を受けては絶えず再編される使用価値の世界を記述することが目指される。

競争の研究を専門とする経済学者の中には、ワルラス的な狭い視角を放棄することによって、製品差別化の戦略に関心を寄せようとする者がいる。エドワード・チェンバリンがそれである。彼の「独占的競争」概念は、次のようなありふれた観察が出発点となっている。すなわち、自分の製品を差別化することによって、その製品の唯一の提供者になることは、売り手の利益になる。こうして「どの売り手も自分の製品の絶対的独占者である」(48)。「ブランド」の創造は、この目的のために生産者が利用する典型的な手段である。だからと言って、ブランドの創発が競争のパワー・ゲームを消滅させるものではない。というのも、売り手は依然として「代替品との競争にさらされる」(49)からである。

「言うまでもなく、ブランドの所有者は、そのブランドが他のブランドと競争するより広い領域においては、独占ないし何らかの独占度を有するものではない。『ラッキー・ストライク』の独占はあるとしても、それがそのまま煙草の独占を形成するものではない。というのも、代替的な他ブランドに対してはわずかなりとも供給統制を行使できないからである」(50)。

ブランドに依存することの狙いは、消費者の欲望を引き付ける威信を生み出すことにある。チェンバリンは「いくつか挙げるだけでも、『アイヴォリー』『コダック』『ユニーダ』『コカコーラ』『オールドダッチ』といった名前は著しく大きな威信的価値を持つ」(51)ことを強調している。一九三三年の日付を持つこの引用文は、ブランドの中には極端に長い寿命を持つものがあることを示している。ブランドを生み出すためには、売り手は広告を大量に使用する。広告はその本質において模倣的性質を持っている。それは主に、抑圧しがたい妬みの力に働きかける。「他者に対する羨望が、対象への欲望に先行し、かつそれを規定しているのであって、欲望の後を追っているのではないのである」(52)。こうしたブランドの存在は、われわれを新しい現象、すなわち自己の利益のために模倣的欲望を捕捉する能力(53)〔という現象〕に直面させる。消費者の一部の欲望が自分の製品へと模倣的に収斂するのを知った供給者は、ブランドを創造することによって、この状況を永続化させ支配しようとする。何を消費すれば適切であるかを教えるものとして、ブランドを設けようとするのである。ひとたびこのような変態《メタモルフォーゼ》に成功するならば、それを成し遂げた者には、競争的対抗関係《リヴァリテ》における非常に大きな武器が手に入る。彼らの財は欲望喚起力《デジラビリテ》の持続性を保証されるので、当面の間、彼らは模倣闘争の不確実性を逃れることができるのである。しかしチェンバリンがしっかりと見据えていたように、この状態によって永続的な既得権が得られるわけではない。競争相手が絶えず新しい欲望や新しいブランドを生み出し、既得の地位を揺るがす可能性のある新製品を供給してくるのである。したがって、対抗関係が消滅することは決してなく、欲望の分布は常に流動的なものとなる。

四　価値への回帰

価値理論への批判に当てられた第1・2章の後、本章では、新たな道――実体仮説から解放された代替的経済学の概念を構築していく道――を探った。何よりもまず、「個々人の意のままになる有用物の世界」についての自明性を問い直すことが求められていた。そこでわれわれは、商品的個人が経済人《ホモ・エコノミクス》のように自閉しているのではなく、他人との対抗関係《リヴァリテ》にあることを考察した。彼らは一つの集団に属しているのであり、使用価値の購入を通じて彼らは自分の威信《プレスティージュ》ないし勢力《ピュイサンス》を高めようとしていると考えられる。この仮説は、商品関係についてのわれわれの理解を根底からひっくり返す。この仮説に立つことによって、威信のための闘争を消費戦略の核心として位置づけることができ、使用価値の差異化が内生的動態を持つ可能性を視野に収めることができる。先行の差別性《ディスタンクシオン》が陳腐化していくことで、この内生的動態は絶えず刷新されていく。この過程が内生的な――すなわち模倣的相互作用の中で決まる――選好に基づいていることに着目して、われわれは永続的稀少性の現象を説明することができた。永続的稀少性の存在ゆえに、経済主体は、差別性の新しい徴候をとらえようとする絶えざる努力、絶えざる緊張を強いられるのである。商品的諸主体は、このような代償を払いながら、自己の社会的存在を維持している。

　以上のような分析を行うときにわれわれが依拠してきたモデルは、厳密に水平的な関係の文脈の中で、経済主体の全員が模倣的に自己規定を行うというものであった。つまり、相互作用の等方性〔空間の性質が方向によって変わらないこと〕を歪めるような既成勢力《ピュイサンス》は存在しないものとしてきた。また、もっぱら考慮してきたのは内的媒介であり、〔外的媒介を可能にする〕外生的基準を諸主体に与えるところの社会的差異化は存在しないものとしてきた。確かにこのモデルは、ありのままの現実を記述するものとは言えない。実際には、社会的現実は元来、勢力・制度・準拠基準《レフェランス》から成っているのであり、行為諸主体の選択にはこれらのものが影響を及ぼしている。にもかかわらずこのモデルは、模倣メカニズムの一般的諸特性を取り出すための理念型として、大いに有用なのである。われわれは既に、このモデルを一つの抽象として利用することにより、対等者から成る経済において経済主体間の差異化追求が強まる様子を明らかにすることができた。

稀少性の分析をもっと前進させるためには、制度の役割を考慮に入れることが必要となる。ここで制度の役割とは、ブランドや消費規準《ノルム》のように、模倣行動《ミメティスム》を構造化する永続的差異化を生み出すことである。制度にはそういうパワー《ピュイサンス》がある。これを考慮することによって、われわれは、内的媒介から外的媒介への移行を説明することができる。もっと特定して言うとこうだ。本章全体を通じてわれわれの注意を引いてきたのは、主に効用の問題であった。効用は、商品に対する個人の関係を根底的に変容させる点で、すぐれて新古典派的な制度であると言える。効用を通して、負のフィードバックによって性格づけられる（つまり模倣的熱狂が回避される）対財関係（財との個人の関係）が制定される。この関係の安定性は、限界効用逓減という周知の原理（財の取得数量が多くなるにつれてその財への欲望は弱まる）を基礎にしている。この原理によって、やがて当該の財への欲望が頭打ちになることが保証される。「選択の凸性」と呼ばれるこの仮説は、新古典派理論においてかなり広く採用されている。この仮説は、消費行動を安定化させる重要なメカニズムを記述したものである。ここで強調しておきたいのは、われわれから見れば、効用仮説と模倣仮説は互いに矛盾し合うものではないということである。効用の追求は、模倣行動《ミメティスム》の消滅を意味するわけではなく、単に、一定の消費モデルが規範としての力を既に獲得していることを意味するだけである。それから効用はまた、市場参加者たちに「自己の社会的な格《カリテ》を皆に顕示するにはどの財を取得したらよいか」を指し示すものでもある。つまり、名誉心による動機づけと効用による動機づけとは、完全に対をなすものと言ってもよい。効用に威信が見いだされることもある。ヴェブレンはこの事実を無視していた。なぜなら、彼は威信についての狭い見方をとっており、威信を、「略奪の文化」[54]における威信の定義と――一面的に――同一視しているからである。彼は威信を静態化し、威信をその時点で諸個人の欲望を捕らえる利害に還元されるものと見なしており、その結果、威信の本質的に模倣的・可変的な性質を見逃している。このことによってまた、彼は自分自身の最も核心的な教えの一つを忘却してしまっている。その教えとは、威厳があるもの、名誉があるもの、高貴なものを決めるのは支配的な利害である、というものだ。[55] 彼は次のように言っていたのではなかったか。「目の前にある事実の特徴は誰にもわかり易く基本的なものであり、その時代の支配的な関心によって指し示される。いかなる既存の差別性《ディスタンクシオン》の根拠も、問題の事実を異なる見地から理解し、異なる目的で評価する習慣をもっている人からは、非現実的なものと判断されるであろう」[56]。これほどにうまく評価の偶有性について語った文章はないだろう。威信や社会的認知の諸規範《ノルム》の背後には、諸利害があるだけでなく、他者の欲望を捕捉することによってそうした諸利害を広め伝えることのできる勢力《ピュイサンス》もある。今や、本書の分析の核心部分――すなわち貨幣的事実――に議論を移すときである。

第II部

価値という制度

第4章 貨幣

いかなるメカニズムによって市場秩序〔ないし商業的秩序〕は成り立っているのか――これこそ、経済理論が答えるべき中心的な問いである。既にわれわれは、問題が複合的であることを強調してきた。商品的分断に基づく経済、すなわち生産と交換の私的決定の自律性に基づく経済において、互いの行動を調和的なものにすることはどうすれば可能なのか。そもそも調和性というものをどのような意味にとらえればよいのか。今や、これらの問いに答えなければならない。新古典派の経済理論が得てきた評判の大部分は、まさにこれらの問いに対する解答の質〔の高さ〕によるものだった。解答のための新古典派理論の出発点は、有用物を追い求める個人であった。新古典派理論はこのような個人を想定して、均衡というキー概念を通じて、市場秩序の形成を考察していった。〔均衡に対応する〕価格ベクトルを通じて、市場参加者全員の物への欲望は相互に両立することになる。均衡価格においては、各参加者の満足は最大になるし[1]、どの財についても供給と需要は等しくなるのである。既に述べたように、ワルラスの競争概念においては、市場参加者は価格受容者〔プライス・テイカー〕である。つまり、価格の決定に際して、参加者たちは市場の仲介人《セクレテール》〔第2章二参照〕の権威を受け入れ、自分自身はその決定には関与しない。

どの参加者も、自分が買う財の価格はより低く、自分が売る財の価格はより高いことを望んでいる。しかし価格は彼らの管轄外である。決定を行うのは、市場なのである。一般均衡の理論家は、こうした想定から出発した上で、私的諸利害が相互に両立しうることを証明しようとした。そしてその証明結果は著しい成功を収めた。「明確な価値を追い求める独立的な諸行動によって動かされる社会システムは調和的な均衡状態に到達するというアイデア〔…〕は、おそらく、社会的過程の一般的解明に対して経済思想が行った最も重要な知的貢献である(2)」。

先行の諸章でわれわれは、この証明が成り立つのは「隠された」強力な諸制度の下においてであることを暴露し、それゆえ証明結果が意外なものではないことを示そうとした。そうした制度の筆頭に挙げられるのが、厳密に功利主義的な対商品関係〔商品に対する個人の関わり〕という制度である。しかし以下では、もう一つの制度を詳しく考察することにしたい。その制度とは、市場の仲介人への市場的諸紐帯《リヤン》の集中〔市場参加者同士は市場の仲介人を介して間接的にしか関係を取り結べないこと〕である。実際、既に見たように、一般均衡論によって市場秩序が提示される際には、すべての財市場を統合する単一のメカニズムの下で、市場参加者全員が一斉に行動することが想定されていた。この理論枠組みの下では、一定の市場の内部で独自行動《イソレ》をとることは禁じられている。第1章では、この特殊な手続きを性格づけるために「全体化する概念系」という用語を提案した。ワルラスの仲介人は、すべての意思決定をたった一つの場所へと全体化することによって、全市場参加者および全市場を同時に巻き込む包括的な首尾一貫性を生み出すのである。市場的調整《レギュラシオン》に関するこのような認識は、われわれの通念に反するものである。通念的には、全く逆に、他者との事前の協議をともなわない局所的行動を容認する能力《オトリゼ》があることが、市場秩序の特殊性と見なされる。このことによって、個人の自律性や商品的分断という観念そのものにも完全な意味が与えられる。また市場秩序には、大危機〔構造的危機〕に陥ることなしに、過去の行動と断絶した革新的な戦略を受け入れるという能力がある。市場秩序にあっては、この革新《イノヴァシオン》は一時的に不均衡を引き起こすことはあっても、大危機を引き起こすことはない。この能力は一般に柔軟性《フレキシビリテ》と呼ばれる。もちろんこの特性だけでは、市場秩序を性格づけるには不十分である。これに、局所的不均衡が吸収されて包括的《グローバル》な危機に転化しないようにする均衡回復メカニズムの存在を付け加えなければならない。しかし、市場秩序の本質は、事前的な自由と事後的な均衡という二つの過程の接合のうちに探られるべきである。新古典派理論の失敗が確認されるのは、この点に関してである。その理論枠組みは、均衡点を外れた状況――安定性の問題と呼ばれる(3)――についての満足な分析を生み出すことができなかった。われわれの見るところ、この限界は、経済学者の能力不足によるものではなく、貨幣の排除という根本的な概念的欠落によるものである。新古典派の市場参加者にとって、社会が見せる顔とは、市場の仲介人が参加者全員に向かって叫ぶ価格だけなのである。参加者たちは、市場の仲介人を介してのみ、市場集団への帰属を確認することができる。市場の仲介人が介在することによって、諸個人間の普遍的合意が形成され、そこから一人一人の社会的存在が認知されていく。われわれの見るところ、超集権化されたこのヴィジョンにおいては、商品経済というものが考慮されていない。この点は多くの批判の的となってきた(4)。図式的に言えば、われわれが定義する代替的な概念系は、市場の仲介人を貨幣に取って代えるものである。一つの行動を社会的に妥当なものにするのは、市場の仲介人によって計算された一般均衡との合致ではなく、貨幣の使用である。このことから導かれるのが、真の分権化の可能性である。誰であっても、自らの戦略のために役立てることのできる支払手段を持ちさえすれば、他の社会成員との事前的合意なしにその人のやり方で行動できる。このような文脈の中では、局所的な行動が存在していても全く支障がない。市場や競争の役割は保持されるが、ただしそれは、不均衡の吸収を可能にすることもあれば、しないこともある事後的《エクス・ポスト》な妥当化のメカニズムとしての役割である。したがって、そこでは競争が、価値の問題とは別個の問題として考察される。一般均衡論の枠組みにおいては、一個人の行動は不可避的に市場の仲介人による承認を要求する。だが現実には、そこには貨幣があれば十分なのである。この点について考察しよう。

一　貨幣 vs 価値——論争の諸要素

われわれのアプローチにおいては、マルクスの古典的な公式に従い、商品関係は常に貨幣的関係である。つまり、Mを商品、Aを貨幣とするとき、M—A。この理論的文脈においては、貨幣は商品経済の最初の制度として不可欠なものとされる。貨幣は商品経済を創始する。購買が行われるための必要十分条件は、買い手が十分な量の貨幣を所持していることである。二人の当事者が合意すれば、ワルラス的均衡価格と異なる価格の下であっても、取引は実現されるだろう。したがって、ワルラス・モデルの教えに反して、個人が行動する前に、市場の仲介人によって妥当性を承認された社会成員間の普遍的合意が形成されている必要はない。行動を妥当化するには、貨幣という証印があれば十分なのである。よって、十分な量の貨幣を所持する者には、非常に大きな戦略的自律性が与えられる。この意味で、われわれが提案する理論枠組みにおいては、貨幣と商品的分断とが密接不可分なものとされる。

貨幣的行動は均衡を前提しないから、実現される諸々の財交換は、必ずしも相互に補完し合うものではない。各取引主体においては、必ずしも財の購買額と販売額とが等しくなるとは限らないのである。この不均衡は、一方の取引諸主体が追加的に貨幣を獲得するのに対して、他方の取引諸主体は貨幣資産を取り崩す、という形で表れる。例えば、個人1が個人2から財aを価格p_aで購買するとき、個人2はp_aを取得する。この状況は両取引主体の会計にその明瞭な表現を見いだす。個人1は金額p_aの赤字となり、個人2は同額の黒字となる。金融を考えない単純化された貨幣経済においては、赤字は貨幣の流出すなわち支出に等しく、黒字は貨幣の流入すなわち受領に等しい。慣習に従い、受領をプラスで、支出をマイナスで記すと、上のようになる。

個人2の残高：	個人1の残高：
$+p_a$	$-p_a$

このような経済においては、すべての行動は貨幣の運動——受領と支出——によって表現され、その総額は必ずゼロになる。一般均衡に対応する交換の場合には、これに加えて、各個人の残高も均衡化する。なぜなら、どの主体も、販売するのと同じ額を購買するからである。ゆえに、どの個人の貨幣残高もすべてゼロになる(5)。

以上のような諸仮定により経済学を正しい方向に向け直すことができよう。分析はずっと容易なもの、「自然なもの」になる。商品経済とは何か。経済主体が貨幣を追い求める経済である。なぜ貨幣を追い求めるのか。それは、貨幣がすべての商品へのアクセス権《アクセ》〔取得権〕を与えることによって、何よりもまず市場的勢力《ピュイサンス》の道具となるからである。換言すれば、商品世界は、すべての他の欲望を包括する「欲望‐主人」(6)——金銭欲——を持っている。金銭の魅力は、すべての商品経済の基礎をなすものである。それは、決して汲み尽くされることのない商品経済の本源的エネルギーである。明白なことだが、このような命題にはいささかも斬新なところがあるわけではない。貨幣が喚起する欲望の無限性ほどに明確な社会的事実はほかには存在しない。だがわれわれの見るところ、経済の現実を理解するための道は、貨幣が振りまく絶対的魅力という現実をまず認識することから始まる。この点で、われわれの分析は価値諸理論とは根本的に区別される。価値理論家が最初に持ってくるのは、物への欲望である。彼らによれば、価値は稀少財に、すなわち数量の限定された有用物に内在している。ワルラスの出発点はこれである。後になってから、ようやく貨幣が、商品の入手を容易化する道具として導入される。したがってワルラスの貨幣観は「道具的」と形容される。これに対してわれわれの分析枠組みにおいては、経済主体は最初に貨幣を欲望していて、貨幣を獲得するために生産者ないし商人になる。論理は逆転している。商品生産の発展は貨幣追求の帰結でしかありえない。

以上の簡潔な説明から、欲望《デジール》と利益《アンテレ》という相互に関連した二つの問題がわれわれの考察の中でどのような位置を占めるかが改めて明らかになった。欲望と利益の問題は、価値によるアプローチと貨幣によるアプローチとを対立させる中心的な係争点である。新古典派理論において支配的なのは、「有用物の獲得」と完全に同義であるとされる個人的利益の狭義の概念である。そこでは富の概念は常に実物的であり、富は諸商品から成る。このような概念に依拠するとき、貨幣にはどのようなことが求められるのだろうか。有用性を持たない金属の円板が有用物と交換できることをいかに説明すればよいのだろうか。この問いは、功利主義者の常識に挑戦を投げかける。新古典派経済理論による解答はおおかた、貨幣を〔理論に〕組み込むけれども、ただし貨幣の役割を交換仲介者としてのそれに厳密に限定する、というものである。新古典派の理論装置の中で貨幣に割り当てられる場所――唯一の場所――はここである。貨幣は、有用財の入手を可能にするものとしてのみ入場を許可される。この概念枠組みからは、貨幣そのものが駆り立てる欲望はいっさい追放されている。というのも、功利主義的合理性の視角からは、貨幣は良い場合には変則として、悪い場合には恐ろしいものとして分析されるからである。いずれの場合にせよ、貨幣は排撃されねばならない。これに関する経済学者の態度を形容するのに最も適切なのは、フランソワ・シミアン[7]言うところの「ヴォルテール的」という語である。この語は、根拠なき偶像崇拝的な信念を告発する人に対して用いられる言葉である。〔ヴォルテール的な態度においては〕貨幣が虚偽の偶像のごときものと見なされた上で、虚偽の偶像の倒錯を暴露することは合理主義者の任務であるとされる。貨幣の欲望は、人間の本性に反しているという意味で異常な行動へと、人間を駆り立てる。このテーマは既にアリストテレスに見られ、彼は、社会秩序を堕落させる悪質なクレマティスティケ〔利殖術〕を批判している。このような見方はまた、ケインズによっても、「わが孫たちのための経済的可能性」と題する一九三〇年に編集された著作において、かなり見事に表明されている。ケインズは、一世紀余りのうちに豊かな時代が到来することを予言して、次のように述べている。

「占有対象としての金銭への愛は、享楽や実生活を手に入れるための金銭への愛とは区別されねばならない。前者の金銭愛は、そのままのものとして、異常でおぞましい状態として、われわれが身震いしながら精神病専門家に世話を任せる半ば犯罪的、半ば病理的な性向の一つとして、認知されるようになるだろう(8)」。

ここで力強くかつ明確に表明されているのは、功利主義的道徳の観点である。すなわち、貨幣をそれ自体のために追い求めることは、心理的な錯誤によるものである、というのだ。しかし、ケインズは基本的にはこうした診断を共有しているものの、その〔貨幣それ自体の追求の〕現実性を否定しようとはしないことによって、支配的な経済思想とは一線を画している。この性向は「嫌悪感をもよおす」けれども、それに耐えなければならない、と。彼によれば、この行動は、「守銭奴、高利貸し、倹約家」といった他の同種の問題と同じように、稀少性が人間に課すハードな制約〔経済学でいうハードな予算制約〕に由来している。人類が「豊饒と無為の時代」を迎えたあかつきには、これらの行動は消え去る。この意味でこれらの行動は合理的と言えるが、その合理性は、基礎条件的《フォンダマンタル》な欲求がいまだ満たされていない経済状態によって条件づけられたものである。

「〔富の分配と経済的な報酬・罰金に関するありとあらゆる社会的慣わしおよび経済的慣習は〕資本蓄積の中で非常に大き

な役割を演じるがゆえに、本来的には嫌悪を及ぼす不公正な性質を持つにもかかわらず、われわれはそれらを当面は是が非でも維持しようとする［…］。少なくとも一世紀の間か、あるいはそれ以上にわたって、われわれは、誰に対してもわれわれ自身に対しても、誠実であることは卑劣であり、卑劣であることが誠実であると信じ込ませねばならないだろう。なぜなら、卑劣であることが有用であり、誠実であることは全く有用でないからだ。今少しの間は、〈守銭奴〉〈高利貸し〉〈倹約家〉がわれわれの神であり続けねばならないだろう。というのも、彼らだけが、われわれを経済的必要のトンネルから抜け出させ日の光へと導くことができるからである(9)」。

このような態度は、ケインズ主義的な分析に固有であり、その両義性をよく示している。自由主義者であるケインズは、金銭のための金銭の欲望を錯誤と見なす功利主義的な分析を堅持している。ところが、ケインズは金銭のための金銭の欲望をこのように道徳的・ヴォルテール的には拒否するのだが、同時代の経済を解明しなければならないときには、そのような欲望が存在することを否定しない。科学者たる者、あるがままの物事を考察すべきではないか、そうあれと望む物事を考察してはいけないのではないか——こういう観点に立って言えば、自らのモデルの中に金銭それ自体への欲望という現実を組み込むことを拒否する新古典派の態度というのは、理解し難いものがある。この拒否は、新古典派の認識論の特殊性をよく表している。新古典派の認識論が第一目的としているのは、実験科学者のようにあるがままの世界を理解することではなく、むしろ世界を矯正してその概念に合致するように再構築することにある。

ではわれわれはどうかと言えば、価値によるアプローチか貨幣によるアプローチかという根本的な選択(10)については後者を採るものであるが、貨幣が人間に対して振りまく魅力を心理的な錯誤によるものと見なすことはこれを拒否する。むしろ全く逆に、われわれは、適合的な概念枠組みを採用することによって、貨幣の魅力が完全に合理的なものであることを示そうと考えるのである。そこで導入したいのが、模倣的選出の概念である。

二　貨幣の概念的発生史

商品的分断のモデルにおいては、一つの重要問題が常に生産者‐交換者の心を煩わせる。それは、商品へのアクセス権という問題である。商品へのアクセス権が大であればあるほど、他人に対する支配力も行動能力も大きくなる。このかなり基本的《フォンダマンタル》な意味で、市場的な勢力《ピュイサンス》は、購買力として定義される。市場的な勢力とは、交換を通じた対象《オブジェ》〔物〕への最も広いアクセス権を獲得しようとするものだからである。このことは誰にとっても、すなわち生存のために闘う最弱者にとっても自らの支配を拡大しようとする最強者にとっても言えることである。誰が求めるのも、商品に対する自己の権利——すなわち商品を獲得する権利——を認知させることである。ところがこの購買力《プヴォワール》は、かなり特殊な性質の権力《プヴォワール》である。というのも、他人の商品へのアクセス権を得るには、彼ら〔他人〕が欲する物を対価として提供しなければならないからである。また発達した経済においては、この場合、欲望する「彼ら」は誰であっても全くかまわないがゆえに、布置状況はいっそう複雑なものとなる。したがって、購買力において想定されているのは、未知ないし匿名の生産者‐交換者——彼らの特殊な嗜好は無視される——との間でいつでも交換が行える能力にほかならない。商品的主体は、単に生存しようとするだけでも、このような問題に直面せずにはいない。この点に関して最も明快な記述をアダム・スミスから引用しておこう。

「分業が最初に確立されて以後、社会のすべての時期のすべての慎慮ある人は、自然に次のような仕方で、彼の問題を処理しようと努めたに違いない。それは、人々が自分たちの勤労の生産物との交換を拒否することはほとんどないだろうと彼が想像する、何かある商品の一定量を、彼自身の勤労の特定の生産物のほかに、いつも手元に置いておくということである」[11]。

スミスがわれわれに語るのは、「どの財であれば、最大多数の人々が自分の生産物と引き換えに受領するだろうか」を問うことがすべての慎慮ある人に要求されるのだということである。慎慮ある人は、次の取引に備えて、そのような財を蓄えておきたいのである。これは予想や想像の問題である。どの個人も、予想できる範囲で、他の人々によって欲望される財を探し求めなければならない。交換取引において受領されるこうした能力は、経済学者によって一般に「流動性」という用語で言い表されている。それゆえにわれわれは、件《くだん》の財――すなわち一定の購買力を与えてくれる財――を「流動財」ないし「流動性」と呼ぶことにする。なぜなら、そうした財は交換取引において他人に受領されるからである[12]。どの商品的主体にとっても、流動財の性質を見誤らないことが重要である。流動性の良質な定義を採用しないと、非常に小さい購買力しか入手できない。実際には、個人が社会に対して持つ――あるいは持つと信じる――権利は、それが流動財の形態をとる場合にのみ社会的に妥当である。金や紙幣を持ってではなく、――カール・メンガー[13]が挙げている例を用いて言えば――「天体観測機器、解剖標本、サンスクリット語の作品」さらには「外科医療具」を持って売り手のところにやってくる買い手を考えてみればよい。彼は、自分が欲するものを入手する上で一定の困難をともない、多大な損失を被るだろう。よって全員が同じ問題に直面する。その問題とは、「損失を回避するにはどのような流動性の定義を採用すればよいか」というものである。

流動性によって可能になる相互作用の構造は、典型的に模倣的な性質を持つ。というのも、流動財に対する一人一人の欲望は、その同じ財に対して他人が抱く欲望を模倣しているからである。威信の場合と同じことが言える。すなわち、ある個人にとって流動的であるものとは、他の人々が流動的なものと見なし、そのようなものとして欲望するものである。したがって威信の場合と同様、流動性は、「個人間関係に先立って定義しうる特殊な実体的質に起因するものではない」（上述参照）。ここでも自己準拠的論理が見いだされる。流動性は、流動性欲望の創造物である。ただし、流動性によって賭けられている利益は、威信のための闘争から生み出される利益と同じ尺度で測れるものではない。もはや単に諸使用価値の秩序の中で自己の優越を確立することは問題ではなく、今や、生産者‐交換者としての自己の存在を確保することが問題なのである。それゆえに、流動性が動員する欲望や対抗心《リヴァリテ》は驚くほど強力なものである。商品的個人が諸商品に対する自己の権利について完全な承認を要求することができるのは、流動財の取得を通じてのみである。商品経済においては、勢力《ピュイサンス》すなわち購買力は数量――生産者‐交換者の手中にある流動財の数量――の形態をとり、したがって自然なこととして、流動財が購買力の測定単位として用いられるようになる。普通、われわれが知る経済においては、諸個人にとって流動性の問題は既に解決されている。彼らの目から見て流動性は、貨幣という形態をとって直接に現われる。つまり貨幣は、市場参加者全員の満場一致の欲望を集めるがゆえに、誰に対しても比類なき魅力を振りまく。このとき提起されるのが、そのようなパワーが何に由来するのか、という問題である。その起源は何なのか。

　ここでわれわれが「起源」と言うとき、歴史的起源を指してはいない。貨幣が歴史的にどのようにして出現したかはここでの問題ではない。この問題も興味深いが、われわれの問題ではない[14]。われわれが明らかにしようとするのは、商品経済の内部で流動性の欲望が進化していき、ついに唯一の物、貨幣へと収斂するのはどのようにしてなのか、という問題である。この目的のために、われわれは次のような思考実験を行いたい。すなわち、発達した商品経済を想定し、そこから貨幣を取り除くのである。この上でわれわれは、貨幣を取り除いたそのような経済の中で、貨幣の再出現をもたらす一定の社会的諸力が自生的に生み出されることを明らかにしていきたい。われわれの分析は全体として、そうした社会的諸力や、それによって貨幣的秩序が生み出される過程を性格づけようとするものである。こういうやり方は逆説含みであるように見える。なぜなら、われわれは貨幣なき商品関係の存在を最初に公準としているにもかかわらず、すべての理論的努力を、そのような社会的布置が存在不可能であることの解明に注ぐものであるからだ。しかしこの矛盾が外観上のものでしかないことは明白である。なぜなら、この布置が公準とされるのは、この布置が――貨幣の必然性を含み持つがゆえに――永続化しえないことを詳しく示したいためでしかないからである。このような研究が、貨幣を持たない前市場社会（ないし商業社会）における貨幣の歴史的起源の問題と全く無縁であることは明白である。分析の目的が全く違っている。説明したいのは、既に確立している十分に成熟した商品関係が固有な矛盾を抱えることから、どのようにして貨幣が必然的に要求され、ついには安定的存在を獲得するのか、ということである。それゆえわれわれは貨幣の概念的発生[15]について語らねばならない。これを通して、商品経済の内部で常に貨幣を存在させるように作用している社会的エネルギーを析出することができれば、商品貨幣をもっと緻密に考察できよう。以上の問題意識に従い、われわれは、市場的勢力《ピュイサンス》の支配――最も流動的な財の取得を通じての――をめぐる生産者‐交換者たちの間の闘争から貨幣が帰結することを示していきたい。この概念的発生の方法[16]は、既に物理学者によって知られている。物理学者は、ある物体がその特定の形を持たねばならないことを証明するために、まず仮想的・仮説的な歪みを想定する。その上で、この仮想的な歪みから、物体を最初の状態に引き戻す諸力が必然的に引き起こされることを明らかにしていくのである。これは「仮想仕事の定理」と呼ばれている。

では、貨幣を取り除いた発達した貨幣経済を考察することにしよう[17]。そこでは何が起きるであろうか。既に指摘したように、商業的主体が最初に要求するものは、流動性である。彼らは、生存するためには、流動財を取得する以外に選択肢がない。なぜなら、それこそが商品流通への有効なアクセスの条件であるからだ。実際、伝統社会においては、親族・仲間あるいは身内の中に連帯の紐帯があったので、誰もが自分の計画《プロジェ》を実現するために他人の支援を直接に動員できた。しかし市場社会にはそのような紐帯がない。市場社会においては、他人の物を獲得するには、他人の欲望をかき立てること以外に手段がない。商品的分断の本性とはそういうものなのだ。一部の人々の欲望を捕らえる流動性は、このような要求に応えるものである。こうして、流動性が実体ではなく他者との関係様式であることが、改めて明らかになる。流動性は、物《オブジェ》の欲望という形に姿を変えた社会的紐帯であり、この社会的紐帯を通じて利益共同体の存在が市場参加者たちの間で認知される。結果として、流動性は実体的定義というものを持っておらず、むしろ、参加者が他者の欲望を表象する仕方によって決まってくる。どんな物でも流動的でありうる。よって、当初は、流動財の定義に関して著しく多様な見方がなされる。二人の個人が流動財について同一の定義を共有している場合、彼らの間の取引はかなり容易である。売買は、その流動財を移転するだけで行える。そうでない場合、取引はより困難になる。なぜなら、双方が利用する異なる流動財の間に転換や交換レート〔ないし為替レート〕が必要となるからだ。こうしたことのためには、専門的な経済主体〔すなわち中間で手数料を徴収する為替業者〕に頼ることが必要である。転換費用を最小化するためには、日常的な交換相手という小集団の中で多数利用されている計算単位を採用することが、各生産者−交換者にとって利益となる。以上が、流動財の間の競争を支配する中心的原理である。この原理は本来的に模倣的なものであるが、ただしここでの模倣主義《ミメティスム》は何よりもまず、その個人の日常的な取引相手から成る集団〔小集団〕に関わるものである。(18) こうした模倣の原理によって商品流通は強く統合された下位流通空間へと分裂するのであり、下位流通空間それぞれの内部では市場参加者たちは同一の流動性概念を共有する。われわれはこの布置状況を指して、分裂的な市場構造と呼ぶことにする。このように、認証された正統的な貨幣が不在であるわれわれの状況は、決して物々交換の状況ではなく、むしろ、流動性に関する競合的な諸表象の並存により商品流通の空間が分裂している布置状況である。分裂化が見られるということは、複数の計算単位が存在することを意味する。計算単位相互の間には安定した関係がない。すなわち、計算単位同士の換算率は完全変動的で、市場の下位諸集団の間の力関係次第で変化するし、また各市場参加者は流動性に関する見方を絶えず修正する可能性がある。この分裂化はどのような推移をたどるだろうか。それは安定的であろうか。

　この問題を十分な一般性において論じる前に、まずは手がかりとして、極端な分裂化という特殊ケースに関心を寄せておきたい。このケースにおいては、種々の流通空間が完全に遮断されている。そのため、どの生産者－交換者も唯一の計算単位しか知らない。なぜなら、彼の経済活動はすべて単一の流通空間の内部で展開されるからである。よって、彼にとって流動性の問題は解決されている。彼が利用する流動財は、交換関係を取り結ぶ可能性のある取引相手全員に受け入れられているので、彼に十分な満足を与えるのである。極端な分裂化のケースについて、全体としての集団に着目するならば、そこには、――景気状態から見ても発展水準から見ても――連動を欠く諸流通空間の並立が見いだされる。だから、〔全体としての〕集団の中では、個人の状態には強い異質性が見られる。空間Xに属する主体と空間Yに属する主体の間には、共通なものは何もない。集団の観点および集団が集団として有する特殊利害の観点から見て、この異質性は非常に有害なものと見なされることがある。例えば、それが分離主義《セパラティスム》の政治的願望につながる場合がそれである。しかし、本書におけるわれわれの狭い市場的な観点から見れば、流通空間が完全に分断されているケースにおいて、極端な分裂化が永続化することを妨げるものは何もない。しかし、空間と空間の間に交換のフローが出現すると、状況は変容する。分業が深化していくにつれて、このことは避けられなくなる。こうした条件の下では、種々の経済主体は、複数の流通空間に属することによって、再び、多様な流動性を組み込んだポートフォリオを持つようになる。両替商を特別な例外として、この多様性は取引主体にとっては厄介なだけである。一方で転換の費用がかかるし、他方で流動財同士の交換レート水準をめぐって不確実性が存在するからだ。こうした流動性の複数性は不利益しかもたらさないので、経済諸主体はこれを回避しようとするだろう。空間同士の相互連結が強まるにつれて、その相互連結がますます多数の当事者に関わりを持つようになるにつれて、回避の動きは拍車をかけられる。一人一人が、経済を全体として見たときに最も多く使用されている流動的準拠基準を探り当て、他の準拠基準を放棄しようとするだろう[19]。つまり、こうした条件の下では、全体としての集団の水準において模倣の動態が広がっていくのである。このとき、既に述べたような採用の収益逓増が作用する。市場参加者全員による最も流動的な財の探索は、正のフィードバック過程を引き起こすのであり、累積過程の結果、選択は最もよく利用されている流動性へと一点集中《ポラリザシオン》〔ないし一極集中、分極化〕するに至る。この過程は、外的妨害を受けずに追求されていくと、ついには満場一致の状況に到達する。そこでは集団の成員全員が、「流動性とは何か」に関する同一の見方を共有しており、分裂化は消滅する。模倣の一点集中によって全員が同意するこの最終的流動性こそ、われわれが貨幣と呼ぶものである。貨幣は、全員に受領されることによって、絶対的流動性を享受する[20]。スピノザが言うように、貨幣はすべての物を獲得できるがゆえに「すべての財の凝縮」であるのだが、このことは貨幣の固有の質に基づくのではなく、模倣的満場一致それ自体に基づいている。

われわれのモデルから導出されるのは、商品経済は流動性の唯一の定義を軸にして統一される傾向を有しており、その結果として、そうした流動性の唯一の定義が経済主体に対して極端に大きな影響力を獲得する、ということである。貨幣の複数性は、市場的〔ないし商業的〕諸利害の表現を妨げるがゆえに、拒否される。世界レベルにおいて著しく多様な貨幣が見いだされる事実は、このテーゼを無効にするものではない。というのも、そのような現象の背後には、商業的利害以外の利害が働いているからである。その利害とは主に、貨幣発行を自らの勢力《ピュイサンス》という目的のための道具にしようとする政治主権の意志である。実際、国民貨幣の存在は、永続的な政治的アイデンティティを築き上げるための本質的に重要な要素と見なされている。[21]

貨幣のこうした統一化傾向を証拠立てる二つの観察事実がある。一方で、長期的に国際通貨システムは、唯一の貨幣——覇権《エジェモニーク》貨幣[22]——を軸に自己構造化する傾向があるように見える。つまり、取引諸主体が貨幣選択において一定の自由を有する国際関係の枠組みの下では、最も広く普及した流動性に支持が集まることによって、その流動性の魅力が累積的に高まっていくのである。この観察は、流動性に関する競争的諸力の特異性を改めて物語るものである。流動性の論理は、需要供給の法則の論理とは全く違う。流動性の論理は、代替的選択肢が並存することを拒否し、それよりも、普遍的な標準を好む。その結果は、いわゆる「固定化」（ロックイン）である。

他方で、外国為替市場を観察すると、対処不可能なまでにショックを増幅させる、不安定な競争の動態が見いだされる。ユーロ開始後に話を限定しても、ユーロはスタート時の一九九九年一月一日に一・一七ドルであったのが、二〇〇〇年には〇・八五ドルになり、さらに二〇〇八年七月には一・六ドルになった。金融の動きを扱う第7章で明らかにするように、上下へのこうした過剰変動の傾向は、正のフィードバック型の模倣が働いていることの表れである。強調しておきたいのは、投機を抑え込もうとする大国が当該の貨幣——ドルとユーロ——の後ろ盾になっているにもかかわらず、このような動態が観察されることである。市場介入が投機抑制の役割を果たしているだけでなく、大国が存在することそれ自体が投資家に対して〔為替変動が〕一定の限度を超えることがないというシグナルになっているのである。競争の論理をそれ自身に委ねておくならば、他の流動財を押しのけて一つの流動財が選出されるに至るだろう、と考えることは不合理ではない。国家のパワー《ピュイサンス》が介在しなければ、われわれのモデルに従って、一つの貨幣が他の諸貨幣よりも優越することになろう。

ひとたび模倣の満場一致が獲得されると、相互作用の根底的な変容が引き起こされる。模倣が新しい諸特性を獲得する。模倣は、新しい仮説を探索するように諸個人を促すのではなしに、もはや、選出された信念を強化するという効果を持つにすぎなくなる。こうして、経済諸主体の認知的・社会的環境が一変することがわかる。諸期待の不安定な多様性は、突然の安定性に取って代わられ、その安定性が持続していく。「流動性の適切な形態が最終的に発見された」という分析による以外、この転換をどう説明できるであろうか（いや説明できまい）。こうして、このような分析が通念となっていく。その結果として、選出された貨幣対象《オブジェ》に強く固執する集合信念が出現する。[23]「内的媒介」から「外的媒介」への移行である。いずれの媒介にあっても模倣が登場するが、〔後者に登場するのは〕選出対象への満場一致の中で、諸主体《スジェ》から距離を置いて構築された集団を手本とする模倣である。ジャン＝ピエール・デュピュイは、集団自身から生み出されるこのような外在化を「自己–外在化」ないし「自己–超越」と呼んでいる。これの演じる役割には基本的な重要性がある。相互作用の変容が作用することによって、選出された物は、社会的に認知された制度としての地位を獲得する。このように全員に受領される支払手段として選出された貨幣はまた、基準計算単位として、準備手段として、そして交換手段としても通用するようになる。貨幣の諸機能は、模倣の一点集中から導出されるのである。

三　貨幣の危機

模倣的選出という基本概念に依拠することで、貨幣および貨幣権力《プヴォワール》の性質が十分に明らかになるとはいえ、上記のモデルは、部分的な過程しか明示していない。このことは強調しておかねばならない。上記のモデルでは、採用の収穫逓増しか考慮に入れていなかったのである。これは、諸個人が流動性の多様な定義に関して無関心であるという仮説を、暗黙のうちに置いていたためである。諸個人にとって唯一重要なのは、最も多く利用されているのはどの流動性かを発見することである。しかしこの仮説は不完全である。実は、流動性に関しては、別の要素が各個人の利害に強い影響を及ぼす。それは入手可能性《アクセシビリテ》である。流動性がどの扮装の下に隠れているかを知るだけでは十分でなく、加えて、それを容易に入手できなければならないのだ。一個人にとっては、入手できない流動性を選択しても全く利益にはならない。逆に、自分の行動領域に従属している流動財は、その個人にとって有利である。したがって、各生産者－交換者が他の交換者との関係安定化を可能にする共有された準拠基準を探し求めるとき、彼にとって重要なのは、その準拠基準が自分の利益に合致していることにほかならない。この要素を新たに組み込むことにより、われわれのモデルは拡張され、多数意見への追随に汲々としている完全に受動的な経済主体だけには〔分析対象が〕限定されなくなる。彼らは能動的でもある。彼らは選択の過程を自分に有利に方向づけるべく、例えば自分自身の財を選択させようとするなど、選択過程への働きかけを行う。こういうわけで、誰もが不安に駆られて流動性を探り当てようとしている蔭で、一定の人々は不確実性の除去を自らに有利な形のものにすることに、そして自分の財への貨幣の収斂を実現することに熱中している。それゆえ貨幣的統一の論理は、認知的かつ闘争的なものにならざるをえない。それでもやはり最終的には模倣の収斂が優位になる。

なぜか。それは、或る流動性を軸とする非常に広範な結託《コアリシオン》〔ゲーム理論で協力を表す用語〕が出現するとき、それへの参加がもたらす利益があまりに大きいために、参加を拒否できないためである。それゆえに、一つの同じ物が、ついには生産者－交換者全員の同意を集めるに至るのである。自らの特殊な財を普遍的な財に昇格させようとする闘いに敗北してしまった者にとっては、これは「いらだたしい」同意であるが、それでも同意であることには変わりない。というのも、採用の収穫逓増が最も強まるので、貨幣からの離脱が押しとどめられるからである。「敗者たち」が同意するのは、最大の流通空間に参加することが自己の利益になるからである。同意こそが彼らに、最も深化した分業へのアクセス、最も広範囲の財へのアクセスを可能にする。貨幣関係について自らの定義を通用させるのに失敗した被支配集団は、支配的な貨幣を受け入れるよう強いられる。受け入れないと彼らは商品流通から排除されてしまう。こうして、収斂が進んだあかつきには、満場一致による承認が、当初はそれに抵抗しようとしていた人にまで課されるのである。われわれが貨幣の満場一致について語るとき、次の事実を見失ってはならない。すなわち、貨幣の満場一致はたいてい、強制された受け入れから、すなわち支配から帰結するという事実である。

この最後の指摘は重要である。というのも、ひとたび生み出された模倣の一点集中が、再検討されずに無限に続くと信じてはならないからである。むしろ、一つの貨幣が存続するためには、その貨幣が、すべての流動性欲望を自らに向けて収斂させる能力があることを絶えず示さなければならない。貨幣が貨幣としての地位を保持するのは、このような条件の下においてである。貨幣制度がその権威を維持するのも、このような条件の下においてである。このこと〔貨幣の地位・権威の維持〕は決して自明ではない。なぜなら、貨幣の存在は、商品的な紛争性も勢力をめぐる闘争も消滅させないからである。貨幣は単に、これらのものに安定的な枠組みを与えるにすぎない。ただし貨幣規範は、支払いに関する強い制約[24]を課すので、経済諸主体の間には潜在的な不満が醸成される。彼らは、貨幣造出《モネヤージュ》〔支払手段の供給のこと〕へのもっと容易なアクセス権を獲得すること、もっと自分たちの利益につながる金融政策が実施されることを望むようになる。これに関しては、貨幣の満場一致がそもそもの初めから、望まれたというよりも強制された一致であることを想起すべきである。他の財が選出されることを望んでいた者もいたであろう。よって、貨幣制度に対する不満は、永続的に経済組織の中にくすぶり続ける。しかし、採用の収益逓増の作用を通じて貨幣制度がもたらす利得が諸制約の負担を上回る限り、こうした不満は一人一人の心の奥にとどめ置かれ、秩序が損なわれることはない。これが一般的な状況であり、この状況の下では貨幣は——強い制約を課すにもかかわらず——権威を維持するのである。状況が変化するためには、不満の堆積が臨界質量を超えて、公然化するのでなければならない。ここで、第2章で言語間の競争を論じたときに得られた結論が再び見いだされることになる。ひとたび確立した支配的慣行《コンヴァンシオン》が、個人的反逆によって再検討されることはありえない。たとえもっと性能のよい言語があったとしてもそうである。このような特性によって、模倣の一点集中は大きな安定性を確保する。慣行《コンヴァンシオン》が再検討されるには、結託《コアリシオン》が形成されねばならない。結託の出現[25]には、多数の当事者たちに同時に影響を及ぼす重大なショックが必要である。より正確に言うと、現存の貨幣に不満を抱く逸脱者の集団が自分たちの利害に合致する新たな流動性へといっせいに関心を向けるとき、貨幣の危機が始まる。そのような流動性をわれわれは「私的貨幣」とも呼ぶ。ここに起きているのは「貨幣の反乱」にほかならない。新しい貨幣規範を支配的なものにしようとする反乱の出現——これが貨幣の危機を定義する。反乱が成功するのは、潜在的不満が一般的に広まっているという背景がある場合である。反乱が起きるとき、潜在的不満は自己表出の手段を見いだす。

この反乱は多様な形態をとりうることに注意していただきたい。しかし、それらを分析するとなると、本書の議論の流れからは大きく外れてしまう。ここでは、最も典型的な形態のみいくつか取り上げておきたい。最も単純な形態は、商品の評価手段として、蓄蔵手段や交換手段として外国貨幣——例えばドル[26]——を使用するというものである。つまり、経済諸主体は、他の商業空間〔ないし流通空間〕にある既存の諸貨幣に頼るのであり、自分たちの日常の取引空間におけるその利用を促進しようとする。しかし、貨幣の反乱にはもっと巧妙な形態、例えば物価インデクセーション〔物価連動制。賃金・税・年金給付などを物価変動に合わせて自動的に修正する仕組み〕が存在する。インデクセーションにおいては、現存の貨幣が購買力を適切に体現する能力が問い直されている。われわれの理論枠組みからは、インデクセーションの導入は、一部の人々によって計算単位としての国民貨幣が拒否されていることと、それと競合する新しい単位——例えば、物価指数や為替レート——が出現していることとして分析される。インデクセーションは計算機能に限定された反乱〔必ずしも反乱は交換手段には及ばない〕であるから、インデクセーションの拠り所となるのは全体的な貨幣ではない。よって、これを「部分的な私的貨幣」と呼ぶことができる。部分的な私的貨幣の出現は、集団の貨幣的統一への問い直しとして分析される。危機はしばしばインデクセーションによって始まる。インデクセーションによって、商品を正確に評価する貨幣の能力に対する生産者－交換者の不信が示される。しかし、経済諸主体が財産保全のために新しい富の形態に殺到することにより、たいていの場合、危機は準備手段の危機へと転化していく。そして最終段階において、自分の商品を交換するときに貨幣の受領を全面的に拒否する諸個人が現われる。このとき貨幣は、すべての機能において他の流動性諸形態と競争するようになる。この状況の行き着く先は、新貨幣の出現や旧来貨幣の再建かもしれないし、あるいは商業空間の解体かもしれない。どうなるかは時と場合による。これに関しては、政治的な諸力が大きな役割を果たす。

これら様々な過程のどれにおいても――諸過程の多様性を超えて――核心的な事実は、一定の集団による新しい貨幣基準《レフェランス》の利用によって集権的貨幣の独占が問い直されることにある。新しい貨幣基準は、統一された集団による洗礼を受けていないために「私的」と性格づけることができる。それまで同一の流動性定義に集まっていた集団の全面的な支持は、多様な競合的定義へと分裂《フラクシオンヌマン》することによって、突然のパワー《ピュイサンス》減衰に見舞われてしまう。われわれはここに主権的パワーの危機を見いださねばならない(27)。この点から、貨幣の危機をその最も一般的な形態において考察するに際しては、分裂化《フラクシオンヌマン》の概念を用いることが適切であると言える。全会派から支持されていた統一会派が分裂したため、貨幣候補者間の競争が自由に行われるようになったのだ。しかし、放任された分裂化《フラクシオンヌマン》は不安定である。分派した貨幣集団の活動目的は、一つの流動性定義を軸にしてできる限り大きな広りを持った流通共同体を築き上げることにある。このとき彼らが従っている論理は、貨幣秩序の創発過程を分析した際に明らかにされた論理と同じものである。貨幣秩序の創発の場合、創発過程が把握されるのは、その勝利の瞬間――すなわち全員に認知された新しい定義が強制される瞬間――においてであった。今や危機に関心を移して言うならば、危機の過程は、貨幣秩序への異議申し立て過程として理解される。この過程においては、貨幣に関する各会派からの要求は模倣的に集約されていき、ついには旧い規範に異議を唱え、新しい規範を形成しようという野心を表明するまでに至る。しかし〔こうした相違はありながらも〕、二つの現象――秩序と無秩序――のいずれの源泉にも、模倣的競争という一個同一の概念が見いだされるのである。

四　価値の客観性

本書の分析は、経済価値とその客観性の問題に、全く新しい光を当てようとするものである。この分析においては、諸商品の自然的な――固有な――通約可能性という仮説に関して、その原理を探り当てようとしてはいるが、この仮説に信頼を寄せているわけではない。言い換えれば、これは、『資本論』〔第一部〕第一章でマルクスが行っているアリストテレスとの対話におけるアリストテレスの立場である。「これほどに違った物が」それ自身の固有の質によって先験的に《アプリオリ》「相互に通約可能であることは実際には不可能である」[28]とするアリストテレスの判断は至極もっともである。実体価値仮説を却下するに際してアリストテレスは、交換における財の同等性を――カストリアディスの言い方を借りれば――「ノモス、法、社会‐歴史的制度によるもの」か、または――アリストテレス自身の言い方では――「実際上の必要によるもの」と見なさざるをえない、としている。われわれの見方もこれと同じだ。交換における同等化は、貨幣という制度の結果である。商品が通約可能・交換可能であるのはもっぱら、商品的主体が満場一致で貨幣を欲望しているからである。ある財の価値は、その財によって獲得できる貨幣の数量によって、すなわちその価格によって尺度〔ないし測定〕される。価格と価値とは、全く同一の現実である。このようなものとしての価値が客観的であるとすれば、それは、売り手の獲得する貨幣が普遍的に認知されているからである。つまり、客観的〔対象的〕であるのは、貨幣の諸々の運動である。これに対して、一つの同じ財において獲得される価値は、変動しうる。価値は交換の状況によって左右されるのである。価値の客観性は一定の物価水準――「公正価値」――に関わるものではなく、価格形態それ自体に関わるものであるということが受け入れられさえすれば、この点はたちまち問題ではなくなる。価格形態とは、全員によって認知された計算単位である。一つの同じ財における価格の単一性という問題は、価値の客観性という問題とは異なった問題である。価格の単一性の問題を分析するには、交換の装置を考慮に入れることが前提となる。この意味で、われわれの経済学はもはや「量《グランドゥール》の経済学」ではない。

要するに、われわれの理論枠組みは、次の二つの問題を明確に区別する。すなわち（1）ある物〔対象〕が集団の満場一致の流動性欲望を引き寄せるのはどのような条件の下においてであるかを問うこと、（2）ひとたび貨幣が生み出された後、交換時に買い手と売り手との間に形成される力関係について問うこと。二つの問題は明らかに区別されるものである。両者は、異なる性質の概念的道具を要求する。最も根本的である前者の問いは、貨幣が商品へのアクセス権〔取得権〕を与える絶対的流動性として市場参加者全員に通用している事実をめぐるものである。この問いに答えることを可能にするのが、模倣的選出の概念である。この概念から、商品価値が生産者－交換者に対して客観的に通用するのは、交換において獲得される貨幣の数量を介してであることが明らかになる。次に、貨幣の問題が解決された後には、各商品についてその価格がどのように規定されるかを説明するという問題が残されている。この問題に取り組むには、買い手と売り手の相対的位置や、それらの間に存在する競争の度合いを検討するための別の分析枠組みが必要となる。つまり、第一の問いは価格形態の存在を明らかにするよう求めるものであったのに対して、第二の問いは価格の水準を明らかにするよう要求している。この二つの問題が別個のものであるにもかかわらず、価値理論家たちは両者を混同してしまう誤りを犯してきた。彼らからすれば、価値の客観性を解明することは、交換比率の正常な水準の存在を解明することに等しいのである。後者を解明する理論が価格決定の理論である。したがって、新古典派アプローチにおいては、競争の出る幕がない価値の客観性の問題を論じるときに、競争が引き合いに出されるのである。特に、われわれの見るところ、レオン・ワルラスが独特な競争の概念を提示しているとすれば、それは、彼の目的が競争そのものの問題〔すなわち買い手と売り手の相対的位置が価格にどう影響するか〕を正面から研究することにあったためではなく、全く別の特殊な問題に答えることにあったためである。彼の目的は、公正な価格が存在することを明らかにすることにあった。これに対して、われわれの見方によれば、価値の客観性には、交換比率の正常水準が存在することでは決してない。われわれは、「同じ商品は貨幣空間の全域にわたって必ず単一の価格を持つ」とさえも考えない。価値の客観性の意義は全く別のところにある。すなわち、価値の客観性には、すべての市場参加者が同一の価値定義を承認することによって、黒字の勘定と赤字の勘定を明確に規定することが可能になるという意義がある。貨幣は、全員によって絶対的流動性の正統的な表現と見なされている限りにおいて、私的評価を社会的に認知された価値へと転化させる。さて価格の規定という問題であるが、これは〔価値の客観性の問題とは〕性質の異なる問題である。この問題の研究を引き受けるのが、競争理論である。そこではまず、交換の仕組みについての詳しい説明が必要となる。

五　貨幣数量説

競争理論アプローチが独特なところは、商品経済〔の考察〕の出発点で計算単位が「一つ」決められる点である。こうした形で価値が制定され、そこから商品流通が展開されていく。計算単位がひとたび定義されると、以下の等置表現のように、様々な商品の価値すなわちそれらの価格を測定することが可能になる。

条件 α の下で、財A一単位は p_a 計算単位に値する。
条件 β の下で、財B一単位は p_b 計算単位に値する。
……
条件 ζ の下で、財Z一単位は p_z 計算単位に値する。

これらの等置表現から出発して計算単位の価値を規定することによって、われわれは以下のような競合し合う複数の評価を獲得することができる。

条件αの下で、貨幣一単位は財Aの$1/p_a$単位に値する。
条件βの下で、貨幣一単位は財Bの$1/p_b$単位に値する。
……………………
条件ζの下で、貨幣一単位は財Zの$1/p_z$単位に値する。

ここには、財および取引条件が存在するのと同じだけの数の評価が見いだされるが、そこから何かを演繹することはできない[29]。評価のこのような特性が、貨幣関係の安定性のために重要な役割を果たす。ここで言われているのは、貨幣は評価を免れるということである。貨幣に向き合うのは通常の商品のみであるが、〔貨幣が〕価値を表現することについて特別な正統性があるわけではない。また、かなりしばしば諸価格は商品および取引条件の多様性を反映して互いに反対の方向に推移するが、そこからは貨幣の「価値」に関して何かを語ることはできない。では、諸価格の推移に並行性が見られるとき、そこから何を推論すべきであろうか。「一般的な傾向が価格形成に影響している」という仮説を採用しうるように見えるとき、良識に従って、貨幣の価値そのものが変化したことを結論すべきであろうか。すべての価格を上方や下方に動かす共通の要因があると解釈するのが、自然なやり方ではあるまいか。例えば、すべての価格が同時に五%上昇する場合、その原因は、計算単位そのものの価値が五%低下したことにあると解釈したくなるところだ。経済学者たちがすべての価格の平均的動向を見るために物価指数を用いるとき、通例そのような解釈を行っている。物価指数を用いて、貨幣の購買力〔貨幣一単位が購買することのできる商品の数量〕が測定されているのである。一定期間に物価指数が倍になるならば、「貨幣の価値が半減した」と言われる。なぜならその購買力が二分の一になったからである。だからこそ経済学者たちはずっと、貨幣の価値を、一般物価水準の逆数として定義してきたのである。

物価指数が経済学者や経済主体にとって重要な情報源であることについて異議を唱えようとは思わないが、「貨幣の価値」という概念は慎重に用いなければなるまい。根本的に統計的なこの概念を実際に利用しようとすると、統計家たちがよく知るような多くの困難が起きてしまう。例えば、われわれは新しい使用価値〔品目〕の出現を厳密なやり方で取り扱うことができない。また、完全に定義された財の目録《ノマンクラチュール》がある場合でも、〔各品目の〕加重をどれくらいにするかは、諸個人の消費構造によって左右される[30]。こうした困難は決して些末なものではない。こうした困難は、一般的物価水準という概念の、したがって貨幣の購買力という概念の任意性をよく表している。既にカール・メンガーに、同様の考え方が見いだされる。メンガーはためらうことなく次のように結論づける。

「多様な諸市場について、あるいは二つの異なる期間にわたって、財全体の価格変動が正確に測定可能であると考えることは誤りである。言い換えれば、ニュメレールの非固有価値[31]の変動を正確に表す数字を知ろうとすることは間違っている〔…〕。金銭の非固有的な動向についてはいかなる尺度も存在しない。何らかの尺度を発見することは不可能である[32]」。

われわれの理論によれば、貨幣の価値の唯一の客観的評価とは、物価が算出されるときに用いられる「一」計算単位だ、というものである。不信の収斂によって価値の新しい表象が出現するとき、この状況は変化する。この意味で、物価指数というものは、模倣を通じて達成された反乱の勝利を表現しているのであって、物価を説明する隠れた量《グランドゥール》が表出したものではないのである。この点を説明しよう。

まずは、貨幣の価値が疑問視されていないときに支配的な状況を考察しよう。計算単位が安定的と見なされているとき、物価は基本的に基礎的諸条件《フォンダマント》によって形成される。このことは、貨幣的条件がインパクトを及ぼさないというわけではなく、それがもっぱら需給条件を通じた間接的効果によってのみインパクトを与えるということを意味する。これをわれわれは「方法的信頼(33)」のレジームと呼ぶ。「方法的信頼」とは、ルーティン的な一連の取引が成功することによって生み出される信頼である。この場合、いわゆる貨幣(34)が、経済諸主体による疑問視を免れている。貨幣はもはや、厚みのない、従順な道具でしかない。このような状況が見られるのは、流動性への選好が安定しているからにほかならない。この場合、パティンキンやワルラスのように、貨幣を流動性という特殊な効用を有する特殊な財として扱うことが可能になる。貨幣は安定的需要の対象となり、この需要がモデル化され検証されるのである。このような状況が支配的であるとき、すなわち貨幣が既に信頼を獲得しているとき、道具的アプローチに基づく経済の作動についての記述は納得可能なものとして受け入れられる。いわゆる標準アプローチを「限定的にのみ妥当する特殊な布置」としてわれわれの概念装置に統合するこうしたやり方は、本書の考察の中で既に採られたものである。銘記していただきたいのは、われわれの方法が、効用価値説の枠組みによる経済分析を先験的《アプリオリ》(35)に却下しているわけではないことである。ただし、商品関係の客観化がうまくいっていることが効用価値説の第一仮説である以上、そのような経済分析もまた、この仮説が成り立つ限りでのみ自らの妥当性を要求することができる。このような主張は、貨幣のケースについて十分に例証される。貨幣の質が論議の的になっていない限り、そして貨幣の質が客観的で持続可能な現実として全員の目に映っている限り、すなわち「貨幣の価値」の問題が提起されない限り、新古典派の価値論に基づいて経済の因果連鎖を記述することはそれ自体として《アプリオリ》は正しい。これらの条件の下では、貨幣量増加の効果は、その増加が経済諸主体の間にどう割り振られるかに、すなわち発行条件に決定的に依存する。この理由からパティンキンは、諸個人の現金残高の変化が一様に起きる《オモテティーク》状況をもっぱら想定して分析を行った。この限定された条件の下でパティンキンは、貨幣量の

x％の増加が諸価格全体のx％の一般的上昇をもたらすことを証明できた。このような状況を研究することは概念的には興味深いものがあるが、現実の経済状況への適用となると問題を引き起こさざるをえない。現金残高の一様な増加という仮定がかなりもっともらしさを欠く以上、パティンキンの主張は数量説批判にはなっていないのではないか。新貨幣が一様に割り当てられない場合には、諸価格全体の上昇が同じ率であることは全く保証されなくなる。貨幣の中立性は放棄されざるをえない。

以上、貨幣の信頼喪失を想定することを要さずに、貨幣の非中立性という結論を得ることができた。諸価格全体が上昇することがあっても、そうした一般的な上昇が貨幣価値の問い直しによるものではないこともあるのだ。貨幣価値に関する疑いが定着するときには、貨幣のレジームが根底的に変化する。計算単位への疑問視は、「貨幣がどれくらいに値するか」についての――一人一人の利害がそうであるのと同じくらいに――特異《イディオサンクラジク》で主観的な評価を通じて表明される。この動態を理解するために、戦間期フランスの大経済学者アルベール・アフタリオンの研究をここで紹介しておこう。アフタリオンの目の前にあったのは、一九一九年から一九三九年までほぼ二〇年にわたって続いた通貨危機であった。彼は綿密な統計分析を駆使して、この危機の貨幣的な動態を解明する上でいかに貨幣数量説が無力であるかを主張した。数量説が「一般物価水準（P）の変化は常に通貨発行(36)（M）の変化の結果である」と主張したのに対して、アフタリオンは決してそうはならないことを明らかにした(37)。彼は、多くの時期について「Pの変化がMの変化を支配している(38)」ことを観察した。なぜそうなるのか。アフタリオンによれば、それは、数量説をとる経済学者が見ていない一つの要素、すなわち買い手や売り手による計算単位の評価が、価格の形成に入り込むからである。彼は次のように述べている。

「個別的な需給曲線［には］、［…］商品の価値だけでなく、貨幣の価値も織り込まれている。需要がすべて一定の価格に対応する需要であるということは、需要される商品の価値と供給される貨幣の価値とが比較されていることを含意している。〔…〕二人の個人が当該の商品に対して等しい欲望を持ち、諸商品に関する彼らの逓減的な効用曲線が酷似している場合であっても、計算単位の価値についての彼らの評価が異なっていれば、彼らが市場にやってくるときに持っている需給曲線は同じものにはならない。二人のうち貨幣単位に付与する重要性がより大きく、貨幣供給の性向がより小さい者は、まさにそのことによってより小さい商品需要者となるだろう[39]」。

アフタリオンの議論における重要なポイントは、貨幣単位の価値について個人が行う評価が、基本的に心理学的かつ主観的な性質を持つとされていることである。もともと個人の種々の選好にはそういう性質があるのだが、ここでは予想と不確実性が支配的な役割を演じるので、特にこのことが強調されるのである。アフタリオンによれば、貨幣の価値は、実際には、「貨幣単位が与える満足によってよりもむしろ、各人が貨幣単位に期待する満足[40]」によって決まっている。よってアフタリオンの分析においては、「信念《クロワヤンス》が演じる役割[41]」が強調される。この「信念[42]は、物価が変化――上昇または下降――するときのように、市場の諸条件のうちの何かが変わった、もしくは変わるだろうという信念[43]」にほかならない。

貨幣の危機に関するアフタリオンの分析は、計算単位の問い直しが中心的役割を演じている点で、われわれの考察との興味深い収斂を示している。また、逆に言えるのは、貨幣価値不変が信じられていることが、安定性の重要な要因だということである。

「貨幣単位の購買力が安定的であるという信念それ自体が、通常、安定性の重要要因として作用する〔…〕。変化が現われても、多くの人はそれを一時的、偶然的な誤差と見なすだろう。貨幣単位はやがて元の価値を取り戻すだろう、と」[44]。

アフタリオンによれば、インフレ圧力が現われても、初めのうち人々は旧来の評価を堅持し続ける。これを彼は「旧来の評価への貨幣単位の忠誠」[45]と呼ぶ。これの結果として、定常的なレジームが支配的であり続ける。「いくつかの製品の価格のみが、貨幣側ではなく商品側の明らかに偶然的・一時的な原因によって上昇しているように見えるのである」[46]。物価上昇は局所的なものとして、基礎的《フォンダマント》諸条件を表現するものとして認識され、独自に貨幣的な問題としては認識されない。しかし、混乱が長引くと、この状態は持続しなくなる。物価がより体系立って上昇していく場合、「物価上昇の性質に関しても物価上昇の影響の広がりに関しても見通しが修正される。〔…〕多くの人が、様々な特殊な製品の価格上昇だけが問題であるのではなくて、貨幣の価値それ自体を襲うもっと一般的な病が問題であることに次第に気づき始める。彼らは、目の前で貨幣が減価していることを理解する」[47]。ここに見られるのは、貨幣の危機――貨幣単位の全面的問い直しとなって表れる――の徴候である。アフタリオンの主張によれば、こうした経済的危機状況にあっては、個人的諸評価の総体が能動変数（過程の全体を支配する変数）となる。「貨幣の社会的・客観的価値すなわち市場における物価は、個人的諸評価の総体に従属する」[48]。

しかしわれわれの見るところ、純粋に心理学的な評価というテーゼでは、現象の一部しか記述できない。われわれは、これで良しとすることはできない。容易に確認されるように、貨幣の持続的減価に見られるのは、一定の方向への諸評価の集中である。ある種の力が諸期待の同質化を促すのであり、この同質化が危機の展開に際して決定的に重要な役割を演じる。この点を解明するためには、アフタリオンよりも一歩進んで、「個人的な評価が通用力を獲得しようとするなら、いつまでも唯我独尊でいてはならない」ことを考慮に入れなければならない。〔諸個人の〕不信任戦略の間に一定の協調《コオルディナシオン》を成立させねばならないのだ。独立した個人的期待をもっぱら扱うアフタリオンには、この論点は存在しない。だが、市場参加者たちは他人の期待に無関心であり続けることはできない。他人の期待によって物価が形成されるからである。何らかの錯誤から物価予想が過大または過小なものとなるとき、そのことに対応して、参加者たちの期待において計算単位の減価が過大評価または過小評価される。これこそが、模倣モデルから言えることである。参加者たちは自分の予想を作り上げるために、集団の諸期待を考慮に入れる。このことを仮定することによって、様々なインデクセーション実践が一つの量《グランドゥール》を軸に調和を獲得していく過程が理解される。すなわち、準拠基準が出現することによって、逸脱的な諸評価の総体がそこに一点集中できるようになる。これにより不信任の運動にあらん限りの首尾一貫性、あらん限りの活力が与えられる。アフタリオンは分析の中で、彼が研究対象とした危機にあっては、不信任の集団的運動の中で準拠基準として役立っていた量《グランドゥール》は対ドルまたは対ポンドの為替相場であったことを指摘している。アフタリオンによれば、激しいインフレが起きると、貨幣単位の価値は為替相場の動向から評価されるようになる。

「為替相場が物価の指標、貨幣の対内価値のバロメーターとなり、すべての人々の目はこれに釘付けとなる。貨幣の対内的減価が起きるのは、数量説が言うように流通速度を通じてでも、所得説が言うように所得を通じてでもない。対外的減価の後に起きる物価上昇は、直接に貨幣の減価によって起きているのである」(49)。

見られるように、この状況にあっては、諸個人の評価は模倣を通じて為替相場に焦点を合わせる《フォカリザシオン》ようになり、それにより、計算単位の減価についての集団的評価が形成される。表象がこれほどに大きな役割を演じる経済的状況を、ほかに見いだすことは難しい。ここでの過程は全面的に表象によって支配されている。ところがアフタリオンは厳密に心理学的な分析を特権化していたため、こうした〔諸個人の〕貨幣的信念とその一点集中について体系的な分析を提示できなかった。彼は、為替相場へのこうした普遍的な焦点化《フォカリザシオン》がなぜ出現するのかわれわれに語っていない。だが、危機の深化を理解する上で、この焦点化《フォカリザシオン》を理解することは本質的に重要である。アフタリオンは、経済領域以外の多くの要因が介在することを示す――特に政治的変数のインパクトを指摘することによって――にとどまっている。ここにおいて、アフタリオンよりも前に歩みを進めることが重要になってくる。

本節を締め括るにあたって、シミアンとジンメルが等しく貨幣数量説への批判者を自任していたことを指摘しておきたい。彼らは数量説の機械論的側面を強く非難している。数量説によれば、貨幣数量の伸びは、自動的に貨幣の価値の低下――すなわち物価の上昇――を引き起こす。これに対してシミアンとジンメルによれば、貨幣のパワー《ピュイサンス》は別のところに、すなわち貨幣自体が与える諸表象・諸信念《クロワヤンス》にある。これらのものが生み出す力は、貨幣数量の変化が価格に及ぼす自動的影響とは比べ物にならないくらい大きいとされる。ジンメルは次のように、「人間精神への［貨幣運動の］影響」について正面から話題にしている。

「われわれはときどき、貨幣の経済的な意義はその価値と一定期間内にそれが実現する取引頻度との積である、とする見解に出会う。しかしこの見解は、貨幣の周りに生じる単なる羨望と恐怖、欲望と不安を通じて貨幣が行使する強力な影響力を見過ごしている。これらの感情は、経済の平面においてもきわめて重要な役割を演じる。一定の場所に貨幣が存在している、あるいは貨幣は不在である、という単なる観念が、緊張や無気力を生み出す。そして、銀行券を保証するために銀行地下室に保有されている金準備は、純粋に心理的な象徴によって表象された貨幣であっても十分に効果を発揮しうることを明白に証明している」(50)。

ジンメルはこの分析において、貨幣を、社会集団の全員に及ぶ影響力と見なしている。シミアンの主張(51)を借りて言うならば。貨幣の稀少性や豊富さについての集団の期待は、局面的な経済推移に対して、現在の供給や有効需要よりもずっと大きな影響を与える。種々の状況において、貨幣の権力《プヴォワール》は、持てる限りの広がりと持てる限りの純粋さにおいて現われる。貨幣の権力は影響のパワー《ピュイサンス》であり、またすべての個人や集団に影響を与える能力《カパシテ》でもある。ジンメルによれば、貨幣金属説が多数派である時代にあっても、貨幣がこうした影響のパワー《ピュイサンス》を発揮するに当たっては、貨幣を作り上げている実体は副次的な役割しか果たしていなかった。本質的に重要なのは、貨幣が伝達する種々の信念であり、またそれら信念が諸個人の利害や計画と共振する仕方である。「[根本的に貨幣を貨幣ならしめるものは]、貨幣が実体と結合しているという事実とはいかなる内的な関係も持っておらず、そして「このことは」貨幣の核心が——貨幣基体に固有な意味作用とは無関係に——貨幣に投入された諸表象にある、ということを最も感覚的に教えてくれている(52)」。ジンメルによれば、表象が演じるこうした役割は、貨幣が「全くもって社会学的な現象」であることを示している。

「この[…]現象にあってとりわけ明白に証明されるのは、貨幣がその最も内的な本質よりしてその基体の物質性に拘束されることがいかにわずかであるか、ということである。ところが貨幣は全くもって社会学的な現象、人間同士の相互作用の形式であるから、社会的紐帯が緊密になり信頼され定着するにつれて、貨幣の本性はますます純粋に現れる(53)」。

シミアンの批判も同じ性質のものである。彼の批判において真っ先に取り上げられるのは、貨幣数量説の論者にとって大切な観念、すなわち、貨幣はそれで買えるものに比例する価値を持つところの「配給券(54)」であるという観念、貨幣は「皆に役立つ物を獲得できるという以外には何の役にも立たない(55)」物であるという観念である。この見方からすれば、貨幣によって購入できる商品の総量《マス》は、「いわばその貨幣に設定されている一般担保(56)」である。つまり数量説においては使用量と貨幣手段の量とが突き合わせられ、二つの総量の比率によって貨幣単位の価値が規定される。シミアンは続けて、この説明が担保計算に関しても貨幣手段の計算に関しても大きな単純化の誤りを犯すものであることを指摘している。この説明はジンメルの観点を強く押し出し、再発見している。

> 「この数量的テーゼは、〔二つの〕物的数量の間の比率[57]から経済価値を引き出せると考える点で、明らかに根本的な誤りである、と言わざるをえない。経済価値が変動する場合であっても、経済価値が変動するのは、物理的運動が人間精神に、そして人々の間の作用・反作用に影響を及ぼすことによってのみである。もっと言えばこうだ。人間精神や作用・反作用と言っても、個人としての人々のそれではなく、職能集団、階級、民族、そして社会全体のそれなのである[58]」。

ジンメルと同様、シミアンの貨幣論もまた、あるがままのものとしての諸信念をとらえようとすることで、社会学的議論であろうとしている。人々の精神は信念を手本にするので、諸々の信念が人々の行動を実効的に修正する諸力となるのである。二人の論者によれば、集合表象が演じる役割を必ず考慮しなければならない。というのは、それが貨幣的事実の基底をなすからである。

> 「〔…〕貨幣的な諸表象は、真正な経済現象を覆うヴェールではない。人の目を曇らすヴェールとなっているのは、貨幣的な諸表象から自己を解放し、それなしですませようという指向なのである〔…〕。なぜそう言えるかと言うと、貨幣的表象は、本来の経済システムの作動において実質的に一つの現実——統合的・構成的・核心的な部分——となっているからである[59]」（強調はオルレアンによる）。

また、シミアンにおいては、信念の役割が将来の不確実な性質に密接に関連づけられていることも注目される。将来に対処しなければならないとき、合理的計算では対処できず、信念の諸作用が必要となる。したがって、貨幣単位の価値が将来の諸事象に左右されるとすれば、貨幣単位の評価には意見《オピニオン》を織り込むことが必要となる。この観点から見れば、ケインズ派の思考とのシミアンの近似性は顕著であり、強調されてよい。ケインズと同様にシミアンもまた、将来との関わりを客観的な——すなわち特定人格に左右されない——確率計算に還元する可能性を棄却するので[60]、必然的に、個人的期待の主観性を、したがって個人的期待を構造化する意見《オピニオン》の社会的論理を重視せざるをえなくなる。こうしてシミアンは、将来を「それなりに大きな数学的な確率係数によって規定されたあるいは規定可能な数量データとしてではなく、評価の問題として記述する。評価の問題というのは、考え抜かれた批判的な予測の問題というよりむしろ、部分的には、多かれ少なかれ漠然とした感情の問題、要するに信頼（あるいは不信）の問題である。シミアンやジンメルと同様、ケインズもまた、貨幣関係——彼が流動性選好と呼ぶもの——を合理的な土台のみの上に築き上げることはできないことを強調している。一九三七年の論文では、本能的・主観的・模倣的な要素が貨幣関係に入り込むことが指摘されている。彼は次のように述べている。

「［…］半ば合理的で半ば本能的な動機から富の貯蔵物として貨幣を保有しようとするわれわれの欲望は、将来に関するわれわれ自身の計算と慣行《コンヴァンシオン》への不信の度合いを示すバロメーターである。貨幣に関するこうした印象は、それ自体としては慣行的かつ直観的なものであるとしても、われわれの動機づけの深層レベルで作用している。現実の貨幣を所持することによって、われわれの不安は鎮められる。そしてわれわれが自分の貨幣を手放すのと引き換えに要求するプレミアム〔流動性プレミアムのこと〕は、われわれの不安の度合いの尺度である[61]」。

この有名な一節は、ケインズの思考の強みをよく表している。彼は自らの分析の中に、不安、慣行、血気（アニマル・スピリッツ）あるいは本能といった、経済学者の用語集にはおよそ載ることのない概念要素を躊躇なく組み入れている。ここには、信念に大きな役割を与える分析がその一端を覗かせている。ケインズによれば、経済危機とは何よりもまず本質的に確信《コンフィアンス》の危機、すなわち経済主体の信念が問い直される状況のことである。諸主体はもはや過去の慣行《コンヴァンシオン》を信じていない。次のようにケインズは、不信が経済に対して影響を及ぼすとするならば、それは、不信が支出にだけでなく流動性の選択にも自己表現の手段を見いだすからだ、としている。「[…]確信の危機に対する唯一の治療法は、人々に、所得から消費するか、あるいは、[…]自分に開かれている範囲では最も有望だと思われる実物資本一式の製造を注文するか、それ以外に選択の余地を与えないことであろう」(62)。ところが流動性が存在していれば、個人は、経済活動があまりにも不確実すぎ、不透明すぎ、混乱しすぎに見えることを理由にして、ゲームを降りることができる、すなわち経済活動への参加を拒否できる。ゲームからの退出が一般化すると、有効需要や生産が低下する。このことにより、全面的な経済危機が引き起こされる。

六　経済学と社会諸科学

商品的分断の世界においては、一つの問題——流動性——がすべての経済主体の心を悩ませる。なぜなら、流動性は、市場的勢力《ピュイサンス》すなわち購買力を構築する基礎になるからだ。流動性の欲望は、模倣的競争の過程の源泉となる。正のフィードバックを示すこの過程においては、最も目立つ流動財が累積的に吸引力を増していき、ついには一つの選択肢のみが——他のすべての選択肢を退けて——保持されるに至る。こうして選出された物《オブジェ》において、われわれが「経済価値」と呼ぶ特殊な質が——模倣の一点集中のおかげで——純粋な状態で姿を現す。選出された物は、経済価値の絶対的表現である。したがって、われわれの概念枠組みにおいては、貨幣は、市場秩序の副次的で偶有的な与件と見なされるのではなく、市場秩序の原初《プリモルディアル》関係と見なされる。貨幣という原初関係のおかげで、この〔市場秩序という〕社会秩序は完全な存在を獲得する。貨幣の〔秩序〕創始的な役割の基礎となるのは、特定されるのを待つ何らかの固有な質ではなく、それを絶対的流動性（他の人々が絶対的に欲するもの）として認知する社会構成員による満場一致の合意である。貨幣に見いだされるのは、社会体《コール・ソシアル》の統合の客観化である。われわれは、貨幣の全体論的性格、貨幣の集合的パワー《ピュイサンス》としての地位をこれ以上にはうまく表現しえない。貨幣の媒介《メディアシオン》としての役割はここから導き出される。全員が貨幣に対する同じ崇拝を共有していれば、商品的諸個人は絶対的他人としての状態で互いに向き合うことをやめ、彼らの闘争は貨幣の所有のみに一点集中される。このようにして貨幣は、経済価値を認証する仲介的第三者として、すべての市場的活動に課されるようになる。貨幣の独自な意味作用とはこのようなものである。貨幣は、経済価値の観念に現実性を与える制度であり、そのことを通じて市場的活動——貨幣の領有へと方向づけられているすべての活動として定義される——を可能にする制度である。ここで理論的に重要なポイントは、価値の実体アプローチと根本的に断絶していることにある。実体アプローチにおいては、価値は交換の外で考察され、商品に——既にそこに——内在する客観的与件と見なされていく。これに対してわれわれは、評価に意味と現実性を与えるのは計算単位としての貨幣である、しかもそれのみであるというテーゼを主張する。分裂化《フラクシオンネ》した構造の下では、流動財に関する〔経済主体の〕私的選択によって不安定に変動する多数の私的諸評価が並存する。貨幣の出現はこの混沌《カオス》に終止符を打ち、全員に認知される経済価値を生み出す。換言すれば、貨幣を通じて、商品諸関係は数化された関係として完全に制度化されるのである。貨幣は商品的な数の制度である。価格を、それに先在する量《グランドゥール》の表現と見なそうとしても無益である。流動性についての満場一致の欲望、およびそれを枠づける社会諸形式から出発しなければならない。この意味で、社会的（市場社会的）全体性と貨幣とが互いにもたれ合いつつ同時に構築されることをきちんと押さえた上で、貨幣は「社会的全体性の表現」である、と言うべきである。この全体構図を考察するための概念的道具は模倣の一点集中である。これにより貨幣制度が生み出される。

こうした貨幣理解――「制度主義的」と形容してよい――は、経済学の中では少数派であるが、社会諸科学の中では決して孤立しているわけではない。マルセル・モース、フランソワ・シミアン、ゲオルク・ジンメルは、われわれとかなり近い主張を行っている。これらの思想家たちの全員を根本において近づけているのは、実体仮説と対極をなす同種の価値概念である。経済価値は実体ではなく、特殊社会的な性質を有するパワー《ピュイサンス》〔ないし勢力〕と見なされる。このパワーは群衆《ムルティテュード》から生み出され、自らが与える諸表象を通じて自らの効果を群衆全員に及ぼしていく。この概念系が持つ強みの一つは、経済学のみに限定されないことにある。同じ見解が社会学的分析の多くにも見いだされる。つまり、実体価値の仮説がひとたび却下されるならば、価値を解明する一般モデル――経済活動をも包摂するところの――を作り上げていくことが可能となる。この統一的な観点は、われわれのプロジェクトの中で戦略的に重要な位置を占めている。われわれの見るところ、社会諸科学への経済学の全面的な帰属を肯定することによってのみ、経済学の真の再生を進めることができる。経済的事実もまた他の社会的事実と同じく社会的事実である、という考え方を堅持しなければならない。経済的事実のどこにも、特殊な認識論《エピステモロジー》や独立した学科〔の存在〕を正当化するような特殊な本質《エサンス》は存在していない。特に重要なのは次の点である。すなわち、われわれの意見では、社会諸科学はどれも同じわかり易さを要求されているのだ。社会諸科学の深部には概念的な統一性があることを肯定することによって、現在の社会諸科学に見られる人為的な仕切りを乗り越えようという――以上のような――観点を言い表すために、われわれは「領域統合的《ユニディシプリネール》」という用語を提案したい。社会諸科学の包括的骨組《アルシテクチュール》みに対しても、各社会科学が対象を認識する仕方に対しても、本書の主張が及ぼす影響を過大評価することはできないだろう。しかし、目に見える前進を期待することはできる。特に、経済学自身についてそう言える。経済学は実体価値の概念に囚われているために、資本主義を解読する能力が著しく制約されてしまっている。われわれの領域統合プロジェクトを説明するのに、第5章をまるまる当てることにしよう。ここまで本書で展開してきた分析は、「社会的価値とは何か」に関するより一般的なモデルにどのように統合されるであろうか。第5章ではこのことを明らかにしていく。その際にはデュルケムへの参照が大きな役割を果たすであろう。

第5章 価値を考えるための領域統合的な枠組み

宗教的価値・美的価値・道徳的価値・社会的価値など、あらゆる価値がそうであるように、経済的価値にもまた、諸個人や諸物の勢力《ピュイサンス》に関する判断という次元が存在する。例えば美的価値と言えば、芸術活動の分野において一定の個人や物がどれくらいの勢力を持つかを認識したものである。さて、価値が社会科学に投げかける中心的な問題は、価値の客観性という——不可解な——問題である。客観性がなければ、固有の意味の価値は存在せず、主観的諸評価の断片的な総体が存在するだけである。デュルケムはこのことの意味を巧みに指摘している。すなわち彼は「この絵画には大きな美的価値がある」「この宝石はしかじかの値打ちがある」といった類の様々な価値判断を考察した後に、「いずれの場合も、私が当該の存在や物に帰している客観的性質は、そうした判断を表明する瞬間の私の感覚とは全く別のものである［…］」ことに注意を促している。「これらの価値はすべて、ある意味で私の外部に存在している」(1)。ところが——デュルケムが強調するように——、価値とは、諸主体《スジェ》の心の中に欲望を喚起する能力のことである。このような条件の下で、一方の欲望と他方の客観性という二つの次元を両立させるには、どうすればよいだろうか。デュルケムは言う。

「価値を有する物は、何らかの意味で良い物である。良い物とは望ましい物である。一切の欲望は内面の状態である。しかし今問題にしている価値は、事物と同じ客観性を有している。相互に矛盾し合うように見えるこの二つの性格はいかにして両立しうるか。ある感情の状態が、いかにしてその感情を抱く主体《スジェ》から独立したものでありうるか(2)」。

この問題提起がそっくりそのまま経済学者にも見られることは、既にわれわれが指摘した通りである。経済価値の中には、経済学者を他の社会諸科学の同朋から——存在論的に——区別するものが何かあるわけではない。デュルケムはこのことを十分に確信していたので、躊躇せずに次のように述べている。「確かに価値には種々の類型が存在しているが、しかしそれは皆同一のジャンルに属する種類のものである(3)」。それゆえ、周知のように経済学が自律化しているのは、提起されている問いの特殊性によるものではなく——なぜなら問いはすべての社会科学に共通なのだから——、むしろ経済学者がそれに与えてきた解答の特殊性によるものであると言える。経済学者は、他の学科には類を見ない価値論〔ないし価値理論〕という理論枠組みを築き上げてきた。価値論においては、経済価値の客観性は、量《グランドゥール》を測定することの可能な社会的実体——労働または効用——が存在することに帰せられる。既に強調したように、価値論を土台とすることで、社会学的な推論(4)からは断絶した独立の思考伝統が築き上げられたのである。われわれはこれを「量《グランドゥール》の経済学」と呼んだ。表象や集合信念が介在することを一切許さない、というのがその特徴である。われわれはこれ以上の根本的な断絶をイメージすることはできない。

ここまで本書が傾けてきた理論的な労力はすべて、価値の普通法《ロワ・コミュヌ》を再肯定することによって、学科としての経済学の特徴である分離主義に終止符を打とうするものであった。経済価値は、数の外観をまとっているが、実際には、社会的性質を有するパワー《ピュイサンス》（この場合には物に対する購買力という形態をとった他人に対する権力《プヴォワール》）である。個人の流動性欲望を普遍的に捕捉していることが、このパワーの源となっている。解明を求められているのは、この勢力の性質である。一つの物《オブジェ》（ないし対象）によって集合感情が持続的に表現されるのは、どのようにしてなのか。この問題に対しては、社会諸科学の側から、数多くの説明が費やされてきた。この勢力が有する性質を明らかにするために、信頼《コンフィアンス》、共同情動《アフェクト・コミュン》、群衆《ムルティテュード》のパワー、集合信念《クロワヤンス》といった概念が提示されてきた。本章ではこれらを扱うことにする。これらの概念を分析することによって、われわれのアプローチがいかなる一般的観点に統合されるのかを示せるならば、われわれのアプローチはより理解しやすいものになるだろう。本章の最後の部分では、このアプローチによる考察から、新古典派経済学者に支配的な見方《ヴィジオン》とは全く異なった経済活動についての見方が獲得されることを明らかにしたい。新古典派経済学者の見方によれば、利害関係者たちが自己の利害の命ずるままに自由に参加することの結果として、市場社会（ないし商業社会）が成立する。これに対してわれわれのアプローチでは、独特な集合的諸力が介在していることが主張される。集合的諸力は、諸個人が内面に喚起する情動の力に影響することによって、諸個人を巻き込んでいく。貨幣とそれがすべての個人に振りまく魅力とは、（こうした独特な集合的諸力についての）格好の例示を提供する。これらのものは、市場的紐帯《リヤン》を契約的性質を有する紐帯と同一視してはならないことを教えてくれる。[5] しかし、以上の諸点を考察するに先立って、まずジンメルによって提示された信頼の概念を分析しておきたい。

一　ジンメルと信頼

経済学の伝統において価値とは労働や効用から成る実体的量《グランドゥール》であるのに対して、われわれの提案するアプローチにおいて価値とは本質的に購買力《ピュイサンス》〔ないし購買パワー〕である。ひとたび貨幣対象に授けられた購買力は、全員によって認知され欲望される。〔個人による〕貨幣の取得は、購買力の増加を意味するので、その個人の利益に反することにはならない。〔この点については〕合理的行動の理論を勢力《ピュイサンス》や勢力手段に拡張しさえすればよい。ただし、この行動〔貨幣の取得〕が信念《クロワヤンス》を働かせていることは明白である。取得される物が貨幣としての質を保持しているという信念、したがってその所有者がそれを用いれば実際に欲しい商品を好きなときに買えるという信念、がそれである。まさにこのとき信頼《コンフィアンス》が介在してくるのだが、これは、貨幣の本来的性質《ナテュール》のうちには、市場参加者によって恒久的に支払手段として受領されることを保証するものが何もないためである。模倣の一点集中が作り出したもの〔＝貨幣〕はまた、模倣の一点集中によって解体されることがあるのだ。模倣の一点集中が新しい流動財に向けられて、旧い流動財は放棄されることがある。つまるところ貨幣とは、流動性の請求権でしかない。この考え方は、ジンメルが貨幣について展開した考察の出発点にあるものである。実際ジンメルによれば、「貨幣所有者は誰に対しても、貨幣と交換に——疑いなく良質な貨幣との交換でも——何物かを提供するように強制することはできない。このことはボイコットのケースで見た通りである(6)」。現時点における貨幣の通用が確認されるのは、新しい商品を実際に購買できることによってのみである。この事実からジンメルは、貨幣と信用を根本的に対立させることを拒否している。「貨幣の中にある請求権が〔…〕実現されない可能性は、単なる信用としての貨幣の性格を確証する。それというのも、実現の確率がいかに大きくなろうとも決して百パーセントにはならないというのが、信用の本質であるからだ(7)」。さらに——「貨幣の価値は『交換手段と引き換えに一定数量の商品を獲得できる』という受取人の信頼に基づいているから、あらゆる貨幣は本来は信用貨幣である(8)」。よって、ジンメルによれば、金属貨幣と信用貨幣を質的に区別するものは何もない。「疑いのないことであるが、金属貨幣もまた支払約束であり、そうである限りそれが小切手と異なるのは、それの交換性〔ないし換金〕を保証する圏の大きさによってのみである」(9)。これは、金を唯一の真の貨幣と見なす金属主義の見解が支配的であった十九世紀末にあって、かなり独創的な分析であった。ジンメルによれば、金でさえも信頼に依拠しているのだ。彼が好んで繰り返し使用したのは、「銅ではなく信頼（non aes sed fides）」(10)という表現であった。個々の人間においては、金属であっても拒否することがある。

さらにジンメルは、貨幣がかなり特殊な種類の信用であることも強調している。なぜなら、〔貨幣においては〕債務者は個人や法人ではなく、商業的共同体の全体であるからだ。貨幣を持つ者は、生産者-交換者たちの総体に対して権利を有している。

> 「〔貨幣的交換においては〕双方の間に第三の審級が介在する。すなわち社会体の総体であり、これが貨幣と引き換えに相応の実物価値を提供する。〔…〕すべての貨幣は社会に対する指図証券にすぎないという理論における真理の核心は、この事実によって基礎づけられている。貨幣は言わば、支払人無記名の為替手形〔…〕として現われる。〔…〕貨幣による一切の私的債務の履行がまさに意味するのは、今や全体性としての共同体が権利者全員に対して支払約束を引き受けている、ということである。〔…〕〔給付提供者に貨幣を手渡すことによって、購買者は〕、その場では名もわからない生産者に貨幣を割り当てているのである。生産者は同じ経済圏に所属するという理由から、この貨幣と引き換えに、要求された給付を引き受けるのである」(11)。

貨幣の全体論的《オリスト》性質が的確にとらえられていると言ってよい。貨幣を考察することは、全体性としての社会による支払約束を考察することに等しいのである。認知された同一性を社会が持っていれば、貨幣の問題は容易に解決されるであろう。すべての困難が生じるのはまさに、「全体性としての社会」が他人との約束を行える法人ではない、という事実からである。よって貨幣には契約の論理が当てはまらない。貨幣という権利の実効性は、市場参加者たちに常に受領を強制する正式の契約にではなく、他者の欲望に由来している。よって、貨幣という権利は、欲望の模倣的な一点集中が再生産される限りでのみ存在するのである。貨幣信頼の本質はここに見てとられる。

　ジンメルはさらに分析を続け、二種類の信頼を区別しなければならないことを述べている。第一の、かなり月並みな種類の信頼は、経済諸活動のほぼすべてに見られるものである。「農民は、畑が今年も昨年と同じように収穫をもたらすと信じなければ、種を蒔きはしないであろうし、商人は、公衆が彼の商品を欲しがるであろうと信じなければ、仕入れを行わないであろう」[12]。ジンメルによれば、これらに共通に見られる信頼の形態は、「帰納的な知識」の性質を持つものである。「この種の信頼は、弱められた帰納的な知識にほかならない」[13]。このような性格づけを用いてジンメルが指摘しようとしているのは、ここで問題になっている信念が客観的知識の一般的規則に合致するものである、ということである。個人は、過去の諸事象の観察から帰納的に、将来がどうなるかについての表象を作り上げる。よってこの信頼は詳しい説明を要しないのであり、分析することも容易である。われわれは、状況の帰納的分析に基づく予見が完全ではないことを知りつつも、そうした予見に従って行動している。この統計的合理性は、第6章で金融を分析するときに中心的に扱われるものである。帰納的な知識はあくまでも近似にとどまり、経済主体もそのことを知っているから、信頼の要素が行動に入り込んでくる。しかしこの信頼の中身は、疑念を払い除けようとするものであり、端数切捨ての信頼と言える。「脱不信《デメフィアンス》」という用語があるとすれば、そう言い表したほうがよいかもしれない[14]。これに対して、〔第二の信頼である〕信用《クレディ》の場合はずっと複雑である。なぜなら、そこには、帰納的知識の規則が当てはまらない、全く別の性質を有する追加的な要素が介在するからである。

「信用の場合――ある人への信頼の場合――には、記述するのが難しい別の要素が加わる。この要素は、宗教的な信仰において最も純粋に具現化されている。人が『私は神を信じる』と言うとき、神についての知識の程度が不完全だということを言っているのではなく、決して知識にもたらされることのない心《アーム》の状態が表現されている。この心の状態は、一方では確かに知識に至らないものであるが、他方ではこの知識を超えるものでもある。人は、深みのある堂々とした態度をとりながら、『ある人を信じる』と言う――彼はそれ以上何も付け加えないし、この場合に本当は何を信じているのかを明確に考えもしていない。ここにあるのは次のような感情、すなわち存在についてのわれわれの観念と存在そのものとの間には初めから結びつきや統一性があり、われわれが存在について持つ表象には一定の首尾一貫性がある、という感情である。自我はその表象に、安心しつつ無抵抗なままに身を委ねる。その表象は、引き合いに出すことの可能な諸理由に基づいて成立するが、しかしその諸理由が表象を作り上げているわけではない」[15]。

この引用文に関して指摘しておきたいのは、ジンメルが、「宗教的な信仰に似たあの社会‐心理学的な信頼[16]」――「超理論的な信仰[17]」とも呼ばれる――というものを、はっきりとは特定化していないことである。まず第一に、この信頼は、合理的知識の領域に含まれないものとして、否定的に定義される。彼の言い方では、この信頼は「知識にもたらされることのない」ものとして位置づけられている。この意味の信頼は、先ほどのような単に「不完全な知識」から帰結したものではない。次に第二に、ジンメルはこの信頼を肯定的に記述している。「誰かまたは何物かを信じる」という公式に沿って言えば、この信頼は、人が信じるものの存在それ自体に関わっている。ジンメルによれば、われわれが信じる存在とわれわれが抱く観念との間に緊密な連結が成り立つとき、この

「〜を信じる」は、かなり強い感情を引き起こし、ついには自我の抗し難い放棄を引き起こすに至ることもある。だが、人がこの存在について抱く観念はどこから来るのか。この連結は何を意味するのか。ジンメルはこれらについて何も語っていない。これ以上のことは何もわからない。直ちにジンメルは、貨幣の信頼へと話を移している。貨幣の信頼は信頼の第二のカテゴリーに属するが、その極端な強度によって際立っている、とされる。

「貨幣の占有が与える個人的な安心の感情はおそらく、国家的・社会的な組織と秩序への信頼の最も集中的で最も先鋭的な形式および表出であるだろう。この主観的な過程はいわば、そうした秩序の中の上位パワー《ピュイサンス》――金属価値を創造しているところの――を表象している[18]」。

以上の考察は、われわれの理論枠組みにそっくりそのまま組み込むことができる。われわれから見ても、貨幣の信頼は〔他の信頼から〕区別されねばならない。それは、経済組織が構築されるに際して貨幣の信頼が中心的役割を演じるからである。貨幣の信頼は市場秩序の土台であり、その基礎材料である。われわれは、通貨危機の瞬間にそのことを思い知らされる。通貨危機の瞬間には、貨幣の価値が不明確、不確実になる。われわれは評価基準の全面的喪失に直面する。評価基準の喪失は、経済活動を徐々に問題含みのものにしていき、ついには経済活動に対する完全な障害となるに至る。例えば、激しいインフレーションの時期における収益計算について考えてみればよい。そこでは名目の数字が役に立たなくなってしまうのである。逆に言えば、貨幣の絶対的流動性が信頼されているとき、生産や商品交換の発展が可能になる。貨幣の絶対的流動性への信念は、すべてのものが拠って立つ土台なのである。この意味では、経済的信頼の他の諸形態がすべてこの信念に従属していると言ってよい。貨幣の信頼が存在する場合のみ、経済的信頼の他の諸形態は意味を持つのである。このことからして、貨幣の信頼は経済的信頼の「最も集中的な表現」であり、商品関係に生命を与えるエネルギーそのものであると主張しうるのである。それ〔貨幣の信頼〕を介して社会が表現されている。商品的個人は、貨幣を信頼することを通して、自らを超越し自らを保護する一個の全体性に帰属するということを体験する。この点を確認できさえすれば、残された課題は、こうしたエネルギーやパワーがどこからやってくるかを説明することだけである。模倣仮説の関心はひとえに、この仮説によって「貨幣への信頼が経済価値の基礎にある」というあまりに不可解な現実を説明できるかどうかに向けられるのである。

二　共同情動

模倣理論の指導的アイデアは、諸個人の欲望が一つの同じ物（または一つの同じ表象）に模倣的に一点集中するとき、その物には引力パワー《ピュイサンス》――〔一点集中する〕個人的欲望の数が多ければ多いほど大きい――が付与される、というものである。このとき、諸欲望が模倣的に結合することによって、分散的な個人的情動が一点集中的な共同情動へと転化する。貨幣はその引力パワーを、自らに備給《アンヴェスティ》されているこの共同情動から引き出す。先にも強調したが、この引力が生産者-交換者の利害に合致していることに注目していただきたい。これは、諸個人が流動性の入手を貨幣保有に頼っていることによる。個人が貨幣の影響力に対して過敏である理由の一つは、まさにここにある。ところが、共同情動が生み出す引力《アトラクシオン》という権力《プヴォワール》は、諸個人の欲望を動員するものであるがゆえに、直接的に、直ちに、即座に（*hic et nunc*）行使される。この権力は集団の諸欲望による斉唱《ユニゾン》を基礎にしている。この斉唱によって――共鳴《レゾナンス》を通じて――強いパワーを持つ情動が生み出されるのである。スピノザの読解に基づいてフレデリック・ロルドンが提案しているところに従い[19]、われわれは、共同情動に固有なこの特殊なパワーを「群衆《ムルティテュード》のパワー」と呼ぶことにしたい。このパワーの源泉は群衆にある。「群衆のパワー」は、個々のパワーが一極集中的に結合したものであるが、それを構成する諸パワーすべて〔を足し合わせたもの〕を——結合されている分だけ——超えている。このパワーは、全員に対して行使される権力である」[20]。しかし、われわれの関心を引くケースにおいては、群衆のパワーは貨幣対象の形態をとることによって、いわば自己自身から距離をとり、変貌を遂げている。貨幣対象が群衆のパワーを捕捉《カプタシオン》する、という現象は大いに重要である。貨幣対象がその特殊な質によって市場参加者全員の意識において共同情動の源泉として現われるとき、換言すれば、貨幣対象が「群衆のパワーは自らの成果である」と主張するようになるとき、直ちにこのような現象が生じる。貨幣対象によるこの主張にあっては、その物〔対象〕が選択される必然性が、その物体の性質《ナテュール》のうちに——すなわち選出された対象は他の諸商品と同じような一商品ではないという事実のうちに——見いだされている。流動財は、自己自身についてこのような表象を与えようとするのである。流動性の探索は、激しい模倣的相互作用を引き起こす。誰もが、自分の選択の正しさを他人に納得させようとし、他人の欲望に関する自分の説明マニュアルを改訂する。この経過の中で、流動性についての表象が形成され、進化し、共通知識になっていく。もちろん、理論家としてわれわれは、この表象の虚偽性を知っている。一つの流動財を中心にして形成される結託《コアリシオン》はどれもまずは自らの利益を守ろうとするのだし、流動性に関して物体の性質はほとんど重要ではない。しかし、覇を競う闘いの中では、流動性を獲得しようとするどの流動財も、自己自身の物語を前面に押し出すことによって他の諸財に優越しようとしなければならない。通常財の世界に君臨するよう選択されてしかるべき特殊な権利がある、ということを示すよう求められる。物が自己自身について与えるこうした表象——「貨幣に選ばれることを約束された物」——は、競争過程の中では、その物それ自体と切っても切り離せなくなっていく。模倣が収斂すると、流動性の約束が実際に果たされることになるので、貨幣対象の自己主張は事後的《エクス・ポスト》に妥当なものとなる。貨幣対象の絶対的流動性は、先ほどの表象が正しかったことの証拠となる。今や貨幣対象は、通常商品の流通から事実上《デ・ファクト》排除されたものとしてある。

この排除をもって、模倣的選出は完了する。排除の作用を通じて、模倣的な満場一致は、持続可能な媒介としての地位を獲得する。もはやそれは、模倣衝動の一時的産物とは、あるいは一方の氏族《クラン》の他方の氏族に対する勝利とは見なされなくなる。今やそれは、選出された物〔対象〕に固有な質において基礎づけられているがゆえに、一人一人が当てにしうる現実として現われる。ここに見られるのは、ジンメルの「〜を信じる」、すなわち「或る存在についてのわれわれの観念とその存在そのものとの間の」連結である。このようにして選出は正統化されている。われわれの理論枠組みの中では、X（或る物あるいは存在）による共同情動の捕捉《カプチュール》である「Xを信じる」は、二つの現実に基づいている。（1）共同情動の産出、および（2）その共同情動を表現する特殊な権利を有するものとして立ち現われるX、がそれである。メアリー・ダグラスは『制度はこう考える』の中で、異議申し立てと反逆の拡がりを抑止する正統化表象がなければ制度の権力が存在しないことを強調している。制度における本質的な問題は、諸物の性質《ナテュール》そのもののうちに自らを刻み込むことによって、自らの存在の揺るぎなさを主張することである。

「あらゆる制度は、正統性を獲得するためには、理性と自然のうちに自らの真理を基礎づける定義を必要とする〔…〕。なぜ人はこのように行動するかという問題に関しては、慣行《コンヴァンシオン》が定着している〔…〕。最後に、人が反作用することができるのは、宇宙空間における惑星の運動や、植物・動物・人間の自然的な行動に準拠しているからである[21]」。

貨幣に関して言えば、われわれが排除[22]と呼んだものは、対象の距離化という役割を果たしている。ここで求められるのは、その対象が通常の諸商品と根本的に区別される諸特性を有するがゆえに、その物が選出を約束されているのだ、ということを証明することである。選出された物は、それ自らが与える表象の作用を通じて、共通の流動性欲望を捕捉する能力があることを示す。ジンメルが光を当てたのは、貨幣信頼のこのような性質であった。それは選出の正統性に関係するものであった。

以上の端緒的な考察に示されたように、本書の分析の柱となっているのは、経済学書にはおよそ不在である諸概念――欲望の模倣的一点集中、共同情動、群衆《ムルティテュード》のパワー――である。これらは、経済価値に関するわれわれの概念系においても基礎となっている。価値は社会集団に源泉を有する勢力《ピュイサンス》＝パワーであり、それを媒介するのは情念や思想の共有である。たいてい経済学者は私的意志による行動しか認知しないことからすれば、経済学にこうした集合的現実を導入することは大幅な革新と言える。集合的現実は経済に固有のものではない。デュルケムが見ていたように、それはまさに「社会的事実」の特色なのである。ここにおいて、社会諸科学を一方の経済学と他方の歴史学とに引き裂く学科分裂《シスム》を終焉させる領域統合的な理論枠組みがイメージ可能となっていく。

三　デュルケム――領域統合的な価値概念

デュルケムの著作全体の核心をなしているのは、社会集団は特殊な種類の心的《マンタル》生活を送っており、孤立的諸個人にはないエネルギーと権威を持っている、というテーゼである。デュルケムは「共同情動」という用語こそ用いてはいないが、共同感情や集合思考という用語で同じ現実を記述している。彼によれば、こうした特殊で独特な《スイ・ジェネリス》心的生活は、社会的諸価値およびそれらの権威の基礎になるがゆえに、社会学の考察において決定的な役割を演じることになる。

「諸個人の意識が相互に分断されていないで密接な関係を有し、相互に活発に作用し合うとき、その総合から一つの新しい種類の心的生活が生まれてくる。それはまず第一に、その激しさによって孤立的個人が送っている心的生活とは区別される。集団の中で発生し発達する感情は、純粋に個人的な感情が到達しえないようなエネルギーを持っているのである。［…］文明が立脚している偉大な理想が構成されるのは［…］沸騰期である。創造期もしくは革新期というのは各種の状況の影響の下に人々が今までよりもっと密接に結合されるようになり、会合、集会がさらに頻繁となり、相互関係がさらに深くなり、観念のやり取りがさらに活発となっている時期である。［…］社会を若干の生活機能のための組織体としてしか理解しないならば、われわれは社会を狭めてしまうことになる。この組織体には一つの魂が生きているのである。それは集合的諸理想の総体である。ただしこれらの理想は、いかなる効力をも欠く抽象的な冷たい知的表象ではない。実質的にはそれはモーターである。というのも、理想の背後には現実的な作用力が存在しているからである。これは集合的な力である［…］。理想そのものもこの種の力の一つである」[23]。

この引用文には注目すべきものがある。デュルケムによれば、共同の思考や感情というものが、個々の人間精神すべてに対して多大な影響力を持っており、人間精神すべてを深く変容させる。このようなモデルに基づいて、デュルケムは、道徳生活や集合的理想の出現を考察している。これらは集団の熱狂から創造されると言う。沸騰期の社会集団が引き起こす「現実的な作用力」のうちに、われわれが群衆《ムルティテュード》のパワーと呼んだものを認めることは困難ではない。集合表象がいわば力であり「冷たい知的表象」なのではないことをどれほどデュルケムが力説しているか、注意を留めていただきたい。彼にとって重要な問題は、個人が社会的存在——すなわち特定の作り方・考え方・振る舞い方に従う存在——になるときに起きる変化を解明することである。この変化は、状況の合理的分析に基づく知的同意から生み出されるものではなく、個人よりも大きなパワーによって個人の欲望が誘導されることから生み出される。個人は、手本《モデル》——統一された群衆《ムルティテュード》——の欲望をコピーして自らの欲望に貼り付ける。共同感情が出現する過程を解明すべくデュルケムが行った分析は、個人的情動と個人的情動との間の密接な相関（彼が「斉唱《ユニゾン》の状況」と呼んだもの）を生み出す上で諸主体間の相互作用が演じる役割を強く前面に押し出すものである。斉唱《ユニゾン》を導くこうした作用・反作用の過程のうちに、われわれの言う模倣的相互作用のダイナミクス（誰もが自分の選択を他の人々の選択に合わせる）が認められる。換言すれば、共同情動が引き起こす集合感情は、単なる個人的感情の総計というよりはむしろ、個人的情動の間の模倣的共鳴からの帰結である。

「集会の中で突如爆発する集合的感情にしても、それは、ただ単純にあらゆる個人的感情の間に共通に存在していたものを表現しているのではない。既に示したように、それは、全く別の何かなのだ。集合的感情は、共同生活からの帰結であり、諸個人の意識の間に取り交わされる作用・反作用の所産である。そして、この感情が個人意識のそれぞれのうちに共鳴板を持つとすれば、それは、まさしく当の集合的起源の中にそれが負っている特別なエネルギーによるのである。この場合、すべての者の心が共鳴し合って斉唱《ユニゾン》になるのは、自発的かつ予定調和的な一致があるからではなく、同じ一つの力が彼らを同一の方向へと駆り立てていくからである。各人の心は、全体によって導かれているわけである(25)」。

デュルケムの理論枠組みの中では、共同感情が生み出すこうした特殊な権威——われわれが群衆《ムルティテュード》のパワーと呼んだもの——は基本的な役割を果たしている。それというのも、彼は、社会的事実の特殊性がこれによって典型的に表現されていると考えるからである。銘記されてしかるべき彼の創始的テーゼをここで見ておこう。デュルケムは、理解を容易にするために、様々な自然的諸領域とその階層的な継起(26)——鉱物界・動物界・人間界——

を例にとっている。彼は、一つの領域から次の領域へと移行するたびに、下位の秩序には見られない新しい特性が出現することに注目する（もちろん、下位の秩序に属する諸要素を単に組み合わせるだけで、上位の秩序が帰結するわけではないが）。例えば、「［…］生物の細胞も鉱物の粒子以外のものを含むわけではないが、にもかかわらず、生命を特徴づける諸現象が水素、酸素、炭素、窒素のような種々の分子のうちに宿っていると考えるわけにはいかない［…］。［…］生命は、諸部分の中にではなく、全体のうちに存するのだ」[27]。こうしてわれわれは、（物理的な）物質から（生物的な）生命へ、（生物的な）生命から（心理的な）意識へと移行する。そのたびに、新しい領域を下位の領域から根本的に区別する新しい質が現れる。デュルケムは、同じモデルに従って、個人に対する社会の関係を考える。社会的事実が個人的事実に対する関係は、心理的事実が生物的事実に、そして生物的事実が物理的事実に対する関係と同じである。ここから社会的領域の自律性、社会的領域の諸個人への還元不可能性が直ちに導出される。社会はもっぱら人間存在（ないし人類）から構成されるが、諸個人には見られない諸特性を有している。「あらゆる社会を構成しているこの一種独特の総合が、孤立的な諸意識のうちに生じるそれとは異なる新しい現象を生み出す」[28]。しかし、どんな創発的な特質が社会的領域を特徴づけるのであろうか。その弁別的特徴は何であろうか。物質・生命・意識と来た後、この新しい複合体は何によって表現されるのであろうか。黎明期の社会学にとってこの問いが概念的に重要であったことは言うまでもない。この問いに答えることは、一方では、社会学がどんな科学であるかを考えること、つまり社会学の研究対象が何であるかを定義することに等しい。他方で、社会的事実が個人的事実に還元されない（個人的事実を生物的事実に、生物的事実を物理的事実に還元できないのと同様）ことが明らかになれば、心理学から独立した社会学が存在しなければならない（心理学が生物学に対して、生物学が物理学から独立したのと同様）ことが正当化される。デュルケムは、「社会的事実とは何か」という問いに賭けられているものを十分に意識していたので、大著『社会学的方法の規準』の第一章をまるまるこの問題に当てたのであった。彼の答えは以下の通りである。すなわち社会的事実は、「それが諸個人の上に及ぼす、ないしは及ぼしうる外的な強制力を通じて認識される」(29)。デュルケムは、諸個人に外在的でありながら諸個人を社会的存在へと転換するこの独特な《スイ・ジェネリス》権威形態が社会生活を特色づけているとし、これを「道徳的権威」と呼んでいる。デュルケムによれば、社会的領域はこれの特殊なパワー《ピュイサンス》の作用を通じてのみ存在する。「道徳的権威」の作用は、諸個人の孤立を打ち破り、共同的な帰属枠組み——社会《ラ・ソシエテ》——を生み出す。社会的なものについての経験とは常に、われわれを超越しわれわれを統一する一つの力《フォルス》についての経験なのである。さらにデュルケムは、率直に次のように述べている。「社会学の課題は——もし何か社会学の課題というものがあるとすればだが——、外的制約の多様な諸形態〔の考察〕を通じて、これに対応する多様な種類の道徳的権威を研究するとともに、それら道徳的権威を決定する諸原因を発見することにある」(30)。彼によれば、あらゆることを個人的意識のみから説明しようとするあまり、社会的事実のこうした特殊性を否定することは誤りであり、そうしたやり方は方法論的個人主義の極端な形態にほかならない(31)。彼は、社会的存在が受ける圧力——集団生活の土台そのものである圧力——をそうしたやり方で説明できるという考え方に異議を唱えている。それは個人の意志に対して行使されるのであるから、個人の意志から派生することはできない。

「個人は社会的に行動し、感覚し、思考するときに権威に従うのであり、その点で権威は個人を支配している。したがってこの権威は、個人を超えた、したがって個人の説明しえない諸力の所産なのである。個人の被るこの外的な圧力が、個人から発することはできない。[…] この〔結合という〕原理によってこそ、社会は、諸個人の単なる総和であることをやめ、諸個人の結合《アソシアシオン》によって形成された体系をなすわけであるが、この体系は、それ固有の諸特徴を備えた独特の一実在として現われる。むろん、個々の意識が与えられていなければ、集合的な何ものも生じようがない。だが、個々の意識が与えられていることは、必要条件でこそあれ、十分条件ではないのだ。さらに必要なことは、それらの意識が結合し、化合すること、それもある一定の様式で化合することであり、それによって初めて社会生活が結果する。それゆえ、社会生活を説明するのは、この化合という事実である。個々人の心は、たがいに集合し、浸透し合い、融合し合うことによって、心理的《プシシク》と形容してもよい一存在――ただし新しい種類の心理的な個性を築き上げている――を生み出す。［…］集団は、その成員が個々に孤立して行うのとは全く違った仕方で、思考し、感覚し、行動する」(32)。

デュルケム派社会学とわれわれのアプローチとの間にある分析上の密接な近似性をはっきり表現するには、集合的なものの融合が生み出す独特な《スイ・ジェネリス》道徳的権威に名前を付けるしかない。「群衆《ムルティテュード》のパワー」がそれである。これで二つの見方の親近性が明白に表現される。両者は、次のような同じ発見的な概念を共有している。すなわち、社会生活の起源には、個人の諸行動の手本になる強い情動的諸力が見いだされる。さらに、この諸力にはかなり奇妙な特性がある。この諸力は物《オブジェ》に投じられると、自らの能力の一部が物に譲渡される。これこそ、マルクスが「物神崇拝」と呼んだ問題である。以下ではこの問題にアプローチするが、われわれは引き続きデュルケムを手がかりにする。ただし議論の中心となるのは、同じ著者のもう一つの主要著作『宗教生活の原初形態』である。

四　宗教的事実

デュルケムは、聖と俗との対立の根底にあるものを理解するために、宗教生活の原初形態であるトーテミズムの研究を行った。第二編第六章において彼は、トーテム的信念の諸起源について論じている。彼が最初に問うのは、宗教的特質を有する媒体《アンティテ》の極端な多様性についてである。聖なるものには、動物、植物、人間、図像がある。このようなことがどうして可能なのであろうか。『資本論』冒頭でマルクスが経済価値について投げかけた問いと同じものが、ここには見いだされる。「これほどに多様な諸使用価値がどのようにして交換の中で互いに同等化されるのだろうか」。それらが共通の何かを有していることは可能であるか。可能である、とマルクスは言う。「労働生産物であるという[33]」ことがそれである。デュルケムが与える答えを検討してみよう。

「これらの異なった事物が、信徒の意識に呼び覚ます類似の感情・これらの神聖な性質を作る類似の感情は、差別なくすべてのものに共通する原理からきていることは明白である。それは、氏族の人々やトーテムに用いられる種の個体に共通するだけでなく、トーテム的象徴《アンブレム》にもまた共通する原理からきているのである。事実、この共通の原理に礼拝は向けられるのである。言い換えれば、トーテミズムは、何がしかの動物、あるいは何がしかの人間、あるいは図像の宗教ではない。これらの存在のいずれにも見いだされるが、それにもかかわらず、そのいずれとも混同されない一種の匿名的で非人格的な力《フォルス》の宗教である[34]」。

「これほどに似るところのない諸物が――様々な程度においてではあるとはいえ――どれも同じように価値であることをどう説明したらよいか」という問いに対して、デュルケムは、これらの存在それぞれのうちに存在している同一の「匿名的で非人格的な力」という仮説を提示することによって答えている。また、デュルケムが試みる推論は、全体として、聖なるものの根底にこうした非人格的な力があることを説明しようとするものである。彼は、特にスー族の研究から、この部族の人々にあっては、人々が礼拝する神々すべての上に、ワカン（*wakan*）と呼ばれる卓越したパワーが存在し、他のすべてのパワーはその派生的形態であることを見いだしている。

「［インディアンが尊ぶ］あらゆる存在は［…］万物を通じて循環しているこの力能《プヴォワール》の顕現である。［…］けれども、この無限に複雑な観念を枚挙し尽くすことはできない。それは、特定の、あるいは特定しうる力能、あれやこれやをなす力能ではない。それは、絶対に形容詞がつかない、またいかなる限定もされない力能である。諸種の神的パワーはその特殊な顕現や人格化にすぎない」[35]。

他のトーテム的信念のうちにも、ワカンと等価のものが見いだされる。イロコイ族のオレンダ（*orenda*）、メラネシア人のマナ（*mana*）がそれである。いずれの事例にも、同じ非人格性が見られる。「マナは一定の物体に固着しているのではなく、あらゆる種類の物体に導き寄せられることができる……メラネシア人の宗教は、自分自身の利益を得るためや他人に利益を得させるためにマナを獲得することに尽きている」[36]。デュルケムは自らの研究を結論づけて、この創始的パワー、このエネルギーが宗教的事実の原料である、と述べている。

「われわれが宗教思想の起源および基底に見いだすのは、それ自ら神聖な特質を持っている明確に規定された物体や存在ではない。それは無限の諸力能、無名の諸力である。これらは社会によって数が多かったり少なかったりし、ときには統一されてしまっている。そして、これらの非人格性は、厳密に自然科学がその顕現を研究する物理学的力のそれに比せられるべきものである。特殊な聖物は、この本質的原理が個体化された形態でしかない」[37]。

続く第七章においてデュルケムは、こうした力《フォルス》が有する性質と、それが構成される際にトーテムが演じる役割について解明を試みている。第一の問題（この非人格的な力はどんな性質を持つか）については、答えは既に与えられている。われわれはこれを群衆《ムルティテュード》のパワーと呼び、デュルケムはこれを集団による斉唱《ユニゾン》として描写した。デュルケムはこれの諸性質・諸効果を延々と考察している。彼は、強制によってでなく、それが人々に振りまく魅力によって課せられるこうした力を「道徳的権威」と呼んでいる。「尊敬とは、この全くもって精神的な内的圧力が自分の中に生じることが感じられるとき、われわれが抱く情緒である」[38]。この圧力は、われわれの意志をたわめる「ある種の心的エネルギー」[39]を発散する。共同情動とは何かを、そしてその現象学を十分に理解するために、これに関する分析の部分を引用しておこう。

「〔社会の中での思考態度〕は共同で作り上げられるから、一人一人の私人がそれ〔思考態度〕を考え出したときの激しさは、他の全員に反響するし、相互にも反響し合う。したがって、われわれ一人一人のうちでそれを指し示す表象は、純粋に私的な意識状態の下では達しえない強度を持っている。というのも、そうした表象は、その各々を形成するのに役立った無数の個人的表象に支えられているからである。われわれの面前でそうした表象を提示する人々の口を通して語っているのは、社会なのである。われわれがそれを聞いているとき、実は社会に耳を傾けているのである。そして万人の声には、単なる一人の声が持ちえない強勢《アクサン》が付けられている。〔…〕要するに、或る事物が或る世論状態の主題になっているときには、その事物について各個人の抱く表象が、〔…〕〔その表象を〕実現するための行為を実行せよ、という指示に等しいのである。しかもこのことは、物質的な強制を通じてでも、その種の強制が加えられる見込みを通じてでもなく、そこに内包されている心的《マンタル》エネルギーの単なる放射を通じて行われるのである」[40]。

では、こうした諸力がどうして動物や植物の形をとって現われるのか。明らかに、当該の動物や植物は、それ自体としては、強い宗教的情緒を生み出すものではない[41]。そうしたものは、氏族《クラン》の紋章《アンブレム》として用いられる限りでのみ、共同情動を捕捉する。デュルケムはこの現象を説明するために、モデルとして、祖国の象徴《サンボル》である旗を取り上げている。兵士は軍旗のために死ぬ覚悟をしている。デュルケムは、「トーテムは氏族の旗である」[42]と言う。

デュルケムはより広く集合表象に関して、集合表象が、関連する諸事物に、それらが〔本来〕持たない特性を付与していることを指摘している。ある意味でこれは妄想《デリール》であるとも言える。「人＝精神《エスプリ》が感覚的直観の直接的与件に付け加え、かつ自己の感情と印象とを事物に投射するすべての状態を妄想と呼ぶならば、おそらく、集合表象であれば何らかの意味において妄想的でないものはあるまい。宗教的信念は、きわめて一般的な法則の特殊な場合にすぎないのである」[43]。旗にもトーテムにも同じことが言える。それらには、布切れや動物と無関係な諸特性が付与されている。しかしそうした特性は或る種の現実に対応しているのである。その現実とは、諸物そのものという意味での現実ではなく、社会がそれらの物に見いだしているものという意味での現実である。「したがって、それは本来の意味での妄想ではない。というのも、このようにして対象化される諸観念は、明らかに、それらを付着させている物質的な事物の本性《ナテュール》にではなくて、社会の本性に基礎を置いているからである」[44]。ここに作用しているのは、われわれが「共同情動の捕捉」と呼ぶものである。共同情動は、表象を介して事物へと投下され、こうしてその事物に新しい特性を付与する。新しい特性の源泉は、対象それ自体ではなく、共同情動である。この過程においては、どんな対象であっても適合的である。というのも、最終的に重要なのは共同情動にあるからだ。このことは宗教的事実について言えるだけでなく、流動性についても言える。デュルケムの説明に耳を傾けよう。

「今やわれわれは、どうしてトーテム的原理――より一般的にはあらゆる宗教的力――が、自らが宿っている事物に対して外在的であるのか、を理解できる。こうした観念は、この事物が直接にわれわれの感覚や精神に生じさせる印象によっては、構成されていないのである。宗教的力は共同体がその成員に吹き込む感情にすぎないが、しかし、それ〔その感情〕を抱く意識の外に投射され、客観化されている。この感情は客観化するために一つの対象《オブジェ》〔物〕に固着し、こうしてこの対象が聖なるものとなる。ただし、どの対象でもこの役割を果たすことができる。原則として、他を排除して、自己の本性によってこの役割を果たすよう運命づけられている対象というものは存在しない。また、この役割に不適であることが必然であるような対象も存在しない。すべては状況次第である。状況によって、宗教的観念を発生させる感情は、ここにもあそこにも注がれるし、ある地点よりもむしろ別の地点に注がれたりする。したがって、ある事物《ショーズ》がまとう聖なる特質はその固有の特性には含まれてはおらず、それに付加されたものである。宗教的なものの世界は、経験的自然の特殊な側面ではなく、経験的自然に重ね合わされている[45]」。

この引用文においては、われわれが「共同情動の捕捉」と呼んだものが詳細に記述されている。ここで述べられていることは、容易に貨幣へと適用される（「あらゆる物がこの役割を果たすことができる」）。というのも、流動性はそこに「付加される」からである。しかしこの分析はいまだ不完全でもある。というのも、共同感情があたかもそれ自体で存在しうるかのように見なされているからである。分析をさらに進めて、次のことを考慮に入れねばならない。すなわち、「この紋章《アンブレム》は、社会が自ら持っている感情をより明確にする便宜上の手続きであるだけではない。それはそうした感情を作り出すのにも役立つのである。それ自らが感情の構成要素なのである[46]」。この本質的な論点によって、捕捉《カプチュール》についてのわれわれのモデルは少々複雑なものとなる。共同感情の対象化――これがなければ感情はフェードアウトしてしまう――が存在するためには、共同感情に肉体を与え、諸個人の目にその存在をとらえさせるための物質的仲介者が必要となる。この意味で対象《オブジェ》＝物が必要なのである。それがなければ、意識の状態は内的なものにとどまるだろう。対象は、沸騰期が終わった後も、共同感情が存続することを可能にする。この微妙な論点についてデュルケムは見事な説明を与えている。

「[…]個人的諸意識それ自体は互いに閉じ合っている。それらは、自らの内的状態を表現する記号を手段として用いなければ、互いにコミュニケーションすることができない。個人的諸意識の間に成立する交流が感情的融合状態《コミュニオン》（すべての特殊的感情の一つの共通的感情への融合）に到達しうるためには、それらを表す諸記号が溶解して唯一無比の合力へと転化しなければならない。この合力が出現するとき、諸個人は自分たちが斉唱《ユニソン》していることを知るとともに、自分たちの道徳的統一をも意識する。［…］集合表象は［…］諸意識が相互に作用・反作用し合うことを想定している。集合表象はこの作用・反作用から帰結するが、この作用・反作用それ自体は、物質的媒介があって初めて可能である。それゆえ物質的媒介は、自らに結びつけられる心的状態を顕在化させるにとどまらず、心的状態を作り出すことにも寄与する。個々の精神は、自己自身を脱することを条件としてのみ、出会い、共鳴し合うことができる。けれども精神が外在化するには、必ず運動という形態をとらねばならない。そうした諸々の運動の同質性によって集団に自我感情が与えられることの結果として、集団は存在することができる。この同質性がひとたび確立し、運動がひとたびステレオタイプ化されてしまえば、諸々の運動が、対応する諸表象を象徴化するのに役立つようになる。ただし、そうした運動が諸表象を象徴化するのは、もっぱら、そうした運動が諸表象を形成するのに寄与してきたからであるにすぎない」[47]。

これほど長い引用を敢えて行ったのは、デュルケムがここで解き明かしていることの重要性に鑑みてのことである。物質的媒介は、共同情動の形成においても、その持続可能性においても根本的に重要な役割を演じるというのだ。物質的媒介がなければ、共同感情は脆弱なものとなるだろう。群衆が解散するとともに、共同感情も消滅してしまう。物質的媒介の役割は、過去にあったことの記憶を保持することにある。「これらの事物は、このような感情を絶えず心に甦らせ、かつ永久に呼び醒まし続けていく。これは、あたかもこのような感情を引き起こした初発の原因が作用し続けているかのようである。このように、社会に自我意識を持たせるのに必要な紋章主義《アンブレマティスム》は、この意識の継続を保証するためにもまた不可欠なのである」[48]。こうして見ると、共同情動の支持体として役立つ諸事物の客観性はいささかも慣行的《コンヴァンシオネル》なものではない。むしろそれは、個人的諸意識に対する社会的事実の超越性でありその外在性を示すものと言うべきである。つまり、客観性は共同情動に固有な特性なのである。共同情動は、物質的支持体の助けを借り、事物の外観をとることによって客観性を実現しているのである。「したがって、われわれが、これ〔社会的諸現象〕を物質的な対象から発したと表象しても、その性質を完全に誤解することにはならない。もちろん、社会現象はわれわれがこれと関連させている一定の事物から生まれるのではないが、その起源がわれわれの外にあるということは依然として事実である。信者を支える道徳的な力は、彼の崇敬する偶像や畏敬する紋章《アンブレム》から来ているものではないが、それでも彼に外在している。そして彼はこれについての感情を抱いている。象徴《サンボル》の客観性はこの外在性の表現にほかならないのである」[49]。この分析は、共同情動の捕捉を扱っているので、貨幣対象にも完全に適用可能である。

以上に挙げたデュルケムの章句から、宗教的事実だけでなく貨幣的事実をも理解しうるように十分に一般的な、価値諸現象の理解枠組みを引き出すことができる。その土台にあるのが、社会的なものに特殊な権威についての仮説である。群衆《ムルティテュード》のパワーが、集団的な振る舞い方・考え方・感じ方――「制度」[50]ともいう――を課すことによって、諸個人に作用する。市場の場合には、社会が生み出すこうした権威は、購買力の形をとる。この権威は、一定の選出された対象に授けられる。われわれはこの対象を流動的なもの〔流動性〕として性格規定したが、もっと一般的にはこの対象は「富」と呼ばれている。この流動財は、宗教における聖物と対をなすものである。発達した商品経済を分析することによってわれわれが見いだしたのは、貨幣統一に向かう傾向、すなわち、市場集団によって普遍的に受け入れられる最終的流動性が産出される傾向であった。市場秩序に特殊なこうした特性[51]は、いかなる両義性をも免れた一意的な価値定義――選出された財――を確立することによって、諸種の重大な影響を及ぼす。選出された財は、通常の商品へのアクセスを規制する。よって、これは、市場秩序における主権《スヴラン》的なものであると言える。政治的秩序[52]における主権が自らに有利な形で共同情動を捕捉しようとするのと同様に、貨幣は市場秩序における主権として、諸主体を自分の帝国の下に引き留める。この引き留めがなされるのは、貨幣に込められた群衆《ムルティテュード》のパワーによる恩寵を通じて、貨幣が第一権威[53]であり続ける限りのことである。貨幣が媒介することによって、商品経済の無政府性は一時的に抑制される。生産者-交換者たちの間の分断はもちろん維持されるのだが、共通の評価形態の枠組みの下〔での分断〕であるために、市場参加者間の効率的な協調の可能性が開けるのである。この意味で、われわれのアプローチによれば、市場的な協調は、価格による協調である前に、何よりもまず貨幣による協調である。商品経済の起源は、万人に認められる価値定義が創発することに求められる。貨幣準拠の単一性に基づいてすべての経済諸価値が直接に比較できるようになると、計算に習熟した社会的世界が生み出される。このことは、目的合理的な行動が発達するための条件である。評価の著しい可変性を安易に許容する他の価値諸部面とは異なって、市場的活動は、各商品の価値を厳密に特定化することを誇ってよいのである。この特異性は、経済学者たちによって、経済価値の本性的な差異を証拠立てるものと解釈されてきた。しかし、確かに数量的事実は市場的事実の重要な次元の一つであり、考慮を要求するものであるとはいえ、そこに実体価値の証拠を見いだすことは間違いであろう。

五　貨幣的事実を前にした自由主義思想

われわれのモデルを信じる限り、宗教的なものと貨幣的なものとの間には、両者ともに群衆《ムルティテュード》のパワーという同一の源泉に由来しているという意味で、強い相同性が存在している。これについて語ることは、裏を返せば、どうして貨幣が契約の論理を免れるのかを語ることでもある。この点について納得を得るには、ルートヴィッヒ・フォン・ミーゼス、ジャック・リュエフ、フリードリッヒ・ハイエクといった偉大な自由主義思想家において貨幣的事実が呼び起こしている不安を見ればよい。彼らはいずれも、契約関係の熱心な擁護者である。ブルーノ・ペイが強調するように、彼らは皆、「貨幣は救いようのないほど攪乱的である」(54)と考える点で一致している。彼らの著述においては、貨幣は常に、競争的秩序において激変の可能性がある場所、潜在的なトラブルの所在地として記述される。逆に言えば、良質な貨幣とは、われわれが気に留めることのない貨幣、市場の効率的働きの蔭に隠れている貨幣、沈黙の貨幣なのである。貨幣が物を言うときに使われるのは、経済の言語ではなく、常に——それとは全く別の——主権の言語である。そこに見いだされるのは、信念に基づいて模倣的に統合されている、権威としての社会である。これは、自由主義的な個人主義によっては決して受け入れられないものである。貨幣はその勢力《ピュイサンス》＝パワーそれ自体を通じて不安を煽るものであり、例えば流動性への激しい逃避のような、合理性を逸脱した個人的行動を引き起こすものである。

契約的秩序に反する貨幣の性質を明らかにするためにはまた、貨幣を取り巻く法的装置を考察してみればよいだろう。一方で、発券独占によって、貨幣発行の特権が専門機関——中央銀行——に付与されている。他方で、法定通用力によって、取引における貨幣の受領が社会諸成員に対して強制されている。これらは、当然だが、競争と自発的交換という通常の規則を大きくはみ出している。しかし、国家の活動はこれらに尽きるものではない。銀行の貨幣活動を枠づけている、網目のように張り巡らされた諸種の規制も考慮に入れねばならない。こうした事実を観察した現代の主要経済学者たちは、「貨幣は、規制の純然たる産物である」[55]と主張してはばからない。彼らから見れば、国家の活動がなければ貨幣は存在しないのである[56]。「金融セクターがあらゆる政府介入を完全に免れている自由放任《レッセ・フェール》経済においては、通常の意味の貨幣は存在しないだろう」[57]。このような有力な自由主義的分析はどれも、契約的秩序の十全な開花への障害物を貨幣に見いだすことで一致している。またこれに対応して自由主義の思想家たちは、貨幣の「中立化」を金融政策の中心目的と見なしている。金融政策によって追求されるべきは、貨幣が特に重要な媒介物《ヴェクトゥール》の一つとなって起きる「攪乱」に抗して、実体経済に免疫を与えることであるとされる。リュエフによれば、「貨幣の沈黙を世界に回復することは、実質的には、貨幣の政治的影響から世界を解放することに等しい」[58]。貨幣の中立化を図る行為によって、競争的な自己調整をその完全な純粋性において再確立しようというのだ。この中立化には様々な形態がある。ジャック・リュエフであれば、それは金本位への復帰である。ミルトン・フリードマンであれば、それは「厳格な諸ルールの総体を立法化することによって、通貨当局が享受しうる自主的行動の幅をあらかじめ制限しておくこと」[59]である。この二つの主張に同じ発想があることは容易に見てとれる。すなわち、政府当局の「見える手」を消滅させ、自動的ルールの「見えざる手」に置き換える、という発想である。つまり、貨幣を脱政治化して、貨幣を国家の専制から解放し、そしてそのことによって、貨幣を競争のみに仕える純然たる道具に転化しようというのである。今日では、「中央銀行の独立性」というのが、実質的に、貨幣の中立化という目的の表現になっている。これの基本的理念もやはり、貨幣を枠づけして、貨幣から政治的次元を除去することである。しかし歴史を一瞥すればわかるように、こうした中立化の政策は繰り返し――例えば危機状況に際して――挫折を経験してきた。最近では、このような「挫折」は、欧州中央銀行（ECB）がユーロ圏のいくつかの国の公債を買い取り始めたときに見られた。これは、貨幣発行を政治から根本的に分離しなければならない、とする原則と完全に矛盾している。

フリードリッヒ・ハイエクは、以上のような限界に注意を払いながら、貨幣の中立化の論理を徹底する提案を行った。すなわち、貨幣をきっぱりと廃止し、それを私的支払手段の間の自由競争で置き換えよう、というものである。[60] 彼は言う。「私は、貨幣の管理が政府の手中にある限り、金本位制度が唯一の許容可能なシステムであると考える。しかしわれわれは政府を介さずとも、金本位制度よりうまくやっていくことが確かにできるのである」。[61] 実際には、彼の指摘によれば、貨幣が存在する限り、貨幣は政府当局によって攻撃目標とされる。政府当局は、己れの死活に関わる問題に直面するや否や、貨幣発行の操作を禁じた法的規制を無視しようとするだろう。歴史上、金本位も、フリードマンのルールも、そして中央銀行の独立性も、無視を貫こうとする政治的意志に対する十分な防波堤にはなってこなかった。[62] ハイエクの提案は、これらとは別の道を行こうとするものである。われわれが知っている貨幣とはきっぱりと手を切り、私的諸主体に競合し合う信用発行〔不換〕の支払手段を発行することを認可し、その中から最良のものを選出する仕事は市場に委ねようというのである。こういうやり方でハイエクは、自由主義的な分析をその最終結論へと推し進めた。効率的な経済を手に入れようとするならば、需要供給の法則を交換手段の産出にも拡張しなければならない。そうすれば、最終的に、社会世界は端から端まで競争の法則に支配されるようになる、というわけである。〔ハイエクにとっては〕貨幣は、是が非でも厄介払いすべき邪魔物、怪物である。貨幣が存在している限り、個人主義的な諸価値の十全な発達は妨げられるのである。

以上のように貨幣が自由主義思想家たちの全面的不信をかき立てている事実は、非常に示唆的である。彼らの不信は、われわれの理論仮説から直ちに説明される。不信が引き起こされるのは、契約の論理に照らして貨幣現象が奇怪だからである。貨幣が与《くみ》している社会諸原理は、功利主義的合理性の優越とは相容れない。個人主義的な諸価値に照らして見たとき、貨幣は、第一級のイデオロギー的スキャンダルとなる。なぜなら、貨幣には、全体性としての社会の権威が見いだされるからだ。言い換えれば、貨幣においては集団の総体的存在が表現されている。ルイ・デュモンが言うように、個人主義は「個人を高く評価し、社会的全体性を無視するないし下位に置くイデオロギー」[63]であるから、このような全体性《トタリテ》の全体論的《オリスト》な表現は、個人主義的な価値ヒエラルキーへの脅威となる。このヒエラルキーを再確立するために伝統的にとられてきたのが、貨幣を「中立化」させるという方法、すなわちこの〔全体性の〕表現を経済的諸制約に服させるという方法だったのである。リュエフ、フリードマン、中央銀行の独立性の提唱者、あるいはハイエクが提案したのは、この方法である。提案されている手法は論者によって違っているが、目的とするところはどの論者も同じである。貨幣に関する諸信念を抑圧することによって、経済学の概念に完全に一致する貨幣、すなわち純粋な道具であるような貨幣、権威なき貨幣、を作り出そうというのだ。つまり、適切な制度を通じて経済の現実を改革し、経済学者が思い描いた競争モデルに経済の現実を近づけることが目指されている。改めてわれわれは、遂行的な観点が重きを占める点でいかに経済学が自然科学と異なっているかを思い知るのである。重点が置かれているのは、経済的事実の説明ではなく、集団的厚生をもたらすのに十分なくらい合理的で効率的な新しい経済を構築することである。このことにより、貨幣を扱う段になると、貨幣が中立的であることを主張しながらも、絶えず貨幣を不活性化させることに心を砕く、という理論上の逆説がもたらされるのである。経済理論においては、貨幣の権力《プヴォワール》は理解不能なものとして拒否される。これに対して宗教的事実のモデル、すなわち、分断された諸主体を固有のルールに従って相互に結びつける事前的な統合パワーのモデルに依拠するならば、貨幣の権力が通用するのは、根本的には、貨幣を取り巻く集合信念によって媒介されているからだと主張することができる。

自由主義者による〔貨幣の〕拒否を検討したので、今度は、貨幣の歴史的起源に目を向けることによって、宗教的なものと貨幣的なものの間に存在する結びつきについての追加的な「証明」を見いだすことにしよう。取り上げられるのは、流動性の宗教的な起源についての説明である。筆者はこれを「護符のモデル」[64]と呼ぶことにする。このモデルは、マルセル・モースが彼の報告「貨幣観念の諸起源」(一九一四年)で提示したものである。モースの観察によれば、彼が「護符」と呼ぶ聖物は生来的に諸個人を引き付ける大きな能力を持ち、そのことで流動財となっている。市場的活動を功利主義的合理性と緊密に結びつけて考える者にとっては、このようなアプローチは非常識なものに見えるかもしれない。逆に言うと、われわれの理論的仮説であれば、この観察を考慮に入れることができる。宗教と貨幣は、共同情動という同じ現実の表現であるがゆえに、互いに――両方向的に――転換し合うことができる。「護符とその所持は、ずっと以前から――おそらく最も原始的な社会よりこのかた――、全員に等しく欲しがられる物という役割を演じてきた。そして護符の所持は所持者に対して、容易に購買力に転化する能力を授ける」[65]。この引用は、根本的に言って購買力《プヴォワール》が何よりもまず人々に対する権力であることをよく示しているという意味でも興味深い。護符は、群衆《ムルティテュード》のパワーであるマナ(*mana*)の受託者である限りにおいて権威、威信を持ち、そのことで諸個人に欲せられるようになる。「原始貨幣の購買力というのは、何よりもまず、護符を所持しそれを他者支配のために用いようとする者に対して、護符が授ける威信である」[66]。その威信ゆえに、護符は、交換に際して代価として広く受領されるようになる。貨幣的事実の歴史的起源に見いだされる宗教的なものと貨幣的なものとのこうした近接性は、「一つの物に投じられた群衆のパワー」というわれわれの仮説によって、単純かつ正確に説明することができる。

しかし、われわれは、宗教的なものと貨幣的なものとの比較をいつまでも続けるわけにはいかない。富と聖物は、共同情動の集中する場所という点で両者共通であるとしても、関与している諸利害が有する性質、および諸利害の表現である諸活動が有する性質に関しては明らかに区別される。諸個人は貨幣に、商品へのアクセス権を求めはするが、自己の救済を求めたりはしない。また、貨幣への信頼が続くためには、何よりもまず、その購買力が検証されること、つまり、誰もが自分の所望する財を事後的《エクス・ポスト》に取得できることが必要である。このような条件の下で貨幣は連綿と存続してきたのであり、そこには聖なるものの問題は関与していない。フランソワ・シミアンも同様の指摘をしている。初期の諸貨幣が出現する際に宗教的諸価値が役割を果たすことを述べた後で、シミアンは、近代経済は宗教的な諸信念から全面的に自己を解放して、それ自身の表象や集合信念を生み出したことを主張している。その際、次のように述べられている。

「しかし全く同じように、経済的価値は、［…］近代経済の発展とともに、世俗化していった［…］、すなわち倫理－宗教的な諸価値から分断されて、はっきりと姿を現わした。しかし、色々な不滅性というものを考慮に入れるとそれほど意外ではないのだが、先進経済における価格体系全般の準拠基準について言えば、その本質的・最終的な基礎には呪術－宗教的迷信の残滓があることがわかる。その上、この残滓は、最も先進的な宗教の諸信念・諸実践とは無縁のものなのである」(67)。

こうして、宗教的事実から独立した独自な貨幣的信念を考察に付すことが必要となってくる。つまり、貨幣的なものと聖なるものとの関係は、宗教的諸価値を経済諸価値へと単純に拡張するようなモデルに基づいて理解されるべきではない。そのようなやり方は重大な誤りである。人間社会の発展の初期局面においては確かにそういうことがあったかもしれないが、貨幣的信念は徐々に自立化を遂げていったのである。その結果、貨幣的信念の正統性の事由は、聖なるものについての言説から切断された独自の領域《レジストル》のうちに見いだされるようになった。この切断から生み出された新しい価値秩序は、宗教的な道徳性から根本的に独立している。われわれの社会において経済的諸価値がこのように自立化していることを最もよく示す事実は、われわれの社会においては貨幣的な諸実践の大部分が、断固たる道徳的非難の的にされていることである。経済的諸価値と道徳的諸価値は同一でないどころか、互いに対立し合う。この点は強調しておくべきである。というのも、原始諸社会においては、様子が全く異なるからである。原始社会では、貨幣対象は、宗教的な共同情動——典型的な社会的パワー——と、あらゆる崇拝対象とつながりを持っている。そのことによって貨幣対象は、元来、価値ヒエラルキーの頂点に位置していた。この点は、ダニエル・ドゥ・コペーが長年にわたって研究し『貨幣主権論』で扱ったアレアレの人々の事例から、全くもって明白である。

> 「アレアレの人々においては、貨幣は文明の上位水準と関連づけられている。[…]社会の上位水準の導入を司るのは貨幣である。[…]こうして、貨幣は、存在の等級における最も高い位置に、社会‐宇宙的諸関係の頂点に、つまり社会の全体の水準に、上位の権威として屹立しているのである。[…]諸存在を等級づけして見るとき、存在の中で最も高く位置づけられるのは、間違いなく貨幣である」(68)。

今日、これと同じことを語ることは絶対不可能である。宗教的なものと貨幣的なものを同一平面に置くことは、危険な冒瀆と見なされる(69)。価値の多神教を特徴とするわれわれの社会においては、貨幣的実践は、大きな勢力を持つ社会諸集団からの強い異議申し立てにさらされている。そうした社会集団の中には、貨幣なき社会の出現を明示的に目指す集団もあるが、だからと言って彼らの日常生活における貨幣使用が妨げられているわけではない(70)。

しかし、今では信念の中身が分断され区別されているとはいえ、宗教と貨幣の間の共通点は依然として存在している。それは、集合的信頼そのものが価値産出の契機となっているということである。われわれは既にこれを「共同情動」と名づけた。二つの――市場的および宗教的――布置状況に共通するのは、群衆《ムルティテュード》のパワーという独特な権威の介在である。このような権威は、強固に確立された諸信念を介して表現され、全員の同意を集める。二つの現実の源泉には、同じ形式的過程がある。しかし、そこに「古代性《アルカイスム》」を見てとるのは誤りであろう。そのような解釈は、近代性と契約的合理性とが厳密な意味で同一であるものと想定してしまうことになる。

第Ⅱ部の締め括りとして、以下では、貨幣に関する集合信念のパワーはどの程度経験的事実によって裏づけられているのかを述べておこう。

六　貨幣の奇跡

市場的活動が摩擦なく進行する正常な局面にあっては、市場参加者は、交換の操作のルーティン的な継続性の中で、貨幣は昨日受領されたと同じように明日も受領されるだろうという確信を得る。経済や貨幣の良好な機能を確保するのには、このことだけで十分である。こうした弱意の信頼形態は、ゲオルク・ジンメルが「帰納知」と呼んだもの、われわれが「方法的信頼」と呼んだものである。参加者たちは、過去の諸傾向を〔将来に〕延長するにとどまっている。もちろん彼らは、そのような予測には諸々の誤差があることを知っている。しかし誤差発生の確率があまりに小さいため、彼らは真剣な注意を払わない。大勢の個人がこうした見方を共有している場合には、〔経済や貨幣の〕持続的機能の見通しが実際に現実のものとなる。言い換えれば、方法的信頼に見られるのは、ひとたび安定化した制度が発揮する機能的パワーにほかならない。貨幣価値は道具としての貨幣の蔭に姿を消す。この布置状況から、貨幣と道具的アプローチとの間で和解が成立したという印象を抱かれるかもしれない。だがこの和解は一時的なものでしかないのだ。それは持続不可能である。貨幣の正統性の問題、発行条件の的確さの問題、金融政策の適切さの問題、と絶えず問題が発生してやまない。これらの問題は、過去に行ってきたことを単にそのまま行うという以上の、首尾一貫した対応を要求する。選出された対象が良き対象であること、選出された対象が信じるに足るものであることを説得できなければならない。方法的信頼を超えるこのような信頼[71]が介入してくるのは、貨幣の質に疑念が持たれる危機の時期においてである。一定の歴史的局面にあっては、この〔方法的信頼を超える信頼の介入による〕インパクトはあまりにも衝撃的であったし、かつ道具主義的貨幣観が予測することにあまりにも反していたので、同時代人たちは躊躇なくこれを「奇跡」と呼んだ。例として、一九二三年十一月十五日のドイツにおけるレンテンマルクの導入、および一九二六年七月二三日のフランスにおけるポアンカレによる政権奪取が国民通貨に及ぼした影響、が挙げられる。前者は「レンテンマルクの奇跡」、後者は「ポアンカレの奇跡」と呼ばれている。ごく手短にこれらを見ておくことによって、貨幣的信念とは何か、それはどのように作用するかがよりよく理解できるだろう。

　ドイツの困難のほうがずっと厳しかったことは明らかであるが、これらのエピソードにおいては両国ともに深刻な経済的困難を経験したと言えよう。フランスでもドイツでも、結果として、国民通貨に対する強い不信が起きた。不信の主たる表現は、国内民間諸主体が次第に外国通貨への依存を強めていったことに見られた。まず計算単位機能については、インデクセーションのゲームや、直接に外貨建てによる価格表示が行われるようになった。次に価値準備機能については、どの経済主体も自分の現金残高を転換しようとしたことから、為替市場において自国通貨に対する巨額の投機が起きた。最後に流通手段機能についても、外国通貨への依存は強まった。これは、国民通貨が取引において受領されないケースがあったためである。この現象は、一九二三年夏のドイツにおいて観察された。農業生産者たちが農産物の対価としてのマルク受領を拒否したために、都市の大規模な封鎖が起こる懸念が生じたのである。強調すべきは、価値の社会的表象に対するこのような不信は、重大な機能不全を生み出すがゆえに、それ自体として――マクロ経済状況への影響を別にしても――問題だということである。なぜそう言えるのかと言うと、官民の諸主体が、自分が受け取る価値はどれくらいで、自分が産出する価値はどれくらいか、ということを知るのが次第に困難になるからである。このことは、公共予算について明白である。赤字の一定部分が、貨幣の不安定性を直接の原因とするようになるのだ。途方もないインフレ率が観察されたドイツの事例が象徴的である。当時のドイツにおいても、様々な税率区分が定められ、様々な免税点が定義されていた。ハイパーインフレーションの時期には、そうした定義を絶えず修正しなければならない。立法と法改正が間断なく行われるため、大きな混乱が生み出され、法執行の困難が大きくなっていく。しかし、中心的な論点は、課税額算定と収税には時間が必要であることから、インフレーションが高進しこの必要時間が長くなるとともに税収が落ち込むという事実〔いわゆるオリベラ＝タンジ効果〕に関わるものである。ドイツの事例では、この効果により「税システムの完全な萎縮[72]」が起きた。例えば、一九二三年十月下旬の時点で、支出のうち経常的収入でカバーされる割合は〇・八％にすぎなかった。公共サービスの料金についても同様の困難が見られた。ドイツの鉄道が運賃の漸次的値上げ制度を放棄して乗数的値上げ制度を採用したのは、ようやく一九二三年八月二十日以降のことであった。「しかし、一つの乗数が有効であったのは数日間であったため、乗数はマルクの減価に大きく遅れざるをえなかった。金建てで固定され前日相場のマルク紙幣で支払えばよい料金が導入されたのは、ようやく一九二三年十一月一日になってからのことであった[73]」。

しかし、われわれの見るところ、ドイツのエピソードとフランスのそれとの比較が重要であるのは、危機それ自体〔に関する類似〕によるというよりむしろ、どちらの国にあってもかなり唐突に貨幣の安定回復が成し遂げられたことによる。十一月初めにマルクの減価が極端な水準に達したが[74]、十一月二十日にマルクは一ドル四兆二〇〇〇億マルクの相場で突然に安定し、この日以降相場は不変であり続けた。フランにおいても、驚くべき状況が見られた。四カ月来フランが一ポンド一三五フランから二四三フランに下落し、卸売物価のインフレが年率三五〇%で高進していたのだが、一九二六年七月二十二日木曜日に「ポアンカレが組閣を受諾した[75]」と報じられると、この過程は突然に停止した。七月二十六日にフランは一ポンド二〇〇フランのラインを突破し一九六・五〇フランまで上昇し、三日間で二〇%の上昇となった。さらに、一九二六年八月以降、卸売物価が低下し安定化した。二国の事例を性格づけるのに分析家や世論が「奇跡」の語を用いたとすれば、それは、〔回復が〕唐突であったからだけでなく、新しい状況《クリマ》を説明する別のやり方がなかったからでもある。フランスでは、期待が反転したのは、政権綱領の全体が公表されるよりも前であった[76]。ポアンカレの名前が出ただけで期待は反転したのである。信頼の回復は瞬時に起きた。ドイツの事例は、おそらくもっと驚くべきである。というのも、回復の原因は、一九二三年十一月十五日に「レンテンマルク」と呼ばれる新通貨が発行されたことに見いだされるからである。新通貨は直ちに公衆の人気を博していった。しかし〔その理由について〕、レンテンマルクがレンテン証券（*Rentenbriefe*）――金マルク建で五%の利付き証券――に転換できたということは、われわれが求める説明ではない。様々な理由がある。一方で、この時期、インデクス証券の収益はレンテン証券の五%を大きく上回り、一五%から二〇%であった。他方で、ドイツ政府が財政危機にある中で、レンテンマルクが全面的に〔証券に〕転換されたならば、たちまち利払いの問題が発生していたであろう。ところが、実際には、新銀行券の所持者は転換権を行使しなかったのである。「レンテン銀行の規約で定められた発行限度の三二億金マルクに流通量が達したとき、銀行券と引き換えのレンテン証券引き渡しは二三万金マルクを超えなかった」[77]。形の上では、一つの証券が別の証券に置き換えられたにすぎなかった。

どちらのエピソードにおいても、反転の原因を、経済政策上の措置に求めることはできない。われわれのモデルに従って言えば、重要だったのは、純然たる集団的支持――集団全員の模倣的信念――の動きであった。このことが、反転の唐突さや「奇跡的」性格を説明する。反転の成功の一部は、ある種の強力な象徴《サンボル》が演じる役割によるものであった。象徴が、新しい貨幣規範を軸にして国民を統一する能力を発揮したのである。フランスの場合、中心となったのはポアンカレの名前そのもの、そしてまた限定的[78]挙国一致内閣を成立させる彼の能力であった。これらが人心をつかんだのである。ドイツの場合はもっと複雑だ。レンテンマルクの性質からして、有産階級（農業者、産業家、商人、銀行家）の全体を統合することが求められたのである。この点で示唆的なのは、ヴィルフリト・バウムガルトナーがレンテンマルクを扱った名著の中で、債券の担保不足を指摘した後に、ドイツの財務相であったハンス・ルターから行っている引用である。「レンテン銀行の創設行為となって現われた生産階級の連帯は、信頼の最良の保証であり、新機関発行の支払手段に生命を吹き込むことになるであろう」[79]。これ以上に明確なものはあるまい。新通貨への信頼は、経済諸勢力――今や発行の責任者である――の間の結託がもたらす保証に直接に由来していた。

この二つの経験が収めた長期的成功を、純粋な信頼の賜物としてのみ解釈すべきではないことは明白である。いずれの長期的成功も、その後の経済政策選択によるところ大であった。その後も様々な時期に、新たな危機につながりかねない困難が出現した。しかし、安定性の回復のための不可欠な前提条件として要求されるのは、新しい貨幣規範という形をとった商品価値の正統的な表象を築き上げることである、ということは既にわかっている。新しい経済政策を始めるのに不可欠な条件は新しい貨幣レジームを確立することであり、その新しい貨幣レジームの確立を可能にするのは集合信念なのである。こう考えていくと、二つのエピソードは、貨幣の信頼が事前的に《エグザンテ》演じる役割を強調するものであったと言える。どちらにあっても、貨幣的なものが経済的なものに対して有する自律性が示されていた。確かにそれは、縮減された自律性でしかない。なぜなら、貨幣がその用途である商品の購買を実現できなければ、貨幣への信頼は続かないだろうからだ。しかし、それでも自律性が見られることには変わりない。将来の変化を予想することが可能であるし、またそのことによって、変化に――〔予想よりも〕良い悪いという――現実性を与えることができるのである。

＊　＊　＊

第Ⅱ部の目的は、実体価値の諸理論に対する代替《アルテルナティーヴ》理論が存在しうることの論証にあった。実体価値論は、スラヴォイ・ジジェクが言う「物神的倒錯」に基づく議論である――「われわれは、構造内の位置によって物神的対象に付与されているものを、その対象の直接的・自然的属性と見なすとき、物神的倒錯の虜《とりこ》になっている」[80]。しかし厳密に言うと、これは、価値諸理論がその公準を提示するときに述べていることとは違うのではあるまいか。価値諸理論においては、同一使用価値の〔商品〕一個一個が定義によってどれも同一価値を持つことが公準化されている。限界価値説においては、価値の源泉が諸物の効用にあることが主張される際に、このことは明らかに確認される。われわれのアプローチが採る道はこれとは異なる。われわれの出発点は商品的分断――どの個人も自己の生存手段から切断されている世界――である。貨幣対象に込められた価値のパワー《ピュイサンス》だけが、一定の庇護の下にある社会的生活を可能にする。価値のパワーは、分断された諸個人のための共通の見通し《オリゾン》（貨幣の欲望）および共通の言語（計算の言語）を築き上げることによって、彼らを再統合する。貨幣の入手は、M—A（Mは商品、Aは貨幣）という定式に従い、商品の販売によって行われる。商品化が強まれば強まるほど、貨幣は社会世界におけるその帝国（の版図）を拡大する。このような文脈の中では、「ファンダメンタル価値」「真の価値」あるいはまた「公正価値」という考え方は、もはや居場所を失ってしまう。言い換えれば、幾世代にもわたって経済学者たちが信じてきたことに反して、価値の問題は公正価格の問題と決して混同されるものではないのである。市場参加者たちに強制され、経済秩序を可能にする客観的なものとは、貨幣の運動にほかならない。また、諸商品の価格について言えば、それは可変的なものである。生産者と消費者の間の利害対立が、その都度の価格を形成する。[81] 純粋で完全な競争価格に対して、われわれは特別な威厳を付与する理由はない。ワルラスは純粋で完全な競争価格を特別扱いしていたけれども、それは、先験的《アプリオリ》な倫理的考慮[82]に基づくものだったのであり、あるがままの商品経済に関する実証的分析を踏まえたものではなかった。さらに、価格の単一性を公準化することは決して必然的ではない。同じ場所にある同じ財が様々な価格を持っていても、価値の客観性が問い直されるとは限らない。これがいったいどのようなことかを知るには、競争や交換の諸装置を検討しなければならない。つまり、われわれの概念枠組みの下では、経済の布置状況の理解可能性は、先験的《アプリオリ》に算定可能な客観的価値——市場参加者の運命を決めるところの——のうちにではなく、むしろ、競争戦によって変容してやまない交換と生産の貨幣的ゲームのうちに探し求められるべきなのである。言い換えれば、われわれのアプローチは、「量《グランドゥール》の経済学」を「関係《ルラシオン》の経済学」へと取って代えようとする。このような展望がわれわれの理解をいかに深く変容させるものであるかを示すために、以下では金融市場の研究を行っていきたい。それによって、いわゆる「真の価値」の助けを借りずとも価格変動を理解できるようになるだろうし、また、かなり強力な事実適合性も得ることができるであろう。

第Ⅲ部

市場金融

第6章 金融的評価

第Ⅱ部では、われわれの理論アプローチの骨格が提示された。次に重要になってくるのは、特定の対象を考察することによって、われわれのアプローチの妥当性と多産性を明らかにしていくことである。そこで第Ⅲ部では、金融市場について論じることにする。まず第6章では、金融の効率性に関する新古典派経済学の理論は、投資家が将来およびその不確実性を認知する仕方に関しての誤った仮説に依拠している、ということを明らかにしたい。われわれはこの仮説を「確率主義仮説」と呼ぶ。もしもこの仮説を放棄してしまうと、証券の客観的価値を定義することができなくなるし、効率性についての観念も放棄しなければならなくなる。このような見方を踏まえた上で、第7章では、第4章で既に提示された流動性の概念を活用することにより、金融市場がどのように機能しているかを説明していきたい。貨幣だけでなく証券の流動性もまた、共有信念《クロワヤンス・パルタジェ》の出現によって支えられており、このことをわれわれは「金融の慣行《コンヴァンシオン》」と呼ぶことにする。その論理を説明すべく、再び模倣的競争のモデルに依拠することとしよう。

一　確率主義仮説と証券の固有価値

経済理論の他の研究領域から金融論が区別されるのは、金融論が、商品に対する諸個人の関係を対象とする――経済学にしばしば見られるように――のではなく、時間に対する諸個人の関係を対象としているからである。金融資産は将来所得に対する権利であるから、それを保有する投資家は、（証券価格に等しい額の）現在の貨幣を（例えば株式の場合、配当という形態をとる）将来の貨幣と交換していることになる。投資家は、将来収益がどれくらいかを予想することによって、現在価値を評価し、それを購入代価と突き合わせる。このように、結果として投資家は、将来へと自己投企しなければならない。金融的価値の評価は、考慮される量《グランドゥール》が直接に貨幣的量《グランドゥール》（例えば、効用ではなく配当金）であるという意味では、商品の評価に比べて単純と言える。しかし、そのような量《グランドゥール》に固有な不確実性があるために、大きな困難がともなう。実際、投資家は、将来収益がどれだけになるかを、確たる仕方では知ることができない。投資家は、自らに利用可能な情報を考慮に入れて、できるだけうまく予想しようとするしかない。ケインズが言うように、金融市場の社会的効用は、「時間という暗い諸力に打ち勝ち、将来につきまとう隠し事を見抜く[1]」能力によって、あるいは「時間の秘密の諸力と将来の無知に打ち勝つ[2]」能力によって測定される。これはつまり、（市場の万能を信じる）自由主義的な見方に立つならば、株式市場は社会主義国の計画機関と機能的に等価だということである。株式市場の任務は、資本という稀少資源をどの部門や企業に優先的に投資するのが適切か――つまり収益性が低いプロジェクトで浪費しないですむか――を決めることにあるというのだ。金融論が扱っているのは、以下の一連の問いである。すなわち、株式市場はその役割をきちんと果たしているか。それは効率的か。株式相場は、企業の将来収益についての信頼できる評価なのか。株式相場は投資家

行動	性質の状態	
	腐っていない	腐っている
ボールの中に卵を割る	卵6個のオムレツ	オムレツなし＋卵5個の損失
小鉢の中に卵を割る	卵6個のオムレツ＋小鉢洗い	卵5個のオムレツ＋小鉢洗い
卵を捨てる	卵5個のオムレツ＋食べられる卵1個の損失	卵5個のオムレツ

に対して、的確な行動のために必要な情報を提供するのか。

新古典派の金融論は、先行の関連研究の成果を利用しながら、これら一連の問いに答えようとする。利用されるのは、不確実性状況下の個人の行動についての研究から得られた諸知見である(3)。レオナルド・サベージが提示した有名な例がある。あなたはオムレツを作ろうとする。あなたが台所に入ると(4)、既に五個の卵が割られてボールの中で攪拌されていて、その傍には六個目の卵があった。あなたはこの卵をどうするか決めなければならない。状況から見て、あなたは六個目の卵には腐っている可能性があると考えなければならない。このとき三通りの行動が考えられる。最初の五個の卵が既に入っているボールの中に卵を割る、予め中を調べるために別の小鉢の中に卵を割る、そして、調べずに捨てる。六個目の卵の性質——腐っていないか腐っているか——に不確実性が存在するので、三つの行動のどれについても結果は不確実である。ありうる性質の状態《エタ・ドゥ・ラ・ナテュール》の違いによって各行動の結果を区別することで、行動結果の不確実性を記述することができる。こうしてサベージは上のような表を作成している。

性質の状態がどのようなものかということは、基礎的条件《フォンダマンタル》である。これを踏まえることで、不確実性がモデル化されていく。性質の状態についての観念は、行動の結果に影響を与える文脈の要素となっている。個人が意思決定を行うとき、どの状態を選択するか最初からわかっているわけではなく、まずは、持てる知識と情報を活用して、自己の置かれた状況を検討し、様々な可能事象のリストを作成する。この作業が終わり、全種類の行動と性質の状態が定義された後、今度は理論分析によって、どの行動を選択すべきかを決めるための基準が獲得されていく。この基準[5]には二種類の与件が関与する。一方で、当然に予想されることだが、選択は、最終的な状況のそれぞれにおいて獲得される満足に従属する。この与件は個人によって異なる。例えば、個人が卵六個のオムレツよりも卵五個のオムレツを選好するならば、彼に不満足しか与えない六個目の卵を捨てることを選択するだろう。それが腐っているかどうかは、彼にとっては重要でない。他方で、選択は、性質の状態に割り振られる確率に従属する。またもや直観的に言うならば、卵が腐っている確率が非常に低い場合には、卵が腐っていないときに得られる満足が、全体として意思決定を支配するであろう。通常われわれは二つの場合を区別する。客観的確率の場合には、確率が先験的《アプリオリ》に計算可能であるが、主観的確率の場合には、個人が自己の信念に基づいて確率を推定しなければならない。

この概念枠組みは、投資の意思決定に直ちに適用することができる。資本財を購入する人は、その資本が耐用期間中にもたらす収入フローを獲得することができる。ところが、この将来収入を確実に知ることはできない。それは、消費者の嗜好、エネルギー・コスト、競争の激しさ、景気状態といった多くの変数に左右されるからである。投資家は、将来の収入に影響がある以上、これらの変数がどんな値をとるかに注意を払わねばならない。これは、先にわれわれが「性質の状態」と呼んだものである[6]。こうした不確実性をすべて考慮に入れた上で、将来のあらゆる時点において生じうるあらゆる性質の状態を網羅したリストを作成しなければならない。このケースではこうしたステップが必要なのだ。リストを作成した投資家は、世界の状態の一つ一つについて、自分の知識を最大限に活かしながら、将来収益がどれくらいになるかを予想する。これらの操作が終わってしまえば、その後の投資家の意思決定は、完全に上記の概念枠組みによるものとなる。すなわち、複数の投資の中から一つの投資を選択するのは、その結果が性質の状態に従属している様々な「行動」の中から一つの「行動」を選択するのと同じことである。

新古典派理論が金融の問題を扱うときに堅持してきたのは、まさにこうした概念枠組みであった。その基底に置かれているのが、将来は性質の状態の網羅的リストによって表される、という仮定である。このリストには、考察されている経済に影響を及ぼすあらゆる不確実性が記載されるとされる。第2章では、「確率主義仮説」あるいは「世界の状態に関する目録《ノマンクラチュール》の仮説」という名称によって、この仮定への言及がなされていた。この仮定の下では、あらゆる資産は、世界の状態に従属する収入フローとして記述される。新古典派経済学による考察はすべて、人工的であること極まりないこのような記述を出発点としている。新古典派学説の全体が引き出している諸結論の中にあって、この記述は最重要な役割を果たしている。例として、株式についての説明を取り上げてみよう。世界の状態 e の一つ一つに、配当支払いの一定の値が対応づけられる。また、一つの株式〔銘柄〕は、一つ一つの状態の下でそれがもたらす配当によって記述される。このような仮定は、ロベール・カストとアンドレ・ラピエによって明瞭に述べられている。

「[われわれは]以下のようにして不確実性を〔記述することができる〕。まず、行為主体にとって重要な経済的状況はすべて集合 E に含まれている。経済の可能状態の完全なる記述は、集合 E の各要素 e によって特徴づけられる。……E からどれか一つ e を取り出すならば、それに対応する各株式の配当が知られるであろう。それゆえこの方法によると、不確実性は、配当から遡って、性質の状態ないし世界の状態〔さらにはもっと簡単に「状態」〕と呼ばれる諸々の e に見いだされることになる。証券は最終的には、それが各状態においてもたらす支払い——E の要素 e に対応する d(e)〔配当支払い〕——によって記述されることになる」[7]。

したがって、新古典派金融論の良質な教科書においては、冒頭で性質の状態――「状態の空間」とも呼ばれる――を網羅したリストが仮定された後で、個々の資産が、性質の状態のすべてにおいて受け取る権利のある諸々の収入によって定義される。こうして資産の集合が導入されていくのである。驚くべきは、ほとんど何の議論もなしにこれらの仮定が置かれていき、仮定を正当化することが要求すらされないことである。[8] これらの仮定は新古典派理論によってあまりにも普通に用いられているので、[9] 財の目録《ノマンクラチュール》の仮定がそうであるのと同様、経済学者にとっては自明の理であるかのように見える。しかし、将来との関わりについての以上のような見方には、繰り返し疑問が表明されてきた。しかもそれは、財の目録《ノマンクラチュール》の仮定に対して表明されてきた疑問よりもずっと強いものであった。

主な批判の一つは、サベージの分析で考慮されている状態の空間が本質的に主観的な性質を持つことを指摘するものである。将来の不確実性に直面する投資家の誰もが「将来は何から成るか」についての表象を形成しなければならないとしても、その表象が個人的なものであることには変わりない。その表象に表されているのは、当該個人に固有な知識と信念である。行為主体はそうした知識・信念に基づき、自分にとって――判断可能な限りで――最良と思われる〔表象の〕描写を行う。彼は、六個目の卵が腐っている可能性というリスクが存在することや、あるいはまた、待ち切れない客がいるため急いで料理することが今は重要問題であることを考慮するかもしれない。したがって、二人の個人が同一の状況分析に到達することを先験的《アプリオリ》に保証するものは何もない。表象のこうした主観性は、決してサベージ・モデルの弱点ではない。主観性は諸物の性質の内に存在しているのであり、このモデルの形式主義がそれをありのままに考慮に入れているにすぎない。むしろ、非自明的であって正当化が要求されるのは、集団的に受け入れられる表象という仮説である。行為主体全員が将来についての同一のヴィジョンを共有するということは、どのようにして可能なのか。どこからそのような満場一致が出てくるのか。この一致を正当化する最も単純かつ最も直接的なやり方は、「リスクは客観的性質を持つのだ」と主張することである。このことが言えれば、合理的で情報に通じた諸個人全員に対してリスクが一様に課されることも当然言える。このやり方は、諸個人の知覚が前衛的な芸術作品の中に物《オブジェ》の存在をとらえるやり方と全く同じものである。リスクの客観性が公準とされるならば、将来の状態についての同一のリストを行為諸主体の全員が採用することも、また各状態において資産から得られる収益の値について全員が一致することも理由づけられる。実はこれこそが、新古典派金融論の教科書において出発点とされていることなのである。情報に通じた諸個人が、すべての性質の状態におけるすべての資産の期待収益に関して全員一致していること、が出発点なのである。このことを合理的期待仮説と呼ぶ。合理的期待とは、収益の歴史的時系列を研究している統計家が、経済学が現在持っている全情報にアクセスしうるとき、必然的に形成する期待のことである。

どの証券についても期待収益とそれに対応する確率が知られている、という上記の仮定から出発するとき、評価の問題は既に大筋において解決済みである。あとは、経済学者が割引率[10]と呼ぶものを決めればよい。慣例的に用いられるのは利子率である[11]。本節の締め括りとして述べておきたいのは、確率主義仮説の働きがあるからこそ各証券について一つの基準価値を決めることができる、ということである。この基準価値は「ファンダメンタル価値」とか「固有価値[12]」と呼ばれている。合理的投資家たちは、同一の情報（すなわち当該時点で利用可能な情報）と将来についての同一の表象（このことを想定するのが確率主義仮説である）を共有するときにのみ、同一の客観的収益、同一の確率、同一の割引率に基づく計算から同一の結論を導くことができる。この場合、もはや個人の意見はいかなる役割も演じていない。将来の客観性という仮定から、直ちにこのような結論が得られるわけである。逆に言えば、〔投資家間に〕評価の乖離が見られるとすれば、それは、当事者が合理的でないか、同じ情報を利用できないかのいずれかによる。注意してほしいのは、合理的投資家が働かせる合理性は、本質的に統計家的な性質を持つものだということである。〔統計家がしているように〕種々の収入の客観的な変異度を分析しているからこそ、彼らは、種々の収入の確率法則を推定したり、証券のファンダメンタル価値を正確に計算したりすることができるのである。彼らは「ファンダメンタル主義者[13]」と性格づけられる。新古典派理論においては、ファンダメンタル主義的な合理性が支配的な役割を果たす。投機家が効率的な値付けを行い利益を獲得するには、証券のファンダメンタル価値をできるだけうまく評価すればよい。ファンダメンタル主義者の戦略は、算定されたファンダメンタル価値よりも〔市場で〕観察される価格が小さい（大きい）証券を買う（売る）というものである。

本書の以下では、将来の客観性というこの仮定は、市場的不確実性についての満足な記述を与えないがゆえに却下されるべきである、ということを論証したい。しかし、論証に入る前に、経済学者たちが敢えてこの仮定をとらねばならない強い魅力がどこにあるのかを理解しておかなければならない。なぜ、これほどに奇異でこれほどに直観に反する分析を堅持しなければならないのだろうか。答えは簡単だ。確率主義仮説は価値の客観性という核心的な理念を満たすのであり、集合信念を経済世界《シャン》から追放することを可能にしてくれる。よって、確率主義仮説は実体価値論を金融の領域へとそのまま延長したものと言える。同仮説は、もともと実体価値論が行っていたことを再生産しているだけである。すなわち実体価値論は、交換の外にはみ出ていて意見や力関係の及ばない量《グランドゥール》があることを明確にする議論であった。商品の価値が客観的稀少性の表現と見なされるのと同様、資産の価値もまた客観的稀少性の表現と見なされるのである。前者のケースにあっても後者のケースにあっても、価値は、人の意見から独立しているもの、戦略的操作を逃れるもの、そして人々に拒否する権限がない制約を表すものとして理解されている。確率主義仮説の魅力は、価値の論理をそっくりそのまま金融論に延長する能力に求められるのである。世界の状態に関する目録《ノマンクラチュール》仮説は、使用価値の諸関係において財の目録《ノマンクラチュール》仮説が演じるのと同じ役割を、時間の諸関係の中で演じる。どちらのケースにあっても、諸個人間の直接的相互作用を妨げるように働く客観的媒介の存在が仮定されている。万人によって知られるこうした共通の基準（使用価値、または世界の状態）が存在することによって、諸個人はパラメータ的合理性（第2章四参照）に身を委ねるだけで互いに協調することができる。ファンダメンタル主義的合理性は、このパラメータ的合理性が金融領域においてとる形態であり、世界の状態に関する共通知識に支えられている。以上のことから、市場的調整《コオルディナシオン》というヴィジョンに関する見事な首尾一貫性を誇る新古典派の理論装置が導き出されていく。第2章で展開された商品の客観性という概念は、この点を総括的に表したものである。新古典派の理論家たちが通常財の市場に見いだされる効率性の諸特性をそのまま金融市場に転移するとき、総体的な首尾一貫性は最大限に追求される。つまり、商品の競争と同じように、金融の競争もまた自己調整《オートレギュラシオン》を生み出すだろう、同じ需要供給の法則が価格の公正性と安定性をもたらすだろう、とされる。「金融効率性」の名称で知られるこのテーゼは、ここ三十年以上にわたって資本主義の根底的変容を引き起こしてきた金融規制緩和の過程を正統化する上で、支配的な役割を果たしてきた。

二　金融市場の効率性

市場の効率性によって提起される次の問いが、経済学者の関心を大いに引くことは明白である。すなわち、稀少資源を需要との関係で最も適切に——すなわち浪費せずに——管理することが、競争メカニズムにははたして可能なのか。経済学者たちは「配分効率性」について語らなければならない。配分効率性の第一条件は、公正価格の下で、買い手と売り手が投資や消費についての良好な意思決定を行えることである。言い換えると、価格は、交換される財の価値に関する関連情報をすべて表現していなければならない。ユージン・ファーマによれば、「理想は、価格が資源配分のための適切なシグナルを提供する市場である」(14)。これは「情報効率性」と呼ばれる。よって情報効率性と配分効率性とは互いに緊密に結びついている。この命題は、何の困難もなく金融部面にも適用しうる。効率的金融市場とは、当該時点で利用可能な情報をすべて織り込むことによって金融資産が正しく評価される市場のことである(15)。明らかに、この定義は、理論家が正しい評価というものを定義しうることを想定している。新古典派経済学の枠組みにおいては、ファンダメンタル価値ないし本来価値という観念がこの役割を果たしている。よって、競争によって形成される価格がどの時点をとっても当該資産の固有価値に一致している場合に、金融市場は効率的とされる。正確には、ファーマによって次のように述べられている。「効率的市場においては、どの時点をとっても、証券の価格が本来価値の的確な評価値になっているだろう」(16)。あるいはまた、「効率的市場においては、競争を通じて、本来価値に関連する新情報の影響がすべて即時に価格に反映される」(17)。こうした効率性アプローチを表すのに、HEF(18)（金融効率性仮説《イポテーズ・デフィシャンス・フィナンシエール》）という記号を用いることにしよう。これについてロバート・シラーが次のようなほぼ完全な定義を提示しているが、この定義は、条件付き期待値の観念（すなわち確率主義仮説を考慮して形成される最良の期待）に頼っている点で難点がある(19)。

「効率的市場理論は、ある株式の価格Ptが、その将来配当の現在価値Pt*の――この時点における利用可能情報すべてを条件とする――期待値に等しいことを論証する理論として定式化されうる。t時点においてPt*は未知であり予想されねばならない。効率的市場仮説によれば、価格は、この量《グランドゥール》の最適予想に等しい。ファンダメンタル価値の算定に用いられる割引率の選択によって様々な効率性の形態が獲得されるけれども、一般的な効率性仮説は常に $P_t = E_t P_t^*$ という形で記述されうる。ここで E_t は、t時点において利用可能な公開情報を条件とする期待値を表す。この方程式は、株式市場に影響を与える予想外の動きはすべて、ファンダメンタル価値 P_t^* に関する何らかの新しい情報に起因しているはずだということを含意している」[20]。明確に定義される客観的なファンダメンタル価値が仮定されていなければ、このアプローチには何の意味もないことは明らかである。新古典派理論の枠組みにおいては、ファンダメンタル価値が金融市場に対して客観的に先在しているとされ、金融市場の中心的役割はそれの最も信頼できる最も正確な評価を与えることにあるとされる。また金融効率性仮説によれば、金融市場は、実体経済の信頼しうる「反映」であるとされる。この観点から見れば、金融の評価には自律性が全くない。金融の評価は、生産経済に対して完全に隷従しており、資本が最も有用な場所に投下されるよう生産経済にシグナルを送るものであるというのだ。こうした成果を上げるに際して、競争は一つの刺激となるにすぎない。こうした成果を上げることを可能にしているのは、現実的な認知能力の働きなのである。この能力、すなわち将来の秘密を見抜く投資家の能力が、ファンダメンタル主義的合理性にほかならない。

　配分効率性について直接に検証を行うことは困難である。というのも、価格の動態がファンダメンタル価値の推移に従っていることを証明するには、そもそもファンダメンタル価値の推移を明示できなければならないからである。この点の説明があって初めて、価格がファンダメンタル価値に追従しているか否かを検討することができる。それにまた、経済学者は、ファンダメンタル価値そのものに関わる補足仮説を導入することを強いられる。これは、ファーマが付属仮説の問題と呼ぶものである。例えば負のテスト〔負の事例を用いて実験を行う仮説検証法〕の場合、われわれは効率性を却下しなければならないのか、それとも不適切なのはファンダメンタル推移のモデルなのか確実にはわからない。こうした理由から、経験的検証により適合的な別の〔第二の〕効率性アプローチが提出されてきた。すなわち、相場の継起的な諸変動は統計的に見て相互に独立しているとする、「酔歩」（ランダム・ウォーク）〔の仮説〕がそれである。「種々の金融的収益は互いに相関しておらず、統計的に予見不可能である」[21]。このアプローチは収益の非予言可能性（non-prédicibilité des rendements）を強調するので、われわれはこれをＮＰＲと呼ぶ。効率性に関するこの考え方は、統計研究によって広く確証されてきた。しかし変則も明らかにされてきたのであり、マルキールはこれを「統計的に有意な予見可能性を示唆する収益性推移[22]」と呼んでいる。収益性の推移が系統性を持つがゆえに、収益の非予言可能性（ＮＰＲ）の仮説が侵害されるというのである。例えば一月効果がある。時価総額が小さい証券は十二月末に大幅急落し、一月第一週に反騰する傾向を持つ。一般的に持ち出される理由は税の性質である。決算前に税支払いを減らすために控除可能な含み損を発生させることは、経営者の利益になる。予見可能な相関関係のこうした構造が存在することによって、利益機会が開かれる。例えばわれわれは、相場が低い水準にある十二月末に低い時価で購入して、相場が高い水準にある一月第一週の末に売り戻せば、一月効果を利用して利益を獲得できる。そこで新古典派理論は、このような変則はすべて、発見され、汲み尽くされるにつれて必ず消滅せざるをえないものと予測する[23]。

実は、効率性のこの定義ＮＰＲは、統計的変則と経済的変則を過度に同一視する点で、まだ強すぎる。この定義においては、金融投資家が上記のような統計的変則から利益を汲み出そうとするときに、実現利益から取引費用が差し引かれることを受け入れる、という事実が無視されている。そうしたものの例として、仲介機関が手数料を要求すること、あるいはまた買い価格と売り価格との間に構造的格差が存在することが挙げられる[24]。統計的変則は利益をもたらすだろうが、その利益は変則の除去に要する費用と比べてあまりに少ないだろう。このようにして統計的変則が維持されることは、真の非効率性の証拠とはならない。この現実を考慮することによって導かれるのが、効率性の第三の概念である。この概念は、当事者が実際に実現する利益を基準としており、統計的に有意な相関を基準にするものではない。この概念は、効率的市場において利益を増加させる唯一の方法はリスク引き受けを増やすことであることを強調する。「フリーランチ[25]」は存在しない。マルキールが述べるように、「金融市場が効率的であると言えるのは、リスクを考慮に入れたとき投資家は平均を上回る利益（平均を超えるリスク調整済み利益）を獲得することができないからである[26]」。このように「市場に勝つことはできない（on ne peut pas batter le marché）」ことを、以下NPBMと記すことにしよう。所与のリスクの下で、投資家は市場を超える業績を上げられない、という意味だ。

以上三つのアプローチは密接に連関し合っている。このうち第一のアプローチが最も限定的であることは容易に示すことができる[27]。つまり、

HEF ⟹ NPR　および　HEF ⟹ NPBM

しかし重要なのは、逆の関係が検証されないことを強調しておくことである。例えば、HEFが言えなくても、さらにはNPRが言えなくても、NPBMは言えるかもしれない。取引費用を考慮した上で利益を汲み出せるほどに変則が大きくない場合には、収益の予見不可能性が却下されていても、市場に勝つことはできない。つまり、金融効率性の存在を主張するためには、計量経済学的に統計的変則を見いだすだけでは十分でない。そこで、優れた効率性アプローチとしてNPBMによる定義を特権化する傾向が見られるようになる。例えばロスは次のように述べている。「[この変則は]一般には小さなものであり、つまり、資本市場の規模と比較して少ない金額にしかならない[28]」。あるいはリチャード・ロールも次のように述べている。「私は個人的には、[…]特殊な変則があ

るたびに［…］お金を投じるよう努めてきた。そして現在に至るまで私は、市場の非効率性の想定［…］に依拠することによっては一セントたりとも儲けられなかった。真の非効率性は利益を汲み出す機会であるはずなのだが」[29]。マルキールもまたNPBMへの選好を表明している。しかし注意すべきは、NPBMを検証することはNPRを検証するよりも難しいということだ。なぜなら、投資家が獲得する利益が引き受けリスクと常に比例することを証明しなければならないからである。したがって、検証が説得力を持つには、統計家が利用するモデルが頑強かつ説得的でなければならない。ここに見られるのは、付属仮説の問題である[30]。そのようなモデルが不在であっても、効率性の主張者においては、変則的な収益が得られる状況をもっぱらリスク増大の帰結と見なそうとする誘惑が強くなるだろう。シュライファーが「［効率性の主張者］が想定するリスク・モデルにおいては、値上がり益《シュールプロフィ》は引き受けリスクをきっかり相殺しているにすぎない」[31]と述べるとき、指摘されているのはこのことである。ここで言われているのは、もはやそれは「値上がり益《シュールプロフィ》」ではない、よって効率性仮説NPBMは堅持される、ということである。

また、NPRからはHEFは導出されないことにも注意すべきである。したがって、NPRが検証されることは、金融市場の配分効率性について何も語るものではない。これはかなり微妙な論点であり、新古典派の金融論が十分な注意力を働かせてこの論点を取り上げることはほとんどない[32]。しかしこの論点は極めて重要である。なぜなら、経済の他の領域に対して良好なシグナルを発する株式市場の能力――われわれがHEFと記すもの――は、どの経済学者によっても重要特性と見なされるからである。バートン・マルキールはインターネット・バブルに関連してこの論点を取り上げている[33]。すなわち彼は、「しばしば評価の誤りを犯すとしても、市場はやはり効率的と言える。一九九九年から二〇〇〇年初めにかけてのインターネット・バブルの時期が、おそらくそのケースにあたる」[34]と述べている。見られるように、マルキールは、ＮＰＲやＮＰＢＭという種類の効率性基準が配分効率性を保証しないことを認めている。市場はＮＰＲの意味において効率的でありながら、かつ間違った価格を形成することができる（！）。効率性の主張者がこのような告白を行うことは、極めて稀なことだ。そこから彼は、インターネット・バブルの時期に資本が無益に浪費されていたという重要な結論を引き出している。すなわち「その結果、過大な量の資本がインターネット関連企業に、そしてそれに関連するテレコム企業に投下された。したがって金融市場はこの時期、資本の効率的配分者としての役割も果たさなかったと言える」[35]。マルキールがこれに続けて、そのような逸脱は「偶然の誤り」でしかなく、「ルールではなく例外」をなすものである、なぜなら「最後［には］真の価値が重要である」[36]からだ、と強調しているのは妥当である。ロスの文章の中にはこのような告白は見いだされない。ただしロスは次のような当惑を表明している。すなわち、事後的に――情報が知れわたった時点で――見れば、新情報によって説明できるのは、確認された価格推移のうちのごくわずかな部分にすぎないというのが現実である、と[37]。つまり、客観価値の考え方に同意する者にとっては、価格の動きのうちの大きな部分が謎のままであり続けているのである。かれらは、ファンダメンタルの推移のうちに満足な説明を見いだすことができない。こういう次第で、ＮＰＲ仮説は一般に検証されるのに対して、ＨＥＦ仮説はたちまち問い直されてしまう。

三つのアプローチを区別すること、それらを結び付けている連関を理解することは、概念的観点からだけでなく実践的観点からも重要である。ところが、新古典派金融論による説明を見ると、真の効率性を保証するには収益の予見不可能性で十分であると考えているようなのだ。実際、効率性を論じるときにファイナンス理論家たちが体系的に提示しているのは、この基準である。だがこうした考え方が成り立つはずがない。戦略的に重要な特性は相変わらず配分効率性――われわれがＨＥＦと呼ぶもの――であることを、常に銘記しなければならない。例えば、競争や金融市場の役割拡大につながる決定を下さなければならないときには、それら〔競争や金融市場〕が資本を浪費せず満足に管理する能力を持つと見てよいかどうかが何よりも問題なのであり、種々の収益が予見可能か否かは重要ではない。既に見たように、非予見可能性《ノンプレヴィジビリテ》はＨＥＦに比べてそれほど厄介な特性ではない。非予見可能性がもっぱら言わんとしているのは、相関構造が存在していても、市場参加者たちが最終的にはそれを発見し、そして――それが経済学的に有意なものであっても――自分たちの間の相互作用を通じてそれを消滅させてしまうだろう、ということである。この特性を指し示す用語としては、「技術的効率性」ないし「オペレーショナル効率性」が適切であるように思われる。(38) この技術的効率性は、ファンダメンタル主義的合理性よりも洗練されていない合理性に依拠している。われわれが「相関構造」と呼んだもの、そしてアングロサクソン人が「パターン」と呼ぶものを発見することができさえすれば、それで十分である。この〔発見の〕仕事は、確率主義仮説と関わりを持たないので、証券のファンダメンタル価値を算出する仕事よりも容易である。既に述べたように、ＮＰＲ仮説が採用されたそもそもの発端と正当性は、付属仮説がもたらす困難を回避する検証を考え出そうということにあった。こうした経緯で考え出された検証は弱意のものであり、明確に効率性を結論しうるものではないが、これは驚くべきことではない。要するに、二つのアプローチを混同しないことが重要である。ところがこの混同は一般的に見られるし、専門的エリートの著述の中にも見いだされる。例えば「効率性の法王」ユージン・ファーマは、サブプライム危機前の熱狂期《ユーフォリア》における金融バブルについてジョン・キャシディに尋ねられたとき、価格が妥当な水準にあると主張することによってではなく、カテゴリー的に――すなわち予見不可能な推移が見られると述べることによって――金融バブルの存在を否定した。その後に、この『ニューヨーカー』誌の記者は、サブプライム危機における金融市場の責任を全否定するファーマの解答に少々苛立ちながら、「あなたはバブルは存在しえないと言いたいのか?」と質した。[39] ファーマ答えて曰く、「バブルは予見可能な現象でなければならない。私は、予見可能なものはなかったと考える」。『エコノミスト』誌上[40]でのロバート・ルーカスも同様の応答をしている。これらの経済学者は、基礎的《フォンダマンタル》条件と無関係な――NPRの意味において予見可能ではない――価格変動が存在しうることを認めようとしない。だが、いかなる市場参加者も価格の上昇が必至であると見なしていないのに、価格が上昇することもある。「バブル」と「収益の予見可能性」を同一視してはならない。効率性の信奉者の論理を借りて言えば、毎日新しい情報が公開され、それらは予期されざるものであるのに、それらの多くは価格上昇を正当化するものとして解釈されている。だからこそ、NPR仮説が満たされているにもかかわらず、長期にわたる価格の上方ドリフト〔趨勢から上方に一方的に乖離すること〕の過程が、したがって金融市場の非効率性の重要な表れである膨大な資本浪費がもたらされるのである。

以上の分析から、新古典派アプローチは市場の効率性を支持する説得的な統計的証拠を提供していない、と結論づけなければならない。新古典派アプローチは一貫して非予見可能性を判断基準にしているが、それでは説得的な証拠を得ることができない。というのも、配分効率性は非予見可能性以上のもの――すなわち客観価値の存在――を要件とするからである。そのような概念がなければ、確認される価格が妥当な水準にあるか否かを明確に規定することはできない。ところが、既に述べたように、金融的価値の客観性は、事前的な(*ex ante*)網羅的記述の対象とすることのできる客観化可能な将来という仮定に基づいている。われわれはこれを「世界の状態についての目録《ノマンクラチュール》仮説」と呼んだ。常識に著しく反するこの仮説について考察しておこう。

三　ナイト的不確実性と、個人的評価の還元不可能な主観性

この仮説は、確実に人を面食らわせる。この仮説は、天候の偶然性をモデルにして不確実性をとらえようとする。このような見方からするとき、確率によって測定されるのは、経済活動を条件づける外生的要因（資源、生産性、選好）の自然的・固有的変動性《ヴォラティリテ》に起因する経済世界の客観的可変性[41]である。世界の状態の目録《ノマンクラチュール》仮説とは、そうした確率の網羅的リストを作り上げることである。つまり、このようなアプローチにあっては、金融市場が開かれる前に、将来は予め記述され既知となっている[42]。ここには確かに確率主義的な記述《エクリチュール》が見いだされるが、その権限委譲《コンフェシオン》は相対的なものでしかない。せいぜいそれは、確実なものの論理に屈折を持ち込むにすぎない。ケインズはこのことをよく理解していた。「確率計算は、不確実なものを確実なものそれ自体と［…］同じ地位に還元することができると想定されて［いる］[43]」。大幅な改善が求められていると言える。経済の時間性をその根本的に不透明な性質に忠実にモデル化しなければならないのである。この作業を進めるにあたっては、経済学者の多数に受け入れられている平凡な考え方、すなわち将来は個人の行動に先在するのではなくそれの所産であるという考え方を出発点とするのがよい。この代替的枠組みにおいては、投資家の行う評価は将来に関する賭けとして分析されるが、その場合の「将来」とは、単にまだ記述されていないものというだけではなく、何よりもまず、投資家が行うであろう賭けに強く左右されるものでもある。このようにして把握される時間に関しては、二つの相互作用ループが働いている。第一のループは、「明日にこうなるだろう」という期待形成の形で、将来から現在に向かう。これに対して第二のループは現在から将来へ向かう。明日起きるであろうことは、将来に関する期待の形成に基づき今日実行される選択から帰結するのである。このような見方からすれば、将来の客観性という

アイデア、さらには確率主義的性質というアイデアは、非常識とは言わないまでも、全く役に立たない。個人の期待というものに関して、われわれは前掲の――サベージ流の――形式的表現を堅持することができる。ただしその際、客観的に与えられた将来を単に考慮することがここでの問題ではないのだ、様々な投資家によって形成される主観的評価がここでの問題なのだ、ということを十分に強調しておく必要がある。両者の間には大きな違いがある。解明すべき問題は、合理性に合致する表象がただ一つしかないことを先験的な公準とはしないときに、市場参加者たちが何に基づいて期待を形成するのか、ということである。その場合、期待にはどのように主観性が関与するのであろうか。投資家全員が将来に関する同一の表象へと自生的に収斂することは可能なのか。例えば、新古典派理論の形式的体系は、参加者全員が将来収益に関する同一の分析を共有しているという特殊ケースに対応していることが明らかである[44]。どのような条件の下で、このような満場一致はもっともらしさを獲得するのだろうか。

期待に関するこうした問題を論じるにあたって、主著『危険・不確実性および利潤』におけるフランク・ナイトの考察に立ち戻ることは無用ではない。彼の見解は、評価の性質を定義するには確率主義的な形態〔の定義〕では不十分だ、なぜなら不確実性の多様な形態に関連して複数の「確率」[45]が存在するからだ、というものである。つまり、「しかじかの事象は三分の一の確率を持つ」という言明は、状況と確率の性質が明示されない限り、完全には理解されない。ナイトは三つのタイプの確率を区別している。第一は、宝くじ、ルーレット遊びのようなものに対応する確率である。これらにあっては、その仕組みによって、生起する諸事象は同じことの繰り返しである。このような布置状況においては、確率計算が全面的に無条件に適用される。ナイトはこれを「先験的な確率」と呼ぶ。第二のタイプは、考察される事象が、経験的頻度を観察し算出することができるくらいに十分共通であるような布置状況に対応する確率である。ナイトが挙げている例は、火事が起きる危険である。「特性Xを持つしかじかの家は焼失確率 pを持つ」という命題は、特性X——例えば前世紀に建築された——を持つ家に関係する火事についての経験的観察から得られた結果である。ナイトによれば、このタイプの評価は、十分な数の同質的な生起（前世紀に建てられた家）の集合を作り上げることができるかどうか、そこで観察される頻度からまずまずの確率の近似が得られるかどうかにかかっている。ナイトは、第二のタイプの確率を指す用語として「統計的確率」(46)を提案している。最後に、確率の第三のタイプは、事象が「独特である」(47)ために頻度計算ができないときに、役割を果たす。この場合、統計的道具は無力である。ナイトは、生産能力の増強機会について評価を行おうとするときの企業家を例に挙げている。このケースでは、状況があまりに特殊なので、戦略成功の確率を規定するために必要な典型的標本を作ることは不可能である。この企業家は個人的意見に頼らなければならない。ナイトはこれを「判断《ジュジュマン》」や「評価《エスティマシオン》」と呼ぶ。以上の考察からナイトは、「不確実性」の用語を第三の状況のためにとっておくことを提案し、他の二つの状況は「リスク」と呼ぶ(48)。

この分析の長所は、経済主体が期待形成し意思決定する上で必ずしも確率的統計的道具（第一・第二の状況〔では有効である〕）には依拠しえないことを明確化している点にある。状況が不確実である場合、経済主体は自らの判断能力よりほかに道具を持たない。この結論は重要である。と言うのも、不確実性を前にしたとき、個人的評価は不可避的に主観的な次元を持たざるをえないことが、この結論から明らかだからだ。個人的評価とは個人的意見なのである。ナイトがよく理解していたように、不確実性がない世界は「完全な知識」の世界であり、そこでは知性が必要ではなくなる(49)。つまり、〔不確実性不在の世界では〕論理学的・数学的技術を習得することと同義の唯一の合理性がありさえすれば、すべての問題が十分に解決される。いかなる不測の状況《エヴァンチュアリテ》に対しても、経済主体は、統計的推論を駆使すれば評価を行えるというわけである。こうした仮説的世界にあっては、合理的で情報に通じた諸個人は、必ずや同一の評価に到達する。というのは、同一の情報と同一の統計技術が組み合わされることによって、必ず同一の判断が下されるだろうからである。諸主体は、選好の差異により行動においては互いに乖離を示すものの、合理的であり情報に通じていることから、事実確認に関して対立し合うことはない。これは新古典派の世界にほかならない。しかし不確実性が考慮されると、こうした分析は根本的に修正される。不確実性を考慮して言えば、合理性のいかんにかかわらず、人によって多様な評価が形成される可能性があるのである。ナイトはこのような帰結を重視する。なぜなら、ナイトが見るところ、不確実性は、商人が直面する状況のほとんどを性格づけるものだからである。「[彼が行う意思決定が]関わりを持つ状況はあまりに独特なので、どんな行動をとるべきかの選択に関して統計的道具は役に立たない(50)」。さらに言えば、何を行うべきかを決める能力は、合理性のみに還元されるものではないからこそ、不均等分布する稀少資源になるのであり、またそれが良い企業と悪い企業の違いを生み出すのである。ナイトによれば、この能力は、計算能力以上のものを要求する。それは判断を要求するのである(51)。

以上のように、ナイトの不確実性概念は、市場の推移における新機軸《ヌヴォオテ》を考慮するという点で独特な特徴を有している。市場の推移の中には新機軸《ヌヴォオテ》があるために、諸主体は、統計的合理性によっては満足な推定を提供できない、という既述のような現実に直面するのである。ナイトはこのアイデアに繰り返し立ち戻っている――「基本的にして顕著な事実は、当該の事象が独特であるために[…]、何らかの価値ある推定値を求めるのに十分な基礎を形成する標本を提示しえないということである(52)」。専門用語を用いて言えば、経済の世界は「定常的」ではないのである。その構造は進化し変容するのであり、その結果として、新機軸《ヌヴォオテ》が出現する(53)。ところが、統計的推論が受け入れられるためには、定常性の仮定が本質的に重要となる。統計的推論とは、過去の統計的観察から明らかになった諸関係を将来に投影することにほかならない。この技術が正しい予測を提供するのは、経済が大きく変化しない限りにおいて（定常性の仮定）であることは明らかである。ところが経済の世界が革新《イノベーション》の諸活動によって根底的に変化していくことを考えれば、将来が過去に類似していると想定することは正当ではない。よって統計的合理性はもはや有効ではない。この場合に、予想には、個人的判断という還元不可能な要素が入り込む。ナイトが強調したのはこの点だった。帰納的知識ではもはや十分でないのだ。

ナイト的な不確実性は、金融経済を理解しようとする者にとって有効な仮説である。投資家が評価の裏づけに用いる客観的根拠の薄弱さが、この仮説には考慮されている。これこそ、株式市場のプロであったケインズが力を入れて取り組んでいたテーマにほかならない。

「この分野において特筆すべき事実は、われわれが割引収益を評価しなければならないときに用いる基礎が極端に不安定だということである。数年後の投資収益を左右する諸要因についてのわれわれの知識は、一般にかなり乏しいし、しばしば無限に少ないことすらある。率直に言って、われわれは鉄道、銅山、［…］大西洋航路の定期船［…］の一〇年先――五年先でも同じことだが――の収益を評価しようとするとき、利用しうるデータはごくわずか、時によってはほぼ皆無であることを認めざるをえない(54)」。

経済理論は、この言明を真面目に受け止めなければならない。これは、新古典派理論と真っ向から対立する主張である。新古典派理論にあっては、すべての経済主体がすべての資産のすべての将来収益を知っていると想定することが出発点とされる。これとは全く逆に、経験的分析から知られるのは、投資家がファンダメンタル価値を評価する際――特に革新《イノベーション》が存在するとき――に直面する困難である。ファンダメンタル価値を評価することを専門とする格付け機関や金融アナリストもまた、同じ困難に直面する。例解のために、一九九〇年代末の「インターネット・バブル」を取り上げておこう。この時期、途方もない評価が横行していた。このことはどうして可能だったのか。理由には様々あるが、明白なのは、インターネットに関連する情報技術（ＩＴ）革命がそれだけで、ナイト的不確実性の強力な要因になったことである。この革命に呼応して打ち出されたのが、「現代資本主義に新機軸の機能体制《レジーム》をもたらす『ニューエコノミー』が出現した」とするテーゼであった。何人かの経済学者は、経済の現実から完全に遊離しているように見える株式市場に対して批判的・懐疑的な態度をとり、過去にこれほどの株価上昇はなかったと主張したが、返ってきた反応は、「彼らには想像力が著しく欠如している」「事象が観察されたことがないからといって生起の可能性がないとは言えない」というものであった。確かにこのような指摘もあながち重要でないとは言えない。しかし、「世界は決して定常的ではなく、世界には新機軸《デュ・ヌーボー》は何度でも現れる」という過去の教訓を却下することが許されてしまうと、たちまちにして、すべての反対意見を封殺することが可能になってしまう。このようなことこそ、まさにナイト的不確実性がわれわれに直面させる困難なのである。ナイト的不確実性の下で個人が遭遇する諸事象については、あまりに不完全かつ曖昧な客観的知識しか得られないので、全く正反対の諸意見が正当化されてしまうのだ。このとき、ケインズが言うように、われわれは自らの無知を認めねばならない。「この領域においては、何らかの確率を計算することを可能にするいかなる科学的基礎も存在しない。われわれは単に知らないだけだ」[55]。この状況は、完全なる情報通であって望みさえすれば専門家からも意見を聴取できる二人の合理的個人が、にもかかわらず、違った意見を堅持する――それでいて自らの合理性にも事実にも違背することはない――ことがある、ということによって性格づけられる[56]。この結論は根本的に重要である。金融的評価の還元不可能な主観性が明確にされているからである[57]。

以上の分析から直ちに、ナイトの世界においては証券の真の価値が定義できなくなることが明らかである。そこに見いだされるのは、著しく多様な個人的評価のみであり、それらを事前的《エグザンテ》に選り分けることは不可能である。誰も上位の科学的正統性を動員することができない。なぜなら、どの個人的評価をとっても、利用可能データの合理的な——すなわち統計学的な——利用と両立可能なものばかりだからである。経済学者であってももっとましにやれるわけではない。彼らも不確実性に支配されるからだ。ここで問題になっているのは、社会がまだ十分に距離をとれていない新しい経済的諸事実に関しては、t期〔今期〕における集合知は非力だということである。したがってナイトの仮説からは、t期における証券の客観的価値を算出できるとする考え方との根本的な断絶が帰結する。実際、価値の客観性に固執する[58]経済学者たちは、ナイトの考え方をかなり直観的に峻拒してきた。例えばロバート・ルーカスは、不確実性の導入が経済理論を袋小路に追いやることを強調している。

「ジョン・マスは、経済諸主体の主観的確率を、予想しようとする諸事象の観察頻度ないし『真の』確率（いわゆる『合理的期待』）と同一視することを、すなわち主観的確率と『真の』確率の同一性を想定することを提案した。明らかに、この仮説は、観察される頻度——頻度が観察される場合の話であるが——のうちどれが重要なのかを決められない状況には適用できない。この状況こそ、ナイトが『不確実』と呼んだものにほかならない。この仮説が有用である機会が最も大きいのは、当該の確率が繰り返し事象に関するものである場合、明確に定義すれば、ナイトの用語法において『リスク』と呼ばれる状況においてである。……不確実性の状況においては、経済学的推論は全く無価値であろう[59]」〔強調は筆者〕。

これ以上に明確な事情説明はない。ナイト的な根本的不確実性の世界においては、経済学者は、主観的諸評価の無限の可変性に翻弄される。客観的な価値はもはや存在しない。こうした条件の下では、「経済学的推論は」、個人の期待に関して何かを述べること以外には、「もはや無価値である」。だからこそルーカスは、経済学的推論の妥当空間を、ナイトの言うリスクの状況のみに、すなわち確率主義仮説が妥当する状況のみに限定するのである。合理的期待仮説が持つ意味はこのあたりにある。すなわち、個人の主観的確率を客観的確率と同一視すべきであるが、ただしそのことは、客観的確率が存在することが前提である、と。経済学者はこうした態度表明によって、繰り返し事象の世界だけに自分の分析を限定せざるをえなくなる。繰り返し事象の世界においては、観察される経験的頻度が、潜在的な確率の良き評価となる。言い換えれば、この世界においては、統計的合理性が全能の力を持ち、帰納的知識があれば事が足りる。次章では、ルーカスの悲観的見方には根拠がないことを明らかにしよう。経済学者たちは、定常的リスクの人工的な世界のみに考察を限定することを強制されているわけではない。根本的な不確実性が存在する本物の金融の世界を解明することもできるはずである。またわれわれは、事前的に定義しうる客観的価値というアイデアを却下する理論枠組みをとるがゆえに、自ずと、価格形成《プロデュクシオン》プロセスに見られる市場的なゲームに強い関心を寄せることとなる。言い換えれば、われわれの見るところ、市場の相互作用にこそ重要なものがある。この相互作用の中で個人とその信念が形成される。そして価値は市場に先在しない。このプロセスを検討していくことにしよう。

第7章 流動性と投機

ここまで本書では、対照的な特性を持つ二つの市場モデルを分析してきた。一つは負のフィードバック〔ネガティブ・フィードバック〕型である。市場が開く前に、交換対象《オブジェ》〔交換客体ないし交換物品と言ってもよい〕との個人の関係が市場から独立に構築されているとき、このモデルが妥当する。このとき市場の唯一の機能は、限定された数量の財を交換者の外生的欲望を最もよく満たすように分配することにある。このモデルの原型はワルラスの市場であり、その中心仮説は個人的選好の外生性である。交換は、諸主体が対象を評価する仕方には全く影響を及ぼさない。このようなモデルが機能するための制度的諸条件は、かなり制約的であり、われわれはこれを商品の客観性と呼ぶ。商品の客観性は以下のことを前提している。（1）質《カリテ》〔ないし品質〕が厳密に定義されていること、（2）個人的選好が外生的であること、そして（3）個人的選好の表出を歪める取引時の個人間の影響行使という寄生的現象は不在であること。一般に、これらの条件が満たされるとき、競争は、需要供給の法則〔第2章二参照〕による市場の安定性を保証する。攪乱が起きた場合、競争によって復元力が生み出されるが、その復元力の源泉となるのが効用の不変性である。価格が均衡水準から——例えば上方に——乖離するとき、財の不変の効用と価格水準との間には一時的不均衡が生じる。このことによって、消費者は、相対的に安くなった他の財に関心を向けるようになる。代替財の間に見られるこのような形での競争的裁定により自動的に需要の減少が引き起こされ、その結果、価格には低下圧力がかかる。価格が限界効用水準に戻るまでこの運動が続く。ここにおいて次のような中心的アイデアが重要となってくる――すなわち、商品に固有な効用をアンカー〔安定錨〕とすることによって価格のドリフト〔趨勢から持続的に乖離する動き〕は禁じられる、と。アンカーがうまく機能するためには、効用が交換に左右されないことが不可避的な前提である。

もう一つの、正のフィードバック〔ポジティブ・フィードバック〕型の市場に対応する状況にあっては、交換対象に対する個人の関係はもはや交換部面の外では確定されない。このことにより市場の特性が大きく変わる。競争が必ずしも安定的ではなくなるのである。というのも、需要供給の法則の貫徹条件が満たされなくなるからである。本書では既に四つの例示を行った――情報の非対称性（第2章）、収穫逓増（第2章）、威信（第3章）、流動性（第4章）。これらの状況のどれにあっても、諸個人が交換対象に関して行う判断、諸個人が主観的に評価する仕方は市場の経過によって影響を受けるので、必ずしも需要が価格の減少関数にはならない。しかし他方で――注目すべきことに――右の四つの例示はどれも、扱っている個人的判断が全く違う。これは多様な価値目録《レジストル》が動員されるためである。最初の二つのケース（情報の非対称性と収穫逓増）は、狭義の効用を持つ諸商品に対する関係（個人が財の効用について判断を下す）という伝統的な枠組みを離れるものではない。「ただ単に」効用が不変ではないだけである。効用が製品の質や、ネットワーク外部性に従属して決まるのである。この現象が考慮されるとき、稀少資源の配分に非効率性が導き入れられるので、ワルラスの論理は著しく変容する。ただし価値の理論についてはワルラスの論理は、そのまま堅持される。効用価値の仮説は決して問い直されない。なぜなら、諸主体は効用追求によってのみ動機づけられ、価格は効用の表現であり続けるからである。この点で教義規程書に合致していることが、かなり広範に経済学者たちが二つの分析〔情報非対称性と収穫逓増〕に取り組むようになり、ついには二〇〇一年にアカロフ、スペンス、スティグリッツにノーベル〔経済学〕賞が授与されるに至ったことを説明するのである。

三番目の例示は別の性質のものである。というのも、新たに威信という価値が考慮に入れられるからである。ヴェブレンは、狩猟採集民的、野生的、太古的な文化を源泉とする、純粋に浪費的な消費、「顕示的な」消費の存在を明るみに出した。最も発達した経済の内に他の時代と同じ不合理性が抱え込まれていることを認知したというのは、今日に至るまで倫理的スキャンダルであり続けている。『有閑階級の理論』はこれを全力で告発しようとしており、そこでは市場的な諸価値が公然と嘲笑されている。強調しておきたいのは、概念的な観点から見て、ヴェブレンの分析には興味深いものがあるということだ。彼の分析は、価格の空間がもはや効用のみに帰属していない状況を垣間見させてくれる。こうして、商品価値をそれ自体として考える可能性が開かれるのである。しかしヴェブレンがこの方向に考察を進めているわけではない。彼は、商品価値の自律性に着目しながらも価格と効用の乖離を説明しようとはしていない。ヴェブレンにおいては、効用以外の価値が個人的行動の基礎になることを認識することだけが問題なのである。ヴェブレンの仮説は価値実体の批判にというよりは、価値実体の再定義につながるものである。この仮説からは、価値実体は効用と威信の混合物として分析されることになる。商品価値の自律性を論じるには、ヴェブレンの見方を離れることが必要である。最後の〔第四の〕例示において提案されたのはまさにこのことである。

最後の例示においては、「自己準拠的《オトレフェランシエル》〔ないし自己言及的〕」と呼びうる布置状況が提示される。「自己準拠的」と言われるのは、この状況における諸主体間の紛争的対立《コンフリ》は、もはや効用をめぐるものでも威信をめぐるものでもなく、むしろ市場的勢力《ピュイサンス》それ自体をめぐるものだからである。つまり、流動財ないし「私的貨幣」が欲せられるのは、それが有用であるからでも何か威信を与えるからでもなく、市場的勢力《ピュイサンス》の手段だからである。競争は、直接に商品価値そのもの、すなわち流動性をめぐって繰り広げられる。貨幣が選出されて商品価値がその完全な社会的認知を見いだすまでの間は、この競争は、根本的に模倣的《ミメティーク》な性質（誰もが隣人の真似をする）を持つ。貨幣が選出されると、自己準拠性は停止する。なぜなら、今や市場的勢力《ピュイサンス》は、貨幣という一つの顔《ヴィザージュ》を持つからである。準拠基準《レフェランス》が構築されることによって、市場秩序は安定した存在を手に入れる。市場秩序が基礎とするのは、効用の追求ではなく、貨幣への欲望である。とはいってもわれわれの分析は財の効用的関係が重要であることを否定しておらず、むしろそうした関係を理解しようとするものである。すなわち、財の効用的関係を既存の資源——経済はこれを利用し尽くしさえすればよい——と見なすのではなく、市場の論理による創造物——経済はこれを後ろ盾に人間に対して自らの帝国を築き上げる——として理解するのである。

一　企業と投機

金融市場の分析を通して何よりもまず考えたいのは、以上の（例示に示されている）モデルのうちどれが妥当であるかということである。新古典派の経済学者にとっては、答えは最初から決まっている。ワルラスの枠組みが完全に妥当するとされるのである。なぜなら、彼らの目から見れば、金融的競争は、通常財の市場における商品的競争と基本的に違わないからである。二つの競争には同じ概念化が通用するとされる。このような理解は意外である。というのも、金融市場には、交換の外にあって価格安定を可能にする固有な効用というものは見いだされないからである。ところが新古典派金融論は、別の性質を持つ外生的準拠基準を提示するのだ。金融価格のアンカーを交換部面の外部に降ろすことを保証するその外生的準拠基準とは、証券のファンダメンタル価値にほかならない。新古典派的な投資家は、この評価価値に基づいて意思決定を行う。これが準拠点になるのは、証券の期待収益が、証券が持つ価値と証券の入手価格との間の差によって決まってくるからである。[1] 証券の評価価値が確定されているとき、価格の低下は自動的に期待利益の増加を、そして——それと相関して——需要の増加を引き起こす。[2] 新古典派的な見方は以上の通りであり、商品的競争の論理が直接に株式市場に転用されているのが確認される。ただし、価格アンカー〔安定錨〕の源泉が効用ではなく価値である点で、そのままの転用ではない。その価値を対象とする推定評価を経ることによって、金融の価格は市場外部の経済的現実に投錨するのである。これによって価格のドリフトが妨げられるとされる。逆に、もしも価格と一緒にこの評価価値が変動してしまうならば、価格の低下は必ずしも需要の増加を引き起こさない。この点を理解するために、価格低下に直面した諸主体が模倣主義《ミメティスム》に基づいて、「ファンダメンタル価値の評価を下方修正しなければならない」と考えるに至ったとしてみよう。市場価格の下落よりも大きくファンダメンタル価値が引き下げられる場合、投資家が当該の証券を購入しても利益は生まれないことになる。この証券は真の価値に比べて高価だからだ。つまり、ファンダメンタル評価の外生性という仮説が堅持されるときにのみ、需要供給の法則は成り立つ。このことはわれわれにとって驚きではない。既にわれわれは、負のフィードバックが「交換対象との個人の関係が市場から独立に築き上げられる」ことを条件としていることを大いに強調した。ここで指摘しておきたいのは、負のフィードバックが安定性の効果を上げるためには、投資家全員が同一のファンダメンタル価値の評価を共有することを想定しなくてもよい、ということである。負のフィードバックの論理が発揮されるための条件は、一人一人の評価が外生的であり、価格や取引の影響を受けないことである。一人一人の評価が乖離していること自体は、あまり重要ではない。出現する価格は、市場参加者集団の主観的諸評価の平均に等しくなる。だがこの結果は、効率性の観点からは満足のいくものではない。効率性の観点からは、価格が「良き水準」に決まることが必然的に要求される。そこで、安定性の要求に加えてこの特殊な要求にも対応するために、確率主義仮説が導入されるのである。(3) この仮説は一方で、「良き水準」という観念に意味を与えることを保証する。他方でこの仮説は、すべての合理的で情報に通じた投資家に対してそうした「良き水準」を課することを保証する。以上の条件の下で、合理的で情報に通じた投資家が多数いる場合、市場の価格は彼らによって多数決で決定されるだろう。(4) このことは、価格が客観的な固有価値と大きく異ならないだろうことを意味する。この場合、効率性が支配的となるだろう。しかし繰り返しになるが、安定性だけについて言えば、決め手となる仮定は、誰もが、市場で起きていることには左右されることなく、自らのファンダメンタル評価を基準にしていることである。この評価を媒介にして、市場は実体《レエル》経済と結びつくことができる。このような状況の下では需要供給の法則が妥当するし、そのことがひいては、金融市場をそれ自身に委ねることのできる条件となる。

以上の分析においては、投資家がファンダメンタル価値の評価と価格との比較に基づいて行動するものとされている。そこにはいくつかの謎が見いだされる。言わば証券は二つの評価と二つの価格を持つ。そのようなことがどうして可能なのか。こうした評価は何を測定しているのか。これらについて考えるために、以下では、取り立てて言及するとき以外は、基幹的な金融証券である株式を考察の中心に据える。(5) 資本は、株式を介することによって、売買や値付けの対象になるという特性を持つようになる。定義によって、株式の固有価値は、こうした〔特性を持つ〕資本が商品生産や商品販売を経ながら運動していくときに、資本所有者に帰属する貨幣価値を測定するものとして解釈される。ケインズは次のように述べている。「資本財ないし投資財を購入する人は、割引収益の流列に対する権利を購入しているのである。割引収益の流列とは、資本の耐用期間中に、その生産物の売上げから、当該の生産物を産出するのに必要な経常支出を差し引いて得られることが期待される所得である」[6]。したがって、ファンダメンタル主義的な計算は、企業家の観点を体現するものであるように見える。投資が実現され生産が遂行された後に企業家に帰属するであろう利益を評価することが、ここでの問題である。この評価に際しては、生産組織や経営の状態だけでなく市場の構造や景気予想に関係する数多くの変数が考慮されるものと考えられる。このような計算を是が非でも行わなければならない特殊な状況がある。それは、企業家が新投資の見通しを立てなければならないときである[7]。実際、産出される価値が負担される費用を上回るときにのみ、投資決定は正当化される。この場合には、二つの評価の存在は謎ではなくなる。同じ財についての二つの価格が問題にされているのではなく、現在価格（機械や建物など資本財の供給価格）と、時間経過の中で資本財の利用が生み出すであろう所得の評価との間の比較が問題にされている。また、この場面では、所有権としての資本は取引の対象にはなっていないし、何らかの価格を持ってもいない。取引が関係してくるのは、資本を構成する財（機械や建物）であって、所有権そのものではない。生産過程の中で獲得される価値が機械・建物の費用を上回っていれば、投資は利益になるのである。

では、所有権が価格付けされて売買される株式市場を考察していくことにしよう。今述べたこととの話のつながりは明白であると思われる。なぜなら次のような推論を行えるからだ。すなわち、株式の取得費用が株式の生み出す所得フローを下回る限りでのみ、株式を買うことは利益になる。したがって投資家にとって重要なのは、（株式の）売り値を、手持ちの知識からできるだけうまく評価したファンダメンタル価値と比較することである、と。

しかし、先ほどの議論からの類推は誤りを招く。先ほどの場合に資本価格と産出価値とを比較することが正当であったのは、投資家が実際に自らのプロジェクトとしている資本の利用を行うからであった。よって、生産資本の利用に基づいて実際に獲得されるであろう利益を測定するファンダメンタル価値が、投資家にとって必要不可欠であった。これに対して株式市場の場合、状況はもっと複雑である。複数の行動が考えられる。自らが獲得した株式をポートフォリオ中に長期間保有しようとする投資家に対しては、先ほどの分析がそのまま適用される。株式投資家は、長期にわたって投資を行う企業家と同じように行動する。しかし、こうした長期的な投資戦略だけが、唯一可能な金融的戦略ではない。組織的な取引所が存在することによって、価格が下がったときに売り戻すことを見越して買うことが可能になる(8)。これは、長期的投資とは大きく異なる全く新しい行動である。このような行動の場合、目的はもはや所得フロー（配当の分配）にあるのではなく、価格変動がもたらす値上がり益にある。

　こうした戦略の二元性が重要な意味を持つのは、そこから証券の二重の性質、すなわち固定的な資本でもあり流動的な株式でもあるという性質が派生するからである。固定的な資本としては、株式は、時間経過の中で、生産が遂行されるにつれて配当の形で価値を生み出す。期待利益はファンダメンタル価値と取得価格の差から直接に求まるので、投資家はファンダメンタル価値をできる限りうまく予想しようとする誘因を持つ。これに対して、株式市場で売買対象となる流動資産としては、株式は価格の不断の変化にさらされ、そのような価格の変化は取引者にとって同じ数だけの利益機会となる。ここで問題にされているのは、もはや資本の実際の利用によって獲得される利益ではなく、取引そのものから生まれる利益である。この利益は将来価格と取得価格の差に直接起因しているので、投資家は将来価格をできる限りうまく予想しようとする誘因を持つ。したがって、全く異なる二つの態度がある。第一の態度は経済に向かって、第二の態度は市場そのものに向かってとられている。ケインズは、この二元性の重要性を理解していた稀有な金融理論家の一人である。彼は、資本の利用に関連する第一の戦略を「企業」、市場に関連する第二の戦略を「投機」と呼ぶことを提案している。「投機という言葉で〔私は〕市場の心理を予測する活動を言い当て、企業という言葉で資産の全存続期間にわたる割引収益を予測する活動を言い当てようとしている[9]」。

投機の戦略を考慮するならば、金融市場の安定性に関して新古典派の金融理論家が抱いてきた楽観主義は根本的に修正され、彼らは効率性について何も語れなくなる。負のフィードバック・モデルを放棄し、これを正のフィードバック・モデルによって代替しなければならない。本節の基本的論点はここにある。投機家はもはやファンダメンタル価値ではなく、価格そのものを準拠基準にしているので、株式市場のアンカーや復元力について語られてきたことはすべて無効となる。市場のみが投機家の関心になるので、市場外のアンカーは成立しない。投機の観点の下では、ファンダメンタル価値はせいぜい間接的な役割を演じるにすぎなくなる[10]。ファンダメンタル価値は基軸的役割を失う。このことを理解するために、再びケインズを引用しよう。

「〔職業的投資家が〕関心を持つのは、ポートフォリオに組み込むことを目的に〔投資対象を〕取得する人にとっての投資の真の価値ではなく、大衆心理の影響下で市場が三ヵ月後あるいは一年後にそれに帰属させる価値である。そしてこのような態度は、生まれつきの凡庸な頭脳が犯す錯誤からの帰結ではなく、組織的な金融市場が存在することからの不可避的帰結なのである〔…〕。実際、われわれが『割引収益から見て正しい価値は三〇である』と信じている投資対象であっても、同時にわれわれが『三ヵ月後に市場は二〇と評価するであろう』と信じている場合には、二五を支払うことは適切ではない[11]」。

この例においてケインズは、職業的投資家が市場の意見に関心を持つことを強調しているが、その理由は彼がファンダメンタル価値を計算できないことにあるのではなく、利益が実現価格によって決まることにある。ケインズは、話をわかり易くするために、相場が二五である株式のファンダメンタル価値を投資家が三〇と評価している、と想定している。もしも投資家がもっぱらファンダメンタル主義的合理性に従うのであれば、株価が過小評価であるのを見て、買いの行動をとるだろう(12)。企業の戦略が彼に促すのはこのことである。しかしこれは最適な戦略ではない。実際、近いうちに価格が二〇に下落することを予想する合理的投資家であれば、相場が二〇に下落するときに証券を買い戻すべく、今日売却しておこうとするだろう——その後で売り戻すときに、最終的には相場がファンダメンタル価値の水準である三〇に達していないかもしれないが。この簡単な例から引き出せるのは、金融的合理性はファンダメンタル主義的合理性のみに還元されるものではないという見解である。というのも、価格がたどっていく推移が、無視しえない有効な利益機会を提供するからである。ケインズの例示においては、企業家タイプの投資家が強気筋の側にいるのに対して、投機的な投資家は弱気筋の側にいるが、これは、投機的な投資家が基礎的条件《フォンダマント》に関して証券が過大評価されていると考えていることによるのではなく、市場の推移が下落傾向にあることによる。この例が示すように、投機を通じて投資家は、自分自身のファンダメンタル価値計算が示唆するのとは反対の方向に行動するよう誘導されることがある。このとき投資家は、証券が過小評価されていることを知っているにもかかわらず、証券を売る。だからと言って、彼の行動が非合理的なわけではない。なぜなら、利益を得る上で重要なものは、ファンダメンタル価値ではなく、価格水準だからである。以上の分析からわれわれは、価格の推移——短期におけるそれであっても——が、金融行動に対して真の専制を行使していることを理解する。価格の推移は、投資家が無視しえない利益可能性を提供するのである。そしてこのことは、長期に重きを置く投資家においても言える。短期的な動きに常に注意を払うことが彼の利益となる。まさにこのようにして、流動性は金融の世界に影響を与えている。投機バブルの源泉は流動性にある。

以上の分析から、投機家は常に市場の意見を解読することによって、市場の意見が価格をどの方向に動かすかを予想しようとする、ということがわかる。よって金融投機は「自己準拠的性質」を持つと言える。〔その投資が〕投機かどうかは、ファンダメンタル価値や効用のような市場外部の規範から定義されるのではなく、市場それ自体から定義される。〔投機においては〕われわれは上昇を予想すれば証券を買うし、逆であれば売る。ファンダメンタル主義のモデルとは逆に、われわれの分析は、取引主体が形成する予想は実体経済に関するものではなく、参加している他の諸主体の予想に関するものであることを明らかにしている。市場において重要なのは、基礎的条件《フォンダマンタル》データに関する情報に含意される真の内容は何かではなく、それが集団的意見によってどのように解釈されると見なされるかである。ここに見られるのは特異な合理性、すなわち市場の推移を先取りするために市場を模倣しようとする点において、根本的に模倣的《ミメティーク》な性質を持つ合理性である。投資家は、明日株式相場が上昇すると信じるならば、基礎的条件《フォンダマンタル》に照らしてその上昇が異常と考えられる場合でも、自らの利益のためには株式を買わざるをえない。

以上の分析を結論づけて言うならば、金融的競争を記述するものとして、対照的な特性を持つ二つのモデルが対立し合っている。次頁の表は、二つのモデルそれぞれの最も顕著な特徴を要約したものである。

新古典派の思考におけるファンダメンタル主義モデルへの固執は、流動性に固有な効果を常に過小評価していることと裏腹である。そこでさらに議論を進めて、流動性は本質的に新古典派経済学の理解能力を超える現象であることを論じなければならない。もちろん、新古典派の経済学者によっても、この現実が完全に無視されているわけではない。彼らはそれを定義・測定しようとしている。しかしそこでも、依然として流動性は二義的・副次的で、影響の小さい事実と見なされ続けている。流動性が価格を創造する、ということは、価値論が認めることのできないテーゼである。この点に関してワルラスの立場は明瞭である。交換可能性は全面的に「富」から派生するという。商品が取引対象になるためには、それが価値を持つことだけで、すなわちそれが有用であり数量が限定されているだけで十分である。したがって、いわゆる流通は特別な解明を要するものではないとされ、交換の問題は無視される。唯一重きが置かれるのは、支払能力の制約だけである。それ以外で言えば、一般均衡は仮定によってすべての財が絶対的に流動的であることを想定している――この想定はあまり現実主義的ではない(13)。本書でずっと主張してきたように、こうした思考法は実体価値仮説に由来している。なぜそう言えるかというと、この仮説によって、取引を外部から理解しようという外挿的な観点が打ち立てられるからである。既に第4章において、これに代わる説《アルテルナティーブ》を構築する上で流動性の概念が重要となることが指摘された。金融市場の分析を行うことによって、この方向でのさらなる前進が遂げられるであろう。以下では、貨幣関係を分析したとき既に見いだされた以下の諸特性が金融市場にも見いだされることを明らかにしていくことにする。

1. 流動性は制定されるものである。流動性は自己準拠的性質を持つ、つまり流動性は、価格――交換外部のいわゆる価値ではなく――を準拠基準《レフェランス》に持つ世界を構築する。

表　資本対流動性

資　本	流動性
固定性	譲渡性
収益	価格変化
企業	投機
生産資本	金融資本
長期	市場
ファンダメンタル価値	市場の意見
ファンダメンタル主義的合理性	自己準拠的合理性
負のフィードバック	正のフィードバック
安定性	不安定性
新古典派モデル	自己準拠的モデル

2. 相互作用によって生み出される準拠基準が、外部にある自律的パワー《ピュイサンス》として諸主体に課される。準拠基準の出現を通して、自己準拠の論理は自己を調整する。

3. 金融的評価はファンダメンタル主義的評価と同じではない。前者は部分的に後者から独立している。

この三点を順次論じていきたい。まず第二節では、流動性の制度について述べる。続く第三節では、ケインズによる美人投票の理論的研究を取り上げ、流動性が準拠基準を産出する能力について考察する。最後に第四節では、金融的投機を再び取り上げ、それが基礎的《ファンダメンタル》条件から部分的に独立していることを示す。

二　流動性の制度

投機は、証券の譲渡可能性（「流動性」とも呼ばれる）からの直接的帰結である。この命題は疑う余地のないものである。なぜなら、流動性がなければ、持続的に値付けされることもなく、諸資産は全面的に不動化（固定化）し、そして投資家が考慮すべき唯一の変数は証券保有から得られる所得フローだけになるだろうからである。この場合には、投資家は、証券のファンダメンタル価値よりほかに考慮すべきものがなくなる。しかし、流動性が出現すると状況は一変する。流動性の出現によって新しい機会が導入される。このようなことはどのようにして可能なのだろうか。そして何よりもまず、流動性はどこからやってくるのだろうか。

これらの問いに答えるには、全面的に不動化されている所有権を持つ投資家がどのような制約に直面するかを考えればよい。この投資家は金銭支出を要する不測の困難に対処しなければならなくなった場合、金融資産を持つにもかかわらず、破綻に追いやられる可能性がある。保有資産を急いで換金することができないために、自分の支払義務を履行できない恐れが出てくるのである。この条件の下で投資を行えるのは、過度なリスクにさらされることなしに不測の事態に対処できるくらい十分な資源と流動性を持った機関や個人に限られてしまう。[14] 投資家が困難を乗り越えることができ、容易に投資を行えるようにするには、投資を流動的なものすなわち譲渡可能なものにしなければならない。将来配当に関する個人的な賭けでしかなかったものを、そのままで（*hic et nunc*）直接的な富へと転換することがここでの問題である。証券が譲渡可能になれば、投資がさらされるリスクは弱められる。そうなれば、証券を手放すことができるからだ。だが、このようにするには、個人的・主観的評価を、全員によって受け入れられる価格へと転換しなければならない。問題の核心はここにある。つまり流動性の出現は、金融業者全員に認知される基準評価――証券がどれだけの価値を有するかを全員に伝える――が生み出されることを要求する。こうした結果をもたらしうる制度的構造が、市場にほかならない。金融市場においては、投資家の個人的意見の相互的突き合わせが組織的に行われることによって、基準評価の地位に就く集合判断が生み出される。このような仕方で形成される相場は、コンセンサスとしての性格を有する。証券が売買される価格に関する金融共同体の合意が、そこに結晶化される。相場は、公けに告知されることによって、規範としての価値を獲得する。これは、市場がしかじかの証券をしかじかの時点で売買することを受け入れる価格である。このようにして証券は流動的になる。[15] 金融市場が集団的意見を基準的規範として制定するからこそ、金融共同体によって満場一致で承認される価格が生み出される。

しかしながら、証券の流動性いかんには関係なく、生産資本そのものは相変わらず常に固定されたままである。よって、この構築物〔流動性〕の人工的性質は全く明白である。この点は既にケインズによって強調されている。

「証券取引所が存在しない場合には、既に運用先となっている投資を頻繁に評価し直そうという動機も存在しない。ところが証券取引所は、日々、多くの投資を再評価しており、その再評価は個人（社会全体ではない）

に対して運用組み替えの機会を頻繁に与える。それはあたかも、農業経営者が朝食後、晴雨計をチェックして、午前十時から十一時の間に資本を農業から引き揚げることに決め、その週の終わりになって再び農業に戻るべきか否かを再考することができるようなものである[16]」。

言い換えれば、一人の個人があまり競争力がないと判断する証券を手放すことはできるけれども、市場総体についてはそうした可能性は存在しない。総体としての市場が一つの〔銘柄の〕証券を手放すということはできないのだ[17]。ある個人が証券を売却するためには、別の個人が購入を申し出ることが必要である。実際、買いまたは売りの動きがどれほど強くなろうと、証券の数量は一定にとどまり続ける。それはちょうど、〔株式として〕値付けされる資本が生産資本という形態の下では不変であり続けるのと同じことである。これをわれわれは「流動性のパラドクス[18]」と呼ぶ。このパラドクスが言わんとするのは、証券に関する個人的自由は暗黙の集団的約束に支えられてのみ存在する、ということである。総体としての市場が全部の証券を売却することはできない。ところがこの相互依存は、競争の機能のうちに適切な表現を見いだすことができない。金融市場を通常の市場から明確に区別する特性がここにある。通常の市場においては、明らかに対立し合う利害を持った二つの集団、すなわち生産者と消費者が存在する。形成される価格は、この二つの逆向きの力がぶつかり合うことから帰結する。一方の力は価格を押し上げ、他方の力は価格を押し下げる。特殊な構造によって二つの利害のうちどちらか一方が優位になりすぎることが禁じられるとき、需要供給の法則が成り立つ。このようなことは金融市場には見いだされない。売り手と買い手が対峙するのではなく、交互に買い手になったり売り手になったりする個人の集合が存在するだけである。誰かに買いまたは売りを促す局所的理由はあるだろうが、構造上は、彼らの利害は収斂する。市場不在の下でも存在するファンダメンタル価値や効用であれば、交換される財の固有特性であると言ってもよいが、流動性は全くそのようなものではない。流動性は、市場そのものから帰結する。流動性には、集合信念の次元が存在する。流動性は、金融共同体が寄せる信頼を基礎にしている。全員が流動性を要求するとき、流動性は消滅する。

以上の理論的分析から得られる結論は、金融部面に関するわれわれの見方を根本から覆す。以上の分析から明らかになったように、金融市場とは、その起源からしてもその概念からしても、固定化が資本の価値増殖や拡大に課す制約を迂回しようという集団的プロジェクトの表現なのである。したがって金融的流動性は、生産に仕えるものとしてではなく、――その本性からして――生産経済と背反するものとして理解されなければならない。このような背反が証券保有者の利益になるのである。こうした分析に従って考えるならば、例えば自己準拠的投機ないし投機バブルに見られる金融と生産との間の脱連結《デコネクシオン》を、非合理的なアクシデントと見なすことはもはやできないだろう。むしろ、分析から明らかになったのは、金融共同体が株式市場による自己組織化を選択するときに、深い意味を持つプロジェクトが追求されているということである。生産時間の拘束を一定程度免れた資本組織化の様式を構築する、というプロジェクトがそれである。証券取引所は、「所有権を流動化せよ」という債権者や所有者の特殊な要求に応じて創発した、制度的創造物である。(19) 取引所は「生産を映し出す」ことを目的にしてはいないのである。流動性によって築き上げられる価格の世界が正統性を持つための基準とは、生産の現実についての適切な表象を提供していること（表象を明確にすることはナイト的な不確実性の世界においては意味を持つが）ではなく、むしろ金融共同体に受け入れられることである。

簡単に言うと、流動性の観点から見て本質的に重要なのは、株式をいつでも換金できることである。この場合、お金《アルジャン》があれば何でもできるということは既に認識されている。その上で、証券が売買される価格を形成することが、ここでの問題である。価格の水準は二次的な問題である。それよりも戦略的に重要なのは、価格がどれくらい広く受容されるかである。というのも、市場の勢力《ピュイサンス》は、価格が経済活動に対して行使する影響力によって測定されるからである。価格は経済活動に対して、直接的に交換を通じてだけでなく、間接的に諸主体が経済状態を評価し選好順序を決める方法を通じても影響力を行使する。[20] 常に市場の声に耳を傾けることによって、流動性を性格づけする価格変動から最大限利益を引き出そうというのが投機的態度である。よって誰もが投機的態度をとるよう強いられる。投機的態度は流動性に適合的な戦略であり、つまり投機的合理性とは、流動性が行使する合理性にほかならない。それゆえ、企業に対する投機の優越は、心理学的性質という意味の「性向」から帰結するものでは決してない。例えば取引費用が増加する結果として流動性が低下し阻害される場合、売買の困難性と費用が増すことから、投機は儲からなくなり、その優越性が低下する。このことは、誰かの欲望の中身がどうであるかには関係なしに言える。流動性と投機との間のこうした密接なつながりは、ケインズにおいてしばしば重視されている。ケインズは、投機が演じる役割を低下させるために、重税の賦課を含めて取引費用を引き上げることに賛成している。例えばケインズは、ウォール街をロンドン取引所（スログモートン街）と比較しながら、ロンドンでの取引を制限する高費用のゆえにロンドン取引所のほうが投機が不活発であることに注目している。

「ロンドン市場がウォール街ほどに行き過ぎを犯さないのは、おそらく、国民性の相違のせいというよりもむしろ、平均的アメリカ人にとってのウォール街と比べて平均的イギリス人にとってのスログモートン街のほうがいっそうアクセス制限的で費用がかかるという事情によるものと思われる。ジョバー[21]の利鞘、ブローカーの高い仲介料、移転にかかる重い国税――ロンドン証券取引所の取引から徴収される――は、市場の流動性を大幅に低下させることによって、ウォール街に見られるような取引の大部分を不可能にしている。アメリカにおける企業に対する投機の優越を弱めるための考えうる最善の策は、おそらく、取引全般に打撃を与える重い国税を導入することであろう[22]」。

これは、流動性を高めるために取引費用を引き下げようとする今日の一連の動きとは逆のものである。取引費用を引き上げるならば、長期指向の――すなわち長期間ポートフォリオに組み入れるために証券を買おうとする――態度が支配的になるだろう。この場合、何回も売買を繰り返すことで、景気や価格の短期的変動から最大限の利益を引き出そうとする逆の戦略をとると、禁止的な高費用〔事実上、売買を禁じる高い費用〕に直面してしまう。おおよそ以上のような考えからケインズは次のように述べている。

「現代の金融市場の光景を見るにつけ、われわれは、投資行為をあたかも結婚のように、死亡その他の重大事由による以外には解消しえない恒久的なものにすることが、今日の害悪を矯正する有効な方策になるのではないか、と結論づけたくなる。なぜなら、そのようにすれば、投資家は長期期待に、しかも長期期待のみに意を用いざるをえないからである[23]」。

言い換えれば、ファンダメンタル主義者と投機家との相対的比重は、市場の流動性度合いの関数である。市場の流動性が低ければ低いほど、長期――すなわち将来配当と資本のファンダメンタル価値――に関わる期待がより比重を増す。市場の流動性が高ければ高いほど、頻繁な売買がより多く利益をもたらすようになり、より強く市場を支配するようになる。市場をより安定的にすることを目的として、ジェームズ・トービンは、取引税の創設によって流動性を低下させることを提案している[24]。

流動性の制度が支配する文脈の中で投機的戦略の支配がいったん確立してしまうと、今度は、投機家だけから成る市場のパフォーマンスという理論問題が提起される。何に基づいて、投機家たちは互いに調整し合うことができるのだろうか。投機家たちはどのようにして共通の評価を作り上げることができるのだろうか。

三　ケインズの美人投票――慣行《コンヴァンシオン》的信念の自己準拠性

完全に流動的な市場においては、すべての参加者が、価格推移の予想に励む投機家である。形成される価格は、将来価格をめぐる期待によってもたらされたものである。このことから、「自己準拠的」と形容しうる独特な構造が帰結する。この構造は自らを規範として押し出す点で、ファンダメンタル主義のモデルとは区別される。すなわちこの構造は、市場に外的な客観的現実（ファンダメンタル価値）ではなく、内生変数（この場合は市場の意見）である。新情報が公表されたとき、一人一人が行うべきは、この情報がファンダメンタル価値に及ぼす効果を分析することではなく、市場がどう反応するかを予想することである。この論理を理解することが重要である。外生変数とのつながりを欠くとき、価格は先験的《アプリオリ》にどんな値も取りうるのに、どうして、この論理は自らを安定化させることができるのか。どうして、市場参加者は価格について合意を形成することができるのか。この論理を分析するために、ケインズが『一般理論』の中で提示したモデル、すなわち有名な美人投票について考察しよう。このモデルは確かに市場総体の機能を再生産するものではないが、その自己準拠的次元を十分にとらえている。本節は挙げてこの考察に当てられる。分析は基本的に抽象的・理論的である。これを踏まえ、次節において、株式市場に関する結論を引き出していきたい。まずは、ケインズの美人投票を想起することから始めよう。

「投資の技術は、新聞が主宰する美人投票と比較することができる。この投票において参加者は一定枚数の写真から、最も美しい顔かたちの六枚を選ぶことを求められる。賞品は、投票者全員による平均的選択に最も近い選好を持つ者に与えられる。それゆえどの投票者も、自分自身が最も美しいと見なす顔を選ぶのではなく、他の投票者の票を獲得するのに最も適していると自分が判断する顔を選ばなければならない。そして他の投票者たちも皆、全く同じ角度から問題を眺めるのである」[25]。

このゲームが独特なところは、プレイヤー〔ゲーム参加者〕たちが求める準拠基準――この場合には六人の最も美しい顔――が、当事者たち自身の選択によって決定されるという事実にある。準拠基準が相互作用の産物であるという意味で、このような相互作用を「自己準拠的」と呼ぶべきである。逆に、探し求められるべきターゲット〔標的〕が個人の行動から独立に決められ定義されるとき、ゲームは「他者準拠的」ないし単に「準拠的」と呼ばれる。これは例えば、六人の最も美しい顔が専門家の審査委員会によって決められるケースにあたる。この条件の下では、プレイヤーの行動はターゲットに影響を与えない。ターゲットは相互作用から独立に定義される。したがって、専門家の審査委員会がどう考えるのかをできるだけ正確に把握することが、プレイヤーにとって重要となる。個人の期待形成は、相互作用の外部にある対象へと方向づけられている。合理性はファンダメンタル主義的であり、「自然」へと方向づけられ、客観的真理の解明を目指す。どのプレイヤーも、標的の決定に影響を与えることのない他プレイヤーの行動には無関心である。にもかかわらず、準拠ゲームの枠組みの下でさえ、情報に通じたプレイヤーたちが審査委員会の選好について何を知っているか、を知ることが重要となる。しかしそれは、〔情報に通じた〕プレイヤーたちの行動がターゲットに対して影響力を持ちうるからではなく、〔そうした〕プレイヤーたちが持つ情報が目標を発見する上で貴重な材料となるからである。それに対して、無知な主体の行動や無知な主体に関する分析はあまり重要ではない。しかしケインズのゲームにおいては、ターゲットがプレイヤーたちの選択によって決定されるがゆえに、全く様子が違ってくる。情報に通じている者だけでなく無知な者をも考慮に入れねばならない。そうした自己準拠の枠組みの下で、決定はどのようになされるのだろうか。

新古典派アプローチによれば、投資を行う諸主体はファンダメンタル価値の評価に従わなければならない。美人投票に当てはめて言えば、これは、各プレイヤーが、自分自身の選好に基づいて自分が最も美しいと判断する六枚の顔写真を選ばなければならないことを意味する。すぐ後に述べる理由によって、われわれはこうした個人的評価を「一次の信念」あるいは「一次元の信念」という用語によって言い表すことにする。プレイヤー全員が一次の信念に基づいてゲームを行うとき、最も多く採用される一次の信念をたまたま持つ者が勝者になる。特に興味深いケースは、プレイヤー全員が同じ一次の信念を共有しているケースである。この条件の下では、全員が同じ選択を行い全員が勝利する。この場合、一貫して自分自身の個人的評価に従って行動する戦略が適切であることは明白である。だが、一次の信念のそのような満場一致はもっともらしいものであろうか。新古典派アプローチからすれば、答えは「もっともらしい」となるだろう。全員に認知される客観的価値が存在するという確率主義仮説(26)は、まさにこのことを主張している。裏を返して言えば、ナイト的不確実性を中心に考察を行う場合には、一次の信念の満場一致という仮説は却下せざるをえない。この仮説は事実には合致していない。ファンダメンタル価値の評価は、本質的に主観的な性質を持つ。どのプレイヤーも自分独自の仮説の下に、ファンダメンタル価値を算出する。われわれの分析から言えるのは、そうした仮説が多様であることにより、ファンダメンタル評価は良き戦略ではないということである。奇異な見方をする個人は利益がゼロとなるであろう。彼はもっとうまくやれるだろうか。よいアイデアがある。一次の信念に基づいてではなく、他人の評価を予想することに基づいてプレイすることだ。他のプレイヤーの信念を対象とする信念を形成すればよいのである。われわれはこれを「二次の信念」あるいは「二次元の信念」と呼ぶ。しかしこの戦略にも問題がある。この戦略が適切であるためには、他のすべての人々が彼ら自身の一次の信念に従って行動することを想定しなければならない。実際、各々が自分の個人的信念に忠実にプレイしている場合には、他人が何を考えているかに関する情報が信頼できる限り、他人の一次の信念を予想する者が勝つだろう。しかしこの場合、プレイヤーの全員が徐々に、他人の一次の信念に対応してプレイすることが自分の利益になることに気づいていくであろう。こうした認識が広範に普及した時点で、二次の信念そのものが無効になる。二次の信念を予想するには、三次の信念に移行しなければならない。一般化して言えば、全員がn次の信念に基づいて決定を行う場合、うまくやるためにはn＋1次の信念に移行しなければならない。絶えずより上の水準の信念を求めていくこの動態は、「鏡面的」と呼ばれる。向かい合った二枚の鏡と同じような、無限の反射の動態だからである。誰もが常に他の人々よりも一つ上の次元で予想を行うことにより、他の人々に勝とうとするが、うまくいくことはない。他人も同じことを行うからだ。これこそまさに、ケインズが美人投票の分析の中でわれわれに語っていることである。

「一人一人が、判断の限りを尽くして本当に一番の美貌［一次の信念］を選んだり、平均的な意見が一番の美貌と見なすもの［二次の信念］を選んだりすることは、ここでの問題ではない。われわれは既に三次の次元に到達しており、そこではわれわれは、自らの知力を用いて、平均的意見が平均的意見になると期待しているものを見いだそうとする。そうして、四次元、五次元あるいはもっと高次の次元を実行している人も必ずやいるであろう[27]」［補足はオルレアンによる］。

『一般理論』の中でケインズが美人投票について行っている非常に簡潔な分析は、この注記をもって締め括られる。美人投票についてこれ以上は語られない。全くもって明らかなことだが、自己準拠的相互作用に関する研究を、信念が入れ子になった完結せざる過程を記述するだけの右のような確認で終わらせることはできない。この相互作用の行き着く先はどこか、そしてこの相互作用はどのようにして安定化するのか、という中心問題に取り組まなければならない。ケインズは、同じ『一般理論』の第七章において、金融の機能において慣行《コンヴァンシオン》が役割を演じることを力説しているけれども、慣行を自己準拠の動態に関連づけてはいない。慣行は自己準拠動態の表現であり帰結であるのだが、この命題は論証されていない。これを論証するには、自己準拠性が慣行的信念という外在性の形態を生み出せることを明らかにする必要がある。この問題は理論的に重要な含意を有するので、以下、詳しく論じておきたい。核心は、内的媒介と外的媒介との間の移行にある。

自己準拠的過程の理解を深めるにあたって、ゲーム理論や実験経済学によって得られた成果を活用する必要がある。そうした成果が注目されるのは、ケインズの美人投票が、ゲーム理論家にとって古典的ともいえる「純粋協調」ゲームと同じ構造を持つからである。この構造は、第2章で、言語選択のケースについて既に取り上げられている。純粋協調ゲームにおいては、各プレイヤーがn個の選択肢から選択を行う。すべての選択肢は等価であり、獲得される効用は選択肢に左右されない。さらに、利得の大きさは、同じ選択肢を選択したプレイヤーの数に比例する。したがって、プレイヤーにとって重要な唯一のことは他のプレイヤーたちと協調することであり、この協調を可能にする選択肢がどれであるかは重要ではない。純粋協調ゲームと呼ばれるのはこの意味においてである。古典的な例は「出会いのゲーム」である。ある町で二人の人間が互いを見失い、再び出会おうとする。出会う場所は彼らにとってどうでもよい。彼らは単に再会したいだけである。ケインズの美人投票にも、これと同じ論理が見いだされる。各自が、最も多く採用される選択は何かを見いださなければならないが、その選択が何かにはあまり重要ではない。この状況にゲーム理論を適用するとき、複数の解が見いだされる。一方では、どの選択が採用されるかには関係なしに、満場一致が均衡である。実際、満場一致の状態においては、どの主体も最大利得を獲得する。よって、決定を変更しようとする者はいなくなり、結果として、満場一致の一点集中が持続していく。他方、ある特定の決定が優れた決定であるという仮説が集団の全成員によって共有されるとき、全員による選択の効果を通じて、必然的にその決定が良き決定となるだろう。集合信念が自己実現していると言ってよい。集合信念が集合信念であるのは、全員がそれを集合信念であると信じているからにほかならない。以上より、先行の諸章で指摘した——流動性を性格づける——三つの特性がここでも見いだされる。三つの特性とは、均衡の非決定、模倣の一点集中、信念の自己実現である。この分析を金融市場に適用することで言えるのは、市場参加者の全員がそれを正当な価格《ジュスト・プリ》と見なしさえすれば、いかなる価格も均衡価格になりうるということである。こうした結果は重要なものであるが、それが、開かれた選択肢をめぐるプレイヤーの特殊な判断——われわれが一次の信念と呼んだもの——に準拠せずして獲得されるのである。ここで、均衡の選択に関してもっと正確に述べるために、新しい議論材料を導入することにしよう。トマス・シェリングが『紛争の戦略』[28]で行っている研究が、この点に関して助けになると思われる。同書においては、プレイヤーたちが一定の選択肢に特に引き付けられることが取り上げられており、シェリングはそうした選択肢を「フォーカル・ポイント」と呼んでいる。ジュディス・メータ、クリス・スターマー、ロバート・サグデンの研究[29]によって、この観点による研究は近年大きな発展を遂げている。

メータらは、数多くの純粋協調ゲームを実験している。われわれの考察の文脈に照らして、そのうち二つのみを取り上げよう。すなわち、数字〔自然数〕を挙げる、年を挙げる、の二つのゲームである。数字のゲームにおいては、プレイヤーの全員に対して、利得の大きさが同じ選択をした人の数に比例することを知らせた上で、一斉に一つの自然数を選択することが要求される。それゆえプレイヤーたちは、最高得票を得る数字を見いだすよう促される。この作業は決して容易ではない。なぜなら、先験的《アプリオリ》にはどの数字も適切でありうるからである。ゲー

集団C（n＝88）		集団J（n＝90）	
解答	割合	解答	割合
問1（年）：			
1971	8.1	1990	61.1
1990	6.8	2000	11.1
2000	6.8	1969	5.6
1968	5.7		
r＝43		r＝15	
問2（数）			
7	11.4	1	40.0
2	10.2	7	14.4
10	5.7	10	13.3
1	4.5	2	11.1
r＝28		r＝17	

ム理論は全く役に立たない。なぜなら、ゲーム理論においては、どの選択肢も絶対的に同等とされるからだ。どの選択肢からも同額の利得が得られるとすれば、区別を可能にするものは何もない。プレイヤーたちが何とかして互いに協調することに成功するとすれば、それは、ゲーム理論で考えられていることとは別の仕方で彼らが推論を行うからにほかならない。彼らは、利得からだけではなく、利得〔を与える選択肢〕の文字面《リベレ》からも選択肢をとらえるのだ。この観点から見れば、1と——例えば——13022011とでは、両者の利得が同額であるにもかかわらず明らかに区別がある。既に一九六〇年にシェリングが着目しているように、これに関しては、論理よりも想像力のほうがずっと役に立つ。この仮説を検証すべくメータらは、Cで表される統制集団を選抜することを考えた。Cのメンバーには、協調の制約を課さず、単に自然数を選択するよう要求した。このようにしてメータらは、被検集団内の個人的意見の分布について情報を入手した。これはわれわれが一次の信念と呼んだものである。次に、Jで表される第二の集団[30]において、先ほど詳しく述べたルールに従って協調ゲームが行われる。

解答結果を考察しよう（問2について）。一次の信念を示す統制集団Cにおいては、多い解答から順に、7（一一・四%）、2（一〇・二%）、10（五・七%）、1（四・五%）である。ゲームに参加した集団Jにおいては、解答の強い収斂が見られる。四〇%が1という数字を選択し、次いで7という数が一四・四%であった。また、ユニークな解答の数rは明らかに減少した。この結果は目を見張るものがある。この結果は、自己準拠的な状況、すなわちプレイヤーが共通の準拠基準を持たない状況においても集団Jが互いに協調できることを証明している（！）。ゲーム理論によれば、どの数も他の数と同等であるのだから、解答の分散はかなり大きくなければならないはずである。[31] しかし、実際には明らかにそうはならない。選択肢の文字面《リベレ》の助けを借りることによって、プレイヤーたちは、効率的な協調戦略を実行することができている。その様子を明らかにすべく、まずは、最も単純な二つの戦略を仮定することから考察を始めよう。それは、ケインズが「本当に最も美しい顔を選択する」（一次の信念）、「平均的意見が最も美しいと見なすであろう顔を選択する」（二次の信念）という文言において明示的に言及している二つの戦略である。前者は、プレイヤーが一次の信念に従っていることを仮定している。[32] われわれはこれをファンダメンタル主義的戦略と呼ぶ。統制集団Cの結果が分散しているのと対照的に、集団Jから得られる結果は収斂が顕著であるから、第一の仮定は棄却することができる。プレイヤーが利得を得るには、他の人々の選択に関心を寄せねばならないと考えられる。[33] したがってプレイヤー自身の意見では適切性を欠く。〔二つの戦略のうち後者の〕二次の信念を仮定することのほうが、ずっと見込みがあるように見える。これは、プレイヤーが集団の一次の信念を検討した上で、最も割合の大きいものを選択することを仮定している。[34] われわれの例においては7という数字がこれに当たる。プレイヤーが集団の一次の信念に関して信頼しうる情報を得ていると仮定される場合、二次元の信念に依拠することによって、数字7に基づく協調が出現する。[35] 集団Cでは第四位にすぎなかった数字1が集団Jでは第一位になっていることは、二次の信念とは別の戦略が採られている証拠と言える。メータ、スターマー、サグデンはこれを「シェリング標識」と呼んでいる。

シェリングもこのゲームを研究したが、彼によれば、数字1には、その固有の質による必然性がある。それがすべての数の中で「最初でありかつ最も小さい」がゆえに、そのユニークさは明白なのである。[36] もっと一般的には、シェリング標識は、全員に強制される選択として分析されている。[37]〔プレイヤーに〕求められるのは、プレイヤー全員の同意を集められる選択肢を見つけ出すことである。そのためには、全員に共通しているものを、あるいはプレイヤーたちが全員に共通すると信じているものを拠り所にしなければならない。首尾よく事を進めようとして個人的意見を一つ一つ考慮したとしても、それらが本来的に多様であるがゆえに、障害物を築き上げることにしかならない。シェリング標識を見つけ出すには、むしろ、集団のまとまりそれ自体に、すなわち集団のアイデンティティを明確に定義するものに定位しなければならない。こういうわけで、数字1はプレイヤーの一次の信念には極めて小さな割合（四・五％）しか占めないにもかかわらず、集団の四〇％によって選択されたのである。年に関するゲームも結果は同じである。一次の信念は一九七一年を選択するのに対して、集団の多数協調（六一・一％）は一九九〇年である。なぜか。一九九〇年は、集団が集められてテストが行われた年であったからだ。このことによって、個々人が一次の信念として自分の誕生年（一九七一年と一九六八年）を選ぶとしても、集団に強制されるのはこの選択である。[38] ここでも、特殊な歴史を備えた特殊な総体としての集団が有する諸特性からシェリング標識が練り上げられることが明らかである。

要するに、シェリング標識は、集団が自分自身に対して十分な距離を置くことを意味する。これを介することで集団は、誰もが正統的と認める準拠基準という形態の下に外在化される。準拠基準の性質を明確に把握するには、静態的枠組みを離れ、動態的ゲームを考察しなければならない。同じゲームが繰り返されるケースでは、t時点になされた選択は、当然にもt＋1時点には標識と見なされる。前回の結果が持つこうした力[39]は、標識の自律性を、すなわち標識が固有の勢力《ピュイサンス》を獲得するという事実を表している。集団は、斉唱《ユニゾン》〔第5章三参照〕を支配的にする能力が標識にはあるのだということを記憶に留める。集団はこの記憶を蓄えておき、類似性の認められる協調問題に直面するときに、それを再び活性化させるのである。(40) こうして、われわれが「慣行的信念」(41)と呼ぶもの、もしくはもっと簡単に慣行《コンヴァンシオン》と呼ぶものが出現する。このような準拠基準が出現すると、それまでよりもずっと協調が容易になる。プレイヤーたちは、他の人々が選択しようとするものを知るのに、今や慣行《コンヴァンシオン》に目を向けるだけでよい。慣行《コンヴァンシオン》が多数同意の対象となる場合には、他プレイヤーの行動についての予想を可能にする勝ちの戦略は、慣行《コンヴァンシオン》への順応ということになる。他人を模倣するには、慣行《コンヴァンシオン》を模倣すれば十分となる。要するに、慣行《コンヴァンシオン》的信念の出現は、相互行為の構造を変えてしまう。内的媒介が外的媒介に席を譲るのである。さらに、慣行《コンヴァンシオン》が超然的な力《フォルス》として個々の人間に課されるという事実もまた、慣行《コンヴァンシオン》の標識の存在から説明される。慣行《コンヴァンシオン》の標識は、個々の人間が持つ共同情動《アフェクト・コミュン》〔第5章二参照〕が発現したものでもある。

次節においては、自己準拠的相互作用に関する以上の理解に基づき、金融市場の機能の一定の側面、特にその非効率性、すなわち価格とファンダメンタル主義的評価との間の断絶を説明していきたい。このことによってわれわれは、なぜ金融的競争がその安定性に必要な復元力を生み出さないのか理解することができるであろう。

四　金融市場の非効率性

今しがた定義した慣行《コンヴァンシオン》的信念を性格づけるのは、集合信念が個人の信念ではないという逆説的な事実である（!）。誰かによって選択されることなしに――全く選択されないわけではないが――全員によって選択される選択肢を例示しているのが、数字の1や一九九〇年である。金融市場の非効率性の核心にあるのが、この逆説である。完全に合理的な投資家が自らの合理性を失わずにファンダメンタル主義的評価から距離を置くことができるという事実は、この逆説によって説明される。このときの状況は、どの個人も命題ＶＦ〔ファンダメンタル価値〕を信じていながら、それと同時に、集団がＶＦと異なる慣行《コンヴァンシオン》Ｐに順応して行動することも信じており、しかも二つの信念のうちどちらも誤りではない、というものである。この状況は、われわれが慣行《コンヴァンシオン》的信念の自律性と呼ぶものをわかり易く示している。慣行《コンヴァンシオン》的信念がこのように自律性を有していることは、個人主義モデルとは相容れない新しいタイプの論理が存在することを意味する。個人主義モデルにおいては、集合信念は個々の意見の「総計」である。そのようなものとしての集合信念は、個々の意見からの自律性を有していない。しかし、シェリング標識の観念が提案する観点からは、全く違った景色が見えてくる。そこには、別様の論理を持つ二つの別個の水準が共存している。個人的信念の水準と、慣行《コンヴァンシオン》の水準がそれである。自律性の特性が市場に付与されると、価格Ｐが個人的評価VF_iから切り離される。このような価格は、強い意味において市場の産物と言ってよい。それは流動性の――しかももっぱら流動性のみの――産物である。

　自己準拠ゲームを分析することによって、それがどんなものかということはわかった。個人が本当に考えていること――すなわちファンダメンタル主義的評価――と、個人の効率的選択とは注意深く区別しなければならないのである。このことが重要なのは、ここで考察されている相互作用の性質からして、「理性」を持ち、提起されている問題に「正しく」解答した者には報酬は与えられず、多数意見の動きをできる限りうまく予見するのに成功した者が報酬を受け取るからである。このように金融市場〔の考察〕に区別を持ち込むことによって、性急に非合理性を持ち出さずにすむことになる。投機バブル期（すなわち金融共同体がファンダメンタル価値と見なすものから相場が持続的に乖離している時期）には、金融投機家の非合理性がしばしば指摘される。過小評価となっている通貨のケース[42]について言えば、この通貨は過小評価であるにもかかわらず、為替市場で売り浴びせの的となることによって、いっそう大きな過小評価になってしまう。二〇〇〇年九月、ユーロの市場に見られたのはまさにこのことであった。このときの過小評価状態においては、ユーロを押し上げて正常な水準に戻す復元力が不在であったことが確認される。通説的な分析によれば、この状態は、通貨の価値を正しく評価できない為替トレーダーの非合理性に起因している。だがこの仮説は妥当ではないし、必要でもない。為替トレーダーは――全体としても一人一人としても――、当該の通貨が過小評価されていることを十分に知っていながら、それを売り続けることがある。実際、彼らが市場に参加するときに重視するのは、彼らが――自らが判断しうる限りで――その通貨の真の価値と考えるものではなく、市場が行うであろうと彼らが考えるものである。市場においては、集団の意見の推移を正しく予想することに成功すれば、利益を上げられる。それがゲームのルールである。われわれは、理性を持つことや、ファンダメンタル価値をできるだけうまく評価することを、市場参加者に求めない。この観点から、二〇〇〇年九月のユーロ急落時に質問を受けた為替トレーダーの答えが注目される。そこには、ファンダメンタル主義に基づく個人的評価と、投資の選択との間の二分法が見られる。一個人としてはユーロの過小評価を確信していても、損失を出したくないので売りを余儀なくされるというのだ。

「私共オペレーターは、ユーロ高を強く確信していますが、為替市場の他の参加者たちのポジションがユーロの売り持ちであることを知ってしまうと、そのような確信は重要ではなくなります。同じように、ユーロが対ドルでもっと高くなるべきだと評価される場合でも、私はいつも、ユーロを買うことには躊躇します。実際、多くの参加者が売りであるときに私一人が買い手に回っても、必ずや損失を出すでしょう［…］。私は心から信じていることを必ずしも行うわけではなく、むしろ、オーバーシュートで終わる市場が総体として行うであろうと思われることを行うだけです。外国為替市場の意見をできるだけ正確に評価しようというのが、オペレーターの仕事です」[43]。

このトレーダーは個人的には過小評価を確信しているにもかかわらず下落に賭けるのであり、しかもそのことが完全に合理的な行動なのである。彼がユーロを買っていたなら、損失を被っていただろう（!）。この状況を分析するには、何よりもまず、この為替トレーダーが披露している解釈に耳を傾ければよい。そこでは二つの評価、すなわち彼の私的なファンダメンタル主義的評価と、他のトレーダーについての評価が対置されている。このような文脈の下で、インタビューを受けているトレーダーは、市場の推移を決定づける多数の売り手がいるという事実によって、自らの追随主義《スイフイスム》を正当化している。彼の分析によれば、引用文中の「多くの参加者」が売りポジションをとるのは、ユーロが過大評価されていると考えているからである。つまり、ファンダメンタル主義的な観点から見て誤った見解に基づいて、「多くの参加者」は売りに走っているという。この既成事実を前にした為替ブローカーには、もはや選択の余地はない。彼は、多数意見の不当なる専制に屈伏するしかない。この解釈においては、われわれが「慣行《コンヴァンシオン》的信念の自律性」と呼ぶもの、すなわち諸主体全員において私的意見と社会的信念との間の乖離が見られる状況は見いだされない。つまり、この為替トレーダーが提示している解釈枠組みにおいては、市場の価格は、参加者の多数（「多くの売り手」）のファンダメンタル主義的評価を直接に反映しているとされる。価格と一次の信念との間には乖離は存在しない。インタビューを受けている為替トレーダーにおいてのみ、ファンダメンタル主義的評価と市場の信念との間の乖離が認められる。このような状況の下では、合理性が彼に命じるのは、多数意見を模倣することである。

この解釈は必ずしも誤りではない。所与の特定の金融の局面状況においては、実際には、無知で情報に通じていない非合理的な投資家も市場にはいる。このときの問題は事実問題である。この場合には、通貨の価値を見誤っている投資家が数多くいるという事実によって、ユーロ安バブルは容易に解釈される。それは集合的な非合理性の産物と見なされる。行動ファイナンス論が採るのはこのような解釈方法である[44]。しかし注目したいのは、この解釈が何よりもまず、なぜ多くの為替トレーダーが同時に勝ちを収めるのかを説明しなければならないということである。市場内に同じ誤りが波及することは、どのようなメカニズムによって説明されるか。この点に関して、行動ファイナンス論は、〔プレイヤーたちが犯す諸々の〕誤りの間の相関を説明するために、認知心理学を援用している。ダニエル・カーネマンとアモス・トヴァスキーの研究に依拠して、アンドリュー・シュライファーは次のように記している。「経験的分析が証明しているように〔…〕、人々はランダムな仕方で合理性から逸脱するのではなく、大部分の人々は同一の仕方で合理性から逸脱する[45]」。この答えは十分に説得的とは言えない。まず、偏倚《ビイェ》する人数は限られているものの、全員が一致して同じ偏倚を犯すことが問題を提起するくらいには十分な人数の逸脱者がいる。カーネマンとトヴァスキーが展開した諸概念に同意する者にとっても、このことは問題である。それに加えて、この説明は、なぜ一定の投資家たちが偏倚の不可避性を免れ、完全合理的な仕方で行動するのかを全く説明していない。なぜわれらの為替トレーダーは誤りを犯さないのだろうか。彼はいかなる点において特殊なのだろうか。ここで興味深く思われるのが、完全合理的なわれらのトレーダーと、同一の偏倚に収斂するトレーダーから成る市場との間の非対称性らしきものを除去する別の解釈を考察することである。この新たな解釈においては、市場参加者全員が同じ情報を持ち、同じファンダメンタル主義的評価を形成するものとする。したがって参加者全員がわれらの為替トレーダーと同じ仕方で、つまり自らが市場の慣行《コンヴァンシオン》的信念であると見なすもの（この場合は下落）に依拠することによって模倣的な仕方で行動する。この観点から見る限り、誰もが同じように合理的であり、他の人々の行動に関する同一の期待に基づいて行動する。「硬直的に」売る参加者が多数いるのではなく、他の参加者たちの行うことに考えをめぐらせ彼らが売るだろうことを予想する為替トレーダーが多数いるのである。『リベラシオン』誌のインタビューを受けたトレーダーも「他の参加者」の間にいる。もしもわれわれが彼らにインタビューするならば、彼らもまた、市場――これ自体が盲目の中で規定されている――に逆らっても無益であることを指摘するだろう。言い換えれば、インタビューを受けたトレーダーは彼らの考えを誤解しているのだ。「他の参加者」たちが売るのを見た彼は、誤って、彼らがユーロを過大評価と見なしているのだと解釈した。しかし実際には、彼らも彼と同様に、下げは正しくないと考えつつ、下げという市場の意見には抵抗できないことも承知しているのである。市場においてわれわれは、自分が信じることをではなく、市場が信じることを行うのである。

以上の事実解釈が正しいとすれば、ユーロの過小評価を確信する私的信念「VF」と、市場は下落傾向にあるとする慣行《コンヴァンシオン》的信念「P」とが分離しているという前述の状況が確認されることになる。もしも誰もが「市場は下げを信じている」と信じるのであれば、誰もが弱気筋に加わるので、実際に市場は下落し、そのことによって事後的に慣行《コンヴァンシオン》的信念が妥当化する。このような状況においては、非合理的な主体の存在を想定しなくても、バブルが現われる。誰もが、私的評価においても、市場についての自らの評価においても、完全に合理的である。二種類の評価に誤りはない。二つの評価は同じ対象に関わっていないので、互いに矛盾し合うこともない。私的評価――上げ――はファンダメンタル価値に関わっている。慣行《コンヴァンシオン》的信念――下げ――は市場の将来的推移に関わっている。参加者の心の中では、この二つの評価が分離していることは必ずしもショッキングではない。二つの評価の分離は、市場メカニズムの自律性に起因している。投資家の目には、市場の経験――市場は彼らを超越し彼らに対して行使される力《フォルス》として経験される――は、集団的評価の自律性という仮説を裏づけているように見える。またこの状況の下では、慣行《コンヴァンシオン》的信念が私的評価に寄せる形で調整されることはなく、慣行《コンヴァンシオン》的信念のいっそうの強化がもたらされるだけである。慣行《コンヴァンシオン》的信念は、唯一のもっともらしい説明として、彼らが支配できない力を表現するものとして通用している。以上からの結論として、諸水準を全体として見ると、複数の信念があることが確認される。(46) すなわち、ユーロは基礎的《フォンダマンタル》条件に照らして実質的に過小評価である。而して価格は低下している。ゆえに市場は自律的な仕方で（すなわちファンダメンタル評価とはかかわりなく）動いている。

二つの評価は別個の経験――一方ではファンダメンタル価値、他方では価格――に関わっているにもかかわらず、両者がいずれも同じ資産の評価である限りにおいて、両者を比較する傾向が見られる。この観点から見るとき、次のような観察には疑問の余地は全くない。すなわち私的評価が自らを価格に合わせるのであり、その逆では決してない、と。市場から主観的判断への伝染《コンタジオン》が確認されることは明白であり、伝染は慣行《コンヴァンシオン》的信念の勢力《ピュイサンス》をいっそう強めていき、最終的に慣行《コンヴァンシオン》的信念は内面化されて個人的意見に組み入れられる。この事実は重要である。というのも、この事実により、市場が階層的《イエラルシゼ》な社会体であること、市場が「市場外で構築された諸概念に基づいて交換を行う独立した精神の並存」では決してないことが明白だからだ。ワルラス的な見方とは対立して、交換は個性や価値に関わりを持っている。交換が個性や価値を形成するのである。市場の価格が諸意識に及ぼすそうした影響は、その固有な権力《プヴォワール》からの帰結、すなわち市場の価格が様々な方面において一連の利害を喚起することからの帰結である。価格は規範としてのパワー《ピュイサンス》を持つ。こうしたパワー《ピュイサンス》を如実に表す例が、金融アナリストや格付け機関である。これらの主体は、市場に情報提供するために、ファンダメンタル主義的評価を産出していると見なされている。ところが彼らの貧弱なパフォーマンスといったら周知の通りである。彼らは複数の経路を通じて金融的利害とつながっており、自らの独立性を表明しているにもかかわらず、自分たちの判断を市場の判断に合わせるよう強いられている。エドゥアール・テトゥルーが衝撃的な小著において明らかにしているように、金融アナリストにとっては、「正しい理由よりも他人とともに間違えること」(47)のほうが価値がある。このことは既にケインズが当時述べていた。「世俗の知恵の教えるところでは、型を破って成功するよりも、型通りのことを行って失敗したほうがまだしも評判を失うことが少ないのである」(48)。市場の価格に固有なこうした正統性から、確認されるいかなる推移をも妥当視しようとする投資家の絶対的性向が派生する。これは需要供給の法則の正反対物である。例えば二〇〇七年と二〇〇八年に、数多くの証券化商品の価格が下落し始め過去最大の下げ幅を記録したが、そのことによって——効率性仮説に合致するような——強い需要は喚起されなかった。下落を止めたのは、公的当局による介入であった。つまり、パニックを止めるにはシステム外部の行為主体が必要であった。そうした主体がいなければ、システムは外破していただろう。このことは、金融市場単独では自己救済を行えないことの明白な証明である。金融的競争は自己調整的ではない。よって金融的競争の規制を撤廃することは大きな誤りである。

五　価格のいくつかの特性について——過度の変動性、投機バブル、災厄への盲目

ここまでわれわれの分析は、金融の論理が持つ構造的諸特性——価値増殖（利殖）、効率性、安定性、需要供給の法則、流動性、自己調整能力——を対象としてきた。特にその中で明らかにされた標識《サイヤンス》の原理は、株価変動の詳細な解明へと歩を進めることを可能にするものである。標識の原理は、株価変動の統計的特性を説明する手がかりを提供するのである。まず、価格変化の「非ガウス的」性質について考えておきたい。この特性は謎をはらんでいる。いかなる株価指数をとってみても、長期的なパフォーマンスは、ガウス・モデルに従う小さな変動の

長期的な累積的継起によってではなく、ごくわずかな日数に集中する強い変動によって達成されているように見える。例えば、一九九三年から二〇〇八年までの一五年間に、ＭＳＣＩ欧州指数[49]は平均で九・二七％の上昇を示した。ところが、変動が最も大きかった一〇日間[50]を除くならば、上昇は五・六八％に低下する。一年のうち一日を除いただけでのこの低下は印象的である。最も好調だった三〇日を除くならば、パフォーマンスは〇・九〇％に低下し、同じく四〇日を除くならばマイナス一・一三％に低下する。つまり、全般的なパフォーマンスは、考察期間の一％以下というごくわずかな日数で達成されている。確率論の見地から解釈すれば、この結果は、価格変動が平均値からかなり大きく乖離していることを示唆している。例外的な事象、すなわち非常に強い上昇や非常に強い下落は稀ではない。ガウス法則（すなわち「正規曲線」）のケースに見られるよりも、それはずっと頻繁に起きている。この法則は、従来、偶然を記述するのに用いられてきたが、正確には、平均値の付近にかなり集中して起きるランダムな現象を考察するのに役立つものなのである。株式相場については、ガウス的な表象は明らかに不適合である。マンデルブローの言葉を借りて言えば[51]、株式市場の偶然は「軽い偶然」ではない。例えば、一九八七年十月十九日のアメリカ株式市場が経験したような相場変動（ダウ工業株指数の二二・六％下落）はガウス法則に合致していない。実際、この市場における価格の振幅が正常な法則に従っていると仮定するならば、これほどの偏移《デリーヴ》を観察するのに要する平均時間は一〇の四七乗年、すなわち地球の年齢を五乗したものになるであろうことが証明されている。ジャン＝フィリップ・ブショーとクリスティアン・ワルテールは次のように述べている。「ガウスのケースであれば、最初の株式市場が猿人《アウストラロピテクス》によって開かれていたとしても、一九八七年の大暴落（およびその発生が集合記憶されていないもっと小さな他の数多くの大暴落）は起きるはずがなかったであろう」[52]。

自己準拠性の分析に依拠することで、こうした価格の過度の変動性を簡潔に説明することができる。この分析によって見いだされたのは、市場の同意を獲得しうるものを探り当てるべく、ありとあらゆる仮説・風評を調べ上げずにはいられない活動的で焦燥的な金融共同体の姿である。しかし、何がしかの事象が、そこに標識《サイヤンス》が読み取られるという理由で多数の主体によって同時に選択され、しかもその選択が現実的な情報内容と無関係に行われるとき、この模索過程はしばしば、散在的かつ暴力的な模倣の一点集中に堕してしまう。このことによって、基礎的条件《フォンダマンタル》との関係を持たない不意の強い価格変動が起きる。(53) 言い換えれば、標識の探索は、根本的に、模倣の集積を通じる増幅メカニズムであり、これは、一定の短期的変動——初めはあまり目立たない——に市場の注意を集中させることを通じて行われる。

長期においては、このメカニズムは違った働き方をする。一つの解釈が最終的に市場全体の同意を集めるとき、このメカニズムは持続的に安定する傾向がある。こうした条件の下で、誰もが正統的と認める評価モデル——われわれが「評価慣行《コンヴァンシオン》」と呼ぶもの——が出現する。このようにして、自己準拠的集団は客観的準拠基準の欠如を一時的に乗り越える。評価慣行《コンヴァンシオン》が受け入れられている間は、鏡面の動態は著しく単純化される。なぜなら、そういう時期には、他人が行おうとすることを予想するのに、慣行《コンヴァンシオン》が予想するものを考えればそれで十分だからだ。評価慣行《コンヴァンシオン》は、投資家が現実を認識するときに依拠する解釈シェーマを提供する。観察される現象が予想に一致している間は、慣行《コンヴァンシオン》は継続する。観察事実が世界についての支配的な慣行《コンヴァンシオン》的表象と過度に矛盾するようになり、したがって変則《アノマリ》が蓄積されると、市場は当該の慣行《コンヴァンシオン》を放棄して別の慣行《コンヴァンシオン》を探索し始める。「ニューエコノミー」という慣行《コンヴァンシオン》が依拠していた電子商取引の成長見通しが楽観的すぎることがわかった二〇〇〇年初め、まさにこの動きが見られた。その後に起きたのは、相場の暴落であった。また、二十世紀末に支配的であったこの慣行《コンヴァンシオン》は、インターネット・サイトのビジター数やクリック数からドットコム企業の価値を評価することを提案するものであった。その結果、閲覧において大きな成功を収めている企業の株は、〔企業が〕構造的に赤字であっても値上がりすることができた。しかしこの仮説はかなり疑わしいものだった。なぜなら、ビジター数と収益水準との間には自動的な連動性は存在しないからである。さらに、「ニューエコノミー」という慣行《コンヴァンシオン》は、潜在的顧客からの注目を引き付け続ける能力を想定することによって、いわばスクリーンの最初の登場人物に決定的優位を与えていた。古典的な企業であれば大量の資源を保有することでハンディキャップを克服できるが、ここ〔インターネット関連企業〕ではそのようなことは不可能とされていたのである。「二つの文化」は完全に対立し合うものとされていた。以上のことによって、一九九九年末に、eトイズ（eToys）という新興企業の株式時価総額は、巨大玩具企業トイザラス（Toys“R”Us）のそれを三分の一上回った。しかしeトイズは赤字を出しており、総売上においては一〇〇〇以上の店舗数を誇るトイザラスの三店分の売上しかなかった。それから数年のうちに、この慣行《コンヴァンシオン》が誤りであることが徐々に明らかになっていった。eトイズは二〇〇一年三月に破産を申請し、その時点で株式の価値はもはや数セントでしかなかった。その一方でトイザラスはアマゾンと提携して、オンライン商取引の開発に成功した。これらの出来事はどれも、「ニューエコノミー」という慣行《コンヴァンシオン》によればほとんどありえないことであった。

こうした歴史的動態の中では、ヨゼフ・シュンペーターが技術イノベーションのサイクルに関して示したことに似て、金融的慣行《コンヴァンシオン》には裁量的な部分がある。金融的慣行《コンヴァンシオン》は、それが諸々の成果を上げるのに貢献している間は一時的に堅持されるが、それがまだ役立っている間に棄却されてしまう。金融的慣行《コンヴァンシオン》のケースにおいても技術イノベーションのケースにおいても、事前的に「良き選択肢とは何か」を明確に定義する基準が存在すると考えてはならない。つまり、以上の分析がわれわれに示しているのは、事前的な最適性が存在しない、試行錯誤と学習から成る完全に歴史的な時間性なのである。そこでは将来は根本的に非決定である。将来は諸々の個人的選択の結果であり、個人的選択はまた、市場が将来について考える仕方に左右される。既にシュンペーターが技術的イノベーションについて述べていたように、新古典派的な方法の大きな誤りは、人間社会という領域にいながら選択肢の先験的《アプリオリ》な最適性を望む点にある。論理的時間――歴史的時間でなく――に身を置くのでない限り、そのようなことを望んでも意味がない。試行錯誤と学習のモデルは、歴史的な時間概念に適合する唯一のモデルである。[54] このような文脈の中で、基礎条件的な経済データだけでは、個人的および集合的な知識の進化を明らかにするのに十分でない。そうした知識の進化は、社会的文脈を構造化する他の諸要因に、すなわち多様な信念や価値、あるいはまたアニマル・スピリッツ（血気）に左右される。経済学の伝統的なモデルにおいては、知識の進化は客観的現実を反映するものと見なされるのに対して、われわれのモデルにおいては、集合知識は金融的相互作用そのものから生み出されるものとしてとらえられる。要するに、金融市場の目的は、私的諸評価の異質的な総体から出発して、集団的に承認された評価――評価コンベンション――を産出することにある。この産出には還元不可能な裁量的部分があるが、そのことの理由はまさにナイト的不確実性に求められる。われわれが良き選択を行うことは先験的《アプリオリ》に確実ではない。したがって、他の慣行《コンヴァンシオン》を差し置いて或る慣行《コンヴァンシオン》を採用するという選択は、必ず賭けの形をとる。この限界は、われわれが克服しうるようなものでは決してない。というのも、ナイト的不確実性に関しては、これが行いうる最良のことだからである。

金融的慣行《コンヴァンシオン》を詳細に分析することは、本書の計画の範囲外である。[55] ここでは単に、市場には投機バブルを生み出す強気の慣行《コンヴァンシオン》を選択する一定の傾向があることを指摘するにとどめよう。われわれにとってこのことは驚くべきことではない。そのような慣行《コンヴァンシオン》は投資家の利益になるのである。というのも、それは投資家に莫大な利益を提供するからである。著しく不確実で非決定的な領域にあっては、最終的に支配的となる意見が、関係者たちの利害に適った意見であることは社会的必然である。ここで問題となっているのは意識的な選択の過程ではなく、試行錯誤の動態である。市場はこの動態を経て、最終的に、自らの繁栄に最も役立つ信念へと焦点を絞っていく。そのような〔信念として〕強気の信念がひとたび出現するならば、すなわちひとたび市場が大量の富を創出する自らの能力を証明できれば、そのような信念は批判――「どうしてそう言えるのか？」――に耐えて正統性を維持するであろう。これ以降、そうした強気の慣行《コンヴァンシオン》は持続性を獲得し、強い上げ相場を生み出すだろう。既にわれわれは、災厄への盲目(56)が支配的になる必然性についての分析を提示したことがある。災厄への盲目が大規模になっても、それに制約を加えるような自動的な復元力は決して作用しない。これに関与する二つの議論がある。

概念的に最も重要な第一の議論は、金融的評価に固有な不確実性に依拠している。不協和で多様な声が上がり、それが過去の経験を引き合いに出しながらプルーデンス〔健全性、慎重さ〕を支持するようになったとき、投機的熱狂の支持者は、不安がる理由がないことを主張する。過去の教訓は今やその大部分が無効である、なぜなら世界は「新時代」に突入したのだからだ、と。彼らは、このことによって新しい評価ルールが正当化されるという(57)。以前観察されたことにはもはや価値がない、というわけである。ここに見いだされるのは、われわれ自身の理論的分析――社会的世界は定常的ではないから統計的推論からは確実性を得ることができない――でもある。どの状況も、潜在的には新規のものと見なした上で、分析しなければならない。これは、争う余地のない真理に基づいており、それゆえ強力な議論である。経済秩序の根本的転換というテーゼを裏づけるほどに目覚ましいイノベーションが起きている状況が考察される場合には、この議論はいっそう説得力を増す(58)。最もわかり易い例示は、インターネット・バブルによって与えられる。上げ相場の支持者は、情報革命が経済メカニズムを根底的に変えてしまったために、株式評価の伝統的ルールが時代遅れになったのだと指摘する。われわれは「新時代」に突入した、と。同様の考え方は、鉄道投機の際にも見られた。この時代の人々は次のように考えていた。「われわれは、全世界が単一の家族――単一の言語を話し、同じ法によって支配され、単一の神を崇める――になる時代の到来を期待してよいだろう[59]」と。これにより、向こう見ずなリスク引き受けが正当化されていった。資本主義の転換に関するこれと同じ議論は、二〇〇〇―二〇〇七年にも広まっている。これは「グレート・モデレーション」と呼ばれる。先進諸経済は不安定性が後退しそれゆえ確実性が増した、という考え方である。われわれはローリスク・ハイリターン〔低リスク・高収益〕の時代に突入し、その結果として、スプレッド〔安全証券との間の利回り格差の統計値〕やボラティリティ〔価格の短期的変動の統計値〕に関して歴史的記録が生み出されているというのである。この見方を裏づけるものとして挙げられるのが、この時期における金融イノベーションの著しい進展である。証券化は資本主義を構造的に安定化させたとされる。というのも証券化は一方で、固定化のリスクを最初の信用供与者に集中させ続けるのではなく、多数の投資家に広く分散するし、他方では、固定化のリスクをより多くとれる投資家がそれ〔証券化商品〕を保有することを可能にするからである。

「リスクを管理し多様な投資観を持つ新しい諸主体は、過去にはいくつかの主要な金融仲介機関に重大な影響を及ぼしていたショックを、緩和し吸収することを助けてくれる[60]」。

こうした議論は至る所でかなり執拗に行われている。これによって新しい商品への強い信頼が正当化されてきた。

不協和の声に対抗しようとする第二の議論は、少数の孤立的個人の意見の前に立ちはだかる数の力に訴えるものである。これは「民衆《フル》の知恵」とも呼びうるものである。つまり、市場に逆らおうなどとするのは、いったいどんな人間なのだろうか。一人の個人だけでどのようにして多くの合理的主体に打ち勝てるというのか。こうした考え方は、その正統性のほとんどを効率性理論から引き出している。効率性理論によれば、市場は莫大な情報を集めるがゆえに特定の個人――どれほど情報に通じているとしても――よりもずっと優れている。よって、市場に身を委ねるべきであり、少数派の分析には警戒しなければならない、というわけである。

以上の分析は全体として、強気の慣行《コンヴァンシオン》の背後にはどのような勢力《ピュイサンス》があるかを示唆している。それは、バブルに賭けている金融的諸利害の結託勢力にほかならない。これに対抗する健全性《プルーデンス》の勧告が確実性を欠くように見える場合には、この勢力はいっそう拡大する。単なる推測にすぎないものによって、活気や成功の輝きに対抗しようとしたところで、何ほどのことができようか。勝負は互角と言うにはほど遠い。よって、金融システムが自己修正する能力は皆無に近い。この点については、事実によってあまりにも明白である。サブプライム危機の事例においては、二〇〇七年初めに不動産価格が反転し、サブプライム・ローンの焦げ付きが憂慮すべき水準に達するに及んで、ようやく風向きが変わった。過去に研究されたあらゆる諸事例におけるのと同様に、予め歯止めをかけることでこの危機を回避しうる市場の能力は極めて低かったことが明らかにされている。われわれの考えでは、これは格付け機関が犯す「誤り」によるものではない。格付け機関が行っているのは、単に周囲の諸信念に同調することにすぎず、そうした信念を洗練された意見へと置き換えることにすぎない。別の機関であったとしても、同様のことを行っていただろうし、そうしなければ――もしも別様の行動をとるならば――顧客を失っていただろう。そう考えられる理由は、この盲目が決して心理学的事実ではなく、金融ゲームに固有な諸制約からの帰結であることにある。このような〔予め歯止めをかける〕仕方で危機が回避されたことはないということは、金融の歴史全体を通じて既に証明されている。このことは、金融業者の非合理性や強欲を想定することとは全く無関係である。持続的上昇から得られる即時的な利潤と、潜在的破局についての意識との間には、勢力《ピュイサンス》と無力ほどの力の開きが見いだされる。将来利益が仮説的かつバーチャルであるのに対して、現在利益は命令法によって自己主張する。両者の間の闘いは、あまりにも実力差がありすぎる。[61] 周囲の全員から、自己の即時的利益が命じるままに行動せよと圧力をかけられたら、どの取引主体も抵抗できない。インターネット・バブルの最中に、オープンエンド型投資信託のマネージャーが、どのようにすれば、新テクノロジー部門を回避する形で運用できたというのか。そうしていたらマネージャーは顧客を失っていたであろう。そのうえ、上昇の非合理性に気づいているマネージャーにとっても、上げ相場を止めることは利益にはならない。彼の利益はむしろ、できるだけ長く上げ相場から利益を引き出すことにある。ここでもわれわれの分析は、金融市場には、金融市場の行き過ぎを是正するいかなる復元力も存在しないことを示している。金融的競争は特殊な性質、すなわち根本的に不安定な性質を有している。

六　流動性と慣行《コンヴァンシオン》——小括

第Ⅲ部では、なぜ金融的競争と通常の競争とは、対照的特性を持つ別個の論理に照応しているのかを明らかにしてきた。財市場にあっては、生産者と消費者という二つの対立する利益集団が顔を合わせる。財の供給者である生産者は価格上昇を望むのに対して、需要者である消費者は低価格を求めて闘う。この対立は、逆方向の二つの力を生み出すがゆえに、需要供給の法則に従って価格を安定化させる。証券流通市場には、同様のことが観察されない。株主たちは、高い収益という同一の欲望を完全に共有している。構造的に一方に買い手がいて他方に売り手がいるというのではなく、流動性への選好に応じて供給者になったり需要者になったりする投資家がいる。新古典派の経済学者は、この条件の下で需要供給の法則を救い出すために、客観的変数として証券の固有価値〔または内在価値〕を用いる。これが株式相場を、市場および相互作用の外にある現実に係留させるというのだ。この価値の存在が復元力の源泉となって、価格のドリフト〔大きな上下変動〕が禁じられ、効率性がもたらされる、というわけである。だが、この負のフィードバック・モデルは、理論的にも経験的にも通用しない。「理論的に通用しない」というのは、そのような客観変数が市場的不確実性の性質に関する誤った仮説〔われわれが「確率主義仮説」と呼ぶもの〕に依拠しているからである。「経験的に通用しない」というのは、基礎的条件《フォンダマンタル》データにおいては、観察された相場の推移が考慮されないことは明白だ。それゆえ、同一の競争の論理が通常財の交換をも資産の交換をも貫いているという通念(62)は、棄却されるべきである。交換が効用に関わるか流動性に関わるかによって、二つの別個な動態を考慮しなければならないのである。それに加えて、株式相場の動態を支配する固有価値という仮説も放棄しなければならない。

この仮説を放棄することによって、市場金融に関するわれわれの理解もまた、根底から修正される。証券の客観的価値増殖の存在を認めないことによって、これまで定着していたわれわれの思考習慣は覆され、かつて踏査されたことのない解釈の道が開かれる。価格とは、もはや市場ゲームの上流で定義された量《グランドゥール》を表現するものではなく、流動性を探し求める金融共同体による特殊な創造物である。われわれの中心的テーゼはこのようなものである。その基礎になっているのが、第4章で既に論及した流動性の観念である。

ある対象が流動的なものとなるための基礎は、それが集団によって価値の正統的表現として承認されることである。交換の中で集団の成員一人一人がその対象を「購買力」ないし支払手段として受領するのは、同じ基礎の上で他の諸成員がそれを受領することが期待されるからである。この意味で流動性は実体とではなく、慣行《コンヴァンシオン》的信念とつながりがある。このような結びつきは、堅固な集団的信頼に基づいてのみ創始されうる。このことを概念化したものが、模倣的な一点集中である。既に貨幣に関してこの論理を詳細に分析してきた。そこに見いだされたのは流動性の絶対的形態であった。「素材的富の普遍的な代理物として、お金には限りがない。というのは、それはどの商品種類にも直接に転化できるからである[63]」。金融部面において流通する証券もまた流動性の形態を作り上げているが、ただしそれは貨幣との等価性から派生する二次的な流動性であり、商品を直接入手できるものではない。投資家が証券保有を受け入れる条件は、受け入れ可能な価格でそれを売り戻せるということである。ここに見いだされるのは、諸主体の視線が現在の市場および予見される市場の推移に焦点化《フォカリゼ》している自己準拠的な布置状況である。だが、証券を受け入れ可能な条件で売り戻せるということが、どのようにして確信されるのだろうか。貨幣の場合と同じように、絶対的に確信することは不可能である。貨幣の将来的受領に関していかなる確実性も存在しないのと同様に、明日証券を売り戻せることを保証するものは何もない。ここで提起されているのは、集団行動に関する信頼――われわれが「～を信じる《クロワール・アン》」と呼んだもの――の問題である。実際には、この「～を信じる」の目的語となるのは、一定期間にわたって金融価格の形成を構造化する評価慣行《コンヴァンシオン》である[64]。

以上の分析によって、先行の諸章で流動財に関して述べてきたことが補強された。こうして姿を現した確固とした競争モデルは、経済学者が個人の効用関係を分析するときに伝統的に用いてきたモデルとは全く別のものである。手前味噌ではあるが、動態に関しても均衡に関しても独特な流動性のモデルを提示できたことは、本書の貢献の一つである。モデルの出発点となる相互作用の自己準拠的な布置状況においては、誰もが他人の欲するものを――「純粋協調モデル[65]」に基づいて――探り当てようとしている。ここに見られるのは、第2章でルネ・ジラールに従って「内的媒介[66]」と呼んだものである。「内的媒介」とは、模倣的諸個人の間の正のフィードバック型の競争過程である。既に示したように、この布置状況においては、合理性は、標識を持つ対象と、すなわち最大多数によって模倣される能力を有する対象と関わっている。このような相互作用の諸々は、〔流動財として〕選出されたものの価値を慣行的に打ち立てる集合信念を通じて、安定性を獲得する。選出されたものの価値は集合信念の働きを通じて、一定期間、行為諸主体の影響力が及ばないところに置かれる。こうした自己外在化の現象によって集団は根底的な変容を被る。なぜなら、他人と協調するために誰かの模倣をすることが必要なくなったからである。いまや、慣行《コンヴァンシオン》的行動に身を委ねればよいのである。外的媒介が内的媒介に取って代わったのだ。模倣主義《ミメティスム》は残っているものの、社会性と価値の同一の共通モデルに〔模倣行動の〕焦点が絞られており、模倣主義の居場所は相互作用からはみ出た所に定められている。貨幣・流通証券・小切手の基礎には、これと同じ自己準拠的性質を持つ構造が見いだされる。すなわち、集団の行動に関する個々人の期待から、集団的同意が構築される。この意味で流動性の論理は、貨幣の流動性、金融的流動性、銀行流動性のどれをとっても、効用の論理と大きく異なる。流動性が対象としているのは、貨幣、流通証券、銀行貨幣の価値に関する持続可能な信念であるのに対して、効用の観点から見るとき、価格は、使用価値を獲得するために乗り越えねばならない障害の尺度でしかない。価格は、購買時の出費として瞬間的に重要性を持つにすぎない。商品の価格と証券の価格は性質を異にしている。

これら多様な流動性の間には類似があることが明らかである。それらはいずれも、流通空間に帰属するすべての人々にとっての利害の一体性を生み出すからである。市場的な社会性がとる特殊な形態がここには見いだされるのであり、これを通じてバラバラな諸個人が社会を作る。流動性は経済諸主体を互いに緊密に結びつける。というのは、何よりもまず、個人αが保有する流動財の価値は、他の保有者の行動によって決まるからである。もしも他の保有者たちがあれこれの理由で流動財を欲しなくなるならば、それの価値はゼロに低下し、個人αは自分では何もしていないのに破産してしまうかもしれない。したがってどの主体も常に、自分の富が依存している集団がどのような行動をとるかに注意を払っていなければならない。将来の不安が予想される場合には、彼はできるだけ速やかに売却することを強いられる。というのも、最初の売り手は常に、最も損失が少ないからである。最初に売ることを促すこの特性は、いわゆる「自己実現的予言」の現象を可能にする。信頼喪失の可能性を恐れる諸個人は、直ちに自衛のための売却を強いられるが、その結果として、自分がそこから身を守ろうとしていた当のパニックが引き起こされてしまう。単なる危機の恐れが危機を生み出しうる。このメカニズムは金融市場にだけでなく、古典的には預金銀行に見いだされてきた(67)。このような動態はわれわれにとって意外なものではなく、流動性が慣行的《コンヴァンシオネル》信念に基づいていることの例示にすぎない。この信念が疑われるとき流動性は消滅する。証券の受け取りや小切手の受け取りが客観的価値に担保されていることに注意を促すことによって、こうした見方に反対する者もいる。証券であればファンダメンタル価値、一覧払預金〔流動性預金〕であれば中央銀行貨幣による準備金がそれだというのである。しかしこれは全くの間違いだ。証券の客観的価値についてどう考えたらよいかは既に述べた。預金についても同じことが言える。預金を一〇〇パーセント保証することはできない。払い戻し要求のうち全額が満たされるのは初めのうちだけである。保証が役割を演じるとすれば、それは客観的保証としてではなく、信頼のムードを保ち続ける助けになるという意味においてである。

第2章で試みた流動性と言語の比較に立ち戻って言えば、われわれは下位の流動性を、特定集団によって話されるいわゆる「方言」——すなわち地方言語——になぞらえることができる。この比較が興味深いのは、交換可能性モデルに基づいて方言の価値――すなわちその普及勢力《ピュイサンス》――を国語との合致に求めることはできず、むしろそれに固有なダイナミズム――コミュニケーション手段として広く通用するその能力――に求めるべきであるからである。流動性についても同じことが言える。流動性は、価値表現として受け入れようとする市場参加者の人数に比例して高まる。この点は重要であり強調しておかねばならない。(68) 銀行貨幣については理解は容易である。しかし株式相場については、事情はより微妙であり、理解が容易とは言えない。この分析によれば、株式相場の力《フォルス》は、いわゆる情報効率性によってではなく、準拠基準として経済空間に広く自らを通用させる相場の能力によって決まる。現代の金融化された資本主義はこの能力を最大限に発揮しているので、模範的例示を与えていると言える。経済空間においては、消費・投資・生産・貯蓄・分配といったすべての行動がこの変数に賭けられている。企業経営における株主価値しかり、報酬の算定におけるストック・オプションしかり、消費における資産効果しかり。株式相場がその力を発揮するのは、株式相場がすべての諸実践、すべての意思決定に織り込まれるからである。例えば「フェア・バリュー」〔公正価値〕と呼ばれる会計基準がある。これは、資産を購入時費用ではなく、市場価値によって評価しなければならないというものである。この会計基準が用いられることで、金融市場は経済行動に対する影響力を高めた。金融市場が、評価形成が行われる正統的な場所として認められたのである。想起してほしいのは、二〇〇八年十月にこの会計基準が修正を強いられたことである。そのままの会計基準を継続すると、銀行は〔資産の〕減価を認めなければならず、その結果自己資本が強く圧迫され、プルーデンス〔健全性〕比率の達成が妨げられる、と考えられた。(69) こうした破綻を回避すべく、公正価値の使用を制限しなければならなくなったのだ。この例に見られるのは、本来的に慣行的《コンヴァンシオネル》な行動様式であると言える。なぜなら、行動の基礎には、経済行動のための準拠基準として通用する流動性の能力があるからである。

以上の分析の結果、流動性が、貨幣に関わる現象、金融[70]に関わる現象、銀行に関わる現象という広範な諸現象の総体を理解可能にする決定的概念であることがクローズアップされた。これらの現象のいずれもが、特殊な共同体の内部における価値の社会的承認いかんにかかっているのである。慣行的《コンヴァンシオネル》信頼のモデルによれば、この合意《アコール》は契約から帰結するのではなく、当該集団に固有な勢力＝パワーが独特な仕方で築き上げられることから帰結する。〔貨幣・金融・銀行のどの領域においても〕共同的な準拠基準が産出されるが、そうした産出は正のフィードバックの動態に従って行われ、どの動態にも同じ特性——満場一致・均衡の複数性・非決定・非効率性・経路依存性・非予見不可能性——が見いだされる。しかし強調しておかねばならないのは、先ほどの三つ〔貨幣・金融・銀行〕の流動性を同列に置くことはできないということである。本源的な市場空間を定義する貨幣の流動性は、他の二つの流動性に勝る吸引力を持っている。

結論

ヴェーダ・インド〔古代インドのバラモン教社会〕の専門家であるシャルル・マラムーは、その著作の中で、彼が研究している社会において〔宗教的〕祭式が世俗的諸関係の「モデル」[1]となっていることを指摘している。例えばダクシナー〔サンスクリット語で「報酬」を意味〕――供犠祭官への支払手段――は「賃金のモデル」[2]となる。「祭式的行為は、組織化された複雑な行為の設計図でありモデルである。そうした設計図なりモデルなりが分節化されていくのである」[3]。祭式的行為は、原理を提供し、解釈シェーマを提供し、そして世俗世界を分析・組織化するための用語法を提供する。[4] 新古典派理論が提示する諸々の「モデル」も、これと同じような性質を持っている。ヴェーダ祭式と同様に、新古典派のモデルは、規範でもあり、説明でもあり、そして道具でもある。このことに対応して、新古典派のモデルの中では、区別を必要とする以下三つの目的が混然一体化している――すなわち、どうあるべきかを述べること、どのようなものであるかを述べること、世界を構築すること。自然科学にはありえないことであるが、こうした様々な領域の混交により、あらゆる困難が噴出してくる。実際には、経済学が関心を寄せているのは、どのようなものであるかということ以上に、どうあるべきかということである。[5] そこから経済学には、いかなる経験的土台からも遊離した形式的表現に閉じこもってしまう確かな性向が見られるようになる。エドモン・マランヴォーはそうした形式的表現を「想像上の経済についての抽象的モデル」と言い表している。(6) 一九五二年にパリで開かれた不確実性についてのシンポジウムの席上でレオナルド・サベージとモーリス・アレが闘わせた議論は、経済学者が事実と関係を取り結ぶことの困難をよく物語っている。議論の的となったのは、結果が不確実である複数の行為の間で選択を行う基準についてのサベージによる提案であった。(7) アレは、サベージの基準が合理的人間の行動に合致しないことを証明しようとした。(8) この証明は決して容易ではない。というのも、このような基準には、外部観察者にはほとんど知ることのできない主観的評価が入り込むからである。行動Aと行動Bの間での選択について、或る人々がAを選択するとき別の人々がBを選択する、それでいながら二つの集団のいずれも誤った仕方では行動していない、ということがありうる。決定の多様性はもっぱら、結果の効用に関する観点、あるいは主観的確率の値に関する観点が多様であることによるものである。しかしアレは、この困難を回避し、基準の妥当性を検査するための巧妙な手段を見いだす。彼が取り上げるのは、同時に二つの選択が行われるケース〔注(9)で説明されている宝くじの事例〕である。つまり、一方でAとBとの間で選択を行い、他方でCとDとの間で選択を行うとされる。また、個人的な性向がどうであれ、サベージの基準に従えば、BよりもAを選好する個人は必ずDよりもCを選好するものとされる。(9) さらに何らかの個人がこの選択を行わねばならない場合に、そこに潜むこうした論理的関係は全く知られていないとされる。以上の条件の下で、この個人の直観は彼自身に何を命じるだろうか。(10) 効率的な選択はどのようなものであろうか。これを知るためにアレが採ったのは、経験的なアプローチであった。すなわちアレは、ランダムに選ばれた諸個人を一箇所に集め、彼らに対して二つの問いを提出する――「あなたはAとBのどちらを選好するか」「あなたはCとDのどちらを選好するか」。

得られた結果は、意外なものだった。BよりもAを選好する個人の多数がCよりもDを選好したのである。つまり、観察された行動は、サベージの基準と完全に矛盾していた。これがいわゆる「アレのパラドクス」である。その後もこのパラドクスはしばしば再確認されている。この結果はサベージの立場に打撃を与えた。この結果は、サベージの基準が、諸個人が現実の中で不確実性に対処していく仕方についての適切な記述ではないことを証明したのである。だがこれで終わりではなかった。というのも、アレは同じテストをサベージ本人に対しても容赦なく行ったからである。アレはサベージに二つの選択を提示し、根底にある数学的関係を明かさずに彼の選好について質問した。アレは大きな危険を冒していた。なぜなら、サベージは決して「何らかの個人」ではないからである。不確実性状況下の意思決定について長年研究を行ってきたサベージは、その研究に基づいて、自分の基準に従った選択を行うかもしれなかった。しかしそれは杞憂であった。サベージは多くの人と同じように解答し、BよりもAを、CよりもDを選好したのだった。皮肉なことに、基準の発案者が、自分自身の提唱に反する仕方で行動したのである。(11)

アレが得た経験的結果は、曖昧なところが全くなかった。経済をあるがままに理解しようとする者に対して、アレの結果は、サベージの基準を放棄して、観察される行動によりよく適合した概念に取って代えることを要求するものであった。(12)ところが実際はそうはならなかった。たとえ経験的証拠に反していようとも、経済学はサベージの基準を堅持したのである。アレの研究にもかかわらず、「期待効用の最大化」は、リスクに直面する合理的諸個人の行動を記述する上で多くの経済学者が依拠する基本モデルであり続けている。このことは、経済学が事実と取り結ぶ歪んだ関係を、経験的に示している。デュルケム派の人々は、当時この点について正しい主張を行っていた。彼らは、経済学者が事実を扱うときの軽率さを強調してやまなかった。(13)少々長くなるが、経済学における方法の問題について数多くの考察[14]を残したフランソワ・シミアンから引用しておこう。

「実験的方法による抽象化は、具体的現実をモデル化し映し出すために絶えざる努力を行い、絶えず事実との対応を統制することに配慮し、そしてこの対応が検証される限りでのみ、価値を有する。しかし〔経済学に〕見られる抽象化はイデアなのである。このイデアは、研究者の思考を通じて、元となる一定の客観的データに即して形成されるのには違いないのだが、事実との対応には直接に配慮することなく自由に形成される。研究者の思考が諸イデアを定義・修正・結合するとき、形式的矛盾だけは犯さないようにされるが、しかし実験による検証が顧慮されることはなく、もっぱら演繹・推定・想像という理性的能力だけに依拠しているのである[15]」。

シミアンは、彼が「概念的」あるいは「イデオロギー的[16]」と形容するこの方法に対して、自然科学モデルに合致したアプローチ――「経済現象を客観的にそれ自体として取り上げ因果的観点に立つ理論〔を作り上げることを目的とするアプローチ[17]〕」――を対置している。シミアンは、モデルと現実との間に存在する乖離をモデルの誤りとしてではなく、現実の欠陥として解釈する経済学者たちの習慣に対抗しているのである。科学的手続きの初歩的規則からの逸脱として、これ以上に憂慮すべきものをほかに想像できるだろうか。この逸脱は、法則というものを産出しない科学、というパラドクスに通じている。デュルケムが述べるように、「ふつう法則と呼び慣わされているものですら、一般的にいってその名に値せず、単なる行為の格率や、法則のように装われた実践的規範にすぎないのだ[18]」。このことは需要供給の法則や「ホテリングの法則」〔ハロルド・ホテリングが提示した「差別化最小の原理」〕について当てはまる。そこで扱われているのは、物理法則のような真正の自然法則ではない。これらの法則は、あるがままのことを述べたものではなく、一定条件の下で何が起こりうるかを述べたものである。せいぜいこれらの法則は、もっともらしいメカニズムを記述しているにすぎない。
しかし、こうした批判は大いに正当なものだとはいえ、全くもって勢力を欠く《インピュイサンス》ものであることを免れない。たとえ批判が妥当であっても、新古典派的思考の並外れた普及が示すように、新古典派的教義の命運に対して影響を及ぼすほどの警告にはならなかった。社会学者のリチャード・スウェッドバーグが述べているように、この点に関する限り、僻目《ひがめ》である疑いはほとんどない。

「大方の専門家から見て、現代において最も重要な社会科学が経済学、もっと正確に言えば、メインストリームと通常呼ばれる種類の経済学——その最強の拠点はアメリカである——であることは明白である[19]」。

その弱点にもかかわらずこれほどの成功を収めたことを、どう説明すべきであろうか。批判をしても経済学の方向性をいささかも変えられないということ自体が、解釈を要求する驚くべき逆説的現象である。われわれから見れば、デュルケム派は、自然科学と社会科学が同一の科学性概念を共有していると考える点で誤っている。彼らはこのような考えから、経済学の成功を、「因果性の観点から」現実を解明するその能力によるものと解釈している。しかし、そのような角度から見たら、経済学は確実に見劣りがする。むしろ、経済学は、仮説‐演繹的方法によって尊重されるものとは別の効率性基準に従っている。経済学の成功の鍵はそこにある。この点を明らかにすべく、一九五二年パリにおけるアレとサベージの対決に立ち戻ろう。

アレがサベージに対して、Dを選好するサベージの選択が彼自身の著名な研究を無効にすることを明らかにして見せたとき、サベージは深刻な心理的ショックを受けた。サベージはすぐに、自らの誤ちの影響が及ぶ範囲をすべて理解した。彼はそうした現実を否定しようとはせず、少し省察の時間をおいたあとで、次のように応答した。「あなたに理がある。私は間違っていた。私はかなり確実にBよりもAを選好するし、また私は、Bよりも

Aを選好する個人がDよりもCを選択するほうが有利であることも確信している。その結果として、私はDよりもCを選択する」[20]。驚くべき答えである。サベージは誤りを犯したことを認めるが、ためらいなく最初の選択をひっくり返して、今度はCを選好すると主張している。つまり、彼は自らの基準を堅持し、アレの提出した批判を却下しているのである。「何という悪質なプレイヤー、何という嘘つき！」とわれわれは叫びたくなる。そこにいるのは、自らの欠点を受け入れず、純然たる機会主義によって今はDよりもCを選好すると言い張る個人である。だが、われわれの分析で言いたいのは、そのようなことではない。説明しよう。まず、選択肢A、B、C、Dが、Aを除いてかなり小さい確率――すなわち一%――の事象を含む複雑な宝くじであることに注目すべきである。われわれが選好するものはこれだと決めることは、先験的《アプリオリ》には容易ではない。このような選択肢を前にしては、誰もがためらいを覚えるだろう。さてサベージの基準とはどんなものであろうか。サベージの基準は、直観に従ういくつかの公準を出発点とする規範的な構築物にほかならない。例えば、BよりもAを、そしてCよりもBを選好する個人はCよりもAを選好するはずだ、という推移律の公準を意外に思う人はいないだろう。サベージの基準はこのような公準から論理的に演繹されるので、このような公準に同意する人は合理的であれば必ずサベージの基準を是認するに至る。そこで、Dを好む選択と自分の基準との間の矛盾を認識したサベージは、論理の飛躍を見いだすために一つ一つ推論をやり直した。第一に、彼はAへの選好を改めて是認した。この点に関しては、彼の直観は非常に強固であり、疑われることはなかった。第二に、彼の基準が正しいとすれば、BよりもAを選好する人は必ずDよりもCを選好するはずである。第三に、彼はこの見解を自分自身に適用する。彼は自分の基準が的確であることを信じているので、彼はDよりもCを選好するはずである。以上のようなことが、彼の新たな解答の意味である。彼が選択肢Dを好む直観の強さと、彼の基準の妥当性への彼の確信の強さとを比較すると

き、重視されるのは後者である。それゆえ彼は心底からCを選択したのだった。(21)

確かにこの推論手続きには首尾一貫性がある。しかし強調しておきたいのは、それがサベージの基準の性質と利用における根底的な転換を意味することである。今やこの基準は、それに対する同意《アドエジオン》を通じて介入してくるのであり、そのことによって直接に個人の行動に影響を与えている。その結果、われわれは自然科学の枠組みから完全に離れてしまう。あたかも、落下する石が自分の軌道を決めるために重力の法則に直接に準拠するかのようなものである。この条件の下では、石を動かしているのはもはや重力ではなく、ニュートン・モデルへの同意である。同じようにして、ここでは経済学者のモデルが、「あるがままのこと」についての客観的記述であることをやめてしまう。モデルは、市場参加者たちに助言を与える行動指針となる。状況が複雑であればあるほど、モデルの役割が求められる。何よりもまず、この〔モデルという〕支援が同意を獲得するとき、個人は支援が得られることに満足している。これは、この支援が合理性と効率性のあらゆる外観を呈しているためである。何年か後にサベージはこの出来事を振り返っているが、そこでは、誤りを正すことが肝心であったと主張することによって自身の行為が正当化されている。

「CとDとの間で私の選好を逆転させることによって、私は誤りを正せたと考える。明らかに、私の選好というのは全くもって主観的なものであるから、基本的な意味では私が誤りを犯すことはできないのだが、より微妙な別の意味においては誤ることがありうる。不確実性に言及しない単純な例によって、この点を明らかにさせていただきたい。二一三四・五六ドルで車を買う人が、総額二二二八・四一ドルでラジオ装着を注文する気になるのは、二つの金額の差が大きくないと感じるからである。しかし、『もしも既に車を持っているとすれば、おそらく一台のラジオに九三・八五ドルを支出することはあるまい』と考え直すとき、彼は自分が誤りを犯したことに気づく」[22]。

車の例において、この人物が犯す誤りは古典的なものである。彼はラジオの価格を車の価格と比較して評価しているが、唯一重要なのは、ラジオの正味の価格である。九三・八五ドルは、車の価格の四・三％でしかないかどうかにかかわらず、それがもつ価値に対しては高すぎである。この種の誤りは〔水中の棒が曲がって見えるような〕光学的錯視と同じ性質のものである。この市場参加者は、知らぬ間に車の価格と比べていたので、ラジオは高すぎないという印象を持った。錯視であることに気づいても、彼の感覚は必ずしも修正されるものではない。だが彼は頭では感覚の歪みを知っている。この同じ文章の中でサベージもまた、選択Dが不適切であることは頭でわかっているが、選択Dに対する元々の魅力を依然として感じていることを告白している。

このエピソードは、経済学の言説が持つ曖昧さを完璧に例示している。既に二十世紀初めにフランソワ・シミアンは、諸個人の「真の利益」を定義するという経済学者たちの野望に対する警戒を呼びかけていた。科学的手続きの確信的な信奉者であれば、経済学者によるそうした定義に、諸個人が自らの利益と見なすものが顕示されることを期待してしまうであろう[23]。しかしわれわれが見てきた諸事実は、カール・ポパー流の科学の一体性のテーゼ――自然科学と社会科学は同じ認識論を共有する――がいかなる点で誤りなのかを教えている。社会科学は、研究対象となっている現実に直接影響を与えることによって、特殊なのである。なのに、なぜわれわれは経済学が他の科学と並び立つ一つの科学であることを主張できるのか。さらに言えば、伝統的科学において昔から認められてきた法則というものを経済学が一度も提出したことがないことをなぜ承認できるのか。これらに答えて、この学問分野の若さを持ち出す人もいよう。だがそのような議論は、事実として誤りである上に、その科学的プロジェクトの特異性それ自体のうちに潜む真の問題を完全に無視している。先に挙げた例においては、サベージの基準に忠実な選択は、経済学者があるがままの事実の理解を優先目的にしていないことの明白な証明になっている。彼らから見てそれよりも重要なのは、経済学の教育的使命である。「経済主体の錯視と闘うこと」がそのスローガンである。実質的に、経済学者は、自分のモデルに合致する現実を生じさせることを請け負う人間なのである。今の時代には、世界の変革への経済学のそうした関与について無数の例が見いだされる。そのことが特に顕著なのは、効率性理論のうちに自らの最良の弁護と最良の効能書を見いだそうとする金融化の例であろう。こうした状況を前にすると、マルクスとは逆にわれわれは、今まで経済学者は世界を変革しようとする傾向が強すぎたので、これからは彼らに世界をもっと解釈するよう心がけてほしいと、言いたくなってしまう。本書の経済学再生プロジェクトの目的の一つは次のようなものであった。すなわち、「あるがままのこと」の理解を優先することによって、事実にもっと注意を払う経済学アプローチを提案すること、がそれである。このような方向転換が肝要なのである。

要するに、以上の分析は、社会諸科学の現実との関わりには二つの態様があることを公式に認めるものである。すなわち社会科学は、一方では、世界を理解可能にしようとするし、他方では、世界を変革するための助言を与えようとする。そこから、互いに競合する二つの評価基準が帰結する。つまり或る命題について、あるがままの諸事実を考える能力に基づいて判定するか、それとも、世界を有効に変化させる能力に基づいて判定するか。一つのアイデアが世界に働きかける能力は一定の現実「適合性」――これがなければアイデアはバーチャルなものにとどまるだろう――を前提とするのであるから、二つの基準は一見そう見えるほど互いに矛盾してはいない、と主張する人も過去にはいた。しかしこのような分析は棄却されねばならない。この点に関して経験的事実にはいささかも曖昧なところがない。アイデアが利用されるかどうかは、それを主張する利害や、それが喚起する確信によって決まる。いずれも、アイデアの固有な「真理性」とは非常に遠い関係しか有していない。近年、この点について模範的な例示が提供されている。資本主義の金融化が莫大な利益をもたらしたことによって、経済学者たちの間には、市場金融に好意的な見解が醸成された。そのような見解は正当化されることがなかったが、破局的な規制緩和を導いてしまった。どうしてこれ以外の結果ではありえないのであろうか。社会諸科学は、世事に関わる学問であるがゆえに、その分析を自分たちの利益になるように修正しようとする科学外部の諸利害からの介入を喚起せずにはいない。これが一般法則である。重要なのは、経済学者がそのことを意識し[24]、自分たちの学説の自律性を最もよく保つためのルールを自らに課すことである[25]。この問題は本書の考察範囲を超えているが、密接に関連した別の問題は本書の関心の中心となっている。すなわち、効用価値仮説はどのようにして、事実を無視して「想像的世界」の考察に向かう経済学の性向を助長するのであろうか。そして、対案として提示される貨幣的アプローチは、どのようにしてそうした偏移《デリヴ》を回避しうるのであろうか。

　これらの問いに答えるには、二つのアプローチが現実に関して同じ見方をとっていないことを理解する必要がある。ただしそうは言っても、諸事実そのものをめぐって不一致があるわけではない。問題はそこにはない。科学が考慮する現実的なもの《ル・レエル》には、現認される諸事実だけでなく、世界を支配する法則と合致する全事象が包括される。こうした事象には、実現されていないもの、可能態にとどまっているものも含まれる。だとすれば現実的なもの《ル・レエル》とは、世界の中で作用している諸力《フォルス》が生み出しうるものすべてである。二つのアプローチの本質的な不一致は、そうした力の性質をめぐるものである。新古典派アプローチによれば、支配する力はたった一つしか存在しない。何物であれ自分にとって効用があればそれを欲しがる個人、がそれである。新古典派の基本モデルは、限界主義的な価値論の起源となっている「商品を追い求める消費者」というモデルである。われわれは本書において一貫して、人は個人的意志のみに従うのではない、ということを示そうとしてきた。経済活動には、何を行えばよいかを諸個人に指示する集合的なパワー《ピュイサンス》も作用するのである。貨幣はその範例をわれわれに与える。貨幣がかき立てる欲望は、そのものとして追い求められるような内在的効用に由来するものではない。それは、模倣の一点集中によって引き起こされる群衆《ムルティテュード》のパワーを起源に持つ社会的構築物である。貨幣がかき立てる欲望は、それ自身の論理を持っている。このことから、第5章で検討した「貨幣の奇跡」には、合理的行動の個人主義的モデルが妥当しなかったのである。そこで確認されたのは、市場参加者の期待形成に際して手本《モデル》となる自律的な集合表象が存在することであった。そうした表象は、参加者たちをより多くの貨幣追求へと向かわせることもあれば、貨幣の拒否へと向かわせることもある。標準的なマクロ経済学の観点からは、この現象は貨幣需要の強い不安定性を表すものとされる。今日に至るまで、新古典派経済学は、このような集合的諸力を考慮に入れることを拒否してきた[26]。新古典派経済学が知っているのは、効用によって駆り立てられる個人的意志だけである。この観点からは、新古典派経済学者を、合理的行動という特殊な力についての専門家として定義すべきであろう。彼らは絶えず、合理的行動の新しい布置状況を考案している。彼らから見れば、自己の利益を合理的に追求する諸個人が役割を演じるあらゆる動態は現実的《レエル》である。こうして、現実性《レアリテ》についての非常に広い見方が帰結する。この意味では、ワルラスの「純粋で完全な競争」市場は全くもって現実的なのである。ただしそう言えるのは、その原理に従って機能する市場が事実として存在するからではなく、ワルラスのメカニズムが経済学的に持続的であり機能しうるからなのである。したがって、モデルの現実適合性基準はあるがままのものとの合致にではなく、それを機能させる可能性に求められるのである。観察を通じた確証ではなく、製造を通じた確証にほかならない。ここでの経済学はまるでレゴ遊びのようなものである。要素であるブロックは、変質することは決してなく、位置を変えるだけである。しかしその結果として、多少とも複雑な相互作用の布置状況が作り上げられる。経済学者は、個々人の利益に変更を加えることはせずに、それらの効果的実現を可能にするよう相互作用の図面を引くのであり、したがってもっぱら下流のほうに介入する。出来上がったメカニズムが作動するには、諸個人を自由に行動させるだけでよい。その例としては、フォンターヌ＝アン＝ソローニュにおけるワルラス的市場の開設や、(27)企業幹部の利害を株主の利害に一致させようにするストック・オプションの承認が挙げられる。経済の有政府性《グヴェルヌマンタリテ》〔無政府的でないこと〕は、個々人の行動を統制するこうした――個々人の利益に訴えるという点で――特殊な様式に基づくとされる。(28)しかし既に述べたように、新古典派経済学が引き起こす変革は破局を導きうるのである。

　新古典派経済学は現実を変革する能力を通じて自らの妥当性を主張するが、本書が提案するアプローチには決してそのようなことはない。われわれのアプローチの出発点は、個人的主権の公理系ではなく、価値を生み出す社会的諸力についての研究であった。これを踏まえて、そうした社会的諸力の三つの表出が研究された――すなわち稀少性、貨幣、金融的慣行《コンヴァンシオン》である。三つはそれぞれ、使用価値、商品価値、株式評価の起源をなすものである。これらの諸力は個人の支配を超えたものであるから、われわれのアプローチにおける現実との関わりは、新古典派経済学が前面に押し出すものとは徹頭徹尾異なっている。経済学者には、三つの力を造り出すことも制御することもできない。なぜならこれらは個人的な意図性を完全に免れているからである。(29)われわれは科学的観察によってのみそこに隠されている秘密を暴くことができる。以上を根本理由として、われわれのアプローチにあっては、以上のような諸現象の解明に通じる唯一の道であるところの、事実の研究を特別に重視する。だからと言ってこのアプローチは、諸価値が制度化された後に展開する相互作用についても分析を怠るつもりはない。

したがって、正統的なアプローチを拒否するものではない。実際、新古典派アプローチに固有なもの、それを特徴づけるものは、相互作用が始まる前に価値の問題が解決済みであるとする想定にある。簡単に言えば、経済人《ホモ・エコノミカス》は他人と関係を取り結ぶときに、自分が欲しいものを完全に知っている。彼の周囲の諸物《オブジェ》の質は既に規定されており、それと同じように彼の目的関数もまた既に規定されている。このとき個人が解かなければならない唯一の問いは、できるだけ自分の利益を大きくするにはどう行動すればよいか、である。こうして生み出されたのが、道具的合理性の観点のみから経済的行為を理解しようとする理論的言説である。社会関係へのこの特殊な接近法は、多くの経済学者によって声高に要求されてきたものである。そのことは、ライオネル・ロビンズによる次の定義が成功を収めたことから明らかである。すなわち、経済学は「代替的用途をもつ稀少な諸手段と諸目的との間の関係としての人間行動を研究する科学[30]」である、と。この定義は、現象の特殊領域へのいかなる言及も含んでおらず、道具的な合理的行動の原理のみを基準としている。これに続けてロビンズは、「経済科学の主題についての限定は全く存在しない[31]」と述べている。エドワード・ラジアーが述べるように、唯一の条件は、「個人が何かを最大化する[32]」ことである。これを分析するために経済学者は、数学的道具の一式を発展させてきた。これにより、様々な制約を考慮に入れたときに、個人によって追求される目的を最もよく達成するのはどんな戦略なのかが規定されてきた[33]。しかし、諸制約の下での最適化戦略についての計算が数学的スキルを要求するからといって、経済的世界の解明という観点からの真の重要事が、「何が個人にそうした目的を追求させるのか」を知ること――つまり個人の行動の意味やそれを支配する価値の問題――にあることを忘れるべきではない。

　以上を踏まえて言えば、新古典派の経済学研究は、市場秩序のレジームの下での――すなわち品質〔ないし質〕や効用が定義されているときの――経済動態に関して貴重な知見を提供しているものと解釈される。したがって、個人の目的が満足いく仕方で記述される限り、新古典派的な研究には数多くの適用の道が開かれる。最適化行動を規定しようとする経済主体への支援がそれであるし、また共通善に合致する解を見いだそうとする政策当局者への支援もそれである。新古典派経済学の強みはすべて、あれやこれやの利益集団に対応できるというその能力に見いだされる。しかしこのことはまた弱みでもある。なぜなら、同じ利益集団（経営者、労働組合、公的権力またはメディア）が今度は自分たちの有利になるよう経済学者の分析に圧力を加えるだろうからである。さらにまた、このアプローチが別の次元の理由によって、すなわち厳密に理論的な理由によって本質的に脆弱であることを忘れるべきではない。つまりそれは妥当性条件を統制できていない。新古典派理論は、モデル化されない暗黙の制度的仮定に基づいている。考察されてきた狭い理論枠組み――すなわち商品経済[34]――において重要なそれは流動性である。一般均衡が記述する諸商品の効用関係は、貨幣という制度を条件としている。経済諸主体の流動性要求に応えてその要求の安定化をもたらすという貨幣の能力が問い直されるならば、交換において重大な攪乱が引き起こされる。この攪乱が持つ論理は、完全にワルラスの思考の外にあるものである。要するに、市場秩序の完全な解明は、道具的合理性のみにとどまらない観点を必要とするがゆえに、新古典派経済学者によっては行いえないのである。重要になってくるのは、社会生活全体の基礎となっている共通の諸価値を把握することである。[35]

最後に、本書の導きの糸となった見方を再確認しておきたい。すなわちそれは、経済諸関係を不当に物化《オブジェクティヴェ》〔対象化ないし客体化〕する実体価値の観点からの脱却が求められている、という見方である。価値は物《オブジェ》〔対象ないし客体〕の中にあるのではない。それは共同生活を可能にする集合的産出物なのである。それは制度としての性質を持っている。

économique », 1994.
Tétreau Édouard, *Analyste. Au coeur de la folie financière*, Paris, Grasset, 2005.
Veblen Thorstein, *Théorie de la classe de loisir*, Paris, Gallimard, coll. « Tel », 1970［1899］.（高哲男訳『有閑階級の理論』ちくま学芸文庫，1998 年）
de Villé Philippe, « Comportements concurrentiels et équilibre général : de la nécessité des institutions », *Économie appliquée*, tome XLIII, n°3, 1990, p. 9-34.
Walras Léon, *Éléments d'économie politique pure ou théorie de la richesse sociale*, Paris, Librairie Générale de droit et de jurisprudence, 1952［1900］.（久武雅夫訳『純粋経済学要論――社会的富の理論』岩波書店，1983 年）
Weber Max, « L'objectivité de la connaissance dans les sciences et la politique sociales », in *Essais sur la théorie de la science*, Paris, Plon, coll. « Recherches en sciences humaines », 1965, p. 117-213［1904］.（富永祐治・立野保男訳，折原浩補訳『社会科学と社会政策にかかわる認識の「客観性」』岩波文庫，1998 年）
Weber Max, *Économie et Société*, tome I : *Les Catégories de la sociologie*, Paris, Plon, Pocket, coll. « Agora », 1995［1921］.
Weber Max, *Sociologie des religions*, Paris, Gallimard, coll. « Tel », 1996［1920］.
Zelizer Viviana, *La Signification sociale de l'argent*, Paris, Seuil, coll. « Liber », 2005.
Žižek Slavoj, « Fétichisme et subjectivation interpassive », *Actuel Marx*, n°34, 2003, p. 99-109.

Sahlins Marshall, *Âge de pierre, Age d'abondance. L'économie des sociétées primitives*, Paris, Gallimard, 1976 [1972].（山内昶訳『石器時代の経済学』法政大学出版局, 1984年,〈新装版〉2012年）

Samuelson Paul A., *Economics*, New York, McGraw-Hill, 1976.（都留重人訳『経済学』岩波書店, 1977年）

Savage Leonard J., *The Foundations of Statistics*, New York, Dover Publications, 1954.

Schelling Thomas, *The Strategy of Conflict*, Oxford, Oxford University Press, 1977 [1960].（河野勝訳『紛争の戦略——ゲーム理論のエッセンス』勁草書房，2008年）

Schumpeter Joseph, *Histoire de l'analyse économique*, tome I : *L'Âge des fondateurs*, des origines à 1790, Paris, Gallimard, 1983 [1954].（東畑精一・福岡正夫訳『経済分析の歴史』（上），岩波書店，2005年）

Schumpeter Joseph, *Histoire de l'analyse économique*, tome II : *L'Âge classique*, de 1790 à 1870, Paris, Gallimard, 1983 [1954].（東畑精一・福岡正夫訳『経済分析の歴史』（中），岩波書店，2006年）

Searle John, *La Construction de la realité sociale*, Paris, Gallimard, 1998 [1995].

Shiller Robert J., *Irrational Exuberance*, Princeton (New Jersey), Princeton University Press, 2001.（植草一秀監訳『根拠なき熱狂——アメリカ株式市場，暴落の必然』ダイヤモンド社，2001年）

Shiller, Robert J., « From Efficient Markets Theory to Behavioral Finance », *Journal of Economic Perspectives*, vol. 17, n°1, hiver 2003, p. 83-104.

Shleifer Andrew, *Inefficient Markets. An Introduction to Behavioral Finance*, Oxford, Oxford University Press, 2000.

Simiand François, « La méthode positive en science économique », in *Critique sociologique de l'économie*, (textes présentés par Jean-Christophe Marcel et Philippe Steiner), Paris, PUF, coll. « Le lien social », 2006, chapitre VII, p. 129-149 [1907].

Simiand François, « Un système d'économie politique pure », in *Critique sociologique de l'économie* (textes présentés par Jean-Christophe Marcel et Philippe Steiner), Paris, PUF, coll. « Le lien social », 2006, chapitre IV, p. 75-85 [1908].

Simiand François, « La monnaie réalité sociale », *Annales sociologiques*, série D, fascicule I, 1934, p. 1-81 (repris dans François Simiand, *Critique sociologique de l'économie* (textes présentés par Jean-Christophe Marcel et Philippe Steiner), Paris, PUF, coll. « Le lien social », 2006, p. 215-279).

Simmel Georg, *Philosophie de l'argent*, Paris, PUF, 1987 [1900].（居安正訳『貨幣の哲学〔新訳版〕』白水社，1999年）

Smith Adam, *Enquête sur la nature et les causes de la richesse des nations*, Paris, PUF, coll. « Pratiques théoriques », 1995 [1776].（水田洋監訳『国富論』（1）〜（4），岩波文庫，2000-2001年）

Spence Michael, « Job Market Signaling », *Quarterly Journal of Economics*, vol. 87, n°3, août 1973, p. 355-374.

Sraffa Piero, *Production de marchandises par des marchandises*, Paris, Dunod, 1999 [1960].（菱山泉・山下博訳『商品による商品の生産』有斐閣，1962年）

Stiglitz Joseph, « The Causes and Consequences of the Dependence of Quality on Price », *Journal of Economic Literature*, vol. 25, mars 1987, p. 1-48.

Swedberg Richard, *Une histoire de la sociologie économique*, Paris, Desclée de Brouwer, coll. « Sociologie

Morishima Michio, *Marx's Economics. A Dual Theory of Value and Growth*, Cambridge, Cambridge University Press, 1974［1973］.（高須賀義博訳『マルクスの経済学——価値と成長の二重の理論』,『森嶋通夫著作集』第 7 巻，岩波書店，2004 年）

Mouré Kenneth, *La Politique du franc Poincare*（*1926-1936*）, Paris, Albin Michel, coll. « Histoire de la mission historique de la Banque de France », 1998.

Orléan André, *Le Pouvoir de la finance*, Paris, Odile Jacob, 1999.（坂口明義・清水和巳訳『金融の権力』藤原書店，2001 年）

Orléan André, « Le tournant cognitif en économie », *Revue d'économie politique*, vol. 112（5）, septembre-octobre 2002, p. 717-738.

Orléan André, « L'économie des conventions : définitions et résultats », préface à *Analyse économique des conventions*, Paris, PUF, coll. « Quadrige Manuels », 2004, p. 9-48.

Orléan André, « Efficience, finance comportementale et convention : une synthèse théorique », in Robert Boyer, Mario Dehove et Dominique Plihon（dir.）, *Les Crises financières*, compléments A, rapport du Conseil d'analyse économique, octobre 2004, p. 241-270.

Orléan André, « What is a Collective Belief ? », in Paul Bourgine et Jean-Pierre Nadal（dir.）, *Cognitive Economics*, Berlin-Heidelberg et New Yok, Springer-Verlag, 2004, p. 199-212.

Orléan André, « L'aveuglement au désastre. Le cas des crises financiers », *Esprit*, n°343, mars-avril 2008, p. 9-19.

Orléan André, « Les croyances monétaires et le pouvoir des banques centrales », in Jean-Philippe Touffut（dir.）, *Les Banques centrales sont-elles légitimes ?* Paris, Albin Michel, 2008, p. 17-35.

Orléan André, « La sociologie économique de la monnaie », in François Vatin et Philippe Steiner（dir.）, *Traité de sociologie économique*, Paris, PUF, 2009, chapitre VI, p. 209-246.

Passeron Jean-Claude, *Le Raisonnement sociologique. L'espace nonpoppérien du raisonnement naturel*, Paris, Nathan, coll. « Essais & recherches », 1991.

Patinkin Don, *La Monnaie, l'Intérêt et les Prix*, Paris, PUF, 1972［1955］.（貞木展生訳『貨幣・利子および価格——貨幣理論と価値理論の統合』勁草書房，1971 年）

Pays Bruno, *Libérer la monnaie. Les contributions monétaires de Mises, Rueff et Hayek*, Paris, PUF, 1991.

Perrot Philippe, *Le Luxe. Une richesse entre faste et confort XVIIIe-XIXe siècle*, Paris, Seuil, 1995.

Polanyi Karl, *La Grande Transformation*, Paris, Gallimard, coll. « Bibliothèque des sciences sociales », 1972［1944］.（野口建彦・栖原学訳『〔新訳〕大転換』東洋経済新報社，2009 年）

Postel Nicolas, « Le pluralisme est mort, vive le pluralisme ! », *L'Économie politique*, n°50, avril 2011, p. 6-31.

Reseaux, numéro spécial « Les claviers », n°87, janvier-février 1998. *Revue économique*, « L'économie des conventions », vol. 40, n°2, mars 1989.

Robbins Lionel, *An Essay on the Nature and Significance of Economic Science*, Londres, The Macmillan Press Limited, 1932.（辻六兵衛訳『経済学の本質と意義』東洋経済新報社，1957 年）

Ross Stephen A., *Neoclassical Finance*, Princeton-Oxford, Princeton University Press, 2005.

Rothbard Murray, *Man, Economy, and State*, Auburn, Alabama, Ludwig von Mises Institute, 2004.

Roubine Isaak I., *Essais sur la théorie de la valeur de Marx*, Paris, Éditions Syllepse, 2009［1928］.（竹永進訳『マルクス価値論概説』法政大学出版局，1993 年）

Revue du MAUSS permanente, 8 avril 2010［en ligne］. http://www.journaldumauss.net/spip.php?article678

Lucas Robert E., *Studies in Business-Cycle Theory*, Cambridge (MA) - Londres, The MIT Press, 1984.

Macpherson Crawford B., *La Théorie politique de l'individualisme possessif*, Paris, Gallimard, coll. « Folio Essais », 2004［1962］(藤野渉・将積茂・瀬沼長一郎訳『所有的個人主義の政治理論』合同出版，1980 年).

Malamoud Charles, « Finance et monnaie, croyance et confiance ; le paiement des actes rituels dans l'Inde ancienne », in Michel Aglietta et André Orléan (dir.), *Souveraineté, Légitimité de la monnaie*, Paris, Cahiers « Finance, Éthique, Confiance », Association d'économie financière, 1995, p. 99-129.

Malamoud Charles, « Le paiement des actes rituels dans l'Inde védique », in Michel Aglietta et André Orléan (dir.), *La Monnaie souveraine*, Paris, Odile Jacob, 1998, p. 35-52.（「ヴェーダ・インドにおける祭式的行為への支払い」『貨幣主権論』61-90 頁）

Malinvaud Edmond, « Pourquoi les économistes ne font pas de découvertes ? », *Revue d'économie politique*, vol. 106, n°6, novembre-décembre 1996, p. 929-942.

Malkiel Burton G., « The Efficient Market Hypothesis and its Critics », *Journal of Economic Perspectives*, vol. 17, n°1, hiver 2003, p. 59-82.

Mandelbrot Benoît B., « Formes nouvelles du Hasard dans les Sciences », *Économie appliquée*, vol. XXVI, 1973, p. 307-319.

Marx Karl, *Contribution à la critique de l'économie politique*, Paris, Éditions Sociales, 1957.（杉本俊朗訳『経済学批判』国民文庫，大月書店，1966 年）

Marx Karl, *Introduction à la critique de l'économie politique*, in Karl Marx et Friedrich Engels, *Textes sur la méthode de la science économique* (édition bilingue), Paris, Éditions Sociales, 1974［1857］.

Marx Karl, *Le Capital*, Livre I, sections I à IV, Paris, Flammarion, coll. « Champs », 1985［1867］.（江夏美千穂・上杉聡彦訳『フランス語版資本論』(上巻)(下巻), 法政大学出版局, 1979 年）

Mauss Marcel, « Les origines de la notion de monnaie », in *Œuvres*, tome II : *Représentations collectives et Diversité des civilisations*, Paris, Éditions de Minuit, 1974［1914］, p. 106-112.

Mehta Judith, Starmer Chris et Robert Sugden, « The Nature of Salience : An Experimental Investigation of Pure Coordination Games », *American Economic Review*, vol. 84, n°2, juin 1994, p. 658-673.

Menger Carl, « On the Origin of Money », *Economic Journal*, vol. 2, 1892, p. 233-255.

Menger Carl, « La monnaie, mesure de valeur », *Revue d'économie politique*, vol. 6, 1892, p. 159-175 (repris dans *Gilles Campagnolo, Carl Menger entre Aristote et Hayek. Aux sources de l'économie moderne*, Paris, CNRS Éditions, 2008, p. 206-220).

Montesquieu, *De l'esprit des lois*, Paris, Classiques Garnier, 2011.（野田良之・稲本洋之助・上原行雄・田中治男・三辺博之・横田地弘訳『法の精神』（上）（中）（下），岩波文庫，1989 年）

Moreau Émile, *Souvenir d'un gouverneur de la Banque de France. Histoire de la stabilisation du franc (1926-1928)*, Paris, Éditions M.-Th. Génin, Librairie de Médicis, 1954.

Morgenstern Oskar et von Neumann John, *Theory of Games and Economic Behaviour*, Princeton, Princeton University Press, 1944.（銀林浩・橋本和美・宮本敏雄監訳『ゲーム理論と経済行動』Ⅰ～Ⅲ，ちくま学芸文庫，2009 年）

Econometrica, vol. 47, mars 1979, p. 263-291.

Karpik Lucien, *L'Économie des singularités*, Paris, Gallimard, coll. « Bibliothèque des sciences humaines », 2007.

Kast Robert et André Lapied, *Fondements microéconomiques de la théorie des marchés financiers*, Paris, Economica, coll. « Gestion », 1992.

Keynes John Maynard, « The General Theory of Employment », *Quarterly Journal of Economics*, vol. 51, n°2, février 1937, p. 209-223.

Keynes John Maynard, *Théorie générale de l'emploi, de l'intérêt et de la monnaie*, Paris, Payot, coll. « Petite bibliothèque Payot », 1971［1936］.（間宮陽介訳『雇用，利子および貨幣の一般理論』（上）（下），岩波文庫，2008 年）

Keynes John Maynard, « Perspectives économiques pour nos petits-enfants », in *Essais sur la monnaie et l'économie*, Paris, Payot, coll. « Petite bibliothèque Payot », 1978, p. 127-141［1930］.（宮崎義一訳『ケインズ全集 第 9 巻 説得論集』東洋経済新報社 , 1981 年）

Kindleberger Charles P., *Manias, Panics, and Crashes. An history of Financial Crises*, Londres, Macmillan Press Ltd, 1978.（吉野俊彦・八木甫『熱狂，恐慌，崩壊――金融恐慌の歴史』日本経済新聞社，2004 年）

Kirman Alan, « General Equilibrium », in Paul Bourgine et Jean-Pierre Nadal（dir.）, *Cognitive Economics. An Interdisciplinary Approach*, Berlin-Heidelberg et New York, Springer-Verlag, 2004, chapitre III, p. 33-53.

Knight Frank H., *Risk, Uncertainty, and Profit*, Boston-New York, Houghton Mifflin Company, 1921.（奥隅栄喜訳『危険・不確実性および利潤』文雅堂書店，1959 年）

Kuhn Thomas S., *La Structure des révolutions scientifiques*, Paris, Flammarion, 1983.（中山茂訳『科学革命の構造』みすず書房，1971 年）

Kurz Mordecai, « On the Structure and Diversity of Rational Beliefs », *Economic Theory*, vol. 4, 1994, p. 877-900.

Kurz Mordecai, « Rational Beliefs and Endogenous Uncertainty : Introduction », *Economic Theory*, vol. 8, 1996, p. 383–397.

Lancaster Kelvin, « A New Approach to Consumer Theory », *Journal of Political Economy*, vol. 74, n°2, avril 1966, p. 132-157.

Lazear Edward, « Economic Imperialism », *Quarterly Journal of Economics*, vol. 115, n°1, février 2000, p. 99-146.

Le Rider Georges, *La Naissance de la monnaie. Pratiques monétaires de l'Orient ancien*, Paris, PUF, 2001.

Lordon Frédéric, « La légitimité au regard du fait monétaire », *Annales. Histoire, Sciences Sociales*, vol. 55, n°6, novembre-décembre 2000, p. 1349-1359.

Lordon Frédéric et André Orléan, « Genèse de l'État et genèse de la monnaie : le modèle de la *potentia multitudinis* », in Yves Citton et Frédéric Lordon（dir.）, *Spinoza et les Sciences sociales. De la puissance de la multitude à l'économie des affects*, Paris, Éditions Amsterdam, coll. « Caute ! », 2008, p. 127-170.

Lordon Frédéric, *Capitalisme, Désir et Servitude. Marx et Spinoza*, Paris, La Fabrique Éditions, 2010.

Lordon Frédéric, « La puissance des institutions（autour de De la critique de Luc Boltanski）»,

大学出版局，1982 年）

Granovetter Mark, « Economic Action and Social Structure : the Problem of Embeddedness », *American Journal of Sociology*, vol. 91, n°3, novembre 1985, p. 481-510（traduit sous le titre « Action économique et structure sociale : le problème de l'encastrement », in *Le Marche autrement. Essais de Mark Granovetter*, Paris, Desclée de Brouwer, coll. « Sociologie économique », Paris, 2000, chapitre II, p. 75-114）.

Granovetter Mark, « Les institutions économiques comme constructions sociales », in André Orléan（dir.）, *Analyse économique des conventions*, Paris, PUF, coll. « Quadrige », 2004, chapitre III, p. 119-134.

Grenier Jean-Yves, *L'Économie d'Ancien Régime. Un monde de l'échange et de l'incertitude*, Paris, Albin Michel, 1996.

Grenier Jean-Yves, « La monnaie des sciences sociales », *Annales, Histoire, Sciences Sociales*, vol. 55, n°6, novembre-décembre 2000, p. 1335-1342.

Grenier Jean-Yves, *Histoire économique. La révolution industrielle et l'essor du capitalisme*, Palaiseau, Éditions de l'École polytechnique, 2010.

Guerrien Bernard, *La Théorie néoclassique*, tome I : *Microéconomie*, Paris, La Découverte, coll. « Repères », 1999.

Guesnerie Roger, « L'économie, discipline autonome au sein des sciences sociales ? », *Revue économique*, vol. 52, n°5, séptembre 2001, p. 1055-1063.

Hahn Frank, « Stability », in Kenneth J. Arrow et Michael Intriligator（dir.）, *Handbook of Mathematical Economics*, vol. II, Amsterdam, North-Holland Publishing Company, 1982, p. 746-793.

Hahn Frank, *Equilibrium and Macroeconomics*, Oxford, Basil Blackwell, 1984.

Hahn Frank, « On Some Problems of Proving the Existence of an Equilibrium in a Monetary Economy », in Frank Hahn, *Equilibrium and Macroeconomics*, Oxford, Basil Blackwell, 1984, p. 147-157.

Hall Robert E., « Monetary Trends in the United States and the United Kingdom », *Journal of Economic Literature*, vol. 20, décembre 1982, p. 1552-1556.

Harrison J. Michael et David M. Kreps, « Speculative Investor Behavior in a Stock Market with Heterogeneous Expectations », *Quarterly Journal of Economics*, vol. XCIII, n°2, mai 1978, p. 323-36.

Hayek Friedrich A., *Denationalization of Money*, Londres, Institute of Economic Affairs, 1976.（川口慎二訳『貨幣発行自由化論』東洋経済新報社，1988 年）

Hayek Friedrich A., « L'utilisation de l'information dans la société », *Revue française d'économie*, vol. 1, n°2, automne 1986, p. 117-135（traduction de « The Use of Knowledge in Society », *American Economic Review*, vol. 35, n°4, septembre 1945, p. 519-530）.（田中真晴訳「社会における知識の利用」，田中真晴・田中秀夫編訳『市場・知識・自由——自由主義の経済思想』ミネルヴァ書房，1986 年，52-76 頁）

Hirshleifer Jack, « Investment Decision under Uncertainty : Choice-Theoretic Approaches », *Quarterly Journal of Economics*, vol. LXXIX, n°4, novembre 1965, p. 509-536.

Kahneman Daniel et Amos Tversky, « Prospect Theory : An Analysis of Decision Under Risk »,

交賢訳『社会学と哲学』恒星社厚生閣，1985 年，11-52 頁）
Durkheim Émile, « Jugements de valeur et jugements de réalité », in *Sociologie et Philosophie*, Paris, PUF, coll. « Le sociologue », 1967, chapitre IV, p. 90-109［1911］.（「価値判断と現実判断」，佐々木交賢訳『社会学と哲学』恒星社厚生閣，1985 年，111-133 頁）
Durkheim Émile, *De la division du travail social*, Paris, PUF, 1978［1893］.（井伊玄太郎訳『社会分業論』（上）（下），講談社学術文庫，1989 年）
Durkheim Émile, *Les Règles de la méthode sociologique*, Paris, PUF, coll. « Quadrige », 1993［1895］.（宮島喬訳『社会学的方法の基準』岩波文庫，1978 年）
Durkheim Émile, *Les Formes élementaires de la vie religieuse. Le système totémique en Australie*, Paris, PUF, coll. « Quadrige », 2003［1912］.（古野清人訳『宗教生活の原初形態』（上）（下），岩波文庫，1975 年）
Fama Eugene, « Random Walks in Stock Market Prices », *Financial Analysts Journal*, vol. 21, n°5, septembre-octobre 1965, p. 55-59.
Fama Eugene, « Efficient Capital Markets : A Review of Theory and Empirical Work », *Journal of Finance*, vol. 25, 1970, p. 383-417.
Fauconnet Paul et Marcel Mauss, « La sociologie : objet et méthode », in Marcel Mauss, *Œuvres*, tome III : *Cohésion sociale et divisions de la sociologie*, Paris, Éditions de Minuit, 1974, p. 139-177［1901］.
Favereau Olivier, « Marchés internes, marchés externes », *Revue économique*, numéro spécial consacré à « L'économie des conventions », vol. 40, n°2, mars 1989, p. 274-328.
Fidelity Fundamentals, « Long-Term Investing Through the Cycle », 2010 : http://www.capitaltower.co.uk/files/Long%20Term%20Investing.pdf.
Fishburn Peter C., « Reconsiderations in the Foundations of Decision Under Uncertainty », *The Economic Journal*, vol. 97, n°388, décembre 1987, p. 825-841.
Fisher Franklin M., *Disequilibrium Foundations of Equilibrium Economics*, Cambridge, Cambridge University Press, 1983.
Fonds monétaire international, *Global Financial Stability Report*, avril 2006.
Foucault Michel, *Sécurité, Territoire, Population. Cours au Collège de France*（*1977-1978*）, Paris, Gallimard/Seuil, coll. « Hautes Études », 2004.（高桑和巳訳『ミシェル・フーコー講義集成〈7〉安全・領土・人口』筑摩書房，2007 年）
Foucault Michel, *Naissance de la biopolitique. Cours au Collège de France*（*1978-1979*）, Paris, Gallimard/Seuil, coll. « Hautes Études », 2004.（慎改康之訳『ミシェル・フーコー講義集成〈8〉生政治の誕生』筑摩書房，2008 年）
Fourgeaud André, *La Dépréciation et la Revalorisation du mark allemande et les Enseignements de l'expérience monétaire allemande*, Paris, Payot, coll. « Bibliothèque technique », 1926.
Friedman Milton, *Inflation et Systemes monétaires*, Paris, Calmann-Lévy, coll. « Agora », 1976.
Garcia Marie-France, « La construction sociale d'un marché parfait : le marché au cadran de Fontaines-en-Sologne », *Actes de la recherche en Sciences sociales*, n°65, novembre 1986, p. 2-13.
Girard René, *Mensonge romantique et Vérité romanesque*, Paris, Grasset, 1961.（吉田幸男訳『欲望の現象学――ロマンティークの虚偽とロマネスクの真実』法政大学出版局，1971 年）
Girard René, *La Violence et le Sacre*, Paris, Grasset, 1972.（吉田幸男訳『暴力と聖なるもの』法政

Straus and Giroux, 1999.（山岡洋一訳『バブルの歴史——チューリップ恐慌からインターネット投機へ』日経 BP 社，2000 年）

Colasse Bernard, « IFRS : Efficience versus instabilité », *Revue française de comptabilité*, n°426, novembre 2009, p. 43-46.

de Coppet Daniel, « Une monnaie pour une communauté mélanésienne comparée à la nôtre pour l'individu des sociétés européennes », in Michel Aglietta et André Orléan (dir.), *La Monnaie souveraine*, Paris, Odile Jacob, 1998, p. 159-211.（「メラネシア共同体にとっての貨幣と，ヨーロッパ社会の個人にとっての現代貨幣とを比較する」『貨幣主権論』243-319 頁）

Cowen Tyler et Randall Kroszner, « The Development of the New Monetary Economics », *Journal of Political Economy*, vol. 95, n°3, p. 567-590.

Cutler David M., Poterba James M. et Lawrence H. Summers, « What Moves Stock Prices ? », *The Journal of Portfolio Management*, printemps 1989, p. 4-12.

David Paul, « Clio and the Economics of QWERTY », *American Economic Review*, vol. 75, n°2, mai 1985, p. 332-337.

Debreu Gérard, *Théorie de la valeur. Analyse axiomatique de l'équilibre économique*, Paris, Dunod, coll. « Théories économiques », 2001 [1959].（丸山徹訳『価値の理論』東洋経済新報社，1977 年）

Diamond Douglas W. et Philip H. Dybvig, « Bank Runs, Deposit Insurance, and Liquidity », *Journal of Political Economy*, vol. 91, n°3, 1983, p. 401-419.

Dornbusch Rudiger, « Stopping Hyperinflation : Lessons from the German Inflation Experience of the 1920s », NBER Working Paper, n°1675, août 1985.

Douglas Mary, *Ainsi pensent les institutions*, Paris, Usher, 1989.

Dowd Kevin et David Greenaway, « Currency Competition, Network Externalities and Switching Costs : Towards an Alternative View of Optimum Currency Areas », *The Economic Journal*, vol. 103, n°420, septembre 1993, p. 1180-1189.

Duffie Darrell, *Modèles dynamiques d'évaluation*, Paris, PUF, coll. « Finance », 1994 [1992].

Dumont Louis, *Essais sur l'individualisme*, Paris, Seuil, coll. « Points Essais », 1991 [1983].（渡辺洋三・浅野房訳『個人主義論考——近代イデオロギーについての人類学的展望』言叢社，1993 年）

Dumouchel Paul, « L'ambivalence de la rareté », in Paul Dumouchel et Jean-Pierre Dupuy (dir.), *L'Enfer des choses*, Paris, Seuil, 1979, p. 135-254.（「稀少性のアンビヴァランス」，織田年和・富永茂樹訳『物の地獄——ルネ・ジラールと経済の論理』法政大学出版局，1990 年，133-265 頁）

Dupuy Jean-Pierre, « Le signe et l'envie », in Paul Dumouchel et Jean-Pierre Dupuy (dir.), *L'Enfer des choses*, Paris, Seuil, 1979, p. 15-134.（「記号と羨望」，織田年和・富永茂樹訳『物の地獄——ルネ・ジラールと経済の論理』法政大学出版局，1990 年，1-132 頁）

Dupuy Jean-Pierre, « Convention et *Common knowledge* », *Revue économique*, vol. 40, n°2, mars 1989, p. 361-400.

Durkheim Émile, « Représentations individuelles et représentations collectives », in *Sociologie et Philosophie*, Paris, PUF, coll. « Le sociologue », Jeudi, 15. 1967, chapitre I, p. 1-38 (publié dans *la Revue de métaphysique et de morale*, tome VI, mai 1898).（「個人表象と集団表象」，佐々木

Artous Antoine, *Le Fétichisme chez Marx*, Paris, Éditions Syllepse, 2006.

Baumgartner Wilfrid, *Le Rentenmark*, Paris, PUF, 1925.

Becker Gary S., *The Economic Approach to Human Behavior*, Chicago, University of Chicago Press, 1976.

Benetti Carlo et Jean Cartelier, *Marchands, Salariat et Capitalistes*, Paris, François Maspero, coll. « Intervention en économie politique », 1980.

Berthoud Arnaud, « Économie politique et morale chez Walras », *Œconomia*, n°9, mars 1988, p. 65-93.

Blancheton Bertrand, *Le Pape et l'Empereur. La Banque de France, la direction du Trésor et la Politique monétaire de la France (1914-1928)*, Paris, Albin Michel, coll. « Histoire de la mission historique de la Banque de France », 2001.

Boltanski Luc et Laurent Thévenot, *De la justification. Les économies de la grandeur*, Paris, Gallimard, coll. « NRF essais », 1991.（三浦直希訳『正当化の理論——偉大さのエコノミー』新曜社，2007 年）

Bouchaud Jean-Philippe et Christian Walter, « Les marches aléatoires », *Pour la science*, dossier hors-série sur Le Hasard, avril 1996, p. 92-95.

Bourghelle David, Brandouy Olivier, Gillet Roland et André Orléan, *Croyances, Représentations collectives et Conventions en finance*, Paris, Economica, 2005.

Boyer Robert et André Orléan, « How do Conventions Evolve ? », *Journal of Evolutionary Economics*, vol. 2, 1992, p. 165-177.

Boyer Robert et André Orléan, « Persistance et changement des conventions », in André Orléan (dir.), *Analyse économique des conventions*, Paris, PUF, 1994, p. 219-247.

Boyer Robert, *La Croissance, début de siècle*, Paris, Albin Michel, 2002.（井上泰夫監訳『ニュー・エコノミーの研究——21 世紀型経済成長とは何か』藤原書店，2007 年）

Bresciani-Turroni Costantino, *The Economics of Inflation. A study of Currency Depreciation in Post-War Germany*, Londres, August M. Kelley Publishers, 1968.

Callon Michel, *The Laws of the Market*, Oxford, Blackwell, 1998.

Campagnolo Gilles, *Carl Menger entre Aristote et Hayek. Aux sources de l'économie moderne*, Paris, CNRS Éditions, 2008.

Carruthers Bruce G. et Arthur L. Stinchcombe, « The Social Structure of Liquidity : Flexibility, Markets and States », *Theory and Society*, vol. 28, n°3, juin 1999

Cartelier Jean, « Théorie de la valeur ou hétérodoxie monétaire : les termes d'un choix », *Économie appliquée*, tome XXXVIII, n°1, 1985, p. 63-82.

Castoriadis Cornelius, « Valeur, égalité, justice, politique : de Marx à Aristote et d'Aristote à nous », in *Les Carrefours du labyrinthe*, Paris, Seuil, coll. « Esprit », 1978, p. 249-316 [1975].（宇京頼三訳『迷宮の岐路〈1〉』法政大学出版局，1994 年，米山親能・関谷一彦・林秀治・中所聖一訳『迷宮の岐路〈2〉』法政大学出版局，1998 年）

Chamberlin Edward Hastings, *La Théorie de la concurrence monopolistique. Une nouvelle orientation de la théorie de la valeur*, Paris, PUF, 1953 [1933].（青山秀夫訳『独占的競争の理論——価値論の新しい方向』至誠堂，1966 年）

Chancellor Edward, *Devil Take the Hindmost. An History of Financial Speculation*, New York, Farrar,

参考文献

Aftalion Albert, *Monnaie, Prix et Change. Experiences recentes et théorie,* Paris, Sirey, 1940［1927］.（松岡孝児訳『貨幣・物価・為替論』第 3 版，有斐閣，1950 年）

Aglietta Michel et André Orléan, *La Violence de la monnaie*, Paris, PUF, coll. « Économie en liberté », 1982.（井上泰夫・斉藤日出治訳『貨幣の暴力』法政大学出版局，1991 年）

Aglietta Michel, *Régulation et Crises du capitalisme*, Paris, Odile Jacob, coll. « Opus », 1997［1976］.（若森章孝・大田一廣・山田鋭夫・海老塚明訳『資本主義のレギュラシオン理論——政治経済学の革新』増補新版，大村書店，2000 年）

Aglietta Michel, Andreau Jean, Anspach Mark, Birouste Jacques, Cartelier Jean, de Coppet Daniel, Malamoud Charles, Orléan André, Servet Jean-Michel, Théret Bruno et Jean-Marie Thiveaud, « Introduction », in Michel Aglietta et André Orléan（dir.）, *La Monnaie souveraine*, Paris, Odile Jacob, 1998, p. 9-31.（「序説」『貨幣主権論』17-55 頁）

Aglietta Michel et André Orléan（dir.）, *La Monnaie souveraine*, Paris, Odile Jacob, 1998.（坂口明義監訳『貨幣主権論』藤原書店，2012 年）

Aglietta Michel et André Orléan, *La Monnaie entre violence et confiance*, Paris, Odile Jacob, 2002.

Akerlof George, « The Market for "Lemons" : Quality Uncertainty and the Market Mechanism », *Quarterly Journal of Economics*, vol. 84, n°3, août 1970, p. 488-500（traduit dans Maya Bacache-Beauvallet et Marc Montoussé（dir.）, *Textes fondateurs en sciences économiques depuis 1970*, Rosny-sous-Bois, Éditions Bréal, 2003, p. 9-22）.（「『レモン』の市場：品質の不確実性と市場メカニズム」，幸村千佳良・井上桃子訳『ある理論経済学者のお話の本』ハーベスト社，1985 年，第 2 章，所収）

Allais Maurice, « Le comportement de l'homme rationnel devant le risque : critique des postulats et axiomes de l'École américaine », *Econometrica*, vol. 21, n°4, octobre 1953, p. 503-546.

Anspach Mark, « Les fondements rituels de la transaction monétaire, ou comment remercier un bourreau », in Michel Aglietta et André Orléan（dir.）, *La Monnaie souveraine*, Paris, Éditions Odile Jacob, 1998, p. 53-83.（「貨幣取引の儀礼的基礎，もしくは殺し屋に礼を尽くす方法」『貨幣主権論』91-135 頁）

Aron Raymond, *Les Étapes de la pensée sociologique*, Paris, Gallimard, coll. « Tel », 2007.

Arrow Kenneth J., « The Role of Securities in the Optimal Allocation of Risk-Bearing », *The Review of Economic Studies*, vol. 31, n°2, avril 1964, p. 91-96.

Arrow Kenneth J. et Frank Hahn, *General Competitive Analysis*, Édimbourg, Oliver and Boyd, 1972.（福岡正夫・川又邦雄訳『一般均衡分析』岩波書店，1976 年）

Arthur W. Brian, « Competing Technologies : An Overview », in Giovanni Dosi, Christopher Freeman, Richard Nelson, Gerarld Silverberg et Luc Soete（dir.）, *Technical Change and Economic Theory*, Londres, Pinter Publishers, 1988, p. 590-607.

Arthur W. Brian, « Les rétroactions positives en économie », *Pour la science*, n°150, avril 1990, p. 114-119.

(*1978-1979*), Paris, Gallimard/Seuil, 2004.

(29)「私の考えでは，集団的意図性を個人的意図性に還元しようとするこうした努力はすべて失敗に終わる．集団的意図性は，別のもののために縮減されたり消去されたりすることのできない原始的な生物学的現象である」(John Searle, *La Construction de la réalité*, Paris, Gallimard, 1998, p. 42).

(30) Lionel Robbins, *An Essay on the Nature and Significance of Economic Science*, Londres, The Macmillan Press Limited, 1932, p. 15 (邦訳 25 頁).

(31) *Ibid.*, p. 16 (邦訳 27 頁).

(32) Edward Lazear, « Economic Imperialism », art. cit., p. 100. 前の引用を参照.

(33) こうしてゲーリー・ベッカーは，経済学のアプローチを，「最大化行動，市場均衡，選好の安定性という 3 つの仮説の組み合わせを最終確定的に利用すること」として定義する．よって「経済学のアプローチが人間行動のすべてに適用できる総体的アプローチである」(Gary Becker, *The Economic Approach to Human Behavior*, Chicago, University of Chicago Press, 1976, cité *in* Richard Swedberg, *Une histoire de la sociologie économique, op. cit.*, p. 215-216) ことが支持される．ラジアー自身は，最大化行動，均衡，効率性を組み合わせている．これらの論者すべてにおいて，経済学は，それを構成する諸活動の特定化から実体的に定義される——マックス・ウェーバーの提案のように——ではなく，むしろ概念モデルから定義されている．

(34) 資本主義の分析は，単なる商品関係を考慮するにとどまらないことを要求する．例としてレギュラシオン理論は 5 つの制度形態を区別している．すなわち貨幣，競争，賃労働関係，国家，国際編入．

(35) フォンテーヌ=アン=ソローニュにおけるワルラス的市場の開設についてのマリ=フランス・ガルシアの考察は，全くこれと同じ方向のものである．それによれば，この市場は，集権的な競売メカニズムが機能するのに不可欠な高密度の社会的労働に依拠しているという．ガルシアは特に，「取引実現に必要な誠実さの雰囲気を壊す危険がある」買い手に対しては生産者が敵対を表明することに注目している（« La construction sociale d'un marché parfait : le marché au cadran de Fondations-en-Sologne », art. cit., p. 11). そこで,「『よき相互理解』を維持するために［…］，会長と経理担当者が毎日やってきて，視察し，助言し，規則順守を求めていくのである」(*ibid.*).

変えるものではなかった．われわれはここでもパラドクスを見いだす．Peter C. Fishburn, « Reconsiderations in the Foundations of Decision Under Uncertainty », art. cit., p. 838.

(22) Leonard Savage, *The Foundations of Statistics*, *op. cit.*, p. 103.

(23)「[…]［経済学者は］人々の真の利益［すなわち経済学者がそのようなものと見なすもの］を規定するという仕事を経済科学に割り振っている．経済学者が推定上の利益［すなわち当事者自らが自分の利益であると判断するもの］を研究するとしても，それはその誤りを明らかにするためである．それだから経済学者は，一瞬たりとも，経済科学が第一の中心的な研究対象としているものが，人々が了解すべき利益というよりも［…］むしろ人々が実際に了解している利益――われわれから見て利益に見えるものではない――であるという考え方をとるとは考えられない．そしてまた，人々が了解しているそうした利益が誤りであると宣言する前に，それを理解し，説明することから始めなければならないという考え方も，そうすることが経済学者の本来の仕事であるという考え方もとられなあいだろう」(François Simiand, « La méthode positive en science économique », art. cit., p. 83).

(24) 経済学者たちは，自分たちの研究が学界外部の権力からの影響を受けていることを認めることに，極端なためらいを示す．だが，このようなためらいは，ほかのすべての科学共同体にも見いだされる至極当然のものである．経済学者を特殊ケースにしているのは，彼らの分析も利益優位に基づいているということである．彼らは，自分だけはそれを免れている，と考えるべきではない．

(25) Nicolas Postel, « Le pluralisme est mort, vive le pluralisme ! », *L'Économie politique*, n°50, avril 2011 参照.

(26) この点については，エドワード・ラジアー（Edward Lazear）から引用することでかなり明確になる．「経済理論の出発点は，個人または企業が何か――通常は効用または利潤――を最大化するということである．経済学者はほぼ例外なしに，最大化をすべての理論の基礎にしている．われわれの経験的分析の多くは，最大化行動に基づくモデルをテストしようとするものである．合理的な個人的行動として現われるものとは違った結果が得られるとき，われわれは証明を再検討し，理論を修正する．しかしこうした理論修正が，『個人は何かを最大化する』という仮説を除去するものであることはほとんどない――たとえその『何か』が普通のものでないとしても――．経済学者の中で，諸個人は自分が何をしているのかを単に知らないだけなのだ，ということを認めようとする者はほとんどいない．われわれは不完全情報，取引費用，その他，物事を曖昧にする諸々の変数を認めることができるが，個人の制御を超える諸力によって規定される行動をモデル化することはない」(« Economic Imperialism », *Quarterly Journal of Economics*, vol. 115, n°1, février 2000, p. 100).

(27) マリ＝フランス・ガルシアは，1981 年にフランスのこの地方のイチゴの生産者と販売者がどのようにして，価格を決定する集権的な競売システムを構築することに合意したかを明らかにしている（Marie-France Garcia, « La construction sociale d'un marché parfait : le marché au cadran de Fontaines-en-Sologne », *Actes de la recherché en Sciences sociales*, n°65, novembre 1986).

(28) Michel Foucault, *Sécurité, Territoire, Population. Cours au Collège de France* (*1977-1978*), Paris, Gallimard/Seuil, 2004 および *Naissance de la biopolitique. Cours au Collège de France*

ある．この宝くじは，サベージの基準に従う人においては，BよりもAを選好するならば必ず連動してDよりもCを選好するというように既に定義されてしまっている．このような特性についての数学的証明は容易である．ここでは確率が与件であることに注目してほしい．確率は客観的である．サベージの基準においては，確率がプレイヤーによって推定評価される状況が考えられている．

(10) 小さな確率——すなわち1%——の事象が各宝くじの間の差異になっているので，この選択は容易ではない．

(11) このエピソードについては，C. Fishburn, « Reconsiderations in the Foundation Under Uncertainty », *The Economic Journal*, vol. 97, n°388, 1987 参照．

(12) サベージの基準は規範的な基準であって記述的な基準ではないことが指摘されよう．しかしこの基準は，経済学者によって記述モデルとしてよく用いられている．このことによって，経済学者によって実践されている「領域の混交」に関するわれわれの結論は補強される．経済学者はいとも容易に，どうあるべきかを示すモデルから，どうあるかを示すモデルへと移行するのである．

(13) この見方に反して，現在のわれわれは，近年の実験経済学の発展に依拠することができる．より広く言えば，われわれは，今日の多くの経済学者が経済理論の概念枠組みを脇に放って置いて，数量的方法（計量経済学，統計学……）のみに執着していることを指摘することができる．こうした観点から率直に解釈するならば，経済学はもはや道具箱でしかないと言える．実験経済学のアプローチは，真剣な検討に付されてしかるべきである．しかし本書の文脈において，私は次のことにだけは注意を促しておきたい．すなわち，事実が生のままで差し出されることは決してない．言い換えれば，あらゆる数量的方法は，概念的仮説を駆使している．実験経済学もまた理論的考察に取って代わることはできないだろう．中心的な問題は依然として，理解可能性の代替的枠組みの問題なのである．

(14)「経済学に対する社会学的批判」（*Critique sociologique de l'économie*, Paris, PUF, 2006）というタイトルの論文集に集成されている．

(15) François Simiand, « La monnaie réalité sociale », art. cit., p. 62.

(16) *Ibid.*

(17) *Ibid.*, p. 77.

(18) *Régle de la méthode sociologique*, *op. cit.*, p. 26（邦訳 89 頁）．その後で次のように述べられている．「［こうした法則］は，要するに，実践的な知恵が与える示唆にすぎない．にもかかわらずそれが現実の表現そのものとして多少とももっともらしく提示されることができたのは，そのような示唆が大部分の場合にほとんどの人間によって実際に実践されていると想定してよい，と信じられた——その是非は別としても——ためであった」（*Ibid.*, p. 27〔邦訳 90 頁〕）．

(19) Richard Swedberg, *Une histoire de la sociologie économique*, Paris, Desclée de Brouwer, 1994, p. 77.

(20) Steve Landsburg le 20 octobre 2010 dans A*necdotes, Economics. Puzzles and Rationality*（http://www.thebigquestions.com/2010/10/20/the-noble-savage/）による引用．

(21) Leonard Savage, *The Foundations of Statistics*, *op. cit.*, p. 103. 同じテストはまた，アレとサベージの論争について予め知らされた諸個人に対しても実施された．この情報は結果を

novembre 2009.
(70) 広い意味の「金融」には一次産品市場も含まれる.

結 論

(1)「……祭式的行為こそがまさに行為のモデルである」(Charles Malamoud, « Le paiement des actes rituels dans l'Inde védique », in Michel Aglietta et André Orléan (dir.), *La Monnaie souveraine*, *op. cit.*, p. 38〔邦訳 67 頁〕).
(2) マルク・アンスパックが « Terminer le sacrifice » から引用している(« Les fondements rituels de la transaction monétaire, ou comment remercier un bourreau », in Michel Aglietta et André Orléan (dir.), *La Monnaie souveraine*, op. cit., p. 70〔邦訳 117 頁〕).
(3) Charles Malamoud, « Finance et monnaie, croyance et confiance ; le paiement des actes rituels dans l'Inde ancienne », in Michel Aglietta et André Orléan (dir.), *Souveraineté, Légitimité de la monnaie*, Paris, Cahiers « Finance, Éthique, Confiance », Association d'économie financière, 1995, p. 103.
(4)「世俗の活動において採用されている枠組みや一部の用語法は祭式の構造によって提供されている」(Charles Malamoud, « Le paiement des actes rituels dans l'Inde védique », art. cit., p. 46〔邦訳 80 頁〕). あるいはまた――「複合的な一組の行為を説明・分析しようとするとき,それはしばしば,供犠という原型に類似するものとして提示されるし,またそこには,供犠を構成する行為・人物・素材的実体の組み合わせが見いだされる」(*ibid.*, p. 38〔邦訳 66 頁〕).
(5) 経済学に関してデュルケームはこう述べている.「こうした抽象的な諸考察はいわゆる科学を作り上げていない.なぜなら,それらは,どのようなものであるかをよりも[…]むしろどうあるべきかを規定することを目的としているからである」(*Régles de la method sociologique*, *op. cit.*, p. 26〔邦訳 88 頁〕).
(6) Edmond Malinvaud (« Pourquoi les économistes ne font pas de découvertes ? », *Revue d'économie politique*, vol. 106, n°6, novembre-décembre 1996, p. 939). 続けて次のように述べられている.「[…] 私には,[経済学者たちが] 想像上の経済についてのかなり特殊なモデルに関する端緒的研究によって称賛されることが多すぎるように思われる [...]. その一方で,現実世界への適合化のためのもっと有用で骨の折れる研究には,ほとんど注意が払われていないのである」.
(7) この基準は,「効用期待」を比較してその最大値を選択することを想定している.効用期待は,主観的確率によって加重した諸効用を平均したものとして計算される.効用期待には,2つの主観的評価――効用と確率――が含まれている.
(8) Maurice Allais, « Le comportement de l'homme rationnel devant le risqué : critique des postulats et axiomes de l'École américaine », *Econometrica*, vol. 21, n°4, octobre 1953 参照.
(9) モーリス・アレの論文(*ibid.*)では,選択肢は次のように定義されている.

A――確実に 1 億を受け取る.

B――100 回のうち 5 億を得るチャンスが 10 回,10 億を得るチャンスが 89 回,あとの 1 回は全く利得なしである.

C――100 回のうち 1 億を得るチャンスが 11 回,あとの 89 回は全く利得なしである.

D――100 回のうち 5 億を得るチャンスが 10 回,あとの 90 回は全く利得なしである.

注意すべきは,想定されている宝くじは直観的に選ばれるものではないということで

することが問題である．この比較は，慣行《コンヴァンシオン》組織化の合理的性質を際立たせる．

(55) 例えば，「ニューエコノミー」の慣行《コンヴァンシオン》や「アジアの奇跡」の慣行《コンヴァンシオン》．『金融の権力』の中の「解釈慣行《コンヴァンシオン》のいくつかの事例」と題する節を参照（*op. cit.*, p. 145-166，邦訳 163-207 頁）．

(56) 以下を参照――Amdré Orléan, « Les croyances monétaires et le pouvoir des banques centrales », in Jean-Philippe Touffut (dir.), *Les Banques centrales sont-elles légitimes?*, Paris, Albin Michel, 2008.

(57) R. J. Shiller, *Irrational Exuberance*, Princeton (New Jersey), Princeton University Press, 2001, p. 96-117 (邦訳 117-144 頁)．

(58) チャールズ・キンドルバーガーは，彼が「異変」と呼ぶものを通じてのイノベーションの重要性を認めている（Charles Kindleberger, *Manias, Panics and Crashes. An History of Financial Crises*, Londres-Basingstoke, The Macmillan Press Ltd, 1978, p. 41-45〔邦訳 56-61 頁〕）．

(59) Edward Chancellor, *Devil Take the Hindmost. A History of Financial Speculation*, New York, Farrar, Straus and Giroux, 1999, p. 126.

(60) Fonds monétaire international, *Global Financial Stability Report*, avril 2006, p. 51.

(61) André Orléan, « L'aveuglement au désastre », *Esprit*, n°343, mars-avril 2008, p. 12.

(62) この考え方は，一般均衡理論が肯定してきたものである．一般均衡理論においては，総体的に対物関係のみを軸として構築される商品的秩序が理解可能であることが提案される．第 2 章を参照のこと．

(63) Karl Marx, *Le Capital*, *op. cit.*, p. 108 (邦訳（上巻）114 頁)．

(64) 前に定義したような狭義の評価慣行《コンヴァンシオン》と，公正価格を生み出す市場の一般的能力に関わる慣行《コンヴァンシオン》とを区別することが可能である．『金融の権力』（前出）でわれわれはこれを，「連続性の慣行《コンヴァンシオン》」と「評価慣行《コンヴァンシオン》」として区別した．この区別は根本的なものではない．区別が興味深いのは，主に，ケインズが『雇用・利子および貨幣の一般理論』（前出）第 7 章で金融の慣行《コンヴァンシオン》について語るとき，それがわれわれの言う「連続性の慣行《コンヴァンシオン》」のことである点による．

(65) シェリングが考察しているゲームにおいても，メータ・スターマー・サグデンが分析しているゲームにおいても，すべての均衡において利得は同額である．2 つの言語――そのうちの一方は他方よりもパフォーマンスがよい――が競合しているときには，第 2 章で考察したときのように，この仮説を除去しなければならない．同様の議論は，ブライアン・アーサー（« Competing Technologies : An Overview », art. cit.），ロベール・ボワイエ（« How do Conventions Evolve », art. cit.），ポール・デビッド（« Clio and the Economics of QWERTY », *American Economic Review*, vol. 75, n°2, mai 1985）にも見られる．

(66) 主体がモデルを探し求めているという意味で「媒介《メディアシオン》」が存在する．しかしこのモデルは相互作用〔の種類〕によって変化しうる．それはゆらぎを持つ．純粋協調ゲームのケースでは，本来的意味の「媒介」についてはほとんど語られない．

(67) 以下の有名な論文を参照．W. Diamond et Philip H. Dybvig, « Bank Runs, Deposit Insurance, and Liquidity », *Journal of Political Economy*, vol. 91, n°3, 1983.

(68) また，流通空間が広がるにつれて，自動的に，主権者が要求する交換性の範囲は狭くなる．『金融の権力』の中の「流動性」を扱った節を参照（*op. cit.*, p. 130-138〔邦訳 148-156 頁〕）．

(69) Bernard Colasse, « IFRS : Efficience versus instabilité », *Revue française de comptabilité*, n°426,

Games », art. cit., p. 661).

(38) テストは1990年に19歳から22歳までの年齢の学生集団に対して実施されたことが推測される．一次の選択はその特殊な性質によって2000年か，もしくは人によってはテスト実施年の1990年でありえた．ゲームの文脈の中では，圧倒的多数（61.1%）が1990年，次に2000年がきた．しかし，適切性を喪失した誕生年は見られなくなった．

(39) つまり，集団Jに2回ゲームを行わせるならば，数字1および1990年への準満場一致の状況が支配的になるであろう．なお，集団Jにおいて前回，選択肢Xが選択された場合，Xという選択肢はシェリング標識と見なされる．

(40) 例えば，ベレー帽をかぶる人がいなくなっていても，ベレー帽やバゲットはフランス人のアイデンティティを象徴するものであり続けている．

(41) 以前の研究では，われわれはこれを「社会的信念」と名づけた（André Orléan, « Le tournant cognitive en économie », *Revue d'économie politique*, vol. 112 (5), septembre-octobre 2002を参照のこと）．英語では「集合信念（*collective belief*）」である（André Orléan, « What is a Collective Belief? », in Paul Bourgine et Jean-Pierre Nadal (dir.), *Cognitive Economics*, Berlin-Heidelberg et New York, Springer-Verlag, 2004）．

(42) しかし，同じ推論はすべての投機バブルに通用する．

(43) *Libération*, 8 septembre 2000, p. 24.

(44) 行動ファイナンスによれば，バブルが形成されるには，必ず非合理的な投資家がいなければならない．アンドリュー・シュライファーはこの問題を非常に明確に説明している．「投資家の気まぐれがなければ，効率的価格が攪乱されることもそもそもなく，価格が効率的でなくなるようなことはないだろう．それゆえ，行動理論は非合理的な攪乱と，それを消滅させない限定的裁量とを同時に要求するのである」（*Inefficient Markets. An Introduction to Behavioral Finance*, *op. cit.*, 2000, p. 24）．

(45) *Ibid.*, p. 13.

(46) 合理的バブルについてのこの見方は，金融効率性の仮説に反駁しているだけでなく，現代ファイナンス理論が固守している立場をも排撃している（André Orléan, « Efficience, finance comportementale et convention : une synthèse théorique », art. citを参照）．

(47) Éduard Tétreau, *Analyse. Au Coeur de la folie financière*, Paris, Grasset, 2005, p. 86.

(48) *Théorie générale de l'emploi, de l'intérêt et de la monnaie*, *op. cit.*, p. 170（邦訳（上）218頁）．

(49) モルガン・スタンレー・インターナショナル・インデクス．

(50) Fidelity Fundamentals, « Long-Term Investing Through the Cycle », 2010 : http://www.capitaltower.co.uk/files/Long%20Term%20Investing.pdf.

(51) Benoît B. Mandelbrot, « Formes nouvelles du Hasard dans les Sciences », *Économie appliqué*, vol. XXVI, 1973.

(52) Jean-Philippe Bouchaud et Christian Walter, « Les marches aléatoires », Pour *la science*, dossier hors-série sur *Le Hasard*, avril 1996, p. 94.

(53) David M. Culter, James M. Poterba et Lawrence H. Summers, « What Moves Stock Prices? », *The Journal of Portfolio Management*, printemps 1989.

(54) André Orléan (*Le Pouvoir de la finance*, *op. cit.*) において，われわれはクーンによって提出されたパラダイムの考え方から金融的慣行《コンヴァンシオン》に接近した．どちらのケースにおいても，共同体（かたや金融の，かたや科学の）においては，不確実な将来との関係を管理

(20) この観点から言えば，会計における価格の利用（「公正価値《フェア・バリュー》」と呼ばれる）は金融の権力の中心的要素である．これを通じて，金融の権力は自らの評価様式を市場以外の場所へも伝播させていく．

(21)〔ロンドン証券取引所における〕値付け業者すなわち「マーケット・メーカー」．

(22) John Maynard Keynes, *Théorie générale de l'emploi, de l'intérêt et de la monnaie*, *op. cit.*, p. 171-172（邦訳（上）220-221 頁）．

(23) *Ibid.*, p. 172（邦訳（上）221 頁）．

(24) もっと以前であれば，このアイデアが議論されることはなかっただろう．

(25) John Maynard Keynes, *Théorie générale de l'emploi, de l'intérêt et de la monnaie*, *op. cit.*, p. 168（邦訳（上）215 頁）．

(26) これでは不十分であることに注意すべきである．これに加えて，この事実そのものが周知されなければならないからである．誰もが同じ一次の信念を持たねばならないだけでなく，誰もがそのことを知っていなければならない．これは共通知識《サヴォア・コミュン》と呼ばれる．

(27) John Maynard Keynes, *Théorie générale de l'emploi, de l'intérêt et de la monnaie*, *op. cit.*, p. 168（邦訳（上）215-216 頁）．

(28) Thomas Schelling, *The Strategy of Conflict*. Oxford, Oxford University Press, 1977.

(29) Judith Mehta, Chris Starmer et Robert Sugden, « The Nature of Salience : An Experimental Investigation of Pure Coordination Games », *American Economic Review*, vol. 84, n°2, juin 1994.

(30) 2 つは別個の集団であるが，集団 C の選択は集団 J の一次の信念を表すものと仮定されている．

(31) 提示される選択肢の数は無限であるから，2 人の個人が同じ数字を選択する確率はゼロであるか，非常に小さいはずである．

(32) 論者によってはこれに「一次の標識」という名称を与えている．この用語には，個人が孤立していて他人との協調に配慮しないときに，個人が拠り所にしなければならないという意味がある．

(33) ただし，諸々の一次の信念が同等であると考える理由をプレイヤーが持っている状況においては話は別である．

(34) ジュディス・メータ，クリス・スターマー，ロバート・サグデンはこれを「二次の標識」と呼んでいる．著者らは，一次標識，二次標識，シェリング標識の 3 つの戦略を対比して考察を終えている．

(35) もっと一般的に，情報が不完全ではあるが一次の信念の現実に合致していることを想定するケースについては，著者らは，二次の信念の利用が集団 C の内部に見られる選択のヒエラルキーと類似のものをもたらすだろうということに注目している．

(36)「もしすべての正の数字のなかでいちばん独特なのは何番ですかとか，どのような法則に基づいて数字を選んだら明確な結果にいたると思いますかと尋ねられた場合，すべての正の数字という集合のなかに「はじめの」もしくは「いちばん小さい」数字が存在することに気づくであろう」（Thomas Schelling, *The Strategy of Conflict*, *op. cit.*, p. 94〔邦訳 98 頁〕）．

(37)「選択のルールは，自ずと提示され，協調問題を解決しようとする者にとって明証的かつ自然的である限りで，［シェリング］標識的と言える」（Judith Mehta, Chris Starmer et Robert Sugden, « The Nature of Salience : An Experimental Investigation of Pure Coordination

すべきである．というのも，そこでは価値は客観的であると想定されているからである．

(4) 市場が合理的投資家からのみ構成されるのではないとき，価格とファンダメンタル価値との間に乖離がある間は，合理的投資家の裁定行動を考慮して先の分析は修正されねばならない．この結果，価格はちょうど固有価値に等しくなるだろう．アンドレ・オルレアンを参照（« Efficience, finance comportement et convention : une synthèse théorique », art. cit.）．

(5) このためわれわれは商品経済から離れる．ただしそのことの意味は，利潤の規則的フローが存在することを認めるということにすぎない．

(6) John Maynard Keynes, *Théorie générale de l'emploi, de l'intérêt et de la monnaie*, op. cit., p. 149（邦訳（上）135 頁）．

(7) 経済学者は,「発行市場」(新発株の市場）と「流通市場」(既発株の売買）とを区別する．

(8) Michael J Harrison et Davis M. Kreps（« Speculative Investor Behavior in a Stock Market with Heterogeneous Expectations », *Quarterly Journal of Economics*, vol. XCIII, n°2, mai 1978 において）はこの事実をかなり明確に提示している．

(9) John Maynard Keynes, *Théorie générale de l'emploi, de l'intérêt et de la monnaie, op. cit.*, p. 170（邦訳（上）219 頁）．

(10) 投機家は，ファンダメンタル価値が将来価格についての良き指標を与えると考えることがある．われわれは以下でこの態度を分析していく．

(11) John Maynard Keynes, *Théorie générale de l'emploi, de l'intérêt et de la monnaie, op. cit.*, p. 167（邦訳（上）213 頁）．

(12) これは，生きている間ずっとポートフォリオにそれを保持するためであったり，価格がファンダメンタル価値の水準を取り戻すことを彼が期待するためであったりする．

(13) カール・メンガーがとった立場はこれとは全く違っていたことを強調しておきたい．

(14) 基本的に資本主義がこの様式に基づいて機能してきたことを忘れるべきでない．例えば,「ライン型モデル」と呼ばれるものを見てほしい．同族資本主義を考えてもよかろう．長きにわたって，所有権は市場から排除されていた．所有権の管理は専門的主体に委ねられていた．流動性が影響力を持つというのは，現代の金融資本主義の特性なのである．

(15) この点に関してわれわれと近い見解として, Bruce G. Carruthers et Arthur L. Stinchcombe, « The Social Structure of Liquidity : Flexibility, Markets and States », *Theory and Society*, vol. 28, n°3, juin 1999, p. 353-382 参照．

(16) John Maynard Keynes, *Théorie générale de l'emploi, de l'intérêt et de la monnaie, op. cit.*, p. 163（邦訳（上）207 頁）．

(17) われわれは，株式の新規発行時の取引である発行市場と，既にある同じ証券が売買される市場である流通市場とを区別する．われわれがここで興味を持つのは流通市場である．この市場においては，当該の期間における証券の枚数は一定である．

(18) André Orléan, *Le Pouvoir de la finance*, Odile Jacob, 1999, p. 45（邦訳 57 頁）．

(19) 付け加えるならば，われわれは，相場が基礎的条件《フォンダマンタル》から乖離することについて不平を唱える金融業者をこれまで見たことがない．反対に，譲渡性の停止が承認されることはない．重要なのは，証券取引所を運営する企業が譲渡性を生み出すことであり，そこに彼らの存在理由がある．

される．

（52）Frank H. Knight, *Risk, Uncertainty, and Profit*, op. cit., p. 236（邦訳 297 頁）

（53）このことによって，社会的世界は物理的世界から根本的に区別される．

（54）John Maynard Keynes, *Théorie générale de l'emploi, de l'intérêt et de la monnaie*, *op. cit.*, p. 162（邦訳（上）205-206 頁）．

（55）*Théorie générale de l'emploi*, *op. cit.*, p. 144.

（56）モルデカイ・クルツが「合理的信念（*rational beliefs*）」——と彼が呼ぶもの——について展開している興味深い著作（Mordecai Kurz, « On the Structure and Diversity of Rational Beliefs », *Economic Theory*, vol. 4, 1994 および « Rational Beliefs and Endogenous Uncertainty : Introduction », *Economic Theory*, vol. 8, 1996）を手がかりに，この点について考察しておきたい．クルツは，非定常経済の枠組みを用いて，完全合理的で同一情報——この場合，経済学が創始して以来の全経済変数の観察を織り込んだ網羅的な情報——を持つ当事諸主体が，にもかかわらず，互いに乖離する諸信念を形成することがある，ということを証明している．われわれもクルツも，非定常性の問題が枢要であるのは，観察されるデータと合致する解釈が多数あるからだと考えている．またクルツはこれに関連して，経済が本当に定常的である必要はなく，諸主体がそのことを信じていれば十分だということに注目している．それというのも，「定常体系が実際に定常的であることの証明を可能にする統計的手段は存在していない」（« On the Structure and Diversity of Rational Beliefs », art. cit., p. 877）からである．

（57）この特性は検査可能であることを指摘しておこう．われわれは，市場の外で個人的諸評価が収斂することを可能にする系統的な手続きが存在しないことを実証することができる．

（58）このような固執の証拠としては，行動ファイナンスがこの仮説に同意していることが挙げられる．行動ファイナンスはこの点以外は新古典派金融論から切断されている——例えば効率性については全くそのようなことはない——のに，である．

（59）Robert Lucas « Understanding Business Cycles »（in *Studies in Business-Cycle Theory*, Cambridge（MA）-Londres, The MIT Press, 1984）, p. 223-224.

第７章　流動性と投機

（1）同じ証券に２つの「価値」，というパラドクスについては後で立ち戻る．

（2）論理的厳密さに関心がある読者は，以下２つの状況だけが考慮されていることを指摘することができよう．１つは，価格が価値を下回る状況であり，投資家は購入できるものをすべて購入する．もう１つは，価格が価値を上回る状況であり，投資家は売却できるものをすべて売却する．したがって，推定価値を超えてからもなお価格が上昇する場合，当該の投資家はその行動を修正しない．この分析は，リスクがゼロである限り，厳密な意味で正しい．実際，リスクが導入されると，ついには投資が価格に感応的になるということを示すことが可能である．しかしこの結果は直観的なものである．例えば，価値が 100 であると考えられる証券を考察しよう．われわれは，提示される価格が 10 の場合には，それが 99 の場合よりもずっと多くこの証券を購入しようとするだろう．この直観は，経済理論のうちにその正当化を見いだす．

（3）しかしわれわれは，確率主義仮説からの帰結は価格に対する独立性であることに注目

(37) Stephan A. Ross, *Neoclassical Finance*, *op. cit.*, p. 64.

(38) *Croyances, Représentations collectives et Conventions en finance* (David Bourghelle, Olivier Brandouy et Roland Gillet との共著, Paris, Economica, 2005) 所収のダヴィド・ブルゲル, オリヴィエ・ブランドゥイ, アンドレ・オルレアン著の序説を参照.

(39) 2010 年 1 月 13 日付『ニューヨーカー』誌に掲載されたユージン・ファーマへのインタビュー (聞き手 John Cassidy) を参照 (http://www.newyorker.com/online/blogs/johncassidy/2010/01/interview-with-eugene-fama.html).

(40) 6 août 2009.

(41) 確率によって測定されるのは, 一定の現象の下で行為主体が直面する主観的不確実性である, とする別の見解も可能である. 例えば, ある個人が, 明日の価格は 100 になると予想するが, にもかかわらずこの数字に絶対的な確信を持てないがゆえに変動範囲を設定するものとしよう. このケースでは, 確率は主体の誤認を表すものであって, 現象に固有な可変性を表すものではない. 確率という同じ数学的概念が, 全く別の 2 つの現実を表しうるのである.

(42) アロー=ドゥブリューの異時点間一般均衡モデルの枠組みにおいては, 市場が開かれるのは最初の期間のみである. 最初の期間に, すべての商品についての, すべての将来期間についての, すべての実現可能状態についての価格が決定される. 状態 e〔「e」は eventualite を示唆している〕となる t 期に, この不測の状態《エヴァンチュアリテ》の下での取引が, 第 1 期に決められた価格に従って実行される.

(43) John Maynard Keynes, « The General Theory of Employment », art. cit., p. 212-213.

(44) しかし注意すべきは, そのような合意が支配的であるときでさえ, 様々なシナリオに割り当てられる確率はそれらシナリオが生起する客観的確率を測定しているわけでは決してないということである. その場合〔客観的確率が測定されている場合〕には, 合意が存在することだけでなく, この合意が将来についてのリアルな記述に関するものであることや, さらに加えて, その将来が確率主義的性質を持っていることまでもが想定されてしまう. 形式的に言えば, そのような状況は, 厳密には不可能とは言えない. 一定の信念が自己実現的な特性を持つことは知られており,「自己実現的予言」と呼ばれる. このような現象は観察されており, 却下することはできない. しかし, 全体として見た経済――すなわちすべての資産のすべての将来収益――が問題になっているときには, そのようなことは SF でしかない.

(45) これはナイトが用いている語彙なのだが, 複数の「〔複数形の〕確率」が存在すると言うよりは, 確率の複数の用法があると言ったほうがもっと適切であろう. というのも, 厳密に言えば, 用いられているのは〔単数形の〕確率という一個の概念だからである.

(46) 原語は Statistical Probability.

(47) Frank H. Knight, *Risk, Uncertainty, and Profit*, Boston-New York, Houghton Mifflin Company, 1921, p. 226 (邦訳 297 頁).

(48) *Ibid.*, p 233 (邦訳 306 頁).

(49) *Ibid.*, p 268 (邦訳 341 頁).

(50) *Ibid.*, p 231 (邦訳 302 頁).

(51) この議論から, 企業者《アントルプルヌール》を他よりも優れた判断を下す能力の所有者と見なす自由主義的言説が引き出されていく. 利潤は, 社会に有用なこの稀少資源に対する報酬であると

収のオルレアン論文（André Orléan, « Efficience, finance comportementale et convention : une synthèse théorique »）を参照.

（14）Eugene Fama, « Efficient Capital Markets : A Review of Theory and Empirical Work », *Journal of Finance*, vol. 25, 1970, p. 383.

（15）Shiller Robert J., *Irrational Exuberance*, Princeton（New Jersey）, Princeton University Press, 2001. p. 171（邦訳 204 頁）.

（16）Fama Eugene, « Random Walks in Stock Market Prices », *Financial Analysts Journal*, vol. 21, n°5, septembre-octobre 1965, p. 55.

（17）*Ibid.*, p. 56.

（18）金融効率性仮説（Hypothèse d'Efficience Financière）の略.

（19）つまり，確率構造が既に知られていれば，情報 I の下での最適期待〔最適予想〕を定義することが可能である．この最適期待は，情報 I を織り込んだ条件付き期待値を演算子とすることによって数学的に表現される．この数学的観念は合理的期待という経済学的観念に，すなわち情報 I の下で合理的かつ先見の明ある当事者が形成しうる最良の評価にかなり正確に対応している.

（20）Robert J. Shiller, « From Efficient Markets Theory to Behavioral Finance », *Journal of Economic Perspectives*, vol. 17, n° 1, hiver 2003, p. 84-85.

（21）Stephen A. Ross, *Neoclassical Finance*, *op. cit.*, p. 44.

（22）Burton G. Malkiel, « The Efficient Market Hypothesis and its Critics », *Journal of Economic Perspectives*, vol. 17, n° 1, hiver 2003, p. 71.

（23）*Ibid.*, p. 72.

（24）ビッド・アスク・スプレッド〔買値と売値の開き〕と呼ばれ，最良の売り手〔最も安い値で売ろうとする人〕と最良の買い手〔最も高い値で買おうとする人〕との間の証券の値付けの差を意味する.

（25）中央銀行が設定する安全金利を超える〔収益〕.

（26）Burton G. Malkiel, « The Efficient Market Hypothesis and its Critics », art. cit., p. 60.

（27）例えば，Stephen A. Ross, *Neoclassical Finance*, op. cit. の第Ⅲ章を参照.

（28）*Ibid.*, p. 67.

（29）Richard Roll（Burton G. Malkiel, « The Efficient Market Hypothesis and its Critics », art. cit., p. 72 から引用）.

（30）Stephen A. Ross, *Neoclassical Finance*, *op. cit.* p. 50. 同じ論点は，Burton G. Malkiel, « The Efficient Market Hypothesis and its Critics », art. cit. にも見いだされる.

（31）Andrew Shleifer, *Inefficient Markets. An Introduction to Behavioral Finance*, Oxford, Oxford University Press, 2000, p. 50.

（32）注目すべき例外がある．合理的バブルの理論においては，NPR は検証されるが HEF は検証されない.

（33）同じ考え方はシラーの結論においても述べられている（« From Efficient Markets Theory to Behavioral Finance », art. cit., p. 101）.

（34）Burton G. Malkiel, « The Efficient Market Hypothesis and its Critics », art. cit., p. 60.

（35）*Ibid.*, p. 75-76.

（36）*Ibid.*, p. 61.

Press, 1944）および Leonard Savage（*The Foundations of Statistics*, New York, Dover Publications, 1954）.

（4）サベージが想定しているのは，夫が妻を手伝おうとして台所にやってくると，妻はおらず調理がやりかけのままであった，という状況である．

（5）「期待効用」と呼ばれるもの．

（6）サベージが選択した例においては，状況はかなり単純である．というのも，「卵の状態」という単一の変数しか存在していないし，この変数は「腐っていない」か「腐っている」かの2つの値しかとらないからである．一般的ケースにおいては，複数の変数が作用するし，それらの変数がかなりたくさんの値をとる．このことによって問題は複雑になるが，問題の性質は変わらない．

（7）Robert Kast et André Lapied, *Fondements microéconomiques de la théorie des marchés financiers*, Paris, Economica, 1992, p. 23.

（8）例えば，Stephen Ross（*Neoclassical Finance*, Princeton-Oxford, Princeton University Press, 2005）または Robert Kast et André Lapied（*Fondements microéconomiques de la théorie des marchés financiers, op. cit.*），さらに Darrell Duffie（*Modèles dynamiques d'évaluation*, Paris, PUF, 1994）．デュフィによる説明が最も要を得ている．次の2文で十分に言い尽くされている．「不確実性は，諸状態の無限集合――このうち1つの状態のみが実現される――によって表されている．N種類の証券は行列Dによって表され［…］D_{ij} は状態jにおいて証券iに支払われる計算単位の量を表す」（*ibid.*, p. 3）.

（9）この伝統の起点となったのはアロー＝ドゥブリュー・モデルである．Kenneth Arrow（« The Role of Securities in the Optimal Allocation of Risk-Bearing », The Review of Economic Studies, vol. 31, n°2, avril 1964），Gérard Debreu（*Théorie de la valeur. Analyse axiomatique de l'équilibre économique, op. cit.*）あるいは Jack Hirshleifer（« Investment Decision under Uncertainty : Choice-Theoretic Approaches », *Quarterly Journal of Economics*, vol. LXXIX, n°4, novembre 1965）を参照．

（10）証券の評価原理は単純である．それは，証券が満期までの間にもたらす収入の総額を計算するというものである．一方で，収入は確率においてのみ認識される．期待値も利用される．他方で，10年後のユーロが今日のユーロと同じ価値を持たないことを考慮しなければならない．今日のユーロのほうがずっと価値が小さい．例えば，今日の1ユーロを現行金利で運用すると，かなり大きい金額になる．正確に言えば，今後10年間利子率rが不変であるとすれば，$(1+r)^{10}$ ユーロになる．割引〔現在価値化〕は，t期における1ユーロを0期のユーロに換算する操作である．見られるように，割引は金利に左右される以外に，個人が現在に対してことさらに強い選好を持つかどうか――これはリスク忌避とも呼ばれる――にも左右される．つまり証券価値を求めるには，期待収益の割引フローの期待値と呼ぶものを計算すればよい．

（11）利子率の利用〔による割引評価〕は，「リスク中立的な」投資家が形成するであろう評価に対応している．当該国民のリスク忌避を表すリスクプレミアムを織り込むことも可能である．

（12）アングロサクソン圏ではしばしば「現在価値（*present value*）」の用語が使われる．

（13）この点については，Robert Boyer, Mario Dehove et Dominique Plihon（dir.）, *Les Crises financières*, compléments A, rapport du Conseil d'analyse économique, octobre 2004, p. 241-270 所

souveraine, *op. cit.*, p. 195-196（邦訳 295-296 頁）.

(69) しかし，英国国教の聖職者になった 1 人のアレアレ人は，地元民にイエス・キリストを説明するとき，全く自然にも，貨幣を引き合いに出している．彼は「イエス・キリスト＝貨幣の収集《コレクト》」と公式化している（*ibid.*, p. 197〔邦訳 298 頁〕）.

(70) 同様にして，地域交換システム（SEL）においては，新しい貨幣が創発される．

(71)『貨幣主権論』（Michel Aglietta et André Orléan, *La Monnaie souveraine*, *op. cit.*）において，われわれはこうした深層的な信頼の 2 側面――ヒエラルキー的信頼と倫理的信頼――を区別した．

(72) Costantino Bresciani-Turroni, *The Economics of Inflation. A study of Currency Depreciation in Post-War Germany*, Londres, August M. Kelley Publishers, 1968, p. 74.

(73) *Ibid.*, p. 72.

(74) リュディガー・ドーンブッシュは，11 月の 1 日当たり平均物価上昇率を 20.9％と見積もっている．

(75) Moreau Émile, *Souvenir d'un gouverneur de la Banque de France. Histoire de la stabilisation du franc*（*1926-1928*）, Paris, Éditions M.-Th. Génin, Librairie de Médicis, 1954, p. 38.

(76) 1927 年 7 月 27 日の議会において新政権指名の宣言が読み上げられると，少々のフラン安が引き起こされた（Bertrand Blancheton, *Le Pape et l'Empereur. La Banque de France, la direction du Trésor et la Politique monétaire de la France*（*1914-1928*）, Paris, Albin Michel, coll. « Histoire de la mission historique de la Banque de France », 2001, p. 387）.

(77) André Fourgeaud, *La Dépréciation et la Revalorisation du mark allemande et les Enseignements de l'expérience monétaire allemande*, Paris, Payot, 1926, p. 202.

(78) 社会主義者は排除されていた．

(79) Wilfrid Baumgartner, *Le Rentenmark*, Paris, PUF, 1925, p. 35.

(80) Slavoj Žižek, « Fétichisme et subjectivation interpassive », *Actuel Marx*, n° 34, 2003, p. 101.

(81)「合理的経済は客観的活動である．それは，人々が互いに利害対立を助長し合っている状況の下，市場で形成される貨幣価格によって方向づけられる．貨幣価格による評価なくしては，したがってこうした対立なくしては，いかなる計算可能性も存在しない．金銭とは，人間の生活の中で最も抽象的なもの，最も『非人称的なもの』である」（Max Weber, *Sociologie des religions*, Paris, Gallimard, 1996, p. 421）.

(82) ここでわれわれは，改めてアルノー・ベルトゥーの分析に従おうとしている．「われわれは何よりもまず，一般均衡理論が，実験による確認で評価が決まる仮説ではなく，アプリオリに定立されている道徳的諸原理から価値が派生する概念構成であるということを承認すべきである」（Arnaud Berthoud, « Économie politique et morale chez Walras », art. cit., p. 85）.

第Ⅲ部　市場金融

第 6 章　金融的評価

(1) *Théorie générale de l'emploi*, *op. cit.*, p. 167.

(2) *Ibid.*, p. 169.

(3) 創始的な研究には，1940-50 年代の日付を持つ以下のものがある．Oskar Morgenstern et John von Neumann（*Theory of Games and Economic Behaviour*, Princeton, Princeton University

――制度化された全体――〔を制度と呼ぶの〕でなければ，制度とはいったい何であろうか．人が通常行っているように，この言葉を基底的な社会的配置を表すためにだけ取っておく理由は全くない．したがってわれわれはこの言葉には，政体や司法組織といった主要なものだけでなく，慣例や流行，偏見や迷信も含まれるものとする．というのも，これらの現象はどれも同じ性質を持ち，程度しか異ならないからである．要するに，社会的秩序における制度は，生物学的秩序における機能に当たるものである．よって，生命科学が生命諸機能についての科学であるのと同様に，社会科学は，このように定義された諸制度についての科学なのである」（« La sociologie : objet et méthod », Marcel Mauss, *Œuvres*, tomeIII : *Cohésion sociale et divisions de la sociologie*, Paris, Éditions de Minuit, 1974, p. 150）．

（51）価値の他の諸部面においては，価値の評価の際に一定の曖昧さが許容されることがもっと多い．そうした価値の諸部面は，複数の観点を許す分裂的な様式に基づいて機能していると言える．

（52）Frédéric Lordon et André Orléan（« Genèse de l'État et genèse de la monnaie : le modèle de la *potentia multitudinis* », art. cit.）参照．

（53）ありうべき誤解を避けるために，この主権性が市場秩序に包摂されたものであることに注意を促しておきたい．現実世界においては，多様な諸価値，多様な諸権威が共存し，それらが互いに限界づけ合っている．

（54）Bruno Pays, *Libérer la monnaie. Les contributions monétaires de Mises, Rueff et Hayek*, Paris, PUF, 1991, p. 72.

（55）Robert E. Hall, « Monetary Trends in the United States and the United Kingdom », *Journal of Economic Literature*, vol. 20, décembre 1982, p. 1554.

（56）これはわれわれの立場ではない．表券主義〔金属主義に対立する貨幣論の立場〕に対するわれわれの批判は，後述参照．

（57）Cowen Tyler et Randall Kroszner, « The Development of the New Monetary Economics », *Journal of Political Economy*, vol. 95, n° 3, p. 569.

（58）Bruno Pays, *Liberer la monnaie*, *op. cit.*, p. 264.

（59）Friedman Milton, *Inflation et Systèmes monétaires*, Paris, Calmann-Lévy, 1976, p. 167.

（60）Hayek Friedrich A., *Denationalization of Money*, Londres, Institute of Economic Affairs, 1976.

（61）*Ibid.*, p 126（邦訳 194 頁）．〔著者オルレアンは〕ブルーノ・ペイによるフランス語訳から引用している．

（62）アルゼンチンで見られたように，正統的暴力の独占的保持者である政治主権は，反対派的な役人に対する中央銀行の接触を禁じることさえある．

（63）Dumont Louis, *Essais sur l'individualisme*, Paris, Seuil, 1991, p. 304（邦訳 444 頁）．

（64）Orléan André, « La sociologie économique de la monnaie », art. cit.

（65）Mauss Marcel, « Les origines de la notion de monnaie », in *OEuvres*, tome II : *Représentations collectives et Diversité des civilisations*, Paris, Éditions de Minuit, 1974, p. 111.

（66）*Ibid.*, p. 11.

（67）Simiand François, « La monnaie réalité sociale », art. cit., p. 238.

（68）Daniel de Coppet, « Une monnaie pour une communauté mélanésienne comparée à la nôtre pour l'individu des sociétés européennes », in Michel Aglietta et André Orléan（dir.）, *La Monnaie*

(26) 例えば，*Les Régle de la méthod sociologique*［1885］，その第二版［1901］への序文，および « Représentations individuelles et représentations collectives »［1898］.
(27) *Les Régle de la méthod sociologique*, *op. cit*., p. XVI（邦訳 30-31 頁）.
(28) *Ibid*., p. XVI/XVII（邦訳 31-32 頁）.
(29) *Ibid*., p. 11（邦訳 63-64 頁）.
(30) Émile Durkheim, *Les Formes élémentaires de la vie religieuse*, *op. cit*., p. 298（邦訳（上）378 頁）.
(31) デュルケムは『社会学的方法の規準』においてこうした誤りの事例をいくつか挙げている.「例えば，人は普通，家族という組織を説明するのに，両親の子供に対する感情および子供の両親に対する感情をもってし，婚姻の制度を説明するのに，それが夫婦およびその子孫に対して示す利益をもってする．そして，刑罰を，個人の利益へのいっさいの重大な侵害が彼のうちに引き起こす怒りによって説明する．また，経済学者たち，わけても正統派経済学者たちの理解し，説明する経済生活はすべて，結局のところ，富への欲望という純然たる個人的な要因によって支えられている．では，道徳についてはどうか．人は，個人のおのれ自身に対する諸義務というものを，倫理の基礎に置いている．宗教についてはどうであろうか．人は，宗教のうちに，自然の偉大な力か，もしくはある卓越せる人格かが人間のうちに呼び起こす諸々の印象の一所産を見るのである．その他，例を挙げれば枚挙にいとまがない」（*Les Régle de la méthod sociologique*, *op. cit*., p. 100〔邦訳 204 頁〕）.
(32) *Ibid*., p. 101-103（邦訳 205-208 頁）.
(33) Karl Marx, *Le Capital*, *op. cit*., p. 43（6 頁）.
(34) *Les Formes élémentaires de la vie religieuse*, *op. cit*., p. 269（同前 340-341 頁）.
(35) *Ibid*., p. 275（同前 348 頁）.
(36) *Ibid*., p. 277-278（同前 350 頁）.
(37) *Ibid*., p. 285-286（同前 361-362 頁）.
(38) *Ibid*., p. 296（同前 375 頁）.
(39) *Ibid*.（同前 375 頁）.
(40) *Ibid*., p. 297（同前 375-376 頁）.
(41)「オーストラリアにおけるトーテムのリストにしばしば出てくる名前，蜥蜴・青虫・鼠・蟻・蛙・七面鳥・鮒・梅樹・カカトエスだけをとってみても，何かの関係で宗教的情緒に類似し，しかも，この情緒を促す対象物に神聖な性質を刻み込めるような強烈で大きな印象を人に生じさせる性質のものではない」（*ibid*., p. 293〔同前 371 頁〕）.
(42) *Ibid*., p. 315（同前 397 頁）.
(43) *Ibid*., p. 325（同前 408 頁）.
(44) *Ibid*., p. 327（同前 411 頁）.
(45) *Ibid*., p. 327-328（同前 411 頁）.
(46) *Ibid*., p. 329（同前 414 頁）.
(47) *Ibid*., p. 329-330（同前 414-415 頁）.
(48) *Ibid*., p. 331（同前 416 頁）.
(49) *Ibid*.（同前 416-417 頁）.
(50) ポール・フォコネとマルセル・モースが与えている見事な定義によれば，「諸個人が自分の目の前に見いだす，そして多かれ少なかれ彼らに課される諸行為と諸観念の総体

第5章　価値を考えるための領域統合的な枠組み

(1) Émile Durkheim, « Jugements de valeur et jugements de réalité », in *Sociologie et Philosophie*, Paris, PUF, 1967, p. 91（邦訳 112 頁）.

(2) *Ibid.*, p. 92（邦訳 113 頁）.

(3) これに加えて次のようにある.「最近なされた価値理論の進歩はこの考えの一般性と統一性とをよく確立したということにほかならない」(*ibid.*, p. 101〔邦訳 123 頁〕). 彼は, 社会学が既にこの問題を解決したと考えていた.

(4) Jean-Claude Passeron が *Le Raisonnement sociologique*（*op. cit.*）で与えた意味による.

(5) ここに見られるのは, デュルケムが『社会分業論』(*De la division du travail social*, Paris, PUF, 1978）の中で主張しているテーゼである. デュルケムは, 契約が契約法に依拠していること, そして契約法は契約的性質を持たないことを指摘している. この議論に基づき彼は, 契約の中には契約的なものしかないと結論している. われわれの議論はこれとは異なる. われわれは, 商品関係における貨幣の存在についての考察を踏まえて, 貨幣が契約的性質を持たないことを強調している.

(6) Georg Simmel, *Philosophie de l'argent, op. cit.*, p. 198（邦訳 173 頁）.

(7) *Ibid.*, p. 198（邦訳 173 頁）.

(8) *Ibid.*, p. 196-197（邦訳 171 頁）.

(9) *Ibid.*, p. 196（邦訳 170 頁）.

(10) *Ibid.*, p. 196（邦訳 170 頁）.「金属ではなく信頼」の意.

(11) *Ibid.*, p. 196（邦訳 170 頁）.

(12) *Ibid.*, p. 197（邦訳 171 頁）.

(13) *Ibid.*（邦訳 171 頁）.

(14) Michel Aglietta et André Orléan, *La Monnaie souveraine, op. cit.*, p. 26（邦訳 46 頁）も参照せよ.

(15) Georg Simmel, *Philosophie de l'argent, op. cit.*, p. 197（邦訳 171 頁）.

(16) *Ibid.*, p. 198（邦訳 171 頁）.

(17) *Ibid.*, p. 197（邦訳 171 頁）.

(18) *Ibid.*, p. 198（邦訳 171-172 頁）.

(19) 群衆《ムルティテュード》のパワー, 共同情動, 捕捉《カプチュール》という諸概念を用いて提示される本章の分析は,「スピノザ派社会科学」の視角からフレデリック・ロルドンが行った重要な諸研究がなければ, なされなかったであろう. 関連文献は, 参考文献リストを見られたい.

(20) Frédéric Lordon, « La puissance des institutions (autour de l*a critique* de Luc Boltanski) », *Revue du Mauss permanente*, 8 avril 2010［http://www.journaldumauss.net/spip.php?article678］, p. 8.

(21) Mary Douglas, *Ainsi pensent les institutions*, Paris, Usher, 1989, p. 41.

(22) Michel Aglietta et André Orléan, *La Violence de la monnaie, op. cit.*, et *La Monnaie entre violence et confiance, op. cit.*

(23) Émile Durkheim, « Jugements de valeur et jugements de réalité », art. cit., p. 102-105（邦訳 125-127 頁）.

(24) 彼は『宗教生活の原初形態』(*Les Formes élémentaires de la vie religieuse*, Paris, PUF, 2003）において 物理学者が用いる力の概念は, 宗教の力が諸個人に対して物質的に作用するという経験にその起源があるとまで主張している.

(25) Émile Durkheim, *Les Régle de la méthod sociologique*, Paris, PUF, 1993, p. 11（邦訳 63 頁）.

のことから，「状況によってレジームが異なる」というアイデアを得ることもできるはずだが，アフタリオンにはそうした展開は見られない．

（38）Albert Aftalion, *Monnaie, Prix et Change. Expérience récents et théorie*, Paris, Sirey, 1940, p. 34（邦訳 45 頁）．

（39）*Ibid.*, p. 384-385（邦訳 230-231 頁）．

（40）*Ibid.*, p. 383（邦訳 229 頁）．

（41）*Ibid*（同前）．

（42）アフタリオンによれば，この期待要素は，貨幣の領域のみにとどまらない一般的事実である．それは，すべての経済価値に見られる．「厳密に言えば，価値を形成するのは，物が与える快楽ではなく，むしろ，物が与えると信じられている快楽，そこから得られると期待される快楽である．期待される快楽について思い違いをしているかどうか，間違えているかどうかはどうでもよい．物が価値を持つのは，人がそれに価値を期待するからである」（*ibid.*〔邦訳 229 頁〕）．彼はこの点を強く主張しており，この点こそ貨幣理論による価値理論への大きな寄与であると分析している．「このことはまた，貨幣理論に負うところ大であると言える」（*ibid.*〔邦訳 229 頁〕）．

（43）*Ibid.*, p. 270（邦訳 216 頁）．

（44）*Ibid.*, p. 269（邦訳 206-207 頁）．

（45）*Ibid.*, p. 268（邦訳 207 頁）．

（46）*Ibid.*, p. 276（邦訳 218 頁）．

（47）*Ibid.*, p. 272-273（邦訳 218 頁）．

（48）*Ibid.*, p. 267（邦訳 203-204 頁）．

（49）*Ibid.*, p. 247（邦訳 200-201 頁）．

（50）Georg Simmel, *Philosophie de l'argent*, *op. cit.*, p. 186（邦訳 161 頁）．

（51）「作り上げられる［…］諸々の予想は［…］現在の有効な需給と比べて同じくらいか，ずっと大きい影響を，［その］推移に対して及ぼす」（François Simiand, « La monnaie réalité sociale », art. cit., p. 242）．

（52）Georg Simmel, *Philosophie de l'argent*, *op. cit.*, p. 225（邦訳 195 頁）．

（53）*Ibid.*, p. 187（邦訳 162 頁）．

（54）François Simiand, « La monnaie réalité sociale », art. cit., p. 240.

（55）*Ibid.*, p. 249.

（56）*Ibid.*, p. 240-241.

（57）この場合，貨幣の使用 E と貨幣金属 M の比率である．

（58）*Ibid.*

（59）*Ibid.*, p. 257.

（60）John Maynard Keynes, « The General Theory of Emploiment », *Quarterly Journal of Economics*, vol. 51, n°2, février 1937, p. 217.

（61）John Maynard Keynes, « The General Theory of Emploiment », art. cit., p. 147.

（62）John Maynard Keynes, *Théorie générale de l'emploi, de l'intérêt et de la monnaie*, Paris. Payot, 1971, p. 173（邦訳（上）222-223 頁）．

つものとして現われる過程を指して，「排除」という語を用いる．第5章参照．

(24) 所望の購買の支払いに必要なだけの量の貨幣を入手するという制約，および——もっと一般的には——時間経過の中で支出を賄うことを可能にする貨幣受け取りフローを確保するという制約．

(25) われわれの抽象的なモデルを離れて，単なる商品関係以外の社会関係を考慮に入れて言えば，この結託が出現し知られるようになるのは，たいていは政治を介してである．

(26) 国民貨幣制度の観点からはドルは「私的」貨幣として分析されねばならないことを想起されたい．

(27) Frédéric Lordon et André Orléan, « Genèse de l'État et genèse de la monnaie : le modèle de la *potential multitudinis* »（art. cit.）参照．

(28) *Le Capital, op. cit.*, p. 59（邦訳（上巻）31頁）．

(29)「[…] 諸商品で表されるニュメレールの価値は時と場所によって変わるだけでなく，表現に用いられる商品種類によっても様々な程度で変わり，異なった方向に変わることさえある」（カール・メンガー（Carl Menger）．Gilles Campagnolo, *Carl Menger entre Aristote et Hayek. Aux sources de l'économie modern*, Paris, CNRS Éditions, 2008, p. 210 に引用されている文章）．

(30) ドン・パティンキンはこの問題を，*La Monnaie, l'Intérêt et les Prix*（*op. cit.*）の p. 452-453〔邦訳 378-379 頁〕で論じている．各個人について，その個人に固有な——主観的な——デフレーターを導入しなければならないという問題である．ただし，パティンキンが相似変換的な価格上昇の状況を主に研究しているため，この困難は彼の結論に影響を与えていない．

(31) カール・メンガーにおいては，非固有価値は，われわれが「購買力」と呼ぶものにかなり正確に対応している．

(32) カール・メンガー．Gilles Campagnolo, *Carl Menger entre Aristote et Hayek, Aux sources de l'économie modern, op. cit.*, p. 212 への引用による．

(33) Michel Aglietta et André Orléan (dir.), *La Monnaie souveraine*, Odile Jacob, Paris, 1998 の例えば p. 25（邦訳 45 頁）を見よ．

(34) マルクスは観念的貨幣（計算単位，象徴的貨幣，流通手段）と現実的貨幣（支払手段）を区別している．「これまでわれわれは，貴金属を，価値尺度と流通手段という二重の姿態のもとで考察してきた．貴金属は，観念的な貨幣として第一の機能を果たし，第二の機能では象徴によって代理されることができる．だが，貴金属がその金属体のままで，商品の実在の等価物すなわち貨幣商品として現われねばならない機能が，存在する．[…] われわれは，貴金属が厳密な意味での貨幣として機能する，と言う」（*Le Capital, op. cit.*, p. 106〔邦訳 110 頁〕）．

(35) ここで「先験的《アプリオリ》」とは，客観化の仮説が既定であるときには，この分析を却下すべきではないという意味である．しかしだからと言って，そうした分析が正しいわけではない．考察されている時期の資本主義の性質にそれが合致しているかどうかを，ケースバイケースで検証しなければならないのだ．

(36) 貨幣価値は発行貨幣量によって因果的に決定されるとされることから，この説は「数量的」と形容される．

(37) 数量説はしばしば検証され（1914-19 年），しばしば検証されない（1919-39 年）．こることができたであろう．この不確定さは，この対象が同時に流動性でもあれば，富でも貨幣でもあることに由来するものである．

(13) Carl Menger, « On the Origin of Money », art. cit., p. 244 et 251.

(14) 打刻貨幣の誕生については，Georges Le Rider, *La Naissance de la monnaie. Pratiques monétaires de l'Orient ancient*, Paris, PUF, 2001.

(15) ロルドンとオルレアンのテキスト（Frédéric Lordon et André Orléan, « Genèse de l'État et genèse de la monnaie : le modèle de la *potential multitudinis* » *in* Yves Citton et Frédéric Lordon (dir.), *Spinoza et les Sciences socials. De la puissantce de la multitude à l'économie des affects, op. cit.*）では，この概念についての詳述がなされている．

(16) トマス・ホッブズによる論証も同じ論理に従っている．彼の自然状態は論理的仮説であって歴史的仮説ではない．われわれの自然状態が現実の経済から貨幣を除いたものとして定義されるのと同様に，「ホッブズにおける自然状態は，現実の社会状態からその不完全な君主を除いたものとして定義される」（Crawford Macpherson, *La Théorie politique de l'individualisme possessif*, Paris, Gallimard, 2004, p. 49）．よって，ホッブズにあってもわれわれにあっても同じことなのだが，われわれの以前のテキストに関して言えば，自然の状態を貨幣経済に歴史的に先行する状態を記述したものとして理解しようとする間違った解釈が出てくる可能性がある．「それゆえ自然状態［…］は，ホッブズが論理的抽象によって定立した仮説的状態である．ただし，『自然状態』と命名されたことによって，この仮説的状態には誤りを誘導する傾向がある．実際，市民社会に歴史的に先行する状態をそこに見いだすことは容易である」（*ibid.*, p. 57）．

(17) 以前の２つの著作において，われわれは貨幣の模倣的発生モデルを詳しく提示した——Michel Aglietta et André Orléan, *La Violence de la monnaie*, Paris, PUF, 1982 および Michel Aglietta et André Orléan, *La Monnaie entre violence et confiance, op. cit.* これは次の論文のテーマでもある——Frédéric Lordon et André Orléan, « Genèse de l'État et genèse de la monnaie : le modèle de la *potential multitudinis* »（art. cit.）．

(18) この立論は，様々な側面からして，カール・メンガーのそれに近い．最も流動的な財を使用して取引を行うことは，誰にとっても合理的である．

(19) 同様の発想に基づくモデルは，Kevin Dowd et David Greenaway（« Currency Competition, Network Externalities and Switching Costs : Towards an Alternative View of Optimum Currency Areas », *The Economic Journal*, vol. 103, n°420, septembre 1993, p. 1180-1189）に見られる．

(20) この分析は，カール・メンガーが（« On the Origin of Money », art. cit. において）提示した分析と数多くの共通点を有している．このモデルとメンガーのモデルとの間の関係については，Michel Aglietta et André Orléan, *La Monnaie entre violence et confiance, op. cit.*, p. 91-96 参照．

(21) 同様の推論は，言語に関しても行うことができよう．正確なコミュニケーションという観点からは，言語の複数性は邪魔である．それ以外では世界が強く統合されている場合には，ますますそう言える．にもかかわらず，われわれは依然として言語の著しい多様性を目の当たりにしている．貨幣的アイデンティティと同様に，言語的アイデンティティもまた，強い政治的アイデンティティを築き上げるための重要な要素である．

(22) 同じように覇権言語というものもある．

(23) 以下の本文では，選出された貨幣がアクターたちにとって生来的に流動性の質を持ブレンにおいては，嫉妬による対抗関係は「数千年の歴史が作り上げた西洋人の性向を表しており，この性向は，略奪本能のシンボル的な顕現化を担う諸制度によって日々再生させられている」（Thorstein Veblen, *Théorie de la classe de loisir, op. cit.*, p. XXXIII）.

（55）「名誉を与える行為とは，究極的に成功と認められた攻撃的行為以外の何ものでもない．そして，攻撃が人間と獣との間の争いを意味する場合には，何はさておき，とくに尊敬に値するものは剛力の発揮である」（*ibid.*, p. 14〔邦訳 28 頁〕）.

（56）*Ibid.*, p. 8（邦訳 19 頁）.

第Ⅱ部　価値という制度

第4章　貨　幣

（1）消費者が問題になっているとき，この満足は効用によって測られる．生産者が問題になっているときには，利潤によって測られる．

（2）Kenneth J. Arrow et Frank Hahn, *General Competitive Analysis*, San Francisco, Holden-Day, 1972（Frank Hahn, *Equilibrium and Macroeconomics, op. cit.*, p. 64 から引用）〔邦訳 1-2 頁〕.

（3）この問題についての詳しい議論は第 2 章を参照.

（4）非常に広範な批判的文献がある中で，フィリップ・ドゥ・フィレは，市場の仲介人とトマス・ホッブズのリバイアサンとの比較を行っている（« Comportements concurrentiels et équilibre general : de la nécessité des institutions », *Économie appliqué*, tome XLIII, n° 3, 1990, p. 9-34）.

（5）逆に，一般均衡を得るためには，個人の残高すべてがゼロであるだけでは十分でない．

（6）Frédéric Lordon, *Capitalisme, Désir et Servitude, op. cit.*

（7）フランソワ・シミアンは知識の 3 つの段階を考慮している（François Simiand, « La monnaie réalité sociale », *Annales sociologiques*, série D, fascicule 1, 1934）．第一段階は単純な信念の段階であり，第二段階は批判および懐疑の「ヴォルテール的」段階であり，そして第三段階においては信念の積極的役割が承認される（cf. p. 228）.

（8）John Maynard Keynes, « Perspectives économiques pour nos petits-enfants », in *Essais sur la monnaie et l'économie*, Paris, Payot, 1978, p. 138（邦訳 330 頁）.

（9）*Ibid.*, p. 138-140（邦訳 399 頁）.

（10）ジャン・カルトゥリエは次の論文において，この選択を詳しく分析している——Jean Cartelier, « Théorie de la valeur ou hétérodoxie monétaire : les termes d'un choix »（*Économie appliquée*, tome XXXVIII, n°1, 1985）.

（11）Adam Smith, *Enquête sur la nature et les causes de la richesse des nations, op. cit.*, p. 22〔邦訳 52 頁〕（訳文を少し修正してある〔—オルレアン〕）.

（12）他の用語も選択できたであろうことに注意を促しておきたい．以前公刊された諸著作（Michel Aglietta et André Orléan, *La Monnaie entre violence et confiance*, Paris, Odile Jacob, 2002, Frédéric Lordon et André Orléan, « Genèse de l'État et genèse de la monnaie : le modèle de la *potentia multitudinis* », *in* Yves Citton et Frédéric Lordon (dir.), *Spinoza et les Sciences socials. De la puissance de la multitude à l'économie des affects*, Paris, Éditions Amsterdam, 2008, それにまた André Orléan, « La sociologie économique de la monnaie », *in* François Vatin et Philippe Steiner (dir.), Traité de sociologie économique, Paris, PUF, 2009）であれば，われわれは「富」や「財−富」の用語を用いただろう．しかし「部分的貨幣」や「私的貨幣」の用語もまた用い

に見いだしている」と言うにすぎない．以上はヴェブレンの見方である．ワルラスもまた，欲望の動機がどんなものであれ欲望の対象は定義によって有用であることに注意を促すとき，全く同じことを言っている．「あるものが病人を治療する目的で医師によって求められるか，または家族を毒殺するために殺人者によって求められるかは，他の観点からは極めて重要な問題であるが，われわれの観点からは関係のない問題である」（Léon Walras, *Éléments d'économie politique pure ou théorie de la richesse sociale*, *op. cit.*, p. 21〔邦訳 22 頁〕）．本書においては，文脈によって，この 2 つの意味のうち一方を用いたり他方を用いたりする．

（34） Thorstein Veblen, *Théorie de la classe de loisir*, *op. cit.*, p. 103（邦訳 176 頁）．

（35） *Ibid.*, p. 74（邦訳 127 頁）．

（36）「新しい取得を試み，結果としてもたらされる新しい富の水準に慣れてくるや，それは，以前ほど目立って大きな満足を与えなくなる．その傾向は，どんな場合でも，常に現在の金銭的な水準を全く新しい富の増加のための出発点にするというものであり，これがまた次に，十分な資産についての新しい水準や，隣人と比べた場合の自らの新しい金銭的階層区分を生じさせるのである」（*ibid.*, p. 23〔邦訳 42 頁〕）．

（37） 本書では，賃労働者と生産手段所有者の対立である生産関係は考えていない．われわれは経済をもっぱらその商品的次元において考察している．

（38） *Ibid.*, p. 23（邦訳 43 頁）．〔［…］内はオルレアンによる補足〕．

（39） *Ibid.*, p. 74（邦訳 127-128 頁）．

（40） Paul Dumouchel in Paul Dumouchel et Jean-Pierre Dupuy（dir.）, *L'Enfer des choses*, *op. cit.*, p. 164（邦訳 163 頁）．

（41） Thorstein Veblen, *Théorie de la classe de loisir*, *op. cit.*, p. 27（邦訳 48 頁）．

（42） Jean-Pierre Dupuy, *in* Paul Dumouchel et Jean-Pierre Dupuy（dir.）, *L'Enfer des choses*, *op. cit.*, p. 74（邦訳 65 頁）．

（43） *Ibid.*, p. 70（邦訳 60 頁）．

（44） *Ibid.*, p. 95（邦訳 91 頁）．

（45） Georg Simmel, *Philosophie de l'argent*, *op. cit.*, p. 32（邦訳 25 頁）．

（46） Jean-Pierre Dupuy, *in* Paul Dumouchel et Jean-Pierre Dupuy（dir.）, *L'Enfer des choses*, *op. cit.*, p. 42（邦訳 30 頁）．

（47）「名誉の性質は選好と差別を要求することにある」（Montesquieu, *De l'esprit des lois*, Paris, Classiques Garnier, 2011, livre III, chapitre VII）．

（48） Edward Chamberlin, *La Théorie de la concurrence monopolistique. Une nouvelle orientation de la théorie de la valeur*, Paris, PUF, 1953, p. 7（邦訳 10 頁）．

（49） *Ibid.*, p. 7（邦訳 10 頁）．

（50） *Ibid.*, p. 71（邦訳 84 頁）．

（51） *Ibid.*, p. 67（邦訳 80 頁）．

（52） Jean-Pierre Dupuy, *in* Paul Dumouchel et Jean-Pierre Dupuy（dir.）, *L'Enfer des choses*, *op. cit.*, p. 47（邦訳 35 頁）．

（53） 欲望の捕捉という観念については，Frédéric Lordon, *Capitalisme, Désir et Servitude. Marx et Spinoza*, Paris, La Fabrique Éditions, 2010 参照．

（54）『有閑階級の理論』序文でレイモン・アロンは次のように記している．すなわち，ヴェこの因果連関を付け加えることは，理論装置の全体を根底から修正することになる．なぜなら，交換関係に対する選好の外生性は効用価値説の中心的仮説だからである．効用が交換を説明すると言えるには，効用が交換に先在することが不可欠なのである．この仮説こそ，除去しなければいけないものである．

(16) Jean-Pierre Dupuy in Paul Dumouchel et Jean-Pierre Dupuy (dir.), *L'Enfer des choses*, *op. cit.*, p. 24（邦訳 9 頁）.

(17) *Ibid.*（邦訳 9 頁）.

(18) Thorstein Veblen, *Théorie de la classe de loisir*, *op. cit.*, p. 19（邦訳 37 頁）.

(19) Paul Dumouchel et Jean-Pierre Dupuy (dir.), *L'Enfer des choses*, *op. cit.*, p. 48（邦訳 36 頁）.

(20) Thorstein Veblen, *Théorie de la classe de loisir*, *op. cit.*, p. 69（邦訳 120 頁）.

(21) *Ibid.*, p. 19（邦訳 37 頁）.

(22) *Ibid.*, p. 18（邦訳 35 頁）.

(23) *Ibid.*, p. 20-21（邦訳 37-39 頁）.

(24)「蓄積された財がひとたび公認の効率の表象になると，まもなく富の所有は，それ自体独立した最終的な名声の根拠としての性質を帯びてくる」(*Ibid.*, p. 21〔邦訳 40 頁〕).

(25) *Ibid.*, p. 69（邦訳 120 頁）.

(26) *Ibid.*, p. 77（邦訳 129 頁）.

(27) *Ibid.*, p. 69（邦訳 120 頁）.

(28) *Ibid.*（邦訳 120 頁）.

(29) 他者の眼差しが本質的に重要であるのは，「自尊心の通常の基礎が，仲間によって与えられる尊敬であるがゆえ」(*ibid.*, p. 22〔邦訳 41 頁〕）である．これは，新古典派理論に見られるものとは逆の論理である．

(30) *Ibid.*, p. 116（邦訳 199 頁）.

(31) ここから，「移り変わるファッション」についての見事な理論が引き出される．ヴェブレンによれば，われわれはこうしたまねごと《シミュラークル》への嫌悪からそれを拒否するよう促されるが，そのことは，無益さに関する同じ法則に従う他人の利益になる．彼は次のように述べている．「まもなくその実質的な無益さが，その着用をあきらめさせるほどの悪印象を押しつけるようになり，こうして，新しいスタイルに救いが求められることになる．だが新しいスタイルは，名声に値するような浪費性と無益さの要件を満たさなければならない．まもなくその無益さは先行のそれと同じように不愉快なものになり，それゆえ浪費性の法則が許容する唯一の救済は，同じように無駄で同様に支持しがたい何らかの新しい構図に助けを求めることになる」(*ibid.*, p. 116〔邦訳 199 頁〕).

(32) *Ibid.*, p. 37（邦訳 66 頁）.

(33) 効用は，2 つの異なるタイプの判断に関連する．1 つは分析家による客観的な判断であり，これは，商品が人間の生活や福祉に役立つかどうかを外部から判断するものである．もう 1 つは，商品という物を欲する消費者による全く別の主観的な判断である．消費者は自らの欲望に基づいて，その商品が自分にとって有用だと判断するのである．消費者にとっては，「消費者がどのような形態の消費を選択しようと，また，選択にあたってどのような目的を追求したとしても，それは彼の選択に基づくものであるから，彼にとっては効用を持つのである」(*ibid.*, p. 66〔邦訳 114 頁〕). 彼が顕示的浪費を選択するとしても　われわれは単に，彼が「浪費なき消費形態よりも相対的に多くの効用をそこ

(75) ジャン=クロード・パスロン（Jean-Claude Passeron）が与えている意味（*Le Raisonnement sociologique, L'espace non-poppérien du raisonnement naturel*, Paris, Nathan, 1991），すなわち人類学的・歴史学的・社会学的な意味による．

(76) Karl Marx, *Le Capital*, op. cit., p. 69（邦訳 48 頁）．

第 3 章　稀少性

(1) Karl Marx, *Contribution à la critique de l'économie politique*, Paris, Éditions Sociales, 1957, p. 92（邦訳 164 頁）．

(2) ヴェブレンは，この初期段階に「有用物のある程度の専有があった」ことを否定しない．「[…] だが，これらの有用物がそれを専有し消費する人によって所有されている，などと考えられていたわけではない．ここでの有用物とは，ささやかな手回り品であり，その習慣的な専有や消費が所有権の問題を引き起こすことはない」（Thorstein Veblen, *Théorie de la classe de loisir*, Paris, Gallimard, 1970, p. 17-18〔邦訳 34 頁〕）．つまり，有用財は文化ヒエラルキーの下位に位置するので，その所有者になろうとする欲求は見いだされない，というのである．

(3) Michel Aglietta, *Régulation et Crises du capitalisme*, Paris, Odile Jacob, 1997 参照．

(4) Robert Boyer, *La Croissance, début de siècle*, Paris, Albin Michel, 2002 参照．第 8 章「人間創造モデルの出現」（p. 163-192〔邦訳 245-284 頁〕）の全体が人間創造モデルの定義に当てられている．

(5) Philippe Perrot, *Le Luxe. Une richesse entre faste et confort XVIIIᵉ-XIXᵉ siècle*, Paris, Seuil, 1995, p. 10.

(6) *Ibid.*, p. 19.

(7) Marshall Sahlins, *Âge de pierre, Âge d'abondance. L'économie des sociétés primitives*, Paris, Gallimard, 1976, p. 38（邦訳 8 頁）．

(8)「豊かさを獲得する 2 つの可能な方法がある．われわれは，多く生産することによってか，少なく欲望することによって欲求を『容易に充足する』ことができる」（*ibid.*, p. 38〔9 頁〕）．

(9) 前掲書（*ibid.*, p. 48〔邦訳 19 頁〕）におけるローナ・マーシャル（Lorna Marshall）からの引用．

(10) *Ibid.*, p. 49（邦訳 20 頁）．

(11) 例えば自然的な大災害が起きる場合のように，全員が飢餓で死ぬ場合は除く．

(12) *Ibid.*, p. 52（邦訳 24 頁）．

(13) Paul Dumouchel, « L'ambivalence de la rareté », *in* Paul Dumoushel et Jean-Pierre Dupuy (dir.), *L'Enfer des choses, op. cit.*, p. 146（邦訳 145 頁）に引用されているポール・サミュエルソンの言葉．

(14) *Ibid.*, p. 147（邦訳 146 頁）．

(15) つまり，提起されているのは，個人的選好の内生化という問題である．ただしこの内生化は交換そのものを基礎にしている．実際，ワルラスの枠組みは，選好の外生的転換を全面的に受け入れるものである．そこでは例えば，そのような転換の影響の下で，財の価格は上昇するのかそれとも下落するのかが明らかにされる．しかし，新古典派の思考にあっては，選好が交換関係そのものの生産物であるという事実は考慮されない．

(55) 既にわれわれはワルラスにこのアイデアを見いだした．

(56) Don Patinkin, *La Monnaie, l'interêt et les Prix, op. cit.*, p. 101（邦訳 73 頁）.

(57) パティンキンによれば，流動性が不足する個人には 2 つの選択がある．「彼は一時的に支払約束を履行できないかもしれない［…］——一定の困難を引き起こす行為である．また彼は，保有証券を償還［…］しうることによって貨幣残高を再構築することもできる——これはこれで何か別の困難を引き起こすと想定される．この 2 つのタイプの不便宜に対して貨幣の残高がもたらす安心が，貨幣残高に効用を与えるものと思われる」（*ibid.*, p. 101〔邦訳 73 頁〕）.

(58) 当事者の観点から見て重要なことは，貨幣残高の購買力である．考慮される変数はわれわれが「実質残高」と呼ぶものである．これは，名目残高を一般物価水準で割ったものに等しい．

(59) *Ibid.*, p. 16（邦訳 xxii 頁）.

(60) Frank Hahn, « On Some Problems of Proving the Existence of an Equilibrium in a Monetary Economy », *in* Frank Hahn, *Equilibrium and Macroeconomics*, Oxford, Basil Blackwell, 1984.

(61) 専門的に言うと，ここでの問題は，パティンキンの提示するモデルにおいて貨幣はゼロを除く正の価格を持つこと，つまり真の貨幣経済が考察されていることを証明することにある．貨幣の価格がゼロであるならば，パティンキンの考察する経済は見かけ上貨幣的であるにすぎない．じっさいゼロの価格を持つ貨幣は，経済諸主体によって需要されないため，全く役割を果たさない．

(62) 言い換えれば，パティンキンが提示している経済は，形式的には貨幣の価格がゼロであっても作動するのであるが，ただしこれは，ワルラス・モデルが通常財の価格がゼロでも作動しうるのと同じ仕方によってなのである．コンピューターなしの商品経済が存在するという事実があるとしても，一般均衡の道具を用いてそのような経済を記述する可能性が無効になるわけではない．

(63) Raymond Aron, *Les Étape de la pensée sociologique*, Paris, Gallimard, 2007, p. 519-520.

(64) Léon Walras, *Éléments d'économie politique pure ou théorie de la richesse sociale*, *op. cit.*, p. 29（邦訳 29-30 頁）.

(65) *Ibid.*, p. 30（邦訳 30 頁）.

(66) « La construction sociale d'un marché parfait : le marché au cadran de Fontaines-en-Sologne », *Actes de la recherché en Sciences socials*, n°65, novembre 1986.

(67) *The Laws of the Market*, Oxford, Blackwell, 1998.

(68) Max Weber, « L'objectivité de la connaissance dans les sciences et la politique socials », in *Essais sur la théorie de la science*, Paris, Plon, 1965, p. 187-188（邦訳 123 頁）.

(69) *Ibid.*, p. 471.

(70) *Ibid.*, p. 471.

(71) « Un systèm d'économie politique pure », in *Critique sociologiqur de l'économie*（texts presentés par Jean-Christophe Marcel et Phillippe Steiner）, Paris, PUF, 2006.

(72) « L'utilisation de l'information dans la société », *Revue française d'économie*, vol. 1, n°2, automne 1986.

(73) *Ibid.*, p. 130（邦訳 68 頁）.

(74) *Ibid.*, p. 128-129（邦訳 66-67 頁）.

des conventions, Paris, PUF, 1994 参照.

(39) このケースでも，慣行《コンヴァンシオン》を変更することは容易ではない．イギリス人がメートル体系に移行することを考えてみよ．

(40) これより後，この結論は数多くの論議の対象となってきた．この問題を扱ったレゾ（*Réseaux*）誌の「キーボード」特集号（n°87, janvier-février 1988）を参照のこと．総括したものとして，*Histoire économique. La revolution industrielle et l'essor du capitalism*, de Jean-Yves Grenier（Palaiseau, Éditions de l'École polytechnique, 2010）を参照．

(41) 一個人の効用が他の人々の行動に直接に依存している状態を，われわれは「外部性」と呼ぶ．

(42)「パラメータ的〔データの分布を仮定した〕」と呼ばれるこの特殊な合理性の形態は，情報の非対称性を扱う次節で取り上げ検討される．

(43) 既に示したように，新古典派の考え方によっては安定性の問題は全く解決されなかったことを想起されたい．つまり，外的媒介の論理が支配しているときでさえ，価格の競争的伸縮性が必ず均衡をもたらすことは，一般に証明されてはいない．

(44)「目録《ノマンクラチュール》の仮説とはつまり，財や商品と呼ばれる諸物の総体を，社会に関するあらゆる命題に先立って記述することが可能であるという想定にほかならない．言い換えれば，特殊な社会形態（交換，生産など）は，一番初めに語ることのできる自然や物理的世界という中立的な基体の上に築き上げられる」（Carlo Benetti et Jean Cartelier, *Marchands, Salariat et Capitalistes*, Paris, François Maspero, 1980, p. 94）．

(45) Jean-Pierre Dupuy, « Convention et *Common knowledge* », *Revue économique*, vol. 40, n°2, mars 1989, p. 370.

(46) この点でワルラス経済学はゲーム理論とは区別される．ゲーム理論は相互作用の戦略的次元に関心を集中させる．われわれの理解によれば，ゲーム理論は当初，ミクロ経済学への批判として出現した．

(47) « The Market for "Lemons" : Quality Uncertainty and the Market Mechanism », *Quarterly Journal of Economics*, vol. 84, n°3, août 1970.

(48) « The Causes and Consequences of the Dependence of Quality on Price », *Journal of Economic Literature*, vol. 25, mars 1987.

(49) George Akerlof, « The Market for "Lemons" : Quality Uncertainty and the Market Mechanism », art. cit., p. 21（邦訳 22 頁）．

(50) この問題については，「慣行《コンヴァンシオン》の経済学」と呼ばれる理論的アプローチを参照すべきである．その指針（ジャン＝ピエール・デュピュイ，フランソワ・アイマール＝デュフェルネ，オリヴィエ・ファヴロー，アンドレ・オルレアン，ロベール・サレ，ロラン・テヴノー）を掲載している『経済評論』（*Revue économique*）誌の特集号（vol. 40, n°2, mars 1989）を見られたい．また次も参照のこと．« L'économie des conventions : définitions et résultats », preface à *Analyse économique des conventions*, Paris, PUF, 2004, p. 9-48.

(51) Joseph Stiglitz, « The Causes and Consequences of the Dependence of Quality on Price », art. cit. 参照．

(52) *La Signification sociale de l'argent*, Paris, Seuil, 2005.

(53) この問題を扱う第 5 章を参照．

(54) Don Patinkin, *La Monnaie, l'interêt et les Prix*, PUF, 1972, p. 16（邦訳 xxii 頁）．

(22) Bernard Guerrien, *La Théorie néoclassique*, tome I : *Microéconomie, op. cit.*, p. 45-46.

(23) しかし，価格が諸個人の手を離れていることを想定する理論枠組みの中にわれわれがいることを忘れないでほしい．個人は価格受容者である．したがって，諸個人は，市場の仲介人が決める価格を考慮しながら，獲得される財バスケットが自らを満足させるかどうかの判断を差し控えているのである．このような枠組みの下では，諸主体は価格そのものを判断することができない．なぜなら，彼らは自らの選択に従ってはいないからである．彼らは，市場の仲介人に人格化されている競争によって，選択を強制されているのである．

(24) 特殊な経済においてワルラス的模索が均衡に収斂する，ということを証明することは可能である．例えば，すべての財の粗代替性が存在する場合である．Bernard Guerrien, *La Théorie néoclassique*, tome I : *Microéconomie, op. cit.* 参照．

(25) 文学を研究対象としているルネ・ジラールは，彼から見て誤りであるこの見方を，「ロマン主義的フィクション」と呼んでいる．

(26) Murray Rothhard, *Man, Economy, and State*, Auburn, Alabama, Ludwig von Mises Institute, 2004, chapitre X « Monopoly and Competition ».

(27) これは「ロマネスクの真実」と呼ばれる．なぜなら偉大な小説にそれが見られるからである．

(28) René Girard, *La Violence et le Sacré*, Paris, Grasset, 1972, p. 204-205（邦訳 229 頁）.

(29) ルネ・ジラールは，フィクションの登場人物であるアマディス・デ・ガウラを手本とするドン・キホーテを例に挙げている．

(30) 技術的に言えば，B に対する A の相対価格を限界効用の比率と比べること――「A と B の間の限界代替率」とも呼ばれる――がここでの問題である．

(31) 技術的詳細に立ち入ることはしないが，ここで問題となっている固定性は効用関数に関わるものである．関数が固定しているということは，他者の行動から独立であることを意味する．

(32) ちなみに，普通のケースでも，必ずしも安定性が得られるわけではない．

(33) このような財は，広まりすぎてしまうと，「流行品」であることをやめる．

(34) 英語では「インクリージング・リターン・トゥ・アドプション」．

(35) コンピューターや iPhone から上がる利益を高める新しいアプリケーションのことを考えよ．

(36) Arthur W. Brian, « Competing Technologies : An Overview », *in* Giovanni Dosi, Christopher Freeman, Richard Nelson, Gerald Silverberg et Luc Soete (dir.), *Thechnical Change and Economic Theory*, Londres, Pinter Publishers, 1988, p. 591.

(37) 数学的には，この均衡は不安定と言える．これは，頂点を下にして立つピラミッドの場合である．それを倒すには，ごく弱い風の一吹きで十分である．

(38) このようなことになるのは，諸個人が互いにランダムに出会うことを想定しているからである．彼らは大衆の中に紛れており，出会いはランダムであるから，同じ言語を選択している人とは非常に稀にしか接触しない．小集団の成員が自分たち同士でしか話さないことに決めるならば，事情は変わってくる．完全な説明としては，Robert Boyer et André Orléan « How do Conventions Evolve? », *Journal of Evolutionary Economics*, vol. 2, 1992 および « Persistance et changement des conventions », *in* André Orléan (dir.), *Analyse économique*

(4) 正確には，選好が外生的であること，そして選好が他のアクターの状態に左右されることをもって「客観的」と言うことにする．

(5) Bernard Guerrien, *La Théorie néoclassique*, tome I : *Microéconomie*, Paris, La Découverte, 1999, p. 16.

(6) 形式的に説明すれば，同じ効用が得られる２つのバスケット P_1 と P_2 が $aP_1 + (1-a)P_2$ という形で連結されている場合（a は 0 と 1 の間の大きさ），獲得される効用の増加が引き起こされる．

(7) Kelvin Lancaster, « A New Approach to Consumer Theory », *Journal of Political Economy*, vol. 74, n°2, avril 1966, p. 193.

(8) これによってわれわれは，なぜ「特異性」の導入が，Lucien Karpik が示しているように（*L'Économie des singularités*, Paris, Gallimard, 2007）新古典派理論の根底的な組み直しを導くのかを理解する．

(9) Kelvin Lancaster, « A New Approach to Consumer Theory », art. cit., p. 134.

(10) ワルラスの経済が貨幣なき経済――商品が他の商品と交換される――である限り，分析されるのは価値である．しかし，慣例に従い，われわれは「価格」について語ることにする．ただし読者は，分析されているものの現実性を見失うべきではない．ワルラスはニュメレールの存在を仮定するにとどまっている（第 1 章参照）．

(11) Frank Hahn, « Stability », in Kenneth J. Arrow et Michael Intrilligator (dir.), *Handbook of Mathematical Economics*, vol. II, Amsterdam, North-Holland Publishing Company, 1982.

(12) われわれは，ワルラスの模索が必ずしも経済の一般均衡に収斂しないことを証明することができた．

(13) Mark Granovetter, « Action économique et structure sociale : le problème de l'encastrement », in *Le Marché autrement. Essais de Mark Granovetter*, Paris, Desclée de Brouwer, Paris, 2000, p. 79 より引用．

(14) この点に関しては，Arnaud Berthoud (« Économie politique et morale chez Walras », *Œconomica*, n°9, mars 1988), et Jean-Pierre Dupuy (« Le signe et l'envie », *in* Paul Dumouchel et Jean-Pierre Dupuy (dir.), *L'Enfer des choses*, Paris, Seuil, 1979) 参照．

(15) 適切な言い方は「パラメータ」的であろうが，これについては本章の後のほうで定義する．

(16) Arnaud Berthoud, « Économie politique et morale chez Walras », art. cit., p. 82.

(17) *Ibid.*, p. 74.

(18) Max Weber, *Économie et Société*, tome I : *Les Catégories de la sociologie*, Paris, Pocket, 1995, p. 158.

(19) Arnaud Berthoud, « Économie politique et morale chez Walras », art. cit., p. 65.

(20) Bernard Guerrien, *La Théorie néoclassique*, tome I : *Microéconomie, op. cit.*, Franklin M Fisher, *Disequilibrium Foundations of Equilibrium Economics*, Cambridge, Cambridge University Press, 1983, et Alan Kirman, « General Equilibrium », *in* Paul Bourngine et Jean-Pierre Nadal (dir.), *Cognitive Economics, An Interdisciplinary Approach*, Berlin-Heidelberg-New York, Springer-Verlag, 2004 を参照．

(21) Frank Hahn (« Stability », art. cit.) や Franklin M. Fisher (*Disequilibrium Foundations of Equilibrium Economics, op. cit.*) に見られる非模索過程を参照．

(37) Karl Marx, *Le Capital*, *op. cit.*, p. 71（邦訳（上巻）50 頁）.
(38) *Ibid.*, p. 69（邦訳（上巻）48 頁）.
(39) *Les Carrefours du labyrinthe*, Paris, Seuil, 1978.
(40) *Ibid.*, p. 264（邦訳（1）297 頁）.
(41) *Ibid.*（同前 302 頁）.
(42) *Le Capital*, *op. cit.*, p. 72（邦訳（上巻）52 頁）.
(43) *Ibid.*（同前 52-53 頁）.
(44) Castoriadis, *Les Carrefours du labyrinthe*, op. cit., p. 265（邦訳（1）303 頁）における引用.
(45) *Ibid.*, p. 269（邦訳 308 頁）.
(46) *Ibid.*, p. 314（邦訳 361 頁）.
(47) Isaak Roubine, *Essais sur la théorie de la valeur de Marx*, *op. cit.*, p. 179（邦訳 122 頁）.
(48) *Ibid.*, p. 184（邦訳 126 頁）.
(49)「結局，生産活動はどれも，その有用な性格を無視すれば，人間労働力の支出である．衣服の仕立と機織とは，差異があるにもかかわらず，双方とも人間の脳髄，筋肉，神経，手の生産的支出であって，この意味では同じく当然に人間労働の生産的支出である」（*Le Capital*, *op. cit.*, p. 47〔邦訳（上巻）13 頁〕）．さらに，「どんな労働も一方では，生理学的な意味で人間労働力の支出であり，この同等な人間労働という資格において商品の価値を形成する」（*ibid.*, p. 49〔同前 16 頁〕）.
(50)「マルクス主義者においてさえ，生理学的エネルギー支出という意味での抽象的労働の定義が普通であるのだから，これと同じ理解が反マルクス主義的文献の中に一般に流布しているとしても驚いてはならない」（Isaak Roubine, *Essais sur la théorie de la valeur de Marx*, *op. cit.*, p. 180〔邦訳 123 頁〕）.
(51) *Ibid.*（邦訳 123 頁）.
(52) また驚くべきことであるが，このプロジェクトは物神性論を考察の中心に復活させることと一体をなしており，物神性論は「マルクスの経済理論とほとんど内的なつながりのない自立的で孤立的な完結した理論と，［…］マルクスのテキスト本体に付随する興味深い文芸批評的世論と」（*ibid.*, p. 35〔邦訳 6 頁〕）は見なされてはいない.
(53) *Ibid.*, p. 193（邦訳 135 頁）.
(54) *Ibid.*, p. 194（邦訳 135-136 頁）.
(55) *Ibid.*, p. 197（邦訳 138 頁）.
(56) *Ibid.*, p. 208（邦訳 147 頁）.

第 2 章　商品の客観性

(1)「推移性」に関連するこの特性によって，選好関係は，数学で「完全な前順序」と呼ばれる関係になる.
(2) 過度に技術的な詳細には立ち入らないが，この「最適性」は，偉大な経済学者ヴィルフレド・パレートの名を取って「パレート最適」と呼ばれる特殊な最適性であることに注意しておきたい．常識となっていることから見れば弱い基準が問題とされている.
(3) これは既に前章で少しだけ取り上げた．この分析は各財にその市場を関連づけ，すべての市場が同時に均衡している——すなわち供給と需要が等しい——状況が存在することを証明する．第 1 章第四節「全体化する概念系」を参照.

1790, Paris, Gallimard, 1983, p. 389（邦訳 501 頁）.
（16）Karl Marx, *Le Capital*, *op. cit.*, p. 72（邦訳（上巻）51 頁）.
（17）Joseph Schumpeter, *Histoire de l'analyse économique*, tome I, *op. cit.*, p. 389（邦訳 501 頁）.
（18）Karl Marx, *Le Capital*, *op. cit.*, p. 42（邦訳（上巻）74-75 頁）.
（19）既に述べたように，マルクスの位置づけは複雑なものとなる．なぜなら，資本主義経済に関して，彼は生産価格という概念を新たに導入しているからである．生産価格は価値と構造的に異なっている．したがって，資本主義経済に関しては，マルクスのアプローチは，労働価値ないし「自然価格」の支配を一貫して認めていたスミスおよびリカードウのそれとは大きく異なっている．しかしマルクスが「単純商品経済」と呼んだもののケースにおいては，マルクスとスミス・リカードウのどちらにおいても，通用させられているのは労働価値という概念である．そのような経済にあっては，「価値は，市場価格の変動の中心となるような平均水準を表す」（Isaak Roubine, *Essais sur la théorie de la valeur de Marx*, Paris, Éditions Syllepse, 2009, p. 104〔邦訳 61 頁〕）．それゆえ，単純商品経済の分析に関心を寄せる——マルクスについて言えば——ことを条件として，スミス・リカードウ・マルクスを一緒に考察することは可能である．労働価値による交換の過小評価を扱う本節においても，スミス・リカードウ・マルクスにおける価値と市場価格の関係にもっぱら関心を寄せるにあたって，生産価格の問題は脇にのけておくことにする．
（20）Karl Marx, *Le Capital*, *op. cit.*, p. 71（邦訳（上巻）50 頁）.
（21）スミスは，価値を言い表すのに「自然価格」という用語を用いている．
（22）Adam Smith, *Enquête sur la nature et les causes de la richesse des nations*, Paris, PUF, 1995, Livre I, chapitre VII, p. 67（邦訳 108 頁）.
（23）Karl Marx, *Le Capital*, *op. cit.*, p. 67（邦訳（上巻）36 頁）.
（24）*Le Capital*, Livre III より．Isaak Roubine, *Essais sur la théorie de la valeur de Marx*, *op. cit.*, p. 245（邦訳 177 頁）に引用．
（25）Marx, *Le Capital*, *op. cit.*, p. 88（邦訳（上巻）80 頁）.
（26）Marx, *Le Capital*, *op. cit.*, p. 44（邦訳（上巻）8 頁）.
（27）Piero Sraffa, *Production de marchandises par des marchandises*, Paris, Dunod, 1999.
（28）Michio, Morishima, *Marx's Economics. A Dual Theory of Value and Growth*, Cambridge, Cambridge University Press, 1974, p. 14（邦訳 18 頁）.
（29）フランスの経済学者による著述においては，「walrassien」ではなく「walrasien」がしばしば用いられる．これは，英語の「walrasian」から来ている不純正語法である．フランス語では，「maurassien」「jurassien」「circassien」「parnassien」のように「s」を重ねなければならない．
（30）このことは，より妥当性があると言おうとするものでも，より妥当性がないと言おうとするものでもない．
（31）Karl Marx, *Le Capital*, *op. cit.*, p. 71（邦訳（上巻）50 頁）.
（32）*Ibid.*, p. 69（同前 48 頁）.
（33）*Ibid.*（同前 48 頁）.
（34）*Ibid.*, p. 70（同前 49 頁）.
（35）*Ibid.*, p. 72（同前 51 頁）.
（36）Antoine Artous, *Le Fétischisme chez Marx*, *op. cit.*, p. 21.

原　注

序　説

（1）この問題については，パトリシア・コーエンの論文が有益である（Patricia Cohen, « Ivory Tower Unswayed by Crashing Economy », paru dans le *New York Times* du 4 mars 2009 : http://www.nytimes.com/2009/03/05/books/05deba.html?/pagewanted=1）.

（2）Joseph Schumpeter, *Histoire de l'analyse économique*, tome II : L'Âge classique, de 1790 à 1870, Paris, Gallimard, 1983, p. 287（邦訳 393 頁）.

（3）Georg Simmel, *Philosophie de l'argent*, Paris, PUF, 1987, p. 81-82（邦訳 69 頁）.

第Ⅰ部　経済学批判

第１章　価値実体――労働と効用

（1）Antoine Artous, *Le Fétichisme chez Marx*, Paris, Éditions Syllepse, 2006, p. 61.

（2）Karl Marx, *Le Capital*, Livre I sections I à IV, Paris, Flammarion, 1985, p. 50（邦訳（上巻）17 頁）.

（3）Roger Guesnerie, « L'économie, discipline autonome au sein des sciences sociales? », *Revue économique*, vol. 52, n°5, septembre 2001 参照.

（4）明らかに，このプロジェクトを成功させるためには，私が持っている以上の知識，特に古典派以前および古典派の論者に関する知識が必要となる．この問題の第一人者であるイヴ・グルニエによって進められている研究は，これを対象としている．本書で提示されている種々のアイデアは彼に，特に価値論はいわゆる「三重の排除」――交換，市場，貨幣の排除――によって特徴づけられるという彼の中心的テーゼに多くを負っている（Jean-Yves Grenier, *L'Économie d'Ancien Régime. Un monde de l'échange et de l'incertitude*, Paris, Albin Michel, 1996）.

（5）Léon Walras, *Élements d'économie politique pure ou théorie de la richesse sociale*, Paris, Librairie Génerale de droit et de jurisprudence , 1952, p. 21（邦訳 21 頁）.

（6）「マルクスの交換価値の理論もまた労働量価値説であり，おそらく［…］かつて著された中では唯一の全面的な労働数量説であろう」（Joseph Schumpeter, *Histoire de l'analyse économique*, tome II, *op. cit.*, p. 296〔邦訳 405-406 頁〕）.

（7）Karl Marx, *Le Capital*, *op. cit.*, p. 42（邦訳（上巻）5 頁）.

（8）*Ibid.*（同前 5-6 頁）.

（9）*Ibid.*, p. 43（同前 6 頁）.

（10）マルクス価値論についての立ち入った分析としてイサーク・ルービンを参照.

（11）*Ibid.*, p. 45（同前 9 頁）.

（12）Gérard Debreu, *Théorie de la valeur. Analyse axiomatique de l'équilibre économique*, Paris, Dunod, 2001.

（13）Carl Menger, « On the Origin of Money », *Economic Journal*, vol. 2, 1892, p. 239.

（14）Joseph Schumpeter, *Histoire de l'analyse économique*, tome II, *op. cit.*, p. 287（邦訳 394 頁）.

（15）Joseph Schumpeter, *Histoire de l'analyse économique*, tome I : L'Âge des fondateurs, des origins à

訳者あとがき

本書は、André Orléan, *L'empire de la valeur : refonder l'économie*, Éditions du Seuil, octobre 2011 の全訳である。

著者アンドレ・オルレアンには既に日本語に訳された著述が数点あり、わが国においても既にその名はよく知られているであろう。著者の経済学研究の魅力は何といっても、市場における社会的相互作用を重視する見地からなされる、現代市場経済の動態についての解明にあるだろう。特にオルレアンの議論において目立つのが、文芸批評家であるルネ・ジラールの模倣欲望論（人間の欲望はすべて他者の欲望の模倣であるとする）を援用して、市場参加者間の模倣的相互作用ないし模倣的競争に焦点が当てられることである。ミシェル・アグリエッタとの共著『貨幣の暴力』（一九八二年）にあっては、流動性をめぐる模倣的選択行動の収斂と分裂という観点から、第一次大戦後ドイツのハイパーインフレーションや第二次大戦後アメリカの金融危機に見られる通貨・金融の安定と危機の動態に首尾一貫した説明が与えられた。また単著『金融の権力』（一九九九年）にあっては、株式市場における解釈慣行《コンヴァンシオン》（共有信念）をめぐる模倣的選択行動の収斂と分裂という観点から、アメリカのインターネット・バブルをはじめとする近年の資産市場バブルの形成と崩壊に首尾一貫した説明が与えられた。模倣行動の収斂は社会秩序の安定を意味しており、オルレアンの経済分析はいずれも市場社会の秩序をテーマとしている。没社会的な経済分析が横行する中、彼は社会科学としての経済学という本来の経済学研究のあり方を貫いている。

右に挙げたオルレアンの過去の業績が経済現象の独自な分析という性格のものだったのに比べて、本書『価値の帝国』は全体が理論研究である点で際立っている。本書で目指されているのは、現代の経済学の主流である新古典派経済学の理論的基礎に批判を加え、新しい基礎の上に経済学を再構築しようということである。このことにより、本書では、著者の長年にわたる経済学研究の理論的エッセンスが、主流派の経済理論と関連づけられながら体系的に提示されることとなった。この点で本書はきわめて興味深い。

しかし、当然のことであるが、本書は単なる研究のまとめという性格のものではない。このような体系的な理論書が書き下ろされた背景には、二〇〇八年の金融危機（サブプライム危機）以降の経済学の現状に関する著者のアクチュアルな問題意識がある。著者は本書冒頭で、今日の経済学が正統性の危機に直面していることを指摘している。今日、経済学が信頼を失っているのは、危機を予測する能力がなかったためというよりもむしろ、経済学者が市場の自由化を——その危険な帰結を顧みずに——主張して危機に加担したためである。著者が危機感を抱くのは、問題の真因が従来の経済学の理論的欠陥にあることが明白であるにもかかわらず、経済学が変わろうとしていないことである。雑誌の表紙ではマルクスやシュンペーターの復活が告げられながらも、大学では相変わらず同じ経済学が教えられている。本当は何も変わっていない——このシビアな現実認識に突き動かされて執筆されたのが本書である。

経済学が変わろうとしていない現実はわが国でも同じと言える。サブプライム金融危機以降、主流派の経済学を批判する出版物もかなりの数に上る。そうした中にあって、訳者が敢えて本書の翻訳を推し進めたのは、新古典派理論への批判を価値論という根底的なレベルで行っている、および新古典派理論を部分理論として包摂する形での新しい代替的理論の可能性を提示している、という二点で本書にはわが国の議論にはない特徴があると思われたからである。また著者は、このような議論を行わないと今の経済学の現実は変わらないと考えているわけであり、このこと自体がわが国の議論に対して重要な問題提起となるものと考えられた。訳者としては、今後のわが国の経済学研究および教育の在り方を考えるための議論材料として、本書が広く活用されることを強く願う次第である。

本書は三部構成である。第Ⅰ・Ⅱ部は通常の財市場を想定しての議論であり、第Ⅰ部「経済学批判」は新古典派価値論（ワルラスの効用価値説）への批判、第Ⅱ部「価値という制度」は模倣仮説に基づく代替的な価値論（貨幣的価値論）の提示である。第Ⅲ部「市場金融」の議論は、第Ⅰ・Ⅱ部の議論の金融市場への適用であり、効用価値説の忠実な適用である新古典派金融論への批判（第6章）と、流動性と慣行《コンヴァンシオン》を重視する代替的な金融論の提示（第7章）からなる。第Ⅲ部は、既に『金融の権力』で著者が分析した内容を、価値論という観点から改めて整理したものと見られ、本書の独創性の基幹は第Ⅰ・Ⅱ部にあると思われる。そこで第Ⅰ・Ⅱ部を中心に、注目すべき論点をいくつか挙げておきたい。

第一に、本書の経済学再生プロジェクトは、価値論の転換を図るものである。価値論とは、交換取引をする個人間で通用する商品の価値（したがって客観的な価値）がどのようにして成立するかという議論である。本書では、このような価値論の本来の意味に立ち返ることが要求される。というのも、客観的な価値（ここで「客観的」とは超個人的という意味）が成立することは、市場取引が紛争《コンフリクト》なしに行われるための条件だからである。価値論は市場秩序の問題と密接に関係している。だからこそ本書は、市場秩序に関して楽観的すぎる主流派経済学の主張の根底にあるものを、その価値論のうちに探っていくのである。

第二に、ワルラスの効用価値説に関する本書の評価は、興味深いものである。本書では、ワルラスは市場秩序の問題に真剣に取り組んだことで積極的に評価される。ただし、時代的な思考制約（客観的＝物質的とする見方）もあり、客観的価値の成立根拠を市場の外で定義される個人と商品（という物）との間の効用関係に求めてしまった。しかも個人による商品の評価が他者の影響を免れること（「個人的自由」）が規範とされた。その上で描き出された、効用価値説と整合的な市場秩序の理念型モデルが一般均衡論であった、というのが本書の解釈である。価格を個人間の絶対的媒介とする工夫が求められ、そのために市場の仲介人が導入された。こうして議論の焦点は客観的価値から需給均衡に移ることになった、というのである。今日の新古典派経済学者は、ワルラスの理念型モデルをあたかも現実の市場の分析であるかのように見なして、市場秩序の問題を需給均衡の問題に還元してしまっている。そこでは市場は、予め商品のうちに実体として存在する効用価値を表現する場にすぎなくなり、価格形成はいかなる意味でも紛争の原因とはならない。新古典派経済学の楽観的な市場秩序観は効用価値説の帰結であるとする本書の分析は、詳細にして説得的である。

第三に、だからと言って本書の批判は効用価値そのものを否定する議論ではない。批判されるのは効用価値説の偏狭さである。市場の現実に目を遣るならば、一方で、商品の使用価値には効用だけでなく、威信《プレスティッジ》（ヴェブレン）も含まれる。他方で、市場の諸個人（商品主体）は直接的な効用だけでなく、いつでも諸商品と交換しうる富――流動性――も追い求める。個人が威信や流動性に関して行う評価には、他者がどう評価するかが織り込まれる。威信や流動性の性質自体がそのようなことを要求する。つまり市場の現実を考慮するならば、効用価値説のように、商品に対する個人の評価に他者が影響しないという想定は成り立たなくなる。つまり、個人は市場の社会的相互作用を免れない。この点について著者が強調するのは、市場の社会関係だけを他の社会関係（政治的、社会的、宗教的等）から取り立てて区別するものはないということである。従来の主流派経済学は一般均衡論に依拠して市場の社会関係を自然量の間の関係として扱うことで、自らの研究を自然科学に近いものと見なし、他の社会科学からの自律性を自負してきた。しかしこれでは市場の現実から遊離したモデルに甘んじることになり、経済学の信頼は失われる。そこで著者は経済学者に対して、市場の社会関係を特別視する経済学（量《グランドゥール》の経済学）の閉鎖性を脱却して、経済学を他の社会科学と同列の地位に置くこと（関係《ルラシオン》の経済学）を呼びかける。こうしないと経済学の将来は危うい、とする本書の主張はわが国の経済学の現状と将来を考える上でも大いに示唆的であろう。

第四に、本書で提示される代替的な価値論は、威信や流動性を考慮に入れた上で客観的な価値の成立を説明しようとするものである。社会学者たち（デュルケム、ジンメル）は集合的ないし共同的な表象や信念を社会的事実と呼び、それが社会秩序の不可欠な構成要素であることを重視してきた。威信や流動性も「社会的事実」の一種であるが、本書ではそのことの指摘にとどまらず、それらの安定と不安定の動態を描き出そうとする。価値論に関する本書の貢献はここにある。この分析を可能にするのが、ジラールの模倣欲望論に基づく「模倣仮説」である。社会的に共有される威信や流動性の定義が不在である状況がまず想定される。この下では個人は、どの財を手に入れれば威信や流動性を獲得できるのかを知るために、他人の評価や選択（内的媒介）を模倣する。他人も条件は同じなので、この戦略はうまくいかないが、個人間で模倣的相互作用が繰り返される中で、次第に選択は収斂し、ついには社会的・集団的に共有される威信や流動性の定義（外的媒介）が慣行《コンヴァンシオン》として形成される。この定義を準拠基準とすることで威信や流動性は客観的に評価されるようになる。このように模倣価値説（模倣仮説による価値論）は、客観的価値の成立を市場外で定義される実体（効用や労働）に基づくことなく、市場内の社会的相互作用から説明するものであり、現代的社会科学の知見と整合的な価値論であると言える。

第五に、本書による価値論の転換は、市場観の転換をもたらすものである。これに関して特に重要となるのは威信よりもむしろ流動性の分析である。市場社会に生きる個人にとって、市場は有用財を取得する場であるだけでなく、自己を保護する手段である流動性（一般的支払手段すなわち「何でも買える物」）を取得できる場でもなければならない。このような市場の役割は、流動性機能を独占する貨幣の存在によって可能になる。本書で強調されるのは、実は貨幣の存在は効用価値説（ただし社会的効用である威信も含む広義の効用価値説）の成立も保証するという事実である。もしも貨幣が不在であれば、財の評価には効用の評価と流動性の評価が混在し、客観的な効用評価は成立しない。貨幣が流動性機能を独占するから、商品は効用に関してのみ価値が評価される。この場合、売り手にとって市場取引の目的は貨幣という流動性の入手にある。売り手にとって、買い手による効用の評価は目的実現のための手段であり、それは貨幣（価格）によって表現される。よって、市場における貨幣の運動が客観的なものであることが、客観的価値を成立させることになる。こうした価値論への貨幣的アプローチは市場観の転換につながる。本書の模倣仮説によれば、貨幣の存在の安定は、市場社会における模倣的相互作用の行方にかかっている。流動性機能を独占する貨幣の能力に対する不信が広まるとき、人々は貨幣の購買力に対する評価を引き下げ、さらには自己の利益にかなう流動財を追い求めるようになる。貨幣価値が安定しないと商品価値の客観性も崩れ、場合によっては貨幣を支える模倣的選択の一点集中は成立しなくなり分裂《フラクショヌマン》の過程が始まる。通貨危機である。本書においては、通貨危機となって表れる自律的動態が市場内に存在することが強調される。これにより市場は、時に安定した客観的な価値の世界を形成し、時にはそれを危機に陥れる。この点で、新古典派の効用価値説は市場の安定的局面にのみ妥当する部分理論であることになる。本書によれば、現代の主流派経済学が市場の現実から遊離したモデルによってしか思考ができないのは、部分理論を市場の現実のすべてに妥当するものと誤解しているからである。本書第Ⅲ部ではさらに、流動性の問題を扱えない新古典派の金融論が、金融市場に関して現実離れした分析を行い、その結果として金融市場の問題に対して誤った処方箋を提案していることが指摘されていく。価値論やそれに基づく市場観を問い直すことが、現代の経済学を考え直す上でいかに重要であるか――本書を読むとこのことがよくわかる。

以上、訳者が重要と考えた本書の論点を挙げさせていただいた。本書タイトルは「価値の帝国」であり、この言葉について本書中に解説があるわけではないが、以上の論点整理を踏まえて言えば、この言葉には「市場の現実を直視せよ」という著者のメッセージが込められていると思われる。やや乱暴に言えば、本書における商品の価値とは、流動性機能を独占している貨幣をどれだけ手に入れられるか、という意味の重みのことである。その貨幣はまた、市場における模倣的相互作用による社会的産物である。価値は、他の領域から自立した市場という世界――帝国――を築き上げていると言ってよい。本書では、主流派経済学がこの現実を理解する機会を持たないまま、市場の自由化や市場金融の効率性を提言してきたことが一貫して問題視されている。価値論を刷新することにより経済学を建て直し、「価値の帝国」を直視する経済学を創始しよう、というのが本書タイトルのメッセージであると思われる。

本書には、以上の論点整理ではまとめ切れないほどに、豊富な内容が盛り込まれている。ぜひ多様な専門、多様な立場の方々に本書を活用いただきたい。また著者の主張は、過去の著名な経済学者による議論との関係づけを明確にしながら、提示されている。全体に理論的・抽象的な議論が多いが、時に謎解きのようなスタイルで進められる叙述はよく練り上げられたものである。これらのことにより、読者は、知的な興味を持続させながら本書を読み進めることができるだろうと思われる。翻訳に際してはそうした文体の長所を損なわないよう工夫をしたつもりであるが、成功しなかった部分もあるかもしれない。読者の方々からのご批判ご指摘をいただければ幸いである。

フランス国内における本書の注目度は高く、新聞・雑誌・サイトには、本書をめぐる著者へのインタビュー記事がいくつも掲載されている。その多くはインターネットで閲覧可能である。なお著者は、本書において「価値および評価に関する考察を中心に、経済合理性に対する間接的な批判と、経済学の主要概念の内在的再構築とを同時に展開した功績」(ポール・リクール財団ＨＰ)により、二〇一二年一月にポール・リクール賞(第一回)を授与されている。本書が狭い意味の経済学書であることを超えたところで高く評価されたことはたいへん意義深いし、本書の性格をよく示している点で興味深い。

翻訳作業は今年五月から始め、当初は一年間かけて訳稿を完成させる予定であった。ところが同じ月の下旬、著者が十二月に来日するという知らせが入り、来日前の出版を目指して急ピッチで作業を進めることになった。この間、編集担当の刈屋琢氏には、翻訳作業の段取りに関する的確なご指示、完成訳稿の入念なチェックと表現上のアドバイスをいただくことができた。藤原良雄社長には、当初の打ち合わせの席での本書に関する訳者の拙い解説にも根気強く耳を傾けていただくとともに、緊急出版のご英断をたまわった。著者のオルレアン氏には、来日を控えお忙しい中、日本語版への序文をお寄せいただいた。以上の方々には、この場を借りて心よりお礼申し上げたい。

二〇一三年十月

坂口明義

著者紹介

アンドレ・オルレアン（André Orléan）

1950年生．国立科学研究センター（CNRS）研究主任，社会科学高等研究院（EHESS）研究主任，パリ－ジュルダン経済学共同研究ユニット（PSE）研究員，フランス政治経済学会（AFEP）会長．金融論・ミクロ経済学が専門で，近年はコンヴァンシオン理論の展開に注力．著書に『貨幣主権論』（共編著，藤原書店，2012年），『世界をダメにした経済学10の誤り』（共著，明石書店，2012年），『熱狂から恐慌へ――金融危機を考える』（2009年），『進化ミクロ経済学』（共著，2006年），『金融の権力』（藤原書店，2001年），『貨幣の暴力――金融危機のレギュラシオン・アプローチ』（共著，法政大学出版局，1991年）など．

訳者紹介

坂口明義（さかぐち・あきよし）

1959年生．専修大学経済学部教授．貨幣・金融制度論が専門．著書に『貨幣経済学の基礎』（ナカニシヤ出版，2008年），『現代貨幣論の構造』（多賀出版，2001年），訳書にアグリエッタ＋オルレアン『貨幣主権論』（監訳，藤原書店，2012年），ボワイエ『金融資本主義の崩壊』（共訳，藤原書店，2011年），オルレアン『金融の権力』（共訳，藤原書店，2001年），アグリエッタ『成長に反する金融システム』（新評論，1998年）など．

価値《かち》の帝国《ていこく》――経済学《けいざいがく》を再生《さいせい》する

2013年11月30日　初版第1刷発行 ©

訳　者　坂口明義
発行者　藤原良雄
発行所　株式会社　藤原書店

〒162-0041　東京都新宿区早稲田鶴巻町523
電　話　03（5272）0301
FAX　03（5272）0450
振　替　00160－4－17013
info@fujiwara-shoten.co.jp

印刷・製本　中央精版印刷

落丁本・乱丁本はお取替えいたします
定価はカバーに表示してあります

Printed in Japan
ISBN978-4-89434-943-8

なぜ資本主義を比較するのか

さまざまな資本主義

〈比較資本主義分析〉

山田鋭夫

資本主義は、政治・労働・教育・社会保障・文化……といった「社会的なもの」と「資本的なもの」との複合的総体であり、各地域で多様である。このような〝複合体〟としての資本主義を、国別・類型別に比較することで、新しい社会＝歴史認識を汲みとり、現代社会の動きを俯瞰することができる。

A５上製　二八〇頁　三八〇〇円
（二〇〇八年九月刊）
◇978-4-89434-649-9

日本経済改革の羅針盤

五つの資本主義

〈グローバリズム時代における社会経済システムの多様性〉

B・アマーブル
山田鋭夫・原田裕治ほか訳

市場ベース型、アジア型、大陸欧州型、社会民主主義型、地中海型――五つの資本主義モデルを、制度理論を背景とする緻密な分類、実証をふまえた類型化で、説得的に提示する。

A５上製　三六八頁　四八〇〇円
（二〇〇五年九月刊）
◇978-4-89434-474-7

THE DIVERSITY OF MODERN CAPITALISM
Bruno AMABLE

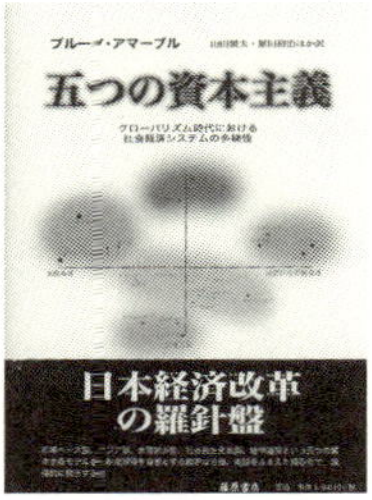

生きた全体像に迫る初の包括的評伝

ケインズの闘い

〈哲学・政治・経済学・芸術〉

G・ドスタレール
鍋島直樹・小峯敦監訳

単なる業績の羅列ではなく、同時代の哲学・政治・経済学・芸術の文脈のなかで、支配的潮流といかに格闘したかを描く。ネオリベラリズムが席巻する今、「リベラリズム」の真のあり方を追究したケインズの意味を問う。

A５上製　七〇四頁　五六〇〇円
（二〇〇八年九月刊）
◇978-4-89434-645-1

KEYNES AND HIS BATTLES
Gilles DOSTALER

貨幣論の決定版！

貨幣主権論

M・アグリエッタ＋A・オルレアン編
坂口明義監訳
中野佳裕・中原隆幸訳

貨幣を単なる交換の道具と考える主流派経済学は、貨幣を問題にできない。非近代社会と、ユーロ創設を始めとする現代の貨幣現象の徹底分析から、貨幣の起源を明かし、いまだ共同体の紐帯として存在する近代貨幣の謎に迫る。

A５上製　六五六頁　八八〇〇円
（二〇一二年六月刊）
◇978-4-89434-865-3

LA MONNAIE SOUVERAINE
sous la direction de Michel AGLIETTA et André ORLÉAN